电动汽车故障
识别·检测·拆装·诊断·排除

郭建英　欧计均　编著

化学工业出版社

·北京·

内容简介

本书系统介绍了目前市面上较常见电动汽车出现的故障，涉及电动汽车各大重要系统和组成机构的方方面面。对于各类故障，结合具体的现象，分析产生的原因，并给出诊断和排除的具体方法、操作步骤、操作要领。较复杂难懂的内容，采用了"微视频教学与文字内容相结合"的形式进行介绍，直观易懂，便于掌握。

本书可作为汽车维修技术快速入门和提高的指导书，也可作为专业院校师生的参考书和相关企业的培训用书。

图书在版编目（CIP）数据

电动汽车故障：识别·检测·拆装·诊断·排除 / 郭建英，欧计均编著. —北京：化学工业出版社，2021.9
ISBN 978-7-122-39107-0

Ⅰ.①电… Ⅱ.①郭…②欧… Ⅲ.①电动汽车-车辆检修②电动汽车-装配（机械）③电动汽车-故障诊断 Ⅳ.① U469.72

中国版本图书馆 CIP 数据核字（2021）第 087492 号

责任编辑：黄 滢　　　　　　　　　　　装帧设计：王晓宇
责任校对：宋 玮

出版发行：化学工业出版社（北京市东城区青年湖南街13号　邮政编码100011）
印　　装：大厂聚鑫印刷有限责任公司
787mm×1092mm　1/16　印张24½　字数677千字　2022年1月北京第1版第1次印刷

购书咨询：010-64518888　　　　　　　　售后服务：010-64518899
网　　址：http://www.cip.com.cn
凡购买本书，如有缺损质量问题，本社销售中心负责调换。

定　　价：128.00元　　　　　　　　　　　　　　　　　版权所有　违者必究

前言
Preface

  电动汽车技术涉及面广，内容繁多，产生故障的原因、种类和表现形式也多种多样，这就给汽车维修工作带来了诸多困难。因此，学习和掌握电动汽车故障的检测、分析、诊断、排除方法和操作要领，无疑是新一代汽车维修技术人员不可或缺的一项重要技能。对于一般的汽车驾驶员或者私家车主而言，了解一些电动汽车常见故障的识别方法和技巧，也有利于日常方便地开车、用车和养车。鉴于此，化学工业出版社组织我们编写了《电动汽车故障　识别·检测·拆装·诊断·排除》一书。

  本书系统介绍了200余项电动汽车上的各类故障，内容涉及特斯拉、宝马、比亚迪、吉利、北京、荣威、广汽、奔驰、奥迪、雪佛兰、长城、东风启辰、奇瑞、蔚来、江淮、众泰等众多车系、车型，涵盖各类电动汽车上重要系统和组成机构的方方面面，并按照驱动系统、动力系统、高压电控系统、充电系统、空调系统的顺序逐一进行阐述。对于各类故障，结合具体的故障现象，分析故障产生的原因，并给出故障诊断和排除的具体方法、操作步骤、操作要领。

  笔者整理了180余个车间一线维修应用案例，可供读者学习过程中参考借鉴，有需要的读者可与编辑（电话010-64519275）联系免费领取。

  本书内容实用、通俗易懂，在内容编排上以图表结合的形式进行介绍，格式清晰，易于理解和掌握。此外，为便于读者快速消化和高效吸收所学知识，书中对于比较复杂难懂的内容，采用了微视频教学与文字内容相结合的形式进行介绍。读者可在阅读本书的过程中，用手机或者其他电子设备扫一扫书中相应章节的二维码，即可观看视频讲解，将视频内容和文字内容对照学习，更加直观易懂，学习过程事半功倍。

  本书由郭建英、欧计均编著，感谢上海零龙壹新能源科技有限公司孟令龙先生为本书编写出版所提供的大量技术支持。

  由于笔者水平有限，书中不妥之处在所难免，敬请广大读者批评指正。

编著者

目录 Contents

第 1 章 电动汽车故障维修基础

1.1 维修场地与6S / 1
1.2 常用维修工具及防护用品 / 3
1.3 电动汽车维修安全规范及注意事项 / 4

第 2 章 特斯拉电动汽车故障

2.1 驱动系统 / 10
2.2 动力电池 / 13
2.3 高压电控系统 / 17
2.4 充电系统 / 20
2.5 空调系统 / 23

第 3 章 宝马电动汽车故障

3.1 驱动系统 / 25
3.2 动力电池 / 28
3.3 高压电控系统 / 31
3.4 充电系统 / 33
3.5 空调系统 / 41

第 4 章 比亚迪电动汽车故障

4.1 动力系统 / 45
4.2 高压电控系统 / 47
4.3 动力电池及控制系统 / 57
4.4 充电系统 / 65
4.5 空调系统 / 69

第 5 章 吉利电动汽车故障 78

5.1 动力系统 / 78
5.2 电机控制系统 / 82
5.3 高压配电系统 / 92
5.4 动力电池及控制系统 / 98
5.5 充电系统 / 106
5.6 空调系统 / 120

第 6 章 北京电动汽车故障 132

6.1 驱动系统 / 132
6.2 动力电池 / 141
6.3 高压电控系统 / 142
6.4 充电系统 / 142
6.5 空调系统 / 143

第 7 章 荣威电动汽车故障 147

7.1 驱动系统 / 147
7.2 动力电池 / 156
7.3 高压电控系统 / 164
7.4 充电系统 / 170
7.5 空调系统 / 177

第 8 章 广州电动汽车故障 186

8.1 整车三电系统 / 186
8.2 GA5REV 故障案例分析 / 188
8.3 ISG 故障诊断 / 196
8.4 HCU 故障诊断 / 206
8.5 FTM 故障诊断 / 215
8.6 空调系统 / 222

第 9 章 奔驰电动汽车故障 229

9.1 驱动系统 / 229
9.2 动力电池 / 230
9.3 高压电控系统 / 231
9.4 充电系统 / 232
9.5 空调系统 / 234

第 10 章
奥迪电动汽车故障

10.1 驱动系统 / 235
10.2 动力电池 / 240
10.3 高压电控系统 / 243
10.4 充电系统 / 243
10.5 空调系统 / 244

第 11 章
雪佛兰电动汽车故障

11.1 控制系统 / 246
11.2 动力电池系统 / 254
11.3 充电系统 / 268
11.4 空调系统 / 275

第 12 章
长城电动汽车故障

12.1 驱动系统 / 277
12.2 动力电池 / 278
12.3 高压电控系统 / 282
12.4 充电系统 / 289
12.5 空调系统 / 295

第 13 章
东风启辰电动汽车故障

13.1 驱动系统 / 297
13.2 动力电池 / 300
13.3 高压电控系统 / 304
13.4 充电系统 / 308
13.5 空调系统 / 314

第 14 章
奇瑞电动汽车故障

14.1 驱动系统 / 316
14.2 动力电池 / 319
14.3 高压电控系统 / 325
14.4 充电系统 / 327
14.5 空调系统 / 330

第 15 章 蔚来电动汽车故障 335

- 15.1 驱动系统 / 335
- 15.2 动力电池 / 340
- 15.3 高压电控系统 / 347
- 15.4 充电系统 / 349
- 15.5 空调系统 / 354

第 16 章 江淮电动汽车故障 359

- 16.1 电机及电机控制器 / 359
- 16.2 动力电池 / 364
- 16.3 空调系统 / 370

第 17 章 众泰电动汽车故障 375

- 17.1 分线盒故障诊断 / 375
- 17.2 充电机 / 375
- 17.3 电池管理系统 / 376
- 17.4 驱动电机 / 376
- 17.5 电机控制器 / 377
- 17.6 动力电池 / 378
- 17.7 DC/DC 转换器系统 / 379
- 17.8 空调系统 / 380

本书配套视频清单

序号	视频内容		页码
1	动力电池总成	拆卸动力电池总成	15
		安装动力电池总成	
2	检测便携式充电桩		21
3	预充电阻检测		47
4	动力电池标定		57
5	高压控制盒主接触器拆装		67
6	驱动电机三相线束检测		81
7	维修开关拆装	比亚迪 E5	89
		丰田普锐斯	
8	高压线束拆装		93
9	高压电池手动阀拆装		131
10	空调压缩机	拆卸空调压缩机	144
		安装空调压缩机	
11	电机控制器拆装		146
12	旋变传感器检测		147
13	车载充电器拆装		185-1
14	电力电子箱拆装		185-2
15	仪表介绍		228
16	检查混合动力蓄电池		276
17	检查维修塞		384

第 1 章 电动汽车故障维修基础

1.1 维修场地与 6S

1.1.1 汽车维修工作安全内容与要求

安全是做好一切工作的重要前提。在汽车维修过程中,维修人员的人身安全要得到全方位的保护,尤其要能预见到可能的伤害。通过严格的安全制度、规范的操作流程、完善的劳动纪律来保证维修人员的安全,做到安全第一,预防为主,培养维修人员安全操作的习惯。

(1) 场地安全设施

① 配备消防设施 汽车维修车间的电气设备比较多,电路纷繁复杂,是一个易发生火灾的地方。汽车维修车间应配备消防设施,同时应注意消防器材的保养与维护,若所配置的灭火器已失效或已到报废年限,必须及时更换。

② 粘贴安全标示标志 一般汽车维修车间的设备和墙壁等处都贴有各类安全警示标志,主要有禁止类标志和警示类标示两种。这些安全警示标志提醒维修人员在使用机械、电气等设备时,应注意安全,避免造成人身伤害或是设备损坏。

a. 禁止类标志是提醒人们不允许做的事情(图 1-1-1)。

图 1-1-1 禁止类标志

b. 警示类标志是提醒人们在工作时要注意的内容(图 1-1-2)。

图 1-1-2 警示类标志

③ 设立有害物质集中收集地点 汽车修理作业过程中会产生废油、废液等有害物质。为了维护安全工作,在汽车维修车间应设立废油、废液、废蓄电池、废轮胎及垃圾等有害物质的集中收集地点,且收集地点存储区域应该有隔离、控制措施。

④ 安装废气排放净化装置 在汽车维修作业过程中,车辆会排出一氧化碳、烃类化合物等

有害气体,这些有害气体对环境和维修人员的身心健康会造成巨大危害。为消除这些有害气体,喷漆车间应设立废气排放净化及处理设施,采用干打磨工艺时应有粉尘收集装置;喷漆车间还应有通风设备;调试车间或工位应设立汽车废气收集、净化装置。

(2) 汽车维修作业安全

① 使用汽油的安全规则

a. 维修车间和场地必须充分通风。

b. 修理汽油箱前,应用专用溶液或水清除油箱内的残余油气。但在清洗时不得吸烟,不得在旁边烘烤零件或点燃喷灯。

c. 应尽量避免用嘴吹、吸汽油管和燃料系统孔道。

d. 存放汽油的地方和油桶上应标明"易燃"字样。

e. 废油应倒入指定废油桶收集,不得随地倒流或倒入排水沟内,防止废油污染(图 1-1-3)。

② 启动车辆时的安全规则

a. 车辆启动前应首先检查各部位的装配工作是否已全部结束,散热器的冷却水是否加足;变速杆是否处于 P 挡;拉紧手制动器。

b. 被调试的变速箱,应具有完好的启动装置。

图 1-1-3 禁止随地倒流废弃液

c. 车辆启动后,应及时检查各仪表工作是否正常。

d. 在变速箱运转中,操作者要防止风扇叶片伤人;变速箱过热时,不得打开水箱盖,谨防沸水喷出烫伤操作人员;汽车路试后进行底盘检修时,要防止被排气管烫伤。

③ 车下工作安全规则

a. 正在维修的汽车,应挂"正在维修"的牌子。如不是修制动系统,应拉紧手制动器并用三角木垫好车轮。

b. 用千斤顶顶车进行底盘作业时,千斤顶要放平稳,人应在车的外侧位置,并应事先准备好架车工具(架车凳子),严禁用砖头等易碎物品垫车,同时严禁单纯用千斤顶顶起车辆在车底作业。

c. 不能在用千斤顶顶起的已卸去车轮的汽车下工作。用千斤顶放下汽车时,打开液压开关动作要慢,打开前应观察周围是否有障碍物。

d. 在调试变速箱时,不得在车下工作。

④ 蓄电池使用的安全规则

a. 蓄电池应轻搬轻放,不可歪斜,以防电解液泼出腐蚀人体皮肤和衣服。如溅到皮肤上,应立即用清水冲洗。

b. 检查电解液密度和电解液高度时,不要将仪器提得过高,以免电解液滴溅在人体或其他物体上。

c. 禁止将油料容器及各种金属物放在蓄电池壳体上。

d. 在配置电解液时,应使用陶瓷或玻璃容器,将硫酸慢慢地倒入水中,绝对禁止将水倒入硫酸中。

(3) 维修工具使用安全　若使用扳手、钳子等通用工具不规范,会导致不能顺利完成维修工作。维修工具使用时应注意以下几点。

a. 工作前应检查所使用工具是否完好。施工时工具必须摆放整齐,不得随地乱放,工作后应将工具清点检查并擦干净,按要求放入工具车或工具箱内。

b. 拆装零部件时,必须使用合适工具或专用工具,不得大力蛮干,不得用硬物手锤直接敲击零件。所有零件拆卸后要按顺序摆放整齐，不得随地堆放。

c. 做类似于电焊等发出强烈的光从而刺激维修工作人员眼睛的工作时，维修人员在维修时应使用相应的保护工具（如配戴电焊护镜）。

（4）**用电安全**　在车辆的拆装过程中，常常会用一些电气设备来代替繁重的体力劳动，减轻劳动强度，提高工作效率。若使用不当或缺乏安全防护措施，可能会发生一些触电、电击事故，伤害维修操作人员（图1-1-4）。

图 1-1-4　禁止违规用电

用电安全方面应注意以下事项。

① 如果发现电气设备有任何异常应立即关闭开关，并联系管理员等有关人员。
② 如果电路中发生短路或意外火灾，在进行灭火之前应首先关闭开关。
③ 不要靠近断裂或摇晃的电线。不要触摸标有"发生故障"的开关。千万不要用湿手接触任何电气设备。
④ 拔下插头时，不要拉电线，而应当拉插头本身。
⑤ 不要让电缆通过潮湿或有油的地方，也不要通过灼热的表面或者尖角部位。
⑥ 在开关、配电盘或电动机等附近不要使用易燃物，因为它们容易产生火花。
⑦ 维修竣工后，切断设备电源，关闭总电源。
⑧ 移动电气设备时，避免其电源软线拖得过长，沾染地面油污或水。
⑨ 电源线插头应完全无损地插入电源插座，接地线应完好无损，以免机器设备外壳带电而引起触电。

1.1.2　汽车维修企业管理内容与要求

6S是指在生产现场中对人员、机器、材料、方法等生产要素进行有效的管理。6S管理内容有整理（Seiri）、整顿（Seiton）、清扫（Seiso）、清洁（Seiketsu）、素养（Shitsuke）、安全（Safety）六个方面，通过规范现场、现物，营造一目了然的工作环境，培养员工良好的工作习惯，其最终目的是提升个人品质，养成良好的工作习惯（图1-1-5）。

图 1-1-5　6S

1.2　常用维修工具及防护用品

① 绝缘工具，用于拆卸高压系统零部件（图1-2-1）。

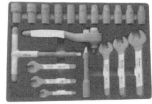

(a) 棘轮扳手、套筒、接杆和扳手

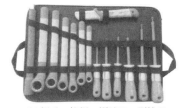

(b) 扳手、接杆、螺丝刀、剥线刀

(c) 各类钳

图 1-2-1　绝缘工具

② 扭力扳手，用于紧固高压系统零部件螺栓（图 1-2-2）。

图 1-2-2　扭力扳手

③ 万用表，用于测量高压系统和低压系统的电压等，使用时注意量程的选择，测量表笔必须选用能耐高压的（图 1-2-3）。

(a) 直流电压最高测量1000V，交流电压最高测量700V　　(b) 可以承受1000V电压的表笔

图 1-2-3　万用表

④ 电流钳，测量高压线缆或低压线束的电流（图 1-2-4）。
⑤ 兆欧表，用于测量高压线缆的绝缘性，测量表笔必须选用能耐高压的（图 1-2-5）。
⑥ 检测仪，用于检测新能源车辆的各个系统的故障码及数据流（图 1-2-6）。

图 1-2-4　电流钳　　　　图 1-2-5　兆欧表　　　　图 1-2-6　检测仪

⑦ 绝缘头盔和护目镜。
⑧ 绝缘手套和绝缘鞋。
⑨ 干粉灭火器。

1.3　电动汽车维修安全规范及注意事项

1.3.1　电动汽车维修人员基本要求

（1）需了解岗位需求　资质要求、任务和技术职责、作业权限和活动权限。

(2) 需了解高电压系统
① 有关职业安全和事故预防的法律规定和规范。
② 采用高电压技术车辆的原理设计。
③ 未来的电气驱动理念。
④ 电气系统的危险性。
⑤ 高电压系统安全作业规范。

(3) 能够在电动车辆上安全作业
① 断开高电压系统。
② 确定系统断电。
③ 防止高电压系统重新激活。
④ 进行绝缘检测。
⑤ 重新激活高电压系统。
⑥ 给动力电池充电。
⑦ 在断电的混合动力系统和配备高电压系统的其他车辆上，独立执行一般性任务。
⑧ 承担在高电压系统上作业的所有技术职责。

(4) 需具备的资质
① 特种作业操作证（电工）。
② 初级（含）以上电工证（职业资格证书）。
③ 经过厂家培训，并培训合格取得授权。

1.3.2 维修安全注意事项

(1) 危险区域 包括整车橙色线束、动力电池包、高压配电箱、车载充电器、驱动电机控制器总成、DC与空调驱动器总成、电动力总成、电动压缩机总成、电加热芯体PTC、空调配电盒、漏电传感器等。

(2) 安全作业
① 佩戴安全防护设备 绝缘手套（需准备防高压电工手套以及防电池电解液酸碱性两种手套）、绝缘胶鞋、绝缘胶垫、绝缘外套和防护眼镜等，其耐压等级必须大于1000V。
② 操作规范 断开连接，确定系统断电，防止高电压系统再激活。
③ 操作注意事项
a. 所有橙色的电缆都带有危及生命安全的高电压。
b. 不能直接对高电压元件喷水或者采用高压清洗液冲洗。
c. 不能在高电压连接线上使用机油、油脂、接触喷雾等。
d. 在高电压带电部件附近作业前，必须先将系统断电。
e. 在焊接、使用材料切割工具或者锋利工具作业之前，必须先将系统断电。
f. 所有断开的高电压连接线必须采用防尘和防潮措施。

(3) 危险电流 25V以上的交流电、60V以上的直流电都具有危险性。在德国允许的最大接触电压（根据VDE的标准）是50V交流电以及120V直流电；有大约5mA的电流通过人体时，就可视作是"电气事故"，会产生麻木感，但是仍可以导走电流；体内通过的电流达到大约10mA时，到达了导出电流的极限，人体开始收缩，无法再导走电流，电流的滞留时间也相应增加；30～50mA交流电的长时间滞留会导致呼吸停止以及心室纤维性颤动；经过人体的电流到达大约80mA时，被认为是"致命值"。

交流电压比直流电压更危险：交流电压在人体内产生交流电，会使肌肉组织和心脏产生颤动；交流电压的频率越低，危险性越高；交流电会触发心室纤维性颤动，如果不进行急救很快就会致命（图 1-3-1）。

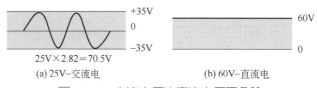

图 1-3-1 交流电压比直流电压更危险

（4）**人体内部电阻** 对于高电压引起的高电流，人体内对应的电阻值很低。特别是，所有血管中的血液是很好的导体，电气事故中的接触点不同，对人体的影响也相应不同（图 1-3-2）。

288V 直流电压造成的电气事故：皮肤电阻值变化很大（取决于皮肤硬度、湿度、传导性）。但是，对于超过 100V 的电压，皮肤电阻几乎为 0，皮肤完全被击穿。

人体电流：$I=U/R=288\text{V}/1080\Omega=0.27\text{A}$。

对于交流电，如果电流在心脏的滞留时间达到 10～15ms 就会致命（心室纤维化颤动）（图 1-3-3）。

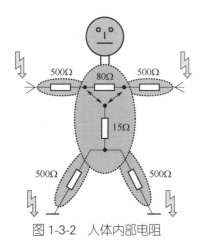

图 1-3-2 人体内部电阻

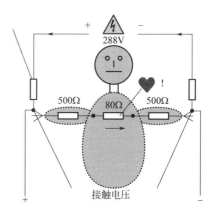

图 1-3-3 电流经过人体

（5）**电击及事故后果**

① 电击效应 电流低于导通限值时，会有相应的电击反应，从而容易因肢体不受控制和失去平衡而导致受伤。

② 热效应 电流导入与导出点处会发生烧伤和焦化，也会发生内部烧伤。结果是导致肾脏负荷过大，甚至造成致命的伤害。

③ 化学效应 血液和细胞液成为电解液并被电解。结果发生严重的中毒，中毒情况在几天后才能被发现，因此伤害极大。

④ 肌肉刺激效应 所有的身体功能和人体肌肉运动都是由大脑通过神经系统的电刺激来控制的，如果通过人体的电流过高，肌肉开始抽搐，大脑再也无法控制肌肉组织。

后果：例如，握紧的拳再也无法打开或者移动；如果电流经过了胸腔，肺会产生痉挛（呼吸停止），心脏的跳动节奏会被中断（心室纤维化颤动，无法进行心脏的收缩扩张运动）。

⑤ 发生静态短路的热效应 工具急剧发热，会导致材料熔化，从而可能发生烧伤事故。

⑥ 由于短路引起火花 金属很快熔化，产生飞溅的火花，飞溅出来的金属颗粒温度超过 5000℃，可能引起灼伤以及严重伤害眼睛。

⑦ 带电高压线路接通和断开时所产生的弧光 光辐射可能造成电光性眼炎。

（6）**电击事故急救措施** 救援电气事故中受伤人员时应注意：保证自身的安全是第一位的；

绝对不要去触碰仍然与电源有接触的人员；如果可能，马上将电气系统断电（关闭点火开关或者马上拔出维修开关）；用不导电的物体（木板、扫帚把等）把事故受害者或者导电体与电源分离。电击事故后实施急救时需要注意以下事项。

① 如果事故受害者没有反应，应采取如下急救措施：首先确定受害者是否还有生命迹象，比如脉搏和呼吸；马上呼叫急救医生，或者马上让别人去呼叫；进行人工呼吸以及心肺按压，直到医生到达；如果呼吸停止，使用非专业的去纤颤器。

② 如果事故受害者能回应问询，应采取如下急救措施：对烧伤处进行降温处理，并用消过毒的无绒布进行包扎；即使事故受害者拒绝，也要要求其接受治疗（避免出现长期的后遗症）。

（7）动力电池事故急救措施

① 如果发生了皮肤接触，应用大量的清水进行冲洗。

② 如果吸入了气体，必须马上呼吸大量新鲜空气。

③ 如果接触到了眼睛，应用大量的清水进行冲洗（至少10min）。

④ 如果吞咽了动力电池内容物，需喝大量清水，并且催吐。

⑤ 寻求医疗救助。

（8）安全装置

① 高电压元件接地故障时的危险（图1-3-4）。

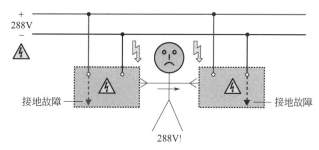

图1-3-4 高电压元件接地故障时的危险

② 各个高电压元件的电势平衡（图1-3-5）。

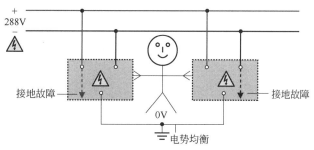

图1-3-5 各个高电压元件的电势平衡

③ 高压电缆：单线制高压电缆的结构见图1-3-6，双线制高压电缆的结构见图1-3-7。

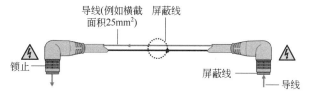

图1-3-6 单线制高压电缆的结构

注：所有高压电缆都标记了颜色并且采用了不同的机械连接结构。

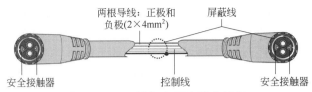

图 1-3-7　双线制高压电缆的结构

注：这些电缆用于辅助装置的供电（例如电动空调的压缩机）。

(9) 断电注意事项

① 断开系统连接必须由监护人通过引导性故障查询来完成。
② 关闭点火开关并拔下点火钥匙。
③ 把点火钥匙放在安全的地方。
④ 松开维修接头并快速把它拔出。
⑤ 检查维修接头是否存在污浊、氧化和接触烧灼的情况。
⑥ 单独存放维修接头。
⑦ 提供绝缘保护或者遮盖维修接头暴露的接插口。
⑧ 检查测量工具和装备的状态以及运行情况。
⑨ 连接测量适配器电缆。
⑩ 按照车型维修手册和引导型故障查询检测系统的断电并把测量值输入测试记录。
⑪ 把测试记录放入指定的文件夹。
⑫ 防止高电压系统再次激活。
⑬ 在车辆显眼贴上标有"高电压系统已关闭"的警示标签，并把负责此工作的高电压工程师的名字也同时标注在上面（图 1-3-8）。

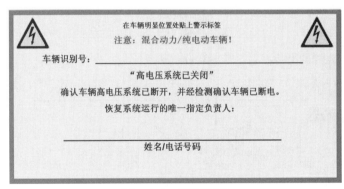

图 1-3-8　警示标签

(10) 恢复系统运行注意事项

① 系统必须由监护人在引导型故障查询的帮助下恢复运行。
② 用肉眼检查是否所有的高电压连接以及高电压系统的接插口和螺孔连接都正确并被锁止。
③ 用肉眼检查是否高压电缆都无法被触碰到。
④ 用肉眼检查是否电压平衡电缆清洁并无法被触碰到。
⑤ 插入维修接头，并把它锁闭。
⑥ 打开点火开关。
⑦ 读取所有系统的故障码。
⑧ 在测试记录中输入测量值并把测试记录打印出来。

⑨ 把测试记录放入指定文件夹。
⑩ 把"高电压系统已关闭"的警示标签从车辆上移除。
⑪ 在车辆显眼的位置贴上"高电压系统已激活"的警示标签。

1.3.3 动力电池应急处理措施

电动汽车或动力电池起火时，应根据实际情况，进行下列操作：
① 将车辆退电至 OFF 挡，并在条件允许的情况下断开 12V 蓄电池；
② 断开维修开关；
③ 就近寻找灭火器（请勿使用水基型灭火器）；
④ 如果车辆起火，火势较小较慢，请使用干粉灭火器灭火，并立即拨打求救电话；
⑤ 如果火势较大，发展较快，请立即远离车辆，拨打火警电话等待救援。

如果动力电池发生泄漏（有明显液体流出），应按照以下方法对车辆进行操作：
① 请将车辆退电至 OFF 挡，并在条件允许的情况下断开前舱 12V 蓄电池；
② 断开维修开关；
③ 发生少量泄漏时，请远离火源，使用吸水布吸附后置于密闭容器中，或采用焚烧方式处理，操作前请佩戴防酸碱手套；
④ 发生大量泄漏时，请统一收集，按照危险化学品处理，可加入葡萄糖酸钙溶液来处理产生的 HF 气体；
⑤ 当人体不慎接触泄漏液体时，应立即用大量水冲洗 10～15min；如果有疼痛感，可用 2.5% 的葡萄糖酸钙软膏涂覆，或用 2%～2.5% 的葡萄糖酸钙溶液浸泡止痛，若无改善或出现不适症状，请立即就医。

第 2 章 特斯拉电动汽车故障

2.1 驱动系统

2.1.1 概述

特斯拉动力总成由三部分组成,分别为三相交流感应电机、单级变速箱和逆变器。这三个部分组成了一个不可拆分的整体。

(1)**三相交流感应电机** 与普通燃油汽车不同,为纯电动汽车提供动力的装置是驱动电机,它的性能决定了汽车行驶过程中的各项指标。特斯拉电动汽车使用的电机并非通常电动汽车使用的永磁同步电机(图 2-1-1),而是三相感应交流异步电机。

传统的永磁同步电机使用的转子是永磁体,在工作时,定子产生一定频率的旋转磁场,输出电磁转矩,转子在电磁转矩的作用下旋转,其转子的转速与定子产生的磁场的转速是相同的(图 2-1-2)。而交流异步电机的转子是没有磁性的,在定子产生磁场的时候,转子的绕组在运动的磁场中感应出电流,在磁场的作用下旋转,其转子的转速比定子产生的磁场转速慢(图 2-1-2)。

图 2-1-1 永磁同步电机

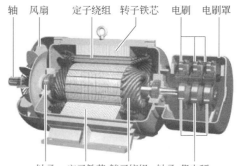

图 2-1-2 永磁同步电机结构

三相异步电机的转子绕组形式分为笼形转子和绕线转子两种,特斯拉电动汽车使用的是笼形转子。笼形转子绕组的形状很像一个"鼠笼"(图 2-1-3),这个"鼠笼"是镶嵌在转子铁芯里的(图 2-1-4)。为兼顾导电性和经济性,"鼠笼"通常是铜质的,由多条铜条与两个铜端环组成,铜条和铜端环之间有良好的电连接。

当"鼠笼"放在有旋转磁场的定子铁芯中间时,通有三相交流电的定子铁芯会产生旋转磁场。磁场旋转时,"鼠笼"的铜条会切割磁感线产生感应电流,通有电流的铜条会在安培力的作用下旋转起来。由于"鼠笼"是镶嵌在转子铁芯里的,"鼠笼"的旋转就会带动转子铁芯的旋转,从而向外输出功率。

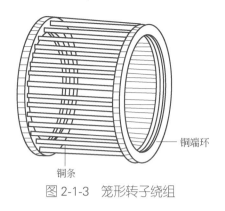
图 2-1-3 笼形转子绕组

图 2-1-4 笼形转子

相比于永磁同步电机,异步电机具有结构简单、容易制造、价格低廉的优势,但其调速性能较差,速度控制不如同步电机精确。好在随着技术的不断发展,异步电机的这些不足已经能够克服,不仅如此,异步电机还有很多同步电机不及的优点,如下所示。

① 能耐受大幅的温度变化　永磁同步电机中的磁铁通常都是硅钢片经过磁化之后得来的,其磁性来源于内部大量有序排列的"元磁体"。当磁铁处于高温状态下时,硅钢片的分子将剧烈运动,这种运动会破坏永磁体中"元磁体"的有序性,从而减弱或破坏永磁体的磁性。而异步电机不需要任何具有磁性的物质,其磁场伴随交流电的产生不消失,因而其耐温性比永磁同步电机更好。

② 扭矩调整范围大　永磁同步电机由于自身特性的原因,调速范围较窄,其高速运行状态难以达到纯电动汽车的要求,因而往往需要加装变速箱。事实上,在第一代的特斯拉 Roadster 中,也采用了较低功率的异步电机结合变速箱的形式,只是后来采用了更高功率的异步电机后,电机的调速范围才可以在大范围内调整,扭矩的调整范围也随之增大,也就无须加装变速箱与传动机构了。

③ 体积小、质量轻　由于对温度的耐受性较好,异步电机不需要安装很强劲的冷却装置。除此之外,特斯拉所采用的三相交流异步电机具有非常宽的调速范围,不需要加装变速器和传动机构,就可以直接与驱动桥相连,整车结构大为简化。正因为有以上两点,再加上特殊的优化方式,特斯拉所使用的动力机构体积小(只有如西瓜的大小)、质量轻(质量仅为 52kg),具有极高的功率密度。

(2) 单级变速箱　通常,由于受到电机最高转速的限制,在驱动装置与驱动轴之间都需要连接一个变速器,该装置通过增加电机的输出扭矩降低电机的转速,使电机一方面可以继续加大转速;另一方面可以输出更大的扭矩,从而适应电动汽车的高速行驶。特斯拉 Model S 使用的电机转速范围很宽,其最高转速可达 15000r/min,已经可以适应高速行驶的要求,因而无须使用多级变速箱。但是由于机构连接的关系,特斯拉电动汽车使用了单级减速箱,与通常车辆上的主减速齿轮类似,该部件仅仅将电机的转速降低,将电机输出扭矩增大,并传输到驱动轴,完成左右车轮的差速,没有变速作用。

(3) 逆变器　纯电动汽车驱动电机使用的是三相交流电,而蓄电池输出和输入的为直流电,两者不能通用。如何让两者之间实现转换,是所有纯电动汽车都需要面对的问题。逆变器就是为了实现交流电与直流电的转换而设计的。车辆行驶时,直流电从蓄电池输出,逆变器将直流电根据驾驶员的驾驶意图转换成具有一定频率和强度的三相交流电,并输送到驱动电机。汽车在进行能量回收时,驱动电机成为发电机,其产生的三相交流电经过逆变器之后,转换为一定电压的直流电,输入蓄电池。

特斯拉电动汽车使用的逆变器的供应商是已被英飞凌科技公司收购的美国国际整流器公司

（International Rectifier），其峰值功率可达320kW，最大可承受1500A的电流，具有很强的性能，其主要功能由功率电子模块（EPM）完成。该功率电子模块上有72个绝缘栅双极晶体管（IGBT），这些晶体管将电机发出的直流电转换为交流电，控制着电池包的充放电速率。除此之外，功率电子模块还控制着电机的转速、转矩以及再生制动系统，而这是电机控制器的主要职能。综上所述，特斯拉电动汽车的逆变器除了具有基本的交流电与直流电之间的转换功能之外，还行使了电机控制器的职能，集成度非常高。

2.1.2 驱动电机的拆装

（1）拆卸驱动电机

① 拆卸后副框架。

图2-1-5 断开电机编码器

② 断开电机编码器（图2-1-5）。

③ 从副框架上的锁环上松开车轮速度传感器线束。

④ 在副框架的两侧，松开将上连杆固定到万向节的螺栓。

⑤ 使用传动轴提取器将半轴从驱动单元上拆下。

⑥ 将起重机架螺栓固定到驱动单元上。将短螺栓固定到驱动单元的电机部分。

⑦ 松开电机前后支座固定到副框架的螺母（扭矩为90N·m）（图2-1-6）。

⑧ 松开电机侧支座的螺栓（扭矩为22N·m）（图2-1-7）。

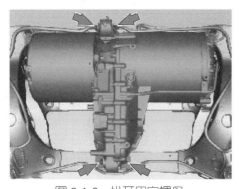

图2-1-6 松开固定螺母

图2-1-7 松开电机侧支座的螺栓

⑨ 拆卸电机前支座的螺栓（扭矩为90N·m）。

⑩ 拆卸电机后支座的螺栓（扭矩为90N·m）。

（2）安装驱动电机 安装程序与拆卸程序相反，以下各项除外：为避免损坏传动轴油封，请在将传动轴安装到传动装置时小心谨慎；更换所有部件螺栓；更换所有尼龙嵌入式防松螺母；仅在车辆处于行驶高度位置时，才可将悬架衬套螺栓完全拧紧；使用推荐的液体重新充注变速箱；将车辆转移到四柱举升器上；执行四轮定位检查。

更新或重新部署固件：如果车辆运行的不是最新的固件，执行完整固件更新；如果车辆运行的是最新的固件，则执行固件重新部署，操作步骤为在Toolbox中，选择Views>Fimware and ECU Programming>Firmware Redeploy；选择Service Redeploy选项卡；单击Start Routine按钮。

2.1.3 检查变速箱油液

① 升起并支撑车辆。

② 拆卸后部护板。

③ 车辆行驶后,必须将车辆至少静置 5min,以便澄清传动装置内的液体。

④ 清洁加注口/液位塞周围的区域。

⑤ 拆卸加注口/液位塞(图 2-1-8)。

⑥ 检查油液是否与液位塞孔的底部齐平。

⑦ 必要时,使用推荐的油液加满,直到油液从孔中流出。留出足够的时间以便油液流动,并在传动装置内达到常见液位。

⑧ 重新安装加注口/液位塞(扭矩为 28N·m)。

图 2-1-8 拆卸加注口/液位塞

2.1.4 驱动电机常见故障

(1)转速异常

① 故障可能的原因 电机控制器异常、逆变器异常、电机异常。

② 故障分析 电机控制器向逆变器发出控制指令,逆变器根据控制指令产生具有一定振幅和频率的三相交流电,控制电机按照一定的规则运转。若逆变器发生故障,不能根据控制指令发出特定的三相交流电,则可能产生电机转速异常故障。

③ 解决办法

a. 检查逆变器产生的控制指令是否正常,若不正常,则应及时维修或更换。

b. 及时维修或更换电机。

(2)车辆突然急加速

① 故障可能的原因 整车控制器不正常、电机控制器不正常、驾驶员操作失误。

② 故障分析

a. 电机控制器是根据整车控制器发出的指令对电机进行控制的,而整车控制器则通过综合分析车辆各下级控制器的信息对电机控制器发出控制指令。若整车控制器发生异常,则有可能导致车辆突然急加速。

b. 电机控制器根据整车控制器发出的控制指令对电机进行控制,若电机控制器发生异常,使逆变器突然产生大振幅、高频率的三相交流电,则有可能导致车辆突然急加速。

③ 解决办法

a. 检查整车控制器的输入信号和输出信号是否正常,若输入信号不正常,则可能是下一级控制器故障,根据相应的信号查找,若输出的控制信号不正常,则可能是整车控制器发生故障,应及时维修或更换。若输出的控制信号正常,转向下一步。

b. 与上一步类似,在整车控制器的输出控制信号正常的情况下,检查电机控制器的输出信号是否正常,若其向逆变器输出的控制信号不正常,应及时维修或更换。

2.2 动力电池

2.2.1 概述

(1)特斯拉电池的优点 纯电动汽车使用的电池多为锂电池,使用较为主流的有圆柱形的三元锂电池和方形的磷酸铁锂电池。特斯拉使用的是 18650 三元锂电池(图 2-2-1)。其中,

18650是型号，18表示直径为18mm，65表示高度为65mm，0表示为有柱形电池。尽管特斯拉使用的18650三元锂电池有诸多不足，但特斯拉仍然采用了这种电池，其理由如下。

① 成熟的工艺　此类电池作为消费级的产品已经有了15年的使用经验，这种先进技术的积累能够满足汽车电池领域中的使用，可以推动需求、提高能量密度以及降低成本。松下的电池技术领先全球，其生产规模也是首屈一指的，产品缺陷率控制得较好。

② 较高的性价比　18650三元锂电池有大量的生产商，加之特斯拉对该电池的大量需求，使其对电池生产厂商有较强的议价能力，在同等性能下能够较好地控制成本（图2-2-2）。

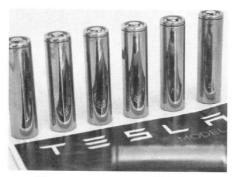
图2-2-1　18650三元锂电池

图2-2-2　电池组

③ 可控的安全性能　电池单体的尺寸较小，一方面每节单体能量可控；另一方面很多节电池之间的关系都是并联的，因而个别电池单体出了问题不会影响到其他电池单体，可以减弱故障可能带来的影响。相比而言，使用新型大容量电池的车辆，其电池单体之间往往都是串联关系，因而如果某一节单体出现了问题，就会影响到整个电池包，从而给整车的运行带来较严重的影响。

（2）电池的性能　特斯拉公司是使用圆柱形三元锂电池的代表，使用由7000节左右的电池单体组成的电池包，该电池组的基本参数见表2-2-1。

表2-2-1　特斯拉高压电池组的基本参数

车型	Model S
动力电池包电压	356.4V
动力电池包总电量	85W·h
动力电池包总质量	544kg
普通充电时间	10.5h
快速充电时间	4.5h
能量密度	156W·h/kg

特斯拉完整的电池包内部结构，其电池排列得非常紧密，有利于加大空间利用率。特斯拉电池单体平均电压约3.6V，由日本松下公司生产，其正极材料为钴酸锂，负极材料为金属锂，具有良好的一致性。特斯拉电池砖由77个单体通过并联组成，每个电池砖对外输出电压为3.6V。

特斯拉电池模块由9个电池砖通过串联组成了电池模块，其对外输出电压为3.6V×9=32.4V。特斯拉电池包由11个电池模块通过串联组成了整个高压电池包，其对外输出的电压约为32.4V×11=356.4V。

在特斯拉高压电池包的组装形式里,串联提高了电池的电压,并联提高了电池的容量。特斯拉通过特定的组装形式,使电池组达到最终所需的电压和容量。

(3)电池安全性 电池排列紧凑虽然可以最大化减少空间占用,然而,这也给如何为数量巨大的电池提供有效的保护措施,为排列紧密的电池提供良好的散热提出了更高的要求。由于电池的高容量及电池材料钴酸锂自身特性的限制,其高温状态下的稳定性较差,尤其在受到剧烈振动或强烈撞击时,很可能起火燃烧甚至发生爆炸,事实上,目前已经有了类似案例。因此,特斯拉采用多种措施保证电池足够安全。

2.2.2 拆装动力电池总成

(1)拆卸动力电池

① 升起并支撑车辆。

② 拆卸后护板。

③ 拆卸左侧剪力板副框架的螺母(扭矩为35N·m)。

④ 拆卸电池的固定螺栓(扭矩为38N·m)(图2-2-3)。

⑤ 在电池下面正确放置电池工作台。确保该工作台保持水平并且可以支撑电池的全重。

⑥ 如果装配了防撞板压铸件,请将其拆下(请参考相关程序)。

⑦ 拆卸高压电池在前副框架和车身上的螺栓(扭矩为115N·m)(图2-2-4)。

操作视频

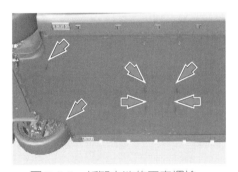

图 2-2-3 拆卸电池的固定螺栓

图 2-2-4 拆卸高压电池在前副框架和车身上的螺栓

⑧ 拆卸高压电池前副框架的螺栓(扭矩为30N·m)(图2-2-5)。

⑨ 拆卸高压电池车身左侧车门槛板的螺栓(扭矩为55N·m)(图2-2-6)。

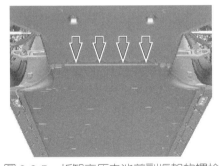

图 2-2-5 拆卸高压电池前副框架的螺栓

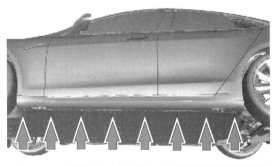

图 2-2-6 拆卸高压电池车身左侧车门槛板的螺栓

⑩ 对于固定到车身右侧车门槛板的电池,重复上述步骤。

⑪ 拆卸将电池固定到车身的其余螺栓(扭矩为38N·m)(图2-2-7)。

⑫ 使用辅助设备小心地降低电池总成(图2-2-8)。

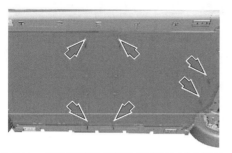
图 2-2-7　拆卸将电池固定到车身的其余螺栓

图 2-2-8　电池总成

⑬ 使用万用表检查高压电池处的电压：B+ 到地面、B- 到地面、B+ 到 B-。

⑭ 将一个高电压盖（1038478-00-A）和一个低电压盖（1028325-00-A）插入高压及低压电池端口。如果没有此类护盖，则使用 3M2480S 遮蔽胶带或 3M471 红色聚氯乙烯绝缘带密封这些端口（图 2-2-9）。

(2) **安装动力电池**　安装程序与拆卸程序相反，以下各项除外：更换所有尼龙嵌件式防松螺母；更换所有部件螺栓；勿使用冲击扳手安装电池紧固件。

① 将电池抬升入位并确保电池线束连接器和定位销连接到电池（图 2-2-10）。

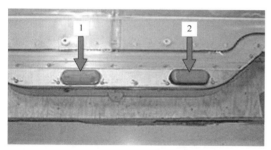
图 2-2-9　动力电池
1—高压电盖；2—低压电盖

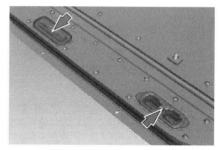
图 2-2-10　确认位置

② 使用高压速接头安装工具，确保高压速接头正确就位：将手伸到后副框架上方并将高压速接头用力向下拉；定位高压速接头就位工具，使下臂支撑在后副框架底部，上臂位于车辆侧面速接头高压电缆中间；将把手朝向车辆后部拉动，确保速接头正确就位。

③ 检查冷却系统并加满冷却液。

2.2.3　动力电池常见故障

(1) 满电状态下续航里程偏低故障分析

① **故障可能的原因**　环境温度过低、电池电量预估错误、电池损耗较严重。

② **故障分析**　环境温度是影响电池放电能力的主要因素，过低的温度会严重限制蓄电池的放电能力。纯电动汽车的电源管理系统是根据当前蓄电池所存储的总电量和行驶单位里程所需电量这两个参数计算车辆当前状态下的续航里程的。若电池管理系统对当前状态下电池电量的预估错误，则系统将无法计算正确的续航里程。锂电池的放电能力是与其损耗程度相关的，在充放电的循环次数不断增加的过程中，锂电池内部的化学反应原料不断损耗，当损耗较为严重的时候，电池的放电能力下降，造成满电状态下续航里程偏低。

③ **解决办法**

a. 若环境温度过低，可以在静止状态下给车辆上电，车辆的温度传感器感知到过低温度之后，将启动 PTC 加热功能给电池加热，或者可以正常行驶一段路程，在行驶的过程中，电池的温度也会缓慢升高，当电池温度正常时，续航里程将恢复正常。若环境温度正常，进入下一步。

b. 重新启动车辆，使车辆的管理系统对电池重新进行检测，再次观察其显示读数是否正常；若仍然不正常，则需要检查电池管理系统的工作是否正常；若正常，进入下一步。

c. 检查电池组的损耗情况，若电池组损耗严重，则应该对电池组进行更换。

（2）电池过热

① 故障可能的原因　车速持续过快、电池包内部发生故障、散热系统故障。

② 故障分析　为使车辆具有较高速度，需要电池组大电流放电，而过大的电流会产生极多热量，若车速持续处于过快的状态，会使电流持续过大，产生来不及排出的过多热量，造成电池过热。散热系统不能及时将电池产生的热量排出，使电池发生过热的现象。电池包内部的电池出现问题，如发生短路等危险情况，也会使电池出现过热的现象。

③ 解决办法

a. 适当降低车速，若问题仍然无法解决，转向下一步。

b. 可以通过测量散热系统的温度来判断散热系统是否正常，若散热系统的温度低于车辆行驶时所应具有的温度，则说明散热系统不正常，应尽早维修。若散热系统温度正常，转向下一步。

c. 可以检测电池包的温度，若电池包的温度超过安全限度，则说明出现电池包内部的安全问题，应及时维修或更换电池包。这种情况危险性较大，电池包自身问题产生大量的热量无法排出，并且由于发生在电池包内部，往往不易察觉。但也不必过于担心，特斯拉的监控系统会及时针对这种情况发出警报，电池包与驾驶舱之间还有隔热墙隔离，这些措施都给乘员增加了逃生时间，尽可能保证乘员的安全。

2.3　高压电控系统

2.3.1　概述

电控部分是整车的"神经中枢"，其性能的好坏决定了整车性能的优劣，与电动汽车爬坡、加速、续航等指标息息相关。这些电控部分通常有电池管理系统、DC/DC 转换器以及充电系统等。

（1）电池管理系统　电池管理系统（Battery Management System，BMS），顾名思义，其在纯电动汽车上的作用主要是对电池进行管理。电池管理系统一方面控制着电流的输入和输出，这主要是通过控制接触器的通断完成的；另一方面对电池的状况进行监控，主要监控的参数有电流、电压、温度三个，目的是监测电池当前的技术状况，并能够及时根据电池状况做出相应的处理（图 2-3-1）。

① 管理层级　为解决该类型电池的固有问题，特斯拉采用先进的电池管理系统对电池进行管理。特斯拉的电池管理方式比较特殊，从整体上看，它采用了三层管理的模式。

从整车的角度来说，其整车监控器（Vehicle System Monitor，VSM）可以对整个 BMS 进行监控，针对 BMS 的各项监控参数判断电池系统的状态，从而产生相应的动作。

VSM 的下一级即为 BMS，特斯拉的 BMS 采用的是主从模式，由主控制器电池系统监控（Battery Management Unit，BMU）和从控制器电池监控板（Battery Monitor Board，BMB）构成。其中，BMS 安装在电池包中，接收每个 BMB 报告的数据，并实时监控整个电池包的状况，其监控的数据包括但不限于电池包的电流、电压、温度、相对位置及烟雾等。其中相对位置的检测可以判断电池当前所在位置是否正常，防止相对位置变动过大（如发生严重撞击）产生危险，通过烟雾检测可以及时发现火情，在起火初期发出预警，有利于驾乘人员及时逃离，保障生命安全。BMB 在逻辑上属于 BMS 的下一级，安装在电池模块里，每一个 BMB 监控一个电池模块内的 9 个电池砖的一些特性,如每个电池砖的电压、温度及每个模块的输出电压,保证每个电池砖的参数都在正常的工作范围之内。

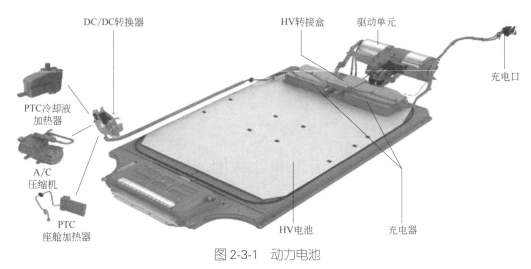

图 2-3-1　动力电池

② 温控管理　对于纯电动汽车来说,保持电池正常的工作温度是非常重要的,因为无论温度过高或过低,都会极大地影响电池的各项性能,这不但与驾驶体验有关,还与驾乘人员的生命安全息息相关。

一方面,环境温度过低会使锂电池的放电效率降低。纯电动汽车在冬季不易启动,且续航里程不如夏季,就是因为过低的温度限制了锂电池化学反应的速率和深度,降低了锂电池的放电效率。另一方面,环境温度过高会使锂电池的放电效率提高,适度提高放电效应可以显著增强汽车的各项行驶性能,但是,放电效应的过度提高很可能会适得其反。如前所述,特斯拉使用的 18650 电池的稳定性较差,过高的温度和过于猛烈的撞击,均有可能使 18650 起火燃烧甚至爆炸。因而,如何保证锂电池时刻处在合适的工作温度范围内是特斯拉需要面对的严肃问题。在所有的技术创新中,与电池相关的各项技术创新是特斯拉最引以为傲的。在特斯拉申请的专利中,很多专利都与电池冷却系统、安全系统与电荷平衡系统相关,可以看出特斯拉对电池的安全是十分重视的。

在电池温度监控方面,特斯拉的每一节电池都安装有热敏电阻,当某个电池单体的温度超过限制时,热敏电阻将向电池管理系统发送电信号,从而启动冷却系统调节温度,保障电池的正常运行。

在冷却措施上,特斯拉自主研发了双模式冷却系统,称为机体液体冷凝系统,使用的冷却液为乙二醇溶液。在锂电池内部,注入乙二醇溶液的导热铝管呈 S 形环绕,其左右两侧还安装有两个金属接头,使乙二醇溶液可以在铝管内循环往复,不断把电池组产生的热量导出。

特斯拉使用的冷却系统分为两层冷却回路:第一层冷却回路连接了控热系统、通风系统、散热部件以及电池组热管理系统,其散热管路布满电池的底部,通过这一回路可以及时带走电池组产生的热量,防止电池的温度超过其安全限定值;第二层冷却回路与第一层冷却回路是并列的,可以保证电池组冷却系统的独立性。特斯拉所采用的这些冷却措施可以将每个电池单体的温度差异控制在 2℃ 以内,从而保证电池具有较好的一致性。

(2) DC/DC 转换器　纯电动汽车使用的直流电有高压直流电和低压直流电。其中,高压直流电主要与蓄电池相关,向蓄电池输入或从蓄电池输出;低压直流电主要供给车辆的车载用电器使用,如控制台、各个控制芯片、各类传感器以及各类低压用电器等。

DC/DC 转换器能够完成高压直流电与低压直流电之间的转换，从而满足各个电气设备的用电需求。特斯拉的 DC/DC 转换器将高压电降为 12～16V，除了保证 12V 蓄电池具有足够的电量之外，还给空调压缩机、PTC 座舱和 PTC 冷却液加热供电。

2.3.2 拆装 DC/DC 转换器

（1）拆卸 DC/DC 转换器

① 取出 HV 电池。
② 卸下冷却剂泵支架的螺栓（扭矩 5.5N·m）（图 2-3-2）。
③ 夹紧 DC/DC 转换器和所述冷却水泵之间的顶部的冷却剂的软管（图 2-3-3）。

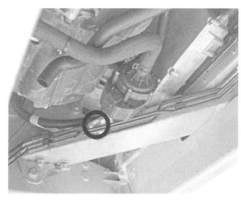
图 2-3-2　卸下冷却剂泵支架的螺栓

图 2-3-3　夹紧 DC/DC 转换器冷却剂的软管

④ 松开锁紧环 DC/DC 转换器上部冷却剂软管。
⑤ 移向车辆前部的冷却剂泵和软管。
⑥ 卸下固定 12V 正线 DC/DC 转换器的右侧螺栓（扭矩 12.5N·m）（图 2-3-4）。
⑦ 断开 DC/DC 转换器右侧的 12V 逻辑接口。
⑧ 卸下固定高压电缆在舱壁上（扭矩 9N·m）的螺栓（图 2-3-5）。
⑨ 断开 DC/DC 转换器右侧的高压线束插头。
⑩ 松开高压电缆的固定卡扣（图 2-3-6）。
⑪ 拆卸 DC/DC 转换器支架的螺母（扭矩 6N·m）（图 2-3-7）。

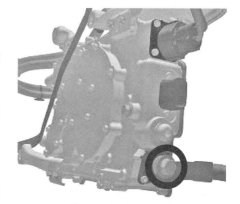
图 2-3-4　拆卸螺栓

图 2-3-5　拆卸螺栓

图 2-3-6　松开高压电缆的固定卡扣

⑫ 拆卸 DC/DC 转换器下部冷却液软管（图 2-3-8）。

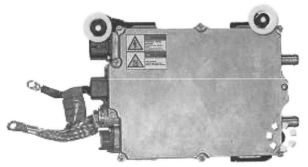

图 2-3-7　拆卸 DC/DC 转换器支架的螺母　　图 2-3-8　拆卸 DC/DC 转换器下部冷却液软管

⑬ 拆卸 DC/DC 转换器。

（2）安装 DC/DC 转换器　安装过程与拆卸相反。注意以下情况：确保冷却液软管未扭结；所有连接进行推拉测试。

2.4 充电系统

2.4.1 充电系统介绍

特斯拉 Model S 支持 4 种充电方式，其使用的充电设备分别为超级充电桩、专用充电墙、公共交流充电桩、普通家用插座。这 4 种充电设备在充电效率上各有不同，可以满足在不同环境下的充电需求。

（1）超级充电桩　超级充电桩是由特斯拉官方提供的，由特斯拉专门为自身品牌设计（图 2-4-1）。通过超级充电桩给特斯拉纯电动汽车充电（简称"超充"），可以达到最快的充电速度，这种充电方式为直流充电。

图 2-4-1　超级充电桩

当充电枪与超级充电桩连接时，超级充电桩将与特斯拉纯电动汽车通信，确定当前被充电车辆的型号，从而得到相应的电池参数。接着，超级充电桩将输出符合当前充电车辆超充标准的电流，从而以最快的速度充电。通过这种方式，通常只需要 20min 就可以充满一半电量，40min 就可以充满 80%。

（2）专用充电墙　通过特斯拉专门为其产品配备的专用充电墙（图 2-4-2），可以以 80A 的大电流为特斯拉纯电动汽车充电，充电速率为每小时 17.6kW·h，每小时充电量的续航里程可以达到 80～100km，从没电到完全充满电需要 5h。在我国，这种方式需要专门申请 80A 电表，并需要选配特斯拉的第二充电器，前期投入较大。

（3）公共交流充电桩　随着纯电动汽车的保有量不断上升，充电不方便的问题逐渐显现。为满足越来越多纯电动汽车的充电需求，国家电网在多地方建立了公共交流充电桩，其标准为 220V/36A。用户可购买国家电网的专用充电桩电卡，通过特斯拉的转接头将充电桩与特斯拉纯电动汽车连接起来，即可每小时充电 7.9kW·h，充满电需要 12h 左右。

（4）普通家用插座　我国家用插座通常为 220V/10A 或 220V/16A，通过特斯拉配套的专用充电设备，即可通过家用插座给特斯拉纯电动汽车充电。这种充电方式较慢，完全充满电需要

25～40h。

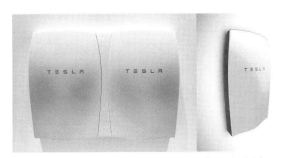

图 2-4-2　专用充电墙

在以上所有充电过程中，一方面，用户都可以通过车内显示屏清晰地看到当前的充电状况，可获取的信息有充电量、充电剩余时间、充电电压、最大充电电流等，充电接口还会通过不同颜色的指示灯表示当前的充电状态；另一方面，充电枪可以通过电池管理系统了解当前被充电电池的状态，如已充多少电、电池温度等信息，使它可以根据电池的状态调整充电的电压、电流等参数，在保证安全的前提下为特斯拉纯电动汽车充电。

2.4.2　拆装充电口

（1）拆卸充电口

① 打开左后门。
② 打开尾门。
③ 打开装料口。
④ 断开 12V 电源。
⑤ 取下左后备厢地毯和装饰总成。
⑥ 取下泡沫 HVAC 管道（图 2-4-3）。
⑦ 内侧拉动填充口盖，然后拆卸（图 2-4-4）。

操作视频

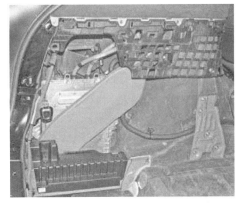

图 2-4-3　取下泡沫 HVAC 管道　　　　图 2-4-4　内侧拉动填充口盖

⑧ 用万用表检查固定高压电缆充电电压（图 2-4-5）：B+ 接地、B 接地、B+ 到 B。
⑨ 卸下高压电缆充电端口的螺栓（扭矩为 9N·m）。
⑩ 从充电端口拆卸高压电缆。
⑪ 断开充电端口的低电压线束（图 2-4-6）。

图 2-4-5　检查电压

图 2-4-6　断开充电端口的低电压线束

⑫ 拆卸螺栓（扭矩 5N·m）（图 2-4-7）。

⑬ 断开充电端口门电动机线束（图 2-4-8）。

图 2-4-7　拆卸螺栓

图 2-4-8　断开充电端口门电动机线束

⑭ 从车辆上卸下充电口。

（2）安装充电口　安装过程与拆卸相反，注意以下情况：安装充电端口之前，请确保密封圈在门驱动器完全就位；确保充电口电动机的电线在充电口的下方（图 2-4-9）；确保充电端口与主体板齐平；固定高压电缆到充电端口之前，插入充电端口对准工具连接口（图 2-4-10）。

图 2-4-9　线束安装

图 2-4-10　测试

2.4.3　充电系统常见故障——无法充电

（1）故障可能的原因　充电接口松动、充电枪故障、电控系统故障。

（2）故障分析

① 充电接口松动造成充电器接触不良，无法充电。

② 接上充电接口之后，特斯拉的充电器先与电池管理系统通信，获得充电参数之后再充电，

若充电器发生故障,则无法产生通信,因而无法充电。

③ 与第二个原因类似,若电控系统发生故障,无法与充电器通信,或无法获得电池的电量参数,则无法完成正常的充电操作。

(3) 解决办法

① 检查充电接口,若松动则进行加固;否则,进入下一步。

② 充电状态下,观察充电枪的充电状态显示,紧接着检测充电枪,若有故障则修理或更换;若无故障,进入下一步。

③ 检测电控系统的工作状态是否正常,如能否完成通信或正确获得电池的电量参数,若功能不正常,则需要检修或更换。

2.5 空调系统

2.5.1 压缩机总成拆装

(1) 拆卸压缩机总成

① 升起并支撑车辆。

② 执行车辆电气绝缘程序。

③ 拆卸前备箱储物盒,以便进入。

④ 为空调系统释放压力。

⑤ 从压缩机上断开高电压和低电压连接器。

⑥ 拆卸螺栓,并从压缩机上松开接地线(扭矩为 8.5N·m)(图 2-5-1)。

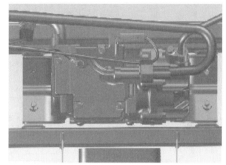

图 2-5-1 从压缩机上松开接地线

⑦ 拆卸压缩机制冷剂管路的螺栓(图 2-5-2)。松开管路,收集密封件,并插入压缩机和空调管路(扭矩为 10N·m)。

⑧ 拆卸前防滑板。

⑨ 拆卸压缩机总成副框架的螺母(图 2-5-3)。从副框架安装点上松开压缩机(扭矩为 10N·m)。

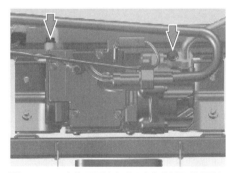

图 2-5-2 拆卸压缩机制冷剂管路的螺栓

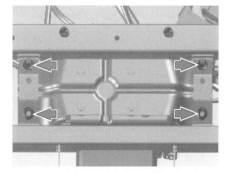

图 2-5-3 拆卸压缩机总成副框架的螺母

⑩ 降低车辆坡道,从前备厢上拆卸压缩机总成。

⑪ 拆卸压缩机支架的螺栓(扭矩为 24N·m)(图 2-5-4)。

⑫ 从压缩机上拆卸支架。

(2) 安装压缩机总成 安装程序与拆卸程序相反,安装新压缩机高电压连接器标签除外。

2.5.2 电池冷却器和恒温膨胀阀总成拆装

(1) 拆卸电池冷却器和恒温膨胀阀总成

① 拆卸前挡泥板。
② 回收空调系统中的制冷剂。
③ 执行车辆电气绝缘程序。
④ 拆卸恒温膨胀阀的螺母（扭矩为12N·m）。松开管子，并收集O形环。插入管子和恒温膨胀阀。
⑤ 断开恒温膨胀阀电气连接器。
⑥ 夹住冷却剂软管，以最大限度地减少冷却剂流失。
⑦ 放置托盘，从恒温膨胀阀上松开夹子和冷却剂软管。
⑧ 拆卸固定副框架的螺栓（图2-5-5），并拆卸总成（扭矩为12N·m）。

图 2-5-4 拆卸压缩机支架的螺栓

图 2-5-5 拆卸固定副框架的螺栓

(2) 安装电池冷却器和恒温膨胀阀总成　安装程序与拆卸程序相反。

2.5.3 恒温膨胀阀（蒸发器侧）拆装

(1) 拆卸恒温膨胀阀

① 为空调系统释放压力。
② 拆卸前备厢储物盒。
③ 拆卸管子固定板的螺母（扭矩为22N·m）。
④ 拆卸空调管支架的螺栓（扭矩为6N·m）（图2-5-6）。
⑤ 从恒温膨胀阀上断开制冷剂管子。
⑥ 断开恒温膨胀阀电磁阀连接器。
⑦ 拆卸恒温膨胀阀固定螺栓（扭矩为6N·m）（图2-5-7）。

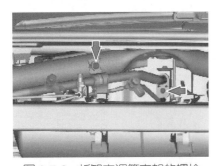

图 2-5-6 拆卸空调管支架的螺栓

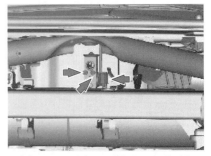

图 2-5-7 拆卸恒温膨胀阀固定螺栓

(2) 安装恒温膨胀阀（蒸发器侧）　安装程序与拆卸程序相反，更换空调管O形环除外。

第 3 章　宝马电动汽车故障

3.1　驱动系统

3.1.1　电动驱动装置组件

电动驱动装置组件如图 3-1-1 所示。

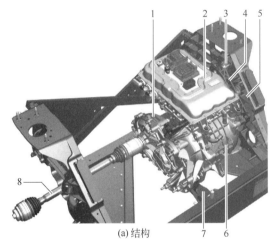

(a) 结构

1—变速箱；2—电机电子装置；3—支撑臂轴承；4—支撑臂；5—后桥模块；
6—电机；7—稳定杆连杆；8—右侧半轴

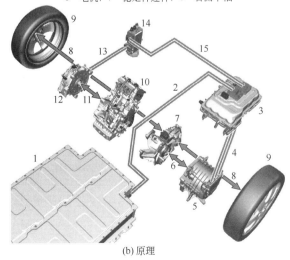

(b) 原理

1—高电压蓄电池；2—通过两芯高电压导线实现双方向能量流(电能)；3—电机电子装置；4—通过三相高电压导线实现双方向能量流(电能)；5—电机；6—从电机到变速箱以及从变速箱到电机的动力传递路线(机械能)；7—变速箱；8—通过半轴从变速箱到后车轮以及从后车轮到变速箱的动力传递路线(机械能)；9—后车轮；10—W20内燃机；11—从内燃机到增程电机的双方向动力传递路线(机械能)；12—增程电机；13—通过三相高电压导线实现双方向能量流(电能)；14—增程电机电子装置；15—通过两芯高电压导线实现双方向能量流(电能)

图 3-1-1　电动驱动装置组件

3.1.2 电机

该电机（图 3-1-2）不仅可以作为电动机使用，也可以作为发电机使用。此后从车辆动能中回收利用的电能可以用于行驶期间为高电压蓄电池充电（制动能量回收利用）。

图 3-1-2 电机

（1）**电机结构** I01 所用电机是同步电机，其基本结构和工作原理与带内转子的永磁激励同步电机相同：转子位于内部且装备了永久磁铁。定子以环形方式布置在转子外围。由安装在转子凹槽内的三相绕组构成。如果在定子绕组上施加三相交流电压，所产生的旋转磁场（在电机运行模式下）就会"带动"转子内的磁铁（图 3-1-3）。

（2）**电机冷却系统** 电机无须加注机油，仅对两个包含油脂的深槽球轴承进行润滑。通过从电机电子装置输出端输送至电机的冷却液进行电机冷却。在电机内冷却液流过布置在外侧的螺旋形冷却通道，壳体末端的两个 O 形环密封冷却通道，因此电机内部完全"干燥"（图 3-1-4）。

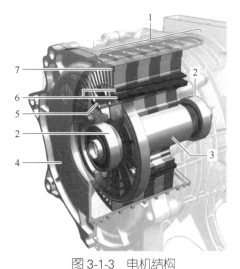

图 3-1-3 电机结构

1—冷却通道；2—深槽球轴承；3—驱动轴；4—内部壳体；5—转子内的挡板套件；6—转子内的永久磁铁；7—定子挡板套件

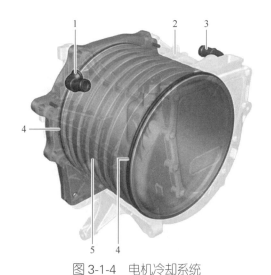

图 3-1-4 电机冷却系统

1—冷却液管路接口（电机输入端，连自电机电子装置）；2—外部壳体；3—冷却液管路接口（电机输出端，连至冷却液散热器）；4—O 形环；5—冷却通道

（3）**传感器** 为避免因温度过高而造成组件损坏，I01 电机内有两个温度传感器。两个温度传感器位于定子绕组内，不直接测量转子温度，而是根据定子内的温度传感器测量值进行确定。两个温度传感器都是取决于温度的 NTC 型电阻，其信号以模拟方式由电机电子装置读取和分析。

为确保电机电子装置正确计算和产生定子内绕组电压的振幅和相位，必须知道准确的转子角度位置，因此在离开变速箱的驱动轴端部处有一个转子位置传感器。

转子位置传感器固定在电机定子上，依据旋转变压器原理工作。在转子位置传感器内有三个线圈，其中一个线圈上存储规定交流电压，另外两个线圈彼此错开 90°。在这些线圈内产生的感应电压表示转子的角度位置。转子位置传感器由电机制造商安装并进行相应调整，因此原则上已正确校准。在制造期间准确校准转子位置传感器，之后将电机与电机电子装置组装在一起。

校准值存储在电机电子装置的控制单元内。电机的电气接口如图 3-1-5 所示。

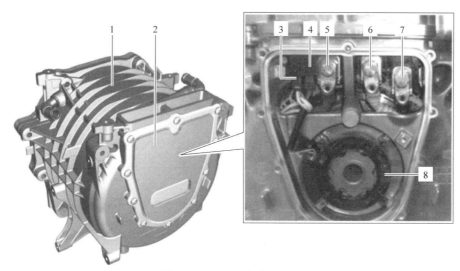

图 3-1-5 电机的电气接口

1—外部壳体；2—壳体盖；3—转子位置传感器接口；4—定子内的温度传感器；5—高电压接口 U；
6—高电压接口 V；7—高电压接口 W；8—转子位置传感器

3.1.3 变速箱

变速箱总传动比为 9.7∶1。因此变速箱输入端的转速是变速箱输出端的 9.7 倍。该传动比通过两个圆柱齿轮对来实现，因此在变速箱内输入轴旁还有一个中间轴。变速箱输出端处的圆柱齿轮与差速器壳体固定连接在一起并驱动差速器。差速器将扭矩分配给两个输出端并在两个输出端之间进行转速补偿（图 3-1-6）。

机械接口：固定和承受驱动力矩不仅涉及变速箱本身，而且涉及由电机、变速箱和电机电子装置组成的整个驱动单元。重力和驱动力矩通过支撑臂和稳定杆连杆传输至后桥模块并由此传递到车身上（图 3-1-7）。

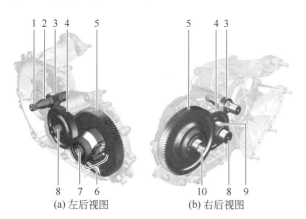

图 3-1-6 变速箱结构

1—啮合轴用于连接电机驱动轴；2—变速箱输入轴；3—输入轴上的圆柱齿轮 1；4—中间轴上的圆柱齿轮 2；5—变速箱输出端处的圆柱齿轮 4；6—差速器；7—左侧半轴接口；8—中间轴；9—中间轴上的圆柱齿轮 3；10—右侧半轴接口

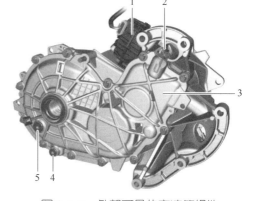

图 3-1-7 外部可见的变速箱组件

1—驻车锁模块；2—排气口；3—变速箱壳体；4—放油螺塞；5—加注螺塞

3.2 动力电池

3.2.1 概述

高电压蓄电池单元是I01电动驱动装置的蓄能器,因此它相当于传统内燃机车辆的燃油箱。在宝马ActiveHybrid车辆上已使用高电压蓄电池单元来为电动驱动装置供应能量。在宝马ActiveHybrid车辆上,电机作为发电机驱动时为高电压蓄电池充电。在制动能量回收利用时或通过提高内燃机负荷点来实现这一点。在I01上,进行制动能量回收利用时也可能重新使高电压蓄电池部分充电,但主要还是通过外部电网来为其供应能量。可选装的增程器通过一个汽油发动机和另一个电机同样可以提供电能,但该能量主要用于在高电压蓄电池已相对过度放电时保持充电状态(图3-2-1)。

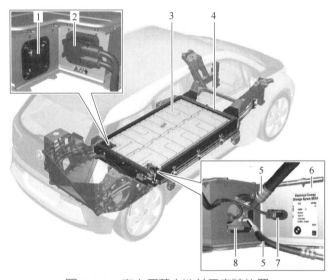

图 3-2-1 高电压蓄电池单元安装位置

1—排气口;2—高电压接口;3—高电压蓄电池单元;4—框架(Drive模块);5—制冷剂管路;6—带有序列号的型号铭牌;7—12V车载网络接口,与车辆通信;8—膨胀和截止组合阀

高电压蓄电池单元除高电压接口外还带有一个12V车载网络接口,此外还为集成式控制单元提供电压、总线信号、传感器信号和监控信号。为了对高电压蓄电池进行冷却,将其接入制冷剂循环回路内。高电压蓄电池单元上的提示牌向进行相关组件作业的人员说明所用技术及可能存在的电气和化学危险。

3.2.2 蓄能器管理电子装置(SME)

SME控制单元需要执行以下任务:
① 由电机电子装置(EME)根据要求控制高电压系统的启动和关闭;
② 分析有关所有电池的电压和温度以及高电压电路内电流强度的测量信号;
③ 控制高电压蓄电池单元冷却系统;
④ 确定高电压蓄电池的充电状态(SOC)和老化状态(SOH);
⑤ 确定高电压蓄电池的可用功率并根据需要对电机电子装置提出限制请求;
⑥ 安全功能(例如电压和温度监控、高电压触点监控、绝缘监控);
⑦ 识别出故障状态,存储故障码存储器记录并向电机电子装置发送故障状态。

原则上 SME 控制单元可通过诊断系统访问并进行编程。进行故障查询时必须清楚，在 SME 控制单元的故障码存储器内不仅可存储控制单元故障，而且还可查阅高电压蓄电池单元内其他组件的故障记录。

这些故障码存储器记录根据严重程度和尚可提供的功能分为不同类型。

① 立即关闭高电压系统　因出现故障影响高电压系统安全或产生高电压蓄电池损坏危险时，就会立即关闭高电压系统并断开电动机械式接触器触点。之后驾驶员可让车辆滑行并例如停在路面上。通过 12V 车载网络提供能量确保转向助力、制动助力和 DSC 调节。

② 限制功率　高电压蓄电池无法继续提供最大功率或全部能量时，为了保护组件会限制驱动功率和可达里程。此时驾驶员可在驱动功率明显降低的情况下继续行驶较短距离，在最好的情况下可行驶至最近的宝马维修站点，或将车辆停放在所选地点。

③ 对客户没有直接影响的故障　例如 SME 控制单元或 CSC 控制单元之间的通信短时受到干扰时，不表示功能受限或危及高电压系统安全。因此只会产生一个故障码存储器记录，必须由宝马维修站点通过诊断系统对该记录进行分析，但客户不会看到检查控制信息或感到功能受限。

从高电压蓄电池单元外部无法接触到 SME 控制单元。为在出现故障时更换 SME 控制单元，必须事先打开高电压蓄电池单元。

3.2.3　电池模块

高电压蓄电池单元由 8 个串联连接的电池模块构成，每个电池模块都分配有一个电池监控电子装置。电池模块自身由 12 个串联连接的电池构成，每个电池的额定电压为 3.75V，额定容量为 60A·H。电池模块的顺序是固定的，在背面从高电压插头开始（图 3-2-2）。

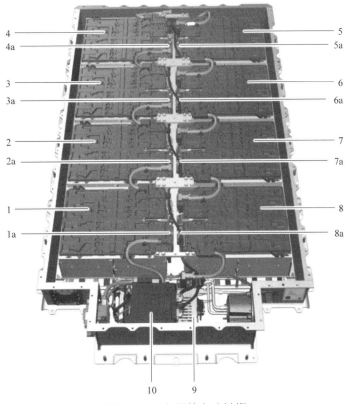

图 3-2-2　高压蓄电池结构

1～8—电池模块 1～8；1a～8a—电池监控电子装置 1～8；9—安全盒；10—蓄能器管理电子装置

3.2.4 电池监控

电池电压和电池温度不允许低于或高于特定数值，否则可能导致电池持续损坏。因此高电压蓄电池单元内带有 8 个研发名称为电池监控电路 CSC 的电池监控电子装置。在 I01 高电压蓄电池单元内，每个电池模块都有一个电池监控电子装置。电池监控电子装置执行以下任务：测量和监控每个电池的电压、测量和监控电池模块多处的温度、将测量参数传输至 SME 控制单元、执行电池电压补偿过程。

在此以较高扫描率（每 20ms 测量一次）测量电池电压。通过测量电压可以识别充电过程或放电过程是否结束。温度传感器安装在电池模块上，根据其测量值可确定各电池的温度。借助电池温度可以识别是否过载或有电气故障。出现以上一种情况时必须立即降低电流强度或完全关闭高电压系统，以免电池进一步损坏。此外，测量温度还用于控制冷却系统，从而确保电池始终在最有利于自身功率和使用寿命的温度范围内运行。由于电池温度是一个重要参数，因此每个电池模块装有四个 NTC 温度传感器，其中两个是另外两个的冗余装置。

电池监控电子装置通过局域 CAN1 传输其测量值，该局域 CAN1 使所有电池监控电子装置相互连接并与 SME 控制单元相连。在 SME 控制单元内对测量值进行分析并根据需要做出相应反应（例如控制冷却系统）。

局域 CAN1 和 CAN2 的传输速度为 500kBit/s。与采用相同传输速度的 CAN 总线一样，总线导线采用绞线形式。此外，两个局域 CAN 端部采用终端形式。用于局域 CAN1 两端的电阻值为 120Ω 的终端电阻位于 SME 控制单元内；用于局域 CAN2 两端的电阻值为 120Ω 的终端电阻位于 SME 控制单元内和 S 盒控制单元内，如图 3-2-3 所示。

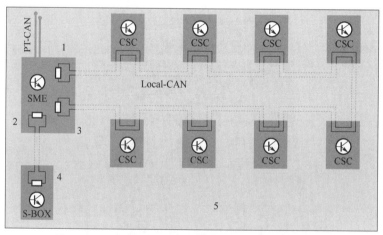

图 3-2-3 高电压蓄电池单元局域 CAN 电路原理图

1—SME 控制单元内的局域 CAN1 终端电阻；2—CSC 控制单元内的局域 CAN2 终端电阻（序号 5）；3—高电压蓄电池单元；4—安全盒内的局域 CAN2 终端电阻；5—SME 控制单元内的局域 CAN2 终端电阻

在故障查询期间测量局域 CAN 上的电阻时，在所有总线设备已连接且终端正常的情况下会得到大约 60Ω 的数值。

如果一个或多个电池的电压明显低于所有其他电池，高电压蓄电池的可用能量含量就会受限。因此放电时由"最弱"电池决定何时停止释放能量：最弱电池的电压降至放电限值时，即使其他电池还存有充足能量也必须结束放电过程。如果仍继续放电过程，会因此造成最弱电池损坏。因此通过一项功能使电池电压调节至几乎相同的水平，该过程也称为"电池对称"。

为此 SME 控制单元将所有电池电压进行相互比较，在此过程中对电压明显高于其余的电池进行有针对性的放电。SME 控制单元通过局域 CAN1 将相关请求发送至这些电池的电池监控电子装置，从而启动放电过程。为此每个电池监控电子装置都针对各电池带有一个欧姆电阻，相应电子触点闭合后放电电流就会流过该电阻。启动放电过程后由电池监控电子装置负责执行该过程，或在期间主控制单元切换为休眠模式的情况下继续执行该过程。通过与总线端 30F 直接相连的蓄能器管理电子装置为 CSC 控制单元供电来实现这一点。所有电池的电压处于规定的较小范围内时，放电过程就会自动结束。电池对称继续进行，直至所有电池达到相同电压水平。

3.2.5 安全盒（S 盒）

每个高电压单元内都有带独立壳体的接口单元，该单元称为开关盒或简称为 S 盒。由于它位于高电压蓄电池单元内部，因此只允许由具有"宝马 I 扩展型蓄电池服务"或"宝马 I 全方位服务"服务形式的经销商对其进行更换。安全盒内集成了以下组件：蓄电池负极电流路径内的电流传感器；蓄电池正极电流路径内的熔丝；两个电动机械式接触器（每个电流路径一个开关触点）；用于缓慢启动高电压系统的预充电电路；用于监控开关触点、测量蓄电池总电压和监控绝缘电阻的电压传感器。

高电压蓄电池单元还带有一个电气加热装置。此时在安全盒内带有加热装置的控制和供电电子装置，用于控制加热装置的微控制器通过一个局域 CAN2 与 SME 控制单元相连。此外微控制器接收接通加热装置和相关运行功率要求，随后微控制器通过 Power MOSFET 接通和关闭加热装置。通过进行脉冲宽度调制调节所需加热功率。加热装置所需能量来自高电压车载网络。如果从高电压蓄电池自身获取所需能量，可达里程就会明显降低。因此只有与外部电网连接进行充电时才会对高电压蓄电池进行加热。

3.3 高压电控系统

电机电子装置（EME）是高电压蓄电池与电机之间的中央连接元件，此外它还负责将高电压车载网络的能量提供给低电压车载网络。EME 安装在电机之上，因此 EME 与电机之间的电气连接很短，从而可以几乎无损失地传输能量。由于两个组件在空间上相邻，因此可以采用紧凑型共用冷却液循环回路。EME 和电机彼此固定连接，EME 内的供电电子装置将高电压蓄电池的直流电压转换为用于电机的三个相电压，在此能量流可以向两个方向流动。制动能量回收利用时为高电压蓄电池充电，加速时高电压蓄电池放电（图 3-3-1）。

电机电子装置（EME）主要用作驱动 I01 的电机电子控制装置，在此该装置的任务是将高电压蓄电池的直流电压（最高约 400V）转换为用于控制电机（作为电机）的三相交流电压（最高约 360V）；反之，当电机作为发电机使用时，电机电子装置将电机的三相交流电压转换为直流电压，从而为高电压蓄电池充电，该过程在制动能量回收利用期间进行。对于这两种运行方式来说都需使用双向 DC/AC 转换器，该转换器可作为逆变器和直流整流器工作。

通过同样集成在电机电子装置内的 DC/DC 转换器来确保为 12V 车载网络供电。此外电机电子装置还有一个控制单元，该控制单元与电机电子装置名称相同，缩写为"EME"。

I01 的整个电机电子装置位于一个铝合金壳体内，在该壳体内装有控制单元，用于将交流电压转换为直流电压从而为高电压蓄电池充电以及将高电压蓄电池直流电压转换为三相交流电压的双向 AC/DC 转换器，以及用于为 12V 车载网络供电的 DC/DC 转换器。

EME 还与低电压车载网络连接。通过 EME 内的 DC/DC 转换器将能量从高电压车载网络传输到低电压车载网络内。DC/DC 转换器也承担发电机的功能并为低电压车载网络提供能量。

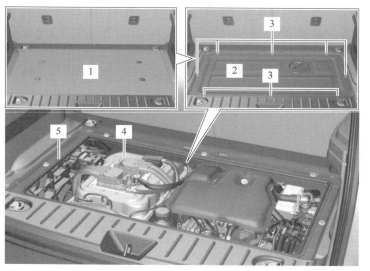

(a) 位置图　　　　　　　　　　　　　　　　(b) 外观图

1—后备厢饰板；2—端盖；3—端盖的固定螺栓；4—电机电子装置；5—密封垫

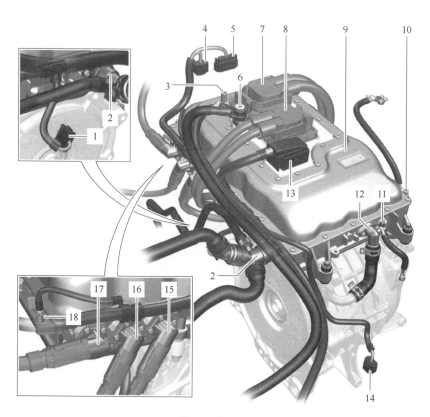

(c) 带导线电机电子装置的接口

1—驻车锁模块内的电机供电和连自/连至驻车锁模块的信号导线；2—冷却液管路(供给，电机电子装置)；3—DC/DC 转换器-12V输出端；4—低电压插头；5—低电压插头；6—DC/DC 转换器+12V输出端；7—至高电压蓄电池的高电压导线(DC)；8—至增程器EME的高电压导线(DC)；9—电机电子装置壳体；10，11—电位补偿导线接口；12—冷却液管路(回流，电机电子装置，至电机)；13—EME 低电压插头(信号插头)；14—压缩机低电压插头；15—至电动制冷剂压缩机的高电压导线；16—至电气加热装置的高电压导线；17—用于交流电充电的高电压导线；18—接地接口

图 3-3-1　电机电子装置

3.4 充电系统

3.4.1 充电接口模块（LIM）

LIM 可实现车辆与充电站之间的通信。通过总线端 30F 为 LIM 控制单元供电。在 LIM 内带有一个用于 PT-CAN 的终端电阻。插入充电电缆时，LIM 可唤醒车辆车载网络内的控制单元。此外还有一根导线直接由 LIM 控制单元连接至电机电子装置。只有当 LIM 控制单元通过该导线上的信号授权充电过程时，电机电子装置才会开始转换电压从而执行充电过程（图 3-4-1）。

LIM 的主要任务：通过控制和接近导线与 EVSE 进行通信、协调充电过程、控制用于显示充电状态的 LED、控制用于锁止充电接口盖的电机、控制用于锁止充电插头的电机。

充电接口模块输入/输出如图 3-4-2 所示。

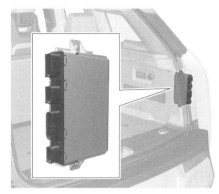

图 3-4-1 充电接口模块 LIM

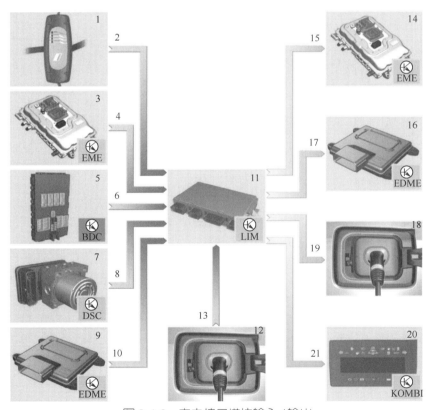

图 3-4-2 充电接口模块输入/输出

1—电动车辆供电设备；2—有关交流电压网络是否可用、充电电缆是否正确连接以及最大可用电流强度的信息；3，14—电机电子装置 EME；4—所要求的充电功率、充电电压和充电电流强度（规定值）；5—车身域控制器 BDC；6—总线端状态，行驶准备已关闭；7—动态稳定控制系统 DSC；8—车速；9，16—数字式发动机电气电子系统 EDME；10—驻车锁状态（已挂入/已松开），高电压车载网络功率需求；11—充电接口模块 LIM；12—车辆上的充电接口；13—充电接口盖和充电插头的状态；15—所设置充电功率、充电电压和充电电流强度的实际值，充电授权；17—有关充电电缆是否插入和充电过程是否启用的信息；18—充电接口；19—控制用于定向照明和显示充电状态以及充电接口盖状态的 LED，控制用于锁止充电插头的电动驱动装置；20—组合仪表；21—用于显示充电信息的信号

3.4.2 EME 内的供电电子装置

供电电子装置安装在电机电子装置内,用于将充电接口提供的交流电压转换为高电压蓄电池充电所需的直流电压。交流电压通过单相方式传输至电机电子装置。电机电子装置可处理的输入电压范围为 100~240V,频率为 50Hz 或 60Hz。供电电子装置模块是一个单向 AC/DC 转换器,即整流器。

电机电子装置在与输入端电隔离的输出端上提供电子调节式直流电压,或流过电子调节式直流电流。由 EME 控制单元内的"高电压电源管理系统"功能提出输出电压和输出电流要求。计算数值并由 EME 进行调节时,确保可为高电压蓄电池进行最佳充电并为 I01 上的其他用电器提供充足电能。

EME 的设计确保在其输出端侧可提供最大电功率 3.7kW。在 I01 上这已足够在最佳边界条件下在约 6h 内使高电压蓄电池完全充电。

3.4.3 便捷充电电子装置

便捷充电电子装置安装在 I01 后部一个与后备厢隔开的区域内(图 3-4-3)。进行 7.4kW 交流电充电时,便捷充电电子装置 KLE 的主要任务是将交流电压转换为直流电压。通过 KLE 内由两个模块构成的整流器电路执行该任务。供电电子装置模块由一个独立控制单元进行控制,该控制单元与整个单元名称相同,即便捷充电电子装置 KLE。

便捷充电电子装置的设计确保在其输出端侧可提供最大电功率 3.7kW。在 I01 上与标配 EME 供电电子装置一起可确保在最佳边界条件下在 3~4h 内使高电压蓄电池完全充电。这么短的充电时间可为客户带来较高的 I01 使用舒适性,因此将该充电电子装置称为"便捷充电电子装置"。

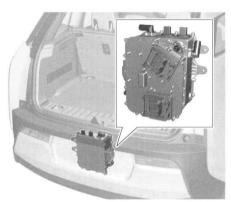

图 3-4-3 便捷充电电子装置安装位置

交流电压通过单相方式传输给车辆或便捷充电电子装置。便捷充电电子装置可处理的输入电压范围为 100~240V,频率为 50Hz 或 60Hz。便捷充电电子装置在与输入端电隔离的输出端上提供电子调节式直流电压,或流过电子调节式直流电流。由 EME 控制单元内的高电压电源管理系统功能提出输出电压和输出电流要求。计算数值并由 KLE 进行调节时,确保可为高电压蓄电池进行最佳充电并为 I01 上的其他用电器提供充足电能。

虽然便捷充电电子装置以明显高于 90% 的较高效率工作,但在完全功率输出时需要进行主动冷却,因此将其集成在电动驱动装置的冷却液循环回路内。除转换电压和提供能量外,便捷充电电子装置还执行安全功能,从而防止客户和维修人员受到电流危险。不过需要注意:便捷充电电子装置是一个高电压组件!

便捷充电电子装置上的接口(图 3-4-4)可分为四个类别:低电压接口、高电压接口、电位补偿导线接口、冷却液管路接口。

(1) **低电压接口** 便捷充电电子装置上的多芯低电压插头包括以下导线和信号:

① KLE 控制单元供电(前部配电盒和接地的总线端 30B、总线端 30);
② 通过总线端 30C 供电(发生事故时快速关闭);
③ 总线系统 PT-CAN2;
④ 至 BDC 控制单元和 EDME 控制单元的唤醒导线;

⑤ 自 LIM 的控制导线，通过其授权充电过程；

⑥ 高电压触点监控电路输入端和输出端（KLE 控制单元分析信号）。

工作原理：KLE 控制单元由总线端 30 和总线端 30B 供电，拥有两个唤醒导线输出端。通过这种方式，插入充电电缆后，便捷电子装置便可唤醒车辆车载网络内的控制单元。KLE 控制单元通过总线系统 PT-CAN2 接收有关充电的要求和控制信号。此外还有一根导线直接由 LIM 连接至便捷充电电子装置。只有当 LIM 通过该导线上的信号授权充电过程时，便捷充电电子装置才会开始转换电压从而执行充电过程。便捷充电电子装置的高电压插头也集成在高电压触点监控电路内。通过低电压接口输送高电压接触监控检测信号并发送给其他高电压组件。KLE 控制单元监控检测信号并在超出特定范围时中断充电过程。

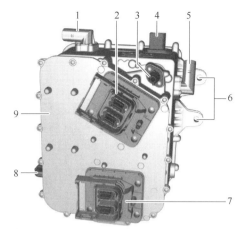

图 3-4-4　7.4kW 交流电充电型号的便捷充电电子装置接口

1—自充电接口的高电压导线（交流电）；2—至电机电子装置的高电压导线（直流电）；3—冷却液管路（供给）；4—低电压导线；5—自 KLE 至 EME 的高电压导线（交流电）；6—KLE 固定装置（电位补偿触点）；7—自 REME 的高电压导线（直流电）；8—冷却液管路（回流）；9—便捷充电电子装置 KLE

（2）高电压接口　在便捷充电电子装置上带有三个高电压接口，用于高电压导线与充电接口（1 个）以及与电机电子装置（2 个）连接。在带有增程器的 I01 车辆上，便捷充电电子装置还有一个高电压接口，用于连接增程电机电子装置 REME。

3.4.4　增程电机

带有可达里程延长系统（增程器）的 I01 可在高电压蓄电池重新充电或加注燃油前行驶约 300km，也就是说带增程器 I01 的可达里程是纯电动驱动 I01 的两倍。

在带增程器 I01 上采用的主要驱动方式也是由高电压蓄电池为电动驱动装置提供能量。只有高电压蓄电池充电状态降至规定值以下时，才会启用增程器系统。增程器系统由以下组件构成：W20 内燃机、增程电机、增程电机电子装置、增程器数字式发动机电子系统。增程电机安装在 I01 尾部（图 3-4-5）。

W20 内燃机是一个双缸发动机。这款小型发动机运行非常平稳且噪声非常低，通过一个啮合轴与增程电机以机械方式连接在一起。高电压蓄电池电量不足时，通过增程电机启动 W20 发动机。在此情况下，增程电机处于电机运行模式。通过高电压蓄电池提供启动 W20 发动机的电能。启动 W20 后，增程电机就会从电机运行模式切换为发电机运行模式并产生电能以便通过（主）电机用于驱动车辆。W20 发动机通过机械方式与驱动轮进行连接。W20 发动机的机械能通过增程电机仅转换为电能。（主）电机使用该电能并将其转换为用于驱动后车轮的机械能。这种组件布置是串联式混合动力的一个特点。

I01 的增程电机是一个同步电机，其基本结构和工作原理与带内转子的永磁激励同步电机相同。转子位于内部且装有永久磁铁。定子由带铁芯的三相绕组构成，以环形方式布置在转子外围。如果在定子绕组上施加三相交流电压，所产生的旋转磁场（在电机运行模式下）就会"带动"转子内的磁铁。

（1）冷却系统　电机设计用于较大温度范围。输入端（供给）冷却液流量为 6L/min 时，最高温度为 70℃。在一定时间内输入端温度最高可升至 85℃。虽然能量转换时电机损失比内燃机小，但其壳体温度最高可能达到 100℃。两个冷却液管路接口将增程电机接入驱动装置的冷却液循环回路内。在批量生产车型上，这些组件有时外面还带有泡沫部件，这样可实现增程电机隔声,从而降低可能对客户产生干扰的噪声。增程电机壳体采用气密和防水设计。为了避免因温度变化及由此引起的湿气冷凝导致增程电机内部积水,在此需使用一个通风口(图3-4-6)。

图3-4-5 增程电机安装位置
1—后桥模块;2—增程电机;3—增程器
(W20发动机)

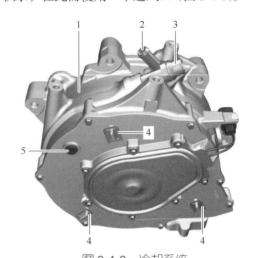

图3-4-6 冷却系统
1—增程电机;2—冷却液管路接口(供给);3—冷却液管路接口(回流);4—覆盖物固定弹簧;5—排气装置

(2)传感器

① 温度传感器 为避免因温度过高而造成组件损坏,I01增程电机内有一个温度传感器。该温度传感器是一个热敏电阻,位于定子绕组内,不直接测量转子温度,而是根据定子内的温度传感器测量值进行确定。信号以模拟方式由增程电机读取和分析。

② 转子位置传感器 为确保增程电机电子装置正确计算和产生定子内绕组电压的振幅及相位,必须知道准确的转子角度位置,因此在增程电机内有一个转子位置传感器(图3-4-7)。

转子位置传感器固定在增程电机定子上,依据旋转变压器原理工作。在转子位置传感器内有三个线圈,其中一个线圈上存储规定交流电压,另外两个线圈彼此错开90°。在这些线圈内产生的感应电压表示转子的角度位置。转子位置传感器由增程电机制造商安装并进行相应调整,因此原则上已正确校准。

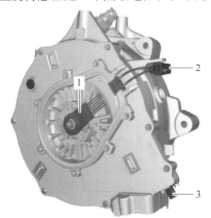

图3-4-7 增程电机内的转子位置传感器
1—增程电机内的转子位置传感器;2—转子位置传感器接口;3—温度传感器接口

(3)外部特征和接口

① 机械接口 增程电机通过6个螺栓与W20发动机壳体固定在一起(图3-4-8)。内燃机曲轴与增程电机之间通过一个啮合轴进行动力传输。可使用专用工具从W20发动机上单独拆下增程电机(图3-4-9)。

② 电气接口 在增程电机上有两个传感器(温度传感器和转子位置传感器)的接口,和一个高电压接口(图3-4-10)。

(4)增程电机电子装置REME 增程电机电子装置REME的主要任务是控制增程电机。它将高电压蓄电池的直流电压转换为用于控制增程电机(作为电机)的三相交流电压(最高约为420V)。此时最高电流为200A;反之,增程电机作为发电机运行时,增程电机电子装置将增程电机的三相交流电压转换为直流电压,从而为I01提供驱动能量。此时持续相电流约为130A。对于这两种运行方式来说都需使用双向 DC/AC 转换器,该转换器可作为逆变器和直流整流器工作。

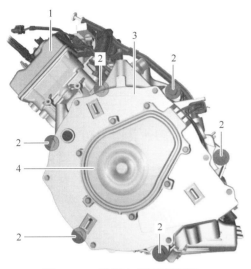

图 3-4-8　增程电机固定装置

1—W20 内燃机；2—增程电机固定螺栓（6 个）；
3—增程电机；4—转子位置传感器端盖

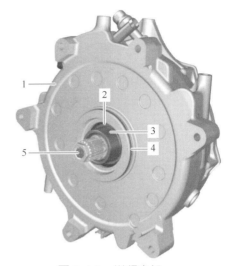

图 3-4-9　增程电机

1—增程电机；2—O 形密封环；3—深槽球轴承；
4—密封环；5—啮合轴

I01 的整个增程电机电子装置位于一个铝合金壳体内。在该壳体内装有控制单元和双向 DC/AC 转换器。增程电机电子装置是一个高电压组件,安装在 I01 后部一个与后备厢隔开的区域内（图 3-4-11）。

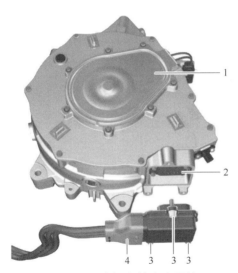

图 3-4-10　增程电机上的高电压接口

1—增程电机；2—增程电机上的高电压接口；3—高电压接口
固定螺栓；4—高电压插头和 REME 导线

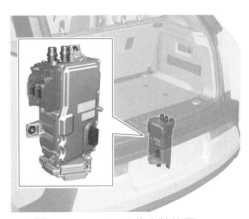

图 3-4-11　REME 的安装位置

REME 通过三个螺栓固定在右侧后桥模块上。隔热板可减少因内燃机导致 REME 受热,隔热板通过三个螺栓固定在 REME 上（图 3-4-12）。为松开 REME 上的扁平高电压插头和信号插头,必须拆卸该隔热板。REME 上的接口如图 3-4-13 所示。

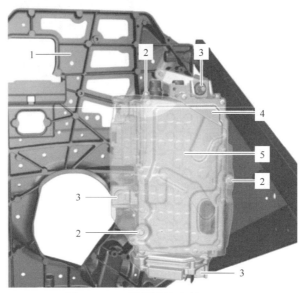

图 3-4-12 后桥模块上的 REME

1—后桥模块；2—隔热板固定螺栓；3—后桥模块上的 REME 固定螺栓；4—REME；5—REME 隔热板

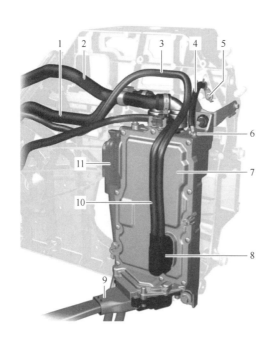 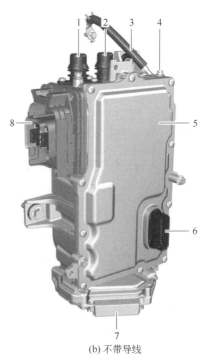

(a) 带导线　　　　　　　　　　　　　　(b) 不带导线

1—冷却液管路(回流)；2—冷却液管路(供给)；3—自车载网络的信号导线；4—电位补偿导线；5—后桥模块上的电位补偿导线螺栓连接件；6—REME上的电位补偿导线螺栓连接件；7—增程电机电子装置；8—信号插头；9—至增程电机的三相高电压导线；10—自增程电机的信号导线；11—至EME或KLE的两相高电压导线

1—冷却液接口(回流)；2—冷却液接口(供给)；3—电位补偿导线；4—REME上的电位补偿导线螺栓连接件；5—增程电机电子装置；6—信号插头接口；7—自增程电机的三相高电压导线接口；8—自EME或KLE的两芯高电压导线接口

图 3-4-13 REME 上的接口

增程电机电子装置上的接口可分为四个类别：低电压接口、高电压接口、电位补偿导线接口、冷却液管路接口。

① 低电压接口 在增程电机电子装置多芯低电压插头内汇集了两个带有以下信号的多芯导线：REME 控制单元供电（总线端 30B 和总线端 31）、PT-CAN2、ACSM 的两根导线（用于发生相应严重程度的事故时传输快速关闭高电压系统的信号）、唤醒导线、高电压触点监控电路输入端和输出端（REME 控制单元分析信号）、电机的转子位置传感器（供电和传感器信号）。

② 高电压接口 在 REME 上连接两根高电压导线（图 3-4-14）：自增程电机的三相高电压导线、自 EME 或 KLE 的两芯高电压导线。

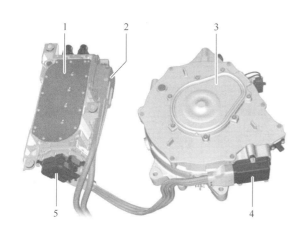 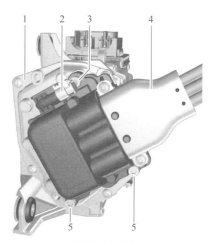

(a) 高电压导线
1—增程电机电子装置；2—扁平两芯高电压插头；
3—增程电机；4—增程电机上的三相高电压插头；
5—增程电机电子装置上的三相高电压插头

(b) 三相高电压插头
1—增程电机电子装置；2—高电压触点监控电桥；3—REME 上高电压插头的固定螺栓(电桥下方)；4—三相高电压插头；5—REME 上高电压插头的固定螺栓

图 3-4-14 REME 上的导线、插头

REME 工作原理：在标配情况下，REME 通过一根两芯高电压导线与 EME 连接。EME 将 REME 的较高直流电压转换为三相交流电压并将其输送至电机。电机根据驾驶员要求消耗相应电能。如果电机未完全消耗所提供电能，可将其中部分能量用于高电压蓄电池充电。需要启动增程器内燃机时，就会从高电压蓄电池获得所需电能。直流电压通过两芯高电压导线首先输送至 EME。EME 将该直流电压输送至 REME，在此转换为三相交流电压，最后输送至增程电机。

在装有便捷充电电子装置的车辆上，REME 通过一根两芯高电压导线和一个扁平高电压插头连接到 KLE 上。KLE 同样通过一根两芯高电压导线和一个扁平高电压插头连接到 EME 上。由增程电机产生的三相交流电压通过 REME 转换为直流电压并通过高电压导线从 REME 经由 KLE 输送至 EME。由高电压蓄电池提供启动增程器内燃机的所需能量。在此通过两芯高电压导线经由 EME、KLE 将直流电压输送至 REME。EME 和 KLE 不对该直流电压进行转换，而是仅负责接通。通过采用这种接通方式（通过 KLE），在 I01 上只需安装一种 EME 型号（不根据配置情况）。REME 上的接口如图 3-4-15 所示。

增程电机电子装置内部由两个子组件构成，即双向 DC/AC 转换器和 REME 控制单元。功率电子电路也由中间电路电容器构成，用于平滑电压和过滤高频部分。通过上述子组件执行以下功能：

a. 通过 DC/AC 转换器控制电机（转速，扭矩）；

b. 读取和分析增程电机的温度传感器；

c. 读取和分析转子位置传感器；

d. 接通增程电机；
e. 接通电机电子装置或便捷充电电子装置；
f. 与其他控制单元通信；
g. 中间电路电容器主动和被动放电到低于 60V 的电压；
h. 自检和诊断功能。

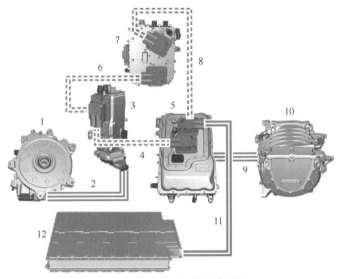

图 3-4-15　REME 的工作原理

1—增程电机；2—增程电机与 REME 之间的三相高电压导线；3—增程电机电子装置 REME；4—REME 与 EME 之间的两芯高电压导线；5—电机电子装置 EME；6—REME 与 KLE 之间的两芯高电压导线；7—便捷充电电子装置 KLE；8—KLE 与 EME 之间的两芯高电压导线；9—EME 与电机之间的三相高电压导线；10—电机；11—EME 与高电压蓄电池之间的两芯高电压导线；12—高电压蓄电池

　　用于控制电机的供电电子装置主要由双向 DC/AC 转换器构成。这是一种脉冲变流器（又称为"换流器"），带有一个两芯直流电压接口和一个三相交流电压接口。该 DC/AC 转换器可作为逆变器工作，作为电机工作时将电能从高电压蓄电池传输至增程电机。它也可以作为整流器工作，将电能从增程电机（通过 EME，必要时通过 KLE）传输至电机或高电压蓄电池。

　　DC/AC 转换器的运行模式由 REME 控制单元决定。为此，REME 控制单元从 EME 控制单元接收作为主要输入参数的规定值。REME 控制单元根据该规定值和当前增程电机运行状态（转速和扭矩）确定 DC/AC 转换器的运行模式以及增程电机相电压的振幅和频率。根据这些规定值以脉冲方式控制 DC/AC 转换器的功率半导体。

　　除 DC/AC 转换器外，供电电子装置还包括 DC/AC 转换器交流电压侧所有三相内的电流传感器。REME 控制单元通过电流传感器信号监控供电电子装置和增程电机内的电功率以及增程电机产生的扭矩。通过电流传感器信号以及增程电机内转子位置传感器信号还能接通增程电机电子装置控制电路。

　　增程电机电子装置和增程电机的功率数据在研发过程中进行了相互匹配。因此增程电机电子装置能够持续提供约 23.3kW 的电功率（4300r/min 时的 DC 功率）。为了防止供电电子装置过载，在 DC/AC 转换器上还有一个温度传感器。如果根据该传感器信号识别出功率半导体温度过高，REME 控制单元就会降低增程电机提供的或输出至增程电机的功率，以保护供电电子装置。如果功率降低程度能够让客户明显感觉到，就会通过一条检查控制信息提示客户。如果增程电机温度超出允许范围，客户也会获得相同的故障响应（降低功率）和相同的检查控制信息。

3.5 空调系统

3.5.1 电动制冷剂压缩机

（1）**安装位置和接口** 电动制冷剂压缩机固定在电机壳体上［图 3-5-1（a）］。

压缩机通过三个螺栓固定在电机壳体上［图 3-5-1（b）］。压缩机壳体和电机壳体以机械方式分离，这样可改善声音特性。由于两个壳体未相互连接，从压缩机壳体上有一根独立电位补偿导线连接至后桥模块。

在八芯信号插头内带有用于 LIN 总线、接地和 12V 供电（总线端 30）的接口。通过压力管路内的一个专用隔声部件更好地隔绝噪声，因此即使在车辆静止状态下也几乎感觉不到空调系统噪声。电动制冷剂压缩机与电机机械分离可更好地隔绝噪声。

(a) 安装位置
1—电机；2—电动制冷剂压缩机；3—高电压蓄电池

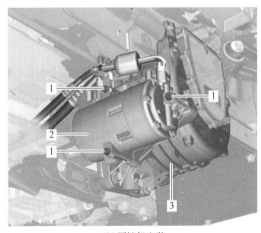
(b) 压缩机安装
1—螺栓；2—电动制冷剂压缩机；3—电机壳体

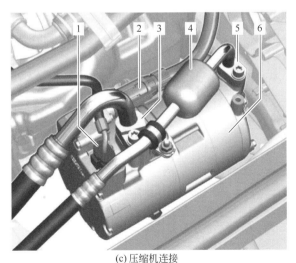
(c) 压缩机连接
1—低电压插头；2—高电压插头；3—抽吸管路接口；4—消声器；
5—压力管路接口；6—电动制冷剂压缩机

图 3-5-1 电动制冷剂压缩机

（2）压缩机的结构 提及电动制冷剂压缩机时指的是整个组件。电动制冷剂压缩机由以下部件构成：壳体、压缩机控制单元、三相交流同步电机、交流电整流器、制冷剂压缩机。

上述各组件均不可单独更换！始终需要更换电动制冷剂压缩机整个组件。在此对各部件的任务进行介绍，以便更好地说明电动制冷剂压缩机的功能。

① 压缩机控制单元 压缩机控制单元根据 IHKA 要求控制制冷剂压缩机内的三相交流电机转速并将运行状态发回至 IHKA 控制单元。压缩机控制单元通过 LIN 总线与 IHKA 通信。IHKA 是压缩机的主控控制单元。

② 三相交流同步电机 使用一个三相交流同步电机作为电动制冷剂压缩机的驱动装置，此时从高电压蓄电池获取所需能量。电动制冷剂压缩机运行所需的三相交流电流通过电动制冷剂压缩机内的一个交流电整流器（DC/AC 转换器）进行转换。三相交流同步电机的转速范围是 860～8600r/min 且可进行无级调节。在此最大电功率为 4.5kW。在车外温度较高、车内温度较高、高电压蓄电池温度较高以及冷却模块气流较少等情况下需要最大功率。

③ 交流电整流器 交流电整流器（DC/AC 转换器）将直流电压转换为用于驱动三相交流同步电机所需的三相交流电压。

压缩机控制单元和 DC/AC 转换器集成在整个制冷剂压缩机的铝合金壳体内，通过流经的气态制冷剂进行冷却。DC/AC 转换器温度超过 125℃时，压缩机控制单元就会关闭高电压供电。通过提高转速用于自身冷却等各种措施可有效防止达到如此高的温度。在此由压缩机控制单元进行温度监控。温度降至 112℃以下时，压缩机就会重新运行。

在 200～410V 的电压范围内为压缩机供电，高于和低于该电压范围时就会降低功率或关闭压缩机。

④ 制冷剂压缩机 使用螺旋型压缩机压缩制冷剂。使用新型制冷剂 R1234yf 或以前常用制冷剂 R134a（根据国家型号）。

螺旋型内盘由三相交流同步电机通过一个轴驱动并进行偏心旋转。通过固定式螺旋型外盘上的两个开口吸入低温低压气态制冷剂，然后通过两个螺旋型盘的移动使制冷剂压缩、变热（图 3-5-2）。

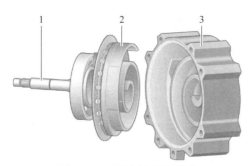

图 3-5-2　压缩机螺旋型盘
1—轴；2—螺旋型内盘；3—螺旋型外盘

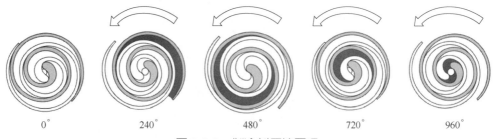

图 3-5-3　制冷剂压缩原理

制冷剂压缩原理如图 3-5-3 所示。螺旋型内盘转动三圈后，压缩、变热的制冷剂，可通过外盘中部的开口以气态形式释放。高温高压气态制冷剂从此处经油气分离器向冷凝器方向流至空调压缩机接口。

电动制冷剂压缩机最高转速为 8600r/min，可产生约 30bar（1bar=10^5Pa，下同）的最大工作压力。用于电动制冷剂压缩机的圆形高电压插头高电压触点采取了防触摸保护措施。

电动制冷剂压缩机的高电压插头并非高电压触点监控电路的组成部分。压缩机内的电容小于100μF，该电容量通过压缩机内的被动电阻放电。压缩机关闭后，电压在5s内降至60V以下。

3.5.2 电气加热装置

（1）**安装位置和接口** 电气加热装置安装在发动机室盖下方空间内（图3-5-4）。

（2）**电气加热工作原理** 冷却液在电气加热装置内加热并通过电动冷却液泵（20W）循环。变热的冷却液流经车内的暖风热交换器并在此释放出热量。最终加热的空气通过鼓风机到达车内。制冷剂从暖风热交换器输送至冷却液补液罐（图3-5-5）。

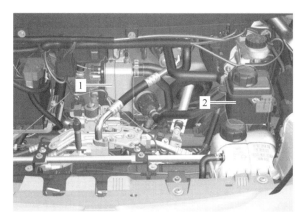
(a) 安装位置
1—电气加热装置；2—冷却液补液罐

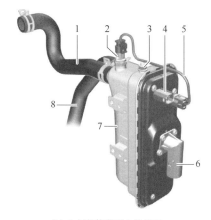
(b) 电气加热装置上的接口
1—冷却液回流管路接口；2—电气加热装置输出端冷却液温度传感器；3—电位补偿导线接口；4—信号插头(低电压插头)；5—传感器接口；6—高电压插头接口；7—电气加热装置壳体；8—冷却液供给管路接口

图3-5-4 电气加热装置

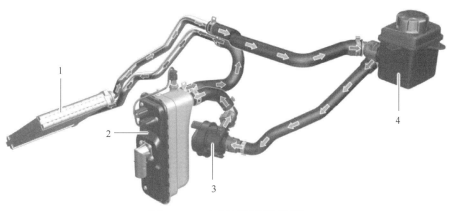

图3-5-5 电气加热工作原理
1—车内的暖风热交换器；2—电气加热装置；3—电动冷却液泵（12V）；4—冷却液补液罐

冷却液使用名为"冷却液浓缩液i3"的水与新型冷却液浓缩液的混合物。水与冷却液浓缩液按50∶50比例混合。

电气加热装置（图3-5-6）的最大电功率为5.5kW（280V和20A）。电气加热装置通过三个功率约为0.75kW、1.5kW和2.25kW的加热线圈实现加热功能。在电气加热装置内通过电子开关（PowerMOSFET）切换加热线圈线路（单独或一起）。

图 3-5-6　电气加热装置

1—冷却液供给管路接口（自电动12V冷却液泵，或在配备相应选装配置的情况下自热力泵冷凝器）；2—冷却液回流管路接口（至车内的暖风热交换器）；3—电气加热装置输出端冷却液温度传感器；4—高电压接口；5—三个加热线圈

　　流经各线路的电流经过测量并由电气加热装置控制单元进行控制。电压范围为250～400V时，最大电流为20A。高于和低于该电压范围时就会降低功率。耗电量提高时，通过关闭硬件中断能量供应。

　　该电路的设计确保即使控制单元出现故障也能有效断开供电。冷却液温度通过电气加热装置输出端的一个传感器进行测量。在电气加热装置内断开高电压电路与低电压电路之间的导电连接。

　　在低电压插头上带有LIN总线接口和供电装置（总线端30B）。在高电压插头内，除高电压触点外还集成一个电桥。高电压插头内的电桥触点采用前置式设计。也就是说，拔出高电压插头时首先断开高电压电桥触点，这样可以断开控制单元（EH）供电。因此在还未完全拔出高电压插头前，也会断开高电压供电，这样可以确保在高电压触点上不会形成电弧。高电压触点采取了防触摸保护措施。电气加热装置的高电压插头不是高电压接触监控电路的组成部分。

第 4 章 比亚迪电动汽车故障

以比亚迪 E5 为例。

4.1 动力系统

4.1.1 动力总成技术参数

(1) 驱动电机及变速箱参数

① 驱动电机最大输出扭矩：310N·m（0～4929r/min，30s）。
② 驱动电机额定扭矩：160N·m（0～4775r/min，持续）。
③ 驱动电机最大输入功率：160kW（4929～12000r/min，30s）。
④ 驱动电机额定功率：80kW（4775～12000r/min，持续）。
⑤ 驱动电机最大输出转速（包括驱动最高输入转速和随动最高输入转速）：12000r/min。
⑥ 电动力总成质量：103kg。
⑦ 总减速比：9.342。
⑧ 一级传动比：3.158。
⑨ 主减速传动比：2.958。
⑩ 电机轴中心与差速器中心的距离：239mm。
⑪ 变速箱润滑油量：1.8L。
⑫ 变速箱润滑油类型：齿轮油 SAE80W-90（冬季环境温度低于 -15℃的地区推荐换用 SAE75W-90）。

(2) 速度传感器技术参数

① 工作环境温度：-40～150℃。
② 储存温度：-40～80℃。
③ 工作电压：4.8～5V。
④ 目标轮转速：0～1285r/min。

(3) P 挡电机技术参数

① 工作环境温度：-40～125℃。
② 储存温度：-40～125℃。
③ 工作电压：12～16V。
④ 工作电流：10A。

4.1.2 维修说明

(1) 电动总成　单挡变速箱采用浸油润滑方式，润滑油采用齿轮油 SAE80W-90；对于环境温度低于 -15℃时，推荐使用 SAE75W-90 齿轮油。动力总成在分解修理后，再重新装到车上，变速箱需要加入1.8L润滑油（观察油位至注油口位置处即停止加油）。电动机和变速箱组装时，必须确保变速器前箱体导向端口和电机端口对正。注意保护变速器前箱体O形圈和变速器主轴密封圈。

（2）**螺栓、螺母** 电机端盖、总成和箱壳体上的螺栓或螺母，按对角线松开和拧紧，如果螺栓有裂纹或者损坏，请及时更换。

（3）**轴承** 安装时要用变速器润滑油润滑所有的轴承，也可以在内外圈与轴、箱体座孔结合的柱面上涂抹润滑脂。安装过程中，采用规定的工装进行工作。同样尺寸的轴承外圈与内圈不可以更换（但变速器主轴前轴承内外圈无须考虑调整垫片因素，且产品本身具有良好的加工一致性，若条件紧张时，则该轴承例外）。同一轴上的圆锥滚子轴承应同时更换，轴承型号应相同（包括副轴和差速器的轴承，而所用的四个轴承型号相同）。

4.1.3 电机

（1）**电机结构** 转子+定子+旋变传感器+水温传感器，电机采用水冷方式（图4-1-1）；电机驱动汽车前进或后退，也可以在滑行、制动过程中将动能转化为电能。电机的特点：交流永磁同步电机；高密度、小型、轻量化、高效率；高可靠性、高耐久性、强适应性。

（2）**电机故障检查**

① ABC三相阻值（缺相、漏电） 电机ABC三相电阻两两之间的阻值小于1Ω，并且ABC三相分别与电机壳体绝缘。

② 旋变传感器阻值（旋变信号故障）（图4-1-2） 旋变传感器检测数据：正弦阻值为$(16±1)\Omega$；余弦阻值为$(16±1)\Omega$；励磁阻值为$(8±1)\Omega$。

图4-1-1 电机结构

图4-1-2 电机故障检查

4.1.4 单挡变速箱和电子换挡杆

单挡变速箱结构如图4-1-3所示，包括输入轴、中间轴、减速器+车速传感器。

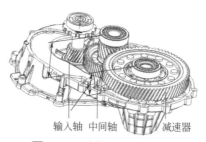

图4-1-3 单挡变速箱结构

CAN 信息传输挡位信号，上 OK 电，踩制动踏板才能挂挡，电子换挡杆电路如图 4-1-4 所示。

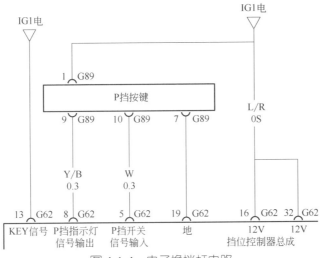

图 4-1-4　电子换挡杆电路

4.2　高压电控系统

4.2.1　高压电控总成

高压电控总成内部集成了双向交流逆变式电机控制器（VTOG）、高压配电和漏电传感器、车载充电器（预留）以及 DC/DC 变换器。其主要功能如下：

① 控制高压交 / 直流电双向逆变，驱动电机运转，实现充、放电功能（VTOG、车载充电器）；
② 实现高压直流电转化低压直流电为整车低压电器系统供电（DC/DC）；
③ 实现整车高压回路配电功能以及高压漏电检测功能（高压配电箱和漏电传感器模块）；
④ CAN 通信、故障处理记录、在线 CAN 烧写以及自检等。

高压电控总成内部模块布局如图 4-2-1 所示。

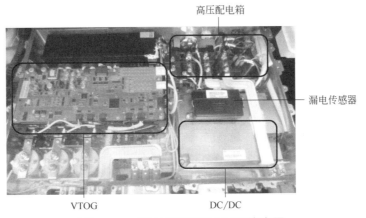

图 4-2-1　高压电控总成内部模块布局

操作视频

高压配电箱如图 4-2-2 所示，包括铜排连接片、接触器、霍尔电流传感器、预充电阻，动力电池包正、负极输入；接触器由电池管理器控制充放电。

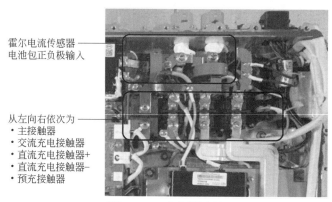

图 4-2-2 高压配电箱

4.2.2 漏电传感器

漏电传感器工作原理如图 4-2-3 所示。它含有 CAN 通信功能，主要监测与动力电池输出相连接的负母线与车身底盘之间的绝缘电阻判定高压系统是否存在漏电，漏电传感器将漏电数据信息通过 CAN 信号发送给电池管理器、VTOG，采取相应保护措施。

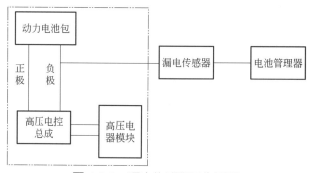

图 4-2-3 漏电传感器工作原理

漏电传感器对漏电数据的判定（检查是否有漏电）方法见表 4-2-1。

表 4-2-1 漏电传感器对漏电数据的判定

R：高压回路正极或负极对车身地等效绝缘电阻值	漏电状态		措施
$R > 500Ω/V$	正常		无
$100Ω/V < R ≤ 500Ω/V$	一般漏电报警		仪表灯亮，报动力系统故障
$R ≤ 100Ω/V$	严重漏电报警	行车中	仪表灯亮，断开主接触器、分压接触器、电池包内接触器和负极接触器
		停车中	❶ 禁止上电 ❷ 仪表灯亮，报动力系统故障
		充电中	❶ 断开交流充电接触器、分压接触器、电池包内接触器和负极接触器 ❷ 仪表灯亮，报动力系统故障

漏电传感器电器电路如图 4-2-4 所示，针脚定义见图 4-2-5、表 4-2-2 和表 4-2-3。

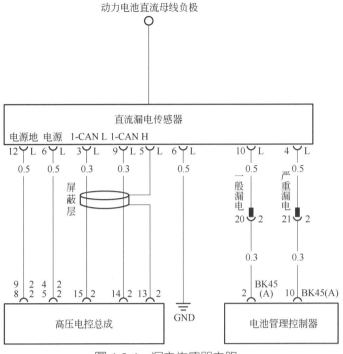

图 4-2-4 漏电传感器电路

图 4-2-5 漏电传感器针脚定义

表 4-2-2 2 针脚高压接插件

2 针脚高压接插件	
脚位	定义
1	（漏电检测）接电池包负极
2	（自检）接电池包负极

表 4-2-3 12 针脚低压接插件

12 针脚低压接插件	
脚位	定义
3	CAN-L
4	严重漏电
5	GND
6	12V DC
9	CAN-H
10	一般漏电
12	GND

4.2.3 双向交流逆变式电机控制器

如图 4-2-6 所示，双向交流逆变式电机控制器（VTOG）主要功能如下。

(1) 驱动控制（放电）

① 采集油门、制动、挡位、旋变信号等控制电机正向、反向驱动，正、反转发电功能。

② 具有高压输出电压和电流控制限制功能，具有电压跌落、过流、过温、IPM 过温、IGBT 过温保护、功率限制、扭矩控制限制等功能。同时具备电控系统防盗、能量回馈控制、主动泄放、被动泄放控制。

(2) 充电控制

① 交、直流转换，双向充、放电控制功能；自动识别单相、三相相序并根据充电电流控制充电方式，根据充电设备识别充电功率，控制充电方式；根据车辆或其他设备请求信号控制车辆对外放电。

② 断电重启功能：在电网断电后又供电的时候，可继续充电。

VTOG 驱动系统控制原理如图 4-2-7 所示。OK 灯点亮条件：电池管理器 BMS 收到 VTOG 反馈的预充满信号。

图 4-2-6 VTOG

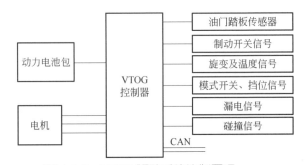

图 4-2-7 VTOG 驱动系统控制原理

预充过程：启动车辆时，为缓解对高压系统的冲击，电池管理器先吸合预充接触器，电池包的高压电经过预充接触器并联的限流电阻后加载到 VTOG 母线上，VTOG 检测到母线上的电压达到电池包额定电压的 2/3 时，通过 CAN 通道向电池管理器反馈一个预充满信号，电池管理器收到预充满信号后控制主接触器吸合，断开预充接触器（图 4-2-8）。

4.2.4 外部接口

高压电控总成外部接口如图 4-2-9 所示。高压电控总成外围窗口只有一个空调保险（图 4-2-10）。32A 空调保险给电动压缩机模块和 PTC 水加热模块供电，DC 低压输出端与低压电池并联给整车低压系统提供 13.8V 电源。

图 4-2-8 预充过程

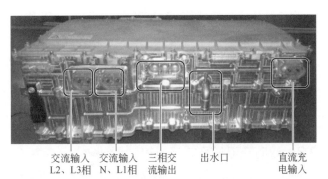

图 4-2-9 高压电控总成外部接口

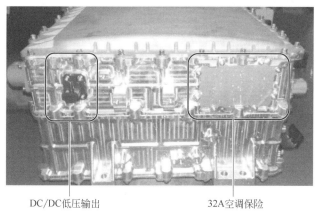

图 4-2-10 空调保险

电动压缩机输出接口、PTC 输出接口、动力电池包高压输入接口含有高压互锁（图 4-2-11）。

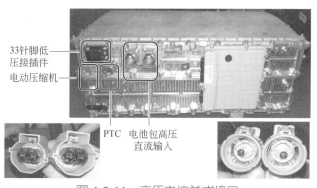

图 4-2-11 高压电控总成接口

4.2.5 低压接插件接口

（1）33 针脚接口 33 针脚接口包括：双路电电源 + 霍尔电流信号 + 高压互锁信号 + 充、放电接触器控制信号 +CAN 通信（电池管理器控制），如图 4-2-12 和表 4-2-4 所示。

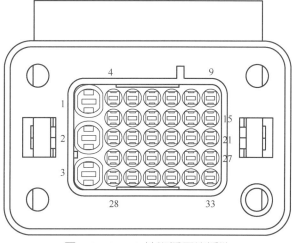

图 4-2-12 33 针脚低压接插件

表 4-2-4 低压接插件（33 针脚）接口定义

引脚号	端口定义		线束接法	电源性质及电压标准值
1	—		—	—
2	—		—	—
3	—		—	—
4	VCC 双路电电源			双路电（+12V）
5	VCC 双路电电源			
6				
7				
8	GND 双路电电源地			双路电
9	GND 双路电电源地			
10	GND		直流霍尔屏蔽地	
11				
12				
13	GND CAN 屏蔽地			
14	CAN-H		动力网	
15	CAN-L		动力网	
16	直流霍尔电源 +		BMS	
17	直流霍尔电源 -		BMS	
18	直流霍尔信号		BMS	
19				
20	一般漏电信号		BMS	
21	严重漏电信号		BMS	
22	驱动 / 充电	高压互锁 +	BMS	
23		高压互锁 -		
24	主接触器 / 预充接触器电源			双路电
25	交直流充电正负极接触器电源			双路电
26	—		—	—
27	—		—	—
28	—		—	—
29	主预充接触器控制信号		BMS	
30	直流充电正极接触器控制信号		BMS	
31	直流充电负极接触器控制信号		BMS	
32	主接触器控制信号		BMS	
33	交流充电接触器控制信号		BMS	

（2）64 针脚接口 64 针脚接口包括：外部供电电源 + 油门位置信号 + 制动踏板位置信号 +

电机旋变、温度信号+充电口通信信号+CAN通信（VTOG控制），如图4-2-13和表4-2-5所示。

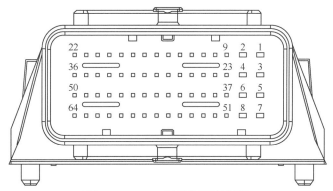

图4-2-13　64针脚低压接插件

表4-2-5　低压接插件（64针脚）接口定义

引脚号	端口名称	端口定义	线束接法
1	+12V0	外部提供ON挡电源	双路电
2	+12V1	外部提供常火电	常电
4	+12V0	外部提供ON挡电源	双路电
6	GND	油门深度屏蔽地	车身地
7	GND	外部电源地	车身地
8	GND	外部电源地	车身地
10	GND	巡航地	空
11	GND	充电枪温度1地	充电口
12	MES-BCM	BCM充电连接信号	BCM
13	NET-CC	充电控制信号1	充电口
14	CRUISE-IN	巡航信号	方向盘
15	STATOR-T-IN	电机绕组温度	电机
16	CHAR-TEMP1	充电枪座温度信号1	充电口
17	DC-BRAKE1	刹车深度1	制动踏板
18	DC-GAIN2	油门深度2	油门踏板
19	MES-BMS-OUT	BMS信号	BMS
26	GND	动力网CAN信号屏蔽地	充电口
29	GND	电机模拟温度地	电机
31	DC-BRAKE2	刹车深度2	制动踏板
32	DC-GAIN1	油门深度1	油门踏板
33	DIG-YL1-OUT	预留开关量输出1	空
34	DIG-YL2-OUT	预留开关量输出2	空
35	HAND-BRAKE	手刹信号	预留

续表

引脚号	端口名称	端口定义	线束接法
37	GND	刹车深度屏蔽地	
38	+5V	刹车深度电源 1	制动踏板
39	+5V	油门深度电源 2	油门踏板
40	+5V	油门深度电源 1	油门踏板
41	+5V	刹车深度电源 2	制动踏板
43	SWITCH-1	预留开关量输入 1	空
44	—	车内插座触发信号	空
45	GND	旋变屏蔽地	电机
47	NET-CP	充电确认信号	充电口
49	CAN-H	动力网 CANH	动力网 CANH
50	CAN-L	动力网 CANL	动力网 CANL
51	GND	刹车深度电源地 1	制动踏板
52	GND	油门深度电源地 2	油门踏板
54	GND	油门深度电源地 1	制动踏板
55	GND	刹车深度电源地 2	制动踏板
56	SWITCH-2	预留开关量输入 2	空
57	FEET-BRAKE	制动信号	制动踏板
59	/EXCOUT	励磁 -	电机
60	EXCOUT	励磁 +	电机
61	cos+	余弦 +	电机
62	cos-	余弦 -	电机
63	sin+	正弦 +	电机
64	sin-	正弦 -	电机

4.2.6 高压互锁

高压互锁原理如图 4-2-14 所示，图中数字代表控制模块互锁针脚号。

图 4-2-14 高压互锁原理

4.2.7 故障码

故障症状见表 4-2-6，故障码见表 4-2-7。

表 4-2-6 故障症状

故障症状	可能发生部位
电机控制系统不工作	（1）电机控制器高压配电源电路 （2）电机控制器低压电源电路 （3）线束

表 4-2-7 故障码

序号	故障码（ISO 15031-6）	故障定义	DTC 值
1	P1B0000	驱动 IPM 故障	1B0000
2	P1B0100	旋变故障	1B0100
3	P1B0200	驱动欠压保护故障	1B0200
4	P1B0300	主接触器异常故障	1B0300
5	P1B0400	驱动过压保护故障	1B0400
6	P1B0500	IPM 散热器过温故障	1B0500
7	P1B0600	挡位故障	1B0600
8	P1B0700	油门异常故障	1B0700
9	P1B0800	电机过温故障	1B0800
10	P1B0900	电机过流故障	1B0900
11	P1B0A00	电机缺相故障	1B0A00
12	P1B0B00	EEPROM 失效故障	1B0B00
13	P1B3100	IGBT 过热	1B3100
14	P1B3200	GTOV 电感温度过高	1B3200
15	P1B3400	电网电压过高	1B3400
16	P1B3500	电网电压过低	1B3500
17	P1B3800	可自适应相序保护错误	1B3800
18	P1B3900	交流电压霍尔异常	1B3900
19	P1B3A00	交流电流霍尔失效	1B3A00
20	P1B3B00	三相交流过流	1B3B00
21	P1B4000	GTOV 母线电压过高	1B4000
22	P1B4100	GTOV 母线电压过低	1B4100
23	P1B4300	GTOV 母线电压霍尔异常	1B4300
24	P1B4700	GTOV 直流电流过流保护	1B4700
25	P1B4900	GTOV 直流电流霍尔异常	1B4900
26	P1B4A00	GTOV 直流电流瞬时过高	1B4A00
27	P1B4B00	GTOV-IPM 保护	1B4B00
28	P1B4C00	GTOV 可恢复故障连续触发	1B4C00
29	P1B4D00	GTOV 可恢复故障恢复超时	1B4D00
30	U025F00	与 P 挡电机控制器通信故障	C25F00

续表

序号	故障码（ISO 15031-6）	故障定义	DTC 值
31	U029E00	与主控通信故障	C29E00
32	U011100	与电池管理器通信故障	C11100
33	U029D00	与 ESP 通信故障	C29D00
34	U012100	与 ABS 通信故障	C12100
35	U029F00	与 OBC 通信故障	C29F00
36	P1B6800	充电枪过温	1B6800
37	P1B6900	启动前交流过流	1B6900
38	P1B6A00	启动前直流过流	1B6A00
39	P1B6B00	频率过高	1B6B00
40	P1B6C00	频率过低	1B6C00
41	P1B6D00	不可自适应相序错误保护	1B6D00
42	P1B6E00	直流预充满	1B6E00
43	P1B6F00	直流短路	1B6F00
44	P1B7000	直流断路	1B7000
45	P1B7100	电机接触器烧结	1B7100
46	P1B7200	CC 信号异常	1B7200
47	P1B7300	CP 信号异常	1B7300
48	P1B7400	IGBT 检测故障	1B7400
49	P1B7500	交流三相电压不平衡	1B7500
50	P1B7600	交流三相电流不平衡	1B7600
51	P1B7700	电网电压零漂不过	1B7700
52	P1B7800	逆变电压零漂不过	1B7800
53	P1B7900	交流电流零漂不过	1B7900
54	P1B7A00	直流电流零漂不过	1B7A00
55	P1B7B00	SCI 通信异常	1B7B00
56	U015500	与仪表 CAN 通信失效	C15500
57	P1EC000	降压时高压侧电压过高	1EC000
58	P1EC100	降压时高压侧电压过低	1EC100
59	P1EC200	降压时低压侧电压过高	1EC200
60	P1EC300	降压时低压侧电压过低	1EC300
61	P1EC400	降压时低压侧电流过高	1EC400
62	P1EC700	降压时硬件故障	1EC700
63	P1EC800	降压时低压侧短路	1EC800
64	P1EC900	降压时低压侧断路	1EC900

续表

序号	故障码（ISO 15031-6）	故障定义	DTC 值
65	P1EE000	散热器过温	1EE000
66	U012200	与低压 BMS 通信故障	C12200
67	U011100	与动力电池管理器通信故障	C11100
68	U014000	与 BCM 通信故障	C14000
69	P1BF400	驱动电机控制器主动泄放模块故障	1BF400
70	U011000	与电机控制器通信故障	C11000
71	U011100	与电池管理器通信故障	C11100
72	P150000	车载充电器输入欠压	150000
73	P150100	车载充电器输入过压	150100
74	P150200	车载充电器高压输出断线故障	150200
75	P150300	车载充电器高压输出电流过流	150300
76	P150400	车载充电器高压输出电流过低	150400
77	P150500	车载充电器高压输出电压低	150500
78	P150600	车载充电器高压输出电压高	150600
79	P150700	车载充电器接地状态故障	150700
80	P150800	车载充电器风扇状态故障	150800
81	P150900	DC 逆变桥温度故障	150900
82	P150A00	PFC 输出状态故障	150A00
83	P150B00	PFC 桥温度故障	150B00
84	P150C00	供电设备故障	150C00
85	P150D00	低压输出断线	150D00
86	P150E00	低压蓄电池电压过低	150E00
87	P150F00	低压蓄电池电压过高	150F00
88	P151000	交流充电感应信号断线故障	151000
89	U011100	与动力电池管理器通信故障	C11100
90	U015500	与组合仪表通信故障	C15500

4.3 动力电池及控制系统

4.3.1 动力电池包

（1）概述

① 磷酸铁锂电池　单体电压 3.3V；电池包内部含有 2 个分压接触器、1 个正极接触器、1 个负极接触器、采样线束、电池模组连接片和链接电缆等。

② 电池包总能量　12 个 42kW·h 的电池组串联，12 个 BIC；13 个 48kW·h 的电池组串联，13 个 BIC。

操作视频

③ 电池包容量　65A·h/75A·h。

④ 额定电压　627～646V。

⑤ 质量　≤490kg。

（2）**动力电池包高压端接口**　拆装动力电池包高压接口时，注意锁止机构锁片的字母提示，如图 4-3-1 所示。

图 4-3-1　动力电池包高压端接口

（3）**动力电池包高压母线**　动力电池包高压母线带高压互锁端子，如图 4-3-2 所示。

图 4-3-2　动力电池包高压母线

（4）**电池包外部结构**　电池包外部结构如图 4-3-3 所示，包括密封盖板、钢板压条、密封条、电池托盘等。

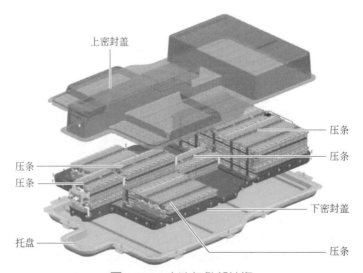

图 4-3-3　电池包外部结构

（5）电池包内部结构　电池包内部结构如图 4-3-4 所示，包括电池模组、动力连接片、连接电缆、采集器、采样线、电池组固定压条、密封条等。

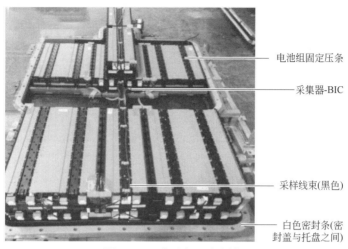

图 4-3-4　电池包内部结构

（6）电池组连接方式　电池组连接方式如图 4-3-5 所示。电池模组串联（电池包接口：1# 电池负极、13# 电池正极）。动力连接非连接处喷涂环氧树脂做绝缘防护，电连接处表面镀银；其中 2#～4#、9#～10# 模组之间采用动力电缆连接。

（7）接触器　动力电池包内部含有 4 个接触器（接触器影响电池模组是否可以串联）：1# 为负极接触器，13# 为正极接触器，6#、10# 为分压接触器。分压器如图 4-3-6 所示。

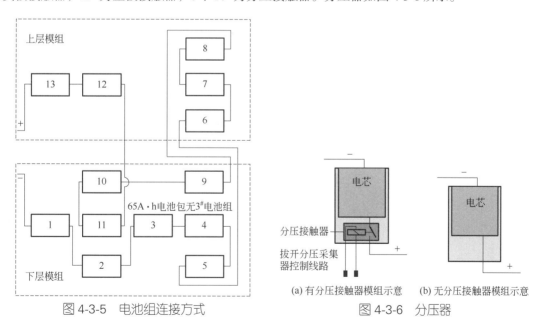

图 4-3-5　电池组连接方式　　　　　图 4-3-6　分压器

电池模组分单列和双列两类。单列电池模组结构如图 4-3-7 所示，由电压采样线板、温度采样线板和电芯保护盖等组成。其尾端装有信息采集器 BIC，如图 4-3-8 所示，连通电压采样端口、温度采样端口及通信端口。双列电池模组结构如图 4-3-9 所示，其尾端同样装有电池信息采集器（图 4-3-10）。

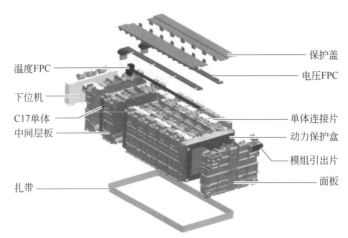

图 4-3-7 单列电池模组结构

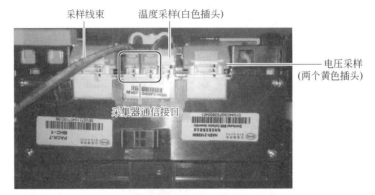

图 4-3-8 单列模组电池信息采集器

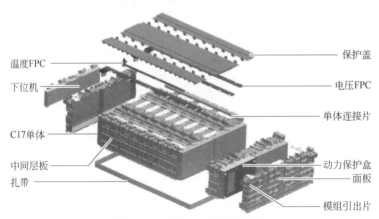

图 4-3-9 双列电池模组结构

(8) 12 针脚接插件通信接口　12 针脚接插件通信接口与分布式 BMS 进行通信，见表 4-3-1。

表 4-3-1　12 针脚接插件通信接口

脚位	定义	脚位	定义
1	CAN 高	3	CAN 低
2	屏蔽地	4	电源地

续表

脚位	定义	脚位	定义
5	CAN 终端 1	9	CAN 低
6	电源正	10	电源地
7	CAN 高	11	CAN 终端 2
8	屏蔽地	12	电源正

（9）动力电池包采样线接口定义　动力电池包采样线接口定义及定义如图 4-3-11 和表 4-3-2 所示。

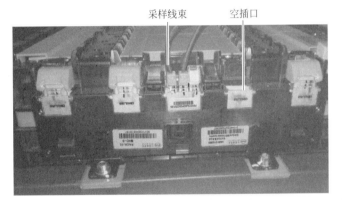
图 4-3-10　双列模组电池信息采集器

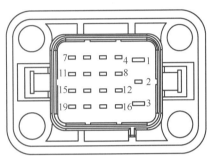
图 4-3-11　动力电池包采样线接口

表 4-3-2　动力电池包采样线接口定义

引脚号	端口名称	端口定义	引脚号	端口名称	端口定义
D-1	NC	NC	D-11	NC	NC
D-2	NC	NC	D-12	采集器 CAN-L	采集器 CAN-L
D-3	NC	NC	D-13	采集器 CAN-H	采集器 CAN-H
D-4	采集器电源正	采集器电源正	D-14	高压互锁信号输出	高压互锁信号输出
D-5	负极接触器电源	负极接触器电源	D-15	采集器电源地	采集器电源地
D-6	分压接触器电源 1	分压接触器电源 1	D-16	负极接触器控制	负极接触器控制
D-7	分压接触器电源 2	分压接触器电源 2	D-17	分压接触器控制 1	分压接触器控制 1
D-8	正极接触器电源	正极接触器电源	D-18	分压接触器控制 2	分压接触器控制 2
D-9	高压互锁信号输入	高压互锁信号输入	D-19	正极接触器控制	正极接触器控制
D-10	采集器 CAN 屏蔽地	采集器 CAN 屏蔽地			

4.3.2　电池管理系统

采用分布式电池管理系统，由 1 个电池管理控制器（BMC）和 12 个 /13 个电池信息采集器（BIC）及 1 套动力电池采样线组成（图 4-3-12）。主要功能：

① 电池管理控制器主要实现充 / 放电管理、接触器控制、功率控制、电池异常状态报警和

保护、SOC/SOH 计算、自检以及通信功能等;

② 电池信息采集器的主要功能有电池电压采样、温度采样、电池均衡、采样线异常检测等;

③ 动力电池采样线的主要功能是连接电池管理控制器和电池信息采集器,实现两者之间的通信及信息交换。

电池管理系统原理如图 4-3-13 所示。分布式控制器 BMS 监测的主要数据见表 4-3-3 ~表 4-3-6。

图 4-3-12　分布式电池管理系统

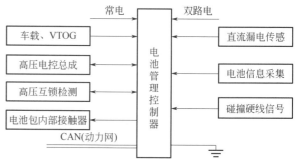

图 4-3-13　电池管理系统原理

表 4-3-3　监测动力电池电压数据

序号	电池工作状态	警报	触发条件 /V	措施
1	放电状态	单节电池电压过低严重报警	$U \leqslant 2.5$	❶ 大功率设备(主电机、空调压缩机和PTC)停止放电 ❷ 延迟 10s 切断主接触器,断开负极接触器 ❸ 仪表灯亮 ❹ 仪表显示报警信息
2		单节电池电压过低一般报警	$2.5 < U < 2.75$	❶ 大功率设备(电机、空调压缩机和PTC)降低当前电流,限功率工作 ❷ 仪表显示报警信息 ❸ 电压为 2.5V 时,SOC 修正为 0
3	充电状态	单节电池电压过高一般报警	$3.8 \leqslant U < 3.9$	❶ 禁止动力电池进行充电 ❷ 仪表显示报警信息 ❸ 电压为 3.75V 时,SOC 修正为 100 ❹ 电机能量回馈禁止
4		单节电池电压过高严重报警	$U \geqslant 3.9$	❶ 延迟 10s,断开充电接触器,断开负极接触器,禁止充电 ❷ 仪表灯亮 ❸ 仪表显示报警信息

表 4-3-4　监测动力电池电流数据

序号	电池工作状态	警报	触发条件 /A	措施
1	电池放电电流	过流报警	$I \geqslant 360$	❶ 要求大功率用电设备(电机、空调压缩机和PTC)降低电流,限功率工作 ❷ 如果在过流报警发出后,电流依然在过流状态并持续 10s,断开主接触器,禁止放电
2	电池充电电流		$I \leqslant -100$ (负号表示充电)	电流在过流状态持续 10s,断开充电接触器,禁止充电
3	回馈充电电流		$I \leqslant -100$ (负号表示充电)	❶ 要求电机控制器限制回馈充电电流 ❷ 如果发出过流报警后,电流依然处于过流状态并持续 10s,则断开主接触器

表 4-3-5 监测动力电池温度数据

序号	电池工作状态	警报	触发条件/℃	措施
1	充、放电状态下	电池组过热严重报警	$T_{max} \geq 70$	❶ 充电设备关断充电,直到清除报警 ❷ 大功率设备(驱动电机、空调压缩机和PTC)停止用电 ❸ 延迟10s切断主接触器、负极接触器
2		电池组过热一般报警	$65 \leq T_{max} < 70$	❶ 充电设备降低当前充电电流 ❷ 大功率设备(驱动电机、空调压缩机和PTC)降低当前电流
3		电池组低温一般报警	$-20 \leq T_{min} < -10$	限功率充电
4		电池组严重低温报警	$T_{min} < -20$	限功率充电

表 4-3-6 监测碰撞、漏电数据

序号	电池工作状态	警报	触发条件/(Ω/V)	措施
1	充、放电状态下	碰撞故障	接收碰撞信号	立即断开主接触器、分压接触器
2		正常	$R > 500$	
3		一般漏电报警	$100 < R \leq 500$	仪表灯亮,报动力系统故障
4		严重漏电报警	$R \leq 100$	行车中:仪表灯亮,立即断开主接触器、分压接触器 停车中: ❶ 禁止上电; ❷ 仪表灯亮,报动力系统故障 充电中: ❶ 断开交流充电接触器、分压接触器; ❷ 仪表灯亮,报动力系统故障

电池管理器接口的针脚定义如图 4-3-14 所示。

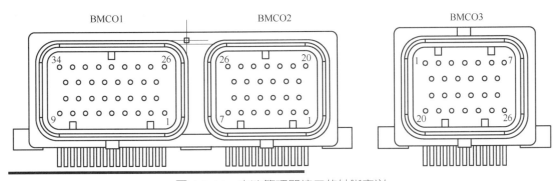

图 4-3-14 电池管理器接口的针脚定义

BMC01——电源 + 充电指示灯 + 高压互锁 + 霍尔电流信号 + 充、放电接触器控制信号 + 漏电信号(主要控制高压配电箱内部接触器),见表 4-3-7。

表 4-3-7 BMC01 接口定义

连接端子	端子描述	线色	条件	正常值 /V
BMC01-1～GND	高压互锁输出信号	W	ON 挡 /OK 挡 / 充电	PWM 脉冲信号
BMC01-2～GND	一般漏电信号	L/W	一般漏电	小于 1
BMC01-6～GND	整车低压地	B	始终	小于 1
BMC01-9～GND	主接触器拉低控制信号	Br	整车上高压电	小于 1
BMC01-10～GND	严重漏电信号	Y/G	严重漏电	小于 1
BMC01-14～GND	12V 蓄电池正	G/R	ON 挡 /OK 挡 / 充电	9～16
BMC01-17～GND	预充接触器拉低控制信号	W/L	预充过程中	小于 1
BMC01-26～GND	直流霍尔信号	W/B	电源 ON 挡	0～4.2
BMC01-27～GND	电流霍尔 +15V	Y/B		9～16
BMC01-28～GND	直流霍尔屏蔽地	Y/G		
BMC01-29～GND	电流霍尔 -15V	R/G	ON 挡 /OK 挡 / 充电	-16～-9
BMC01-30～GND	整车低压地	B	始终	小于 1
BMC01-31～GND	仪表充电指示灯信号	G	充电时	
BMC01-33～GND	直流充电正负极接触器拉低控制信号	Gr		小于 1
BMC01-34～GND	交流充电接触器控制信号	G/W	始终	小于 1

BMC02——电源 + 漏电信号 + 高压互锁 + 交流、直流充电口信号 + 整车 CAN+ 直流充电口 CAN（主要采集交流、直流充电口信息），见表 4-3-8。

表 4-3-8 BMC02 接口定义

连接端子	端子描述	线色	条件	正常值 /V
BMC02-1～GND	12V DC 电源正	R/B	电源 ON 挡 / 充电	11～14
BMC02-4～GND	直流充电感应信号	Y/R	充电时	
BMC02-6～GND	整车低压地	B	始终	
BMC02-7～GND	高压互锁输入信号	W	ON 挡 /OK 挡 / 充电	PWM 脉冲信号
BMC02-11～GND	直流温度传感器高	G/Y	ON 挡 /OK 挡 / 充电	2.5～3.5
BMC02-13～GND	直流温度传感器低	R/W		
BMC02-14～GND	直流充电口 CAN2-H	P		
BMC02-15～GND	整车 CAN1-H	P	ON 挡 /OK 挡 / 充电	1.5～2.5
BMC02-16～GND	整车 CAN 屏蔽地			
BMC02-18～GND	VTOG/ 车载充电感应信号	L/B	充电时	小于 1
BMC02-20～GND	直流充电口 CAN2-L	V	直流充电时	
BMC02-21～GND	直流充电口 CAN 屏蔽地		始终	小于 1
BMC02-22～GND	整车 CAN-H	V	ON 挡 /OK 挡 / 充电	1.5～2.5
BMC02-25～GND	碰撞信号	Y/G	启动	约 -15

BMC03——采集器 CAN/ 电源 + 电池包内部接触器（主要采集动力电池 BIC 信息、控制动力电池内部接触器），见表 4-3-9。

表 4-3-9　BMC03 接口定义

连接端子	端子描述	线色	条件	正常值 /V
BMC03-1～GND	采集器 CAN-L	V	ON 挡 /OK 挡 / 充电	1.5～2.5
BMC03-2～GND	采集器 CAN 屏蔽地		始终	小于 1
BMC03-3～GND	1# 分压接触器拉低控制信号	G/B		小于 1
BMC03-4～GND	2# 分压接触器拉低控制信号	Y/B		小于 1
BMC03-7～GND	BIC 供电电源正	R/L	ON 挡 /OK 挡 / 充电	9～16
BMC03-8～GND	采集器 CAN-H	P	ON 挡 /OK 挡 / 充电	2.5～3.5
BMC03-10～GND	负极接触器拉低控制信号	L/B	接触器吸合时	小于 1
BMC03-11～GND	正极接触器拉低控制信号	R/G	接触器吸合时	小于 1
BMC03-14～GND	1# 分压接触器 12V 电源	G/R	ON 挡 /OK 挡 / 充电	9～16
BMC03-15～GND	2# 分压接触器 12V 电源	L/R	ON 挡 /OK 挡 / 充电	9～16
BMC03-20～GND	负极接触器 12V 电源	Y/W	ON 挡 /OK 挡 / 充电	9～16
BMC03-21～GND	正极接触器 12V 电源	R/W	ON 挡 /OK 挡 / 充电	9～16
BMC03-26～GND	采集器电源地	R/Y	ON 挡 /OK 挡 / 充电	

4.4　充电系统

4.4.1　概述

充电系统有两种充电方式，即交流充电和直流充电。交流充电主要是通过交流充电桩、壁挂式充电盒以及家用供电插座接入交流充电口，通过高压电控总成将交流电转为直流高压电给动力电池充电；直流充电主要是通过充电站的充电柜将直流高压电直接通过直流充电口给动力电池充电。

如图 4-4-1 所示，充电系统主要组成部分有直流充电口、交流充电口、电池管理器、高压电控总成和动力电池包。

图 4-4-1　充电系统示意

（1）交流充电口　通过家用 220V 插座和交流充电柜接入交流充电口，通过车载充电设备将高压交流电转为高压直流电给动力电池充电（图 4-4-2、表 4-4-1 和表 4-4-2）。

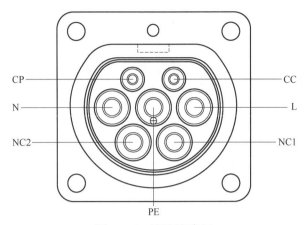

图 4-4-2　交流充电口

表 4-4-1　交流充电口定义

名称	定义	名称	定义
L	A 相	PE	地线
NC1	B 相	CC	充电连接确认
NC2	C 相	CP	充电控制
N	中性线		

表 4-4-2　CC 与 PE 阻值

充电盒	电阻/Ω	充电盒	电阻/Ω
3.3kW 及以下充电盒	680	VTOL（预留）	2000
7kW 充电盒	220	VTOV（预留）	100
40kW 充电盒	100		

（2）直流充电口　通过直流充电柜将高压直流电通过直流充电口给动力电池充电（图 4-4-3 和表 4-4-3）。

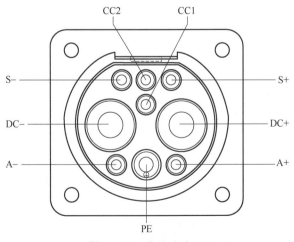

图 4-4-3　直流充电口

表 4-4-3 交流充电口定义

名称	定义	名称	定义
A-	低压辅助电源负	S-	CAN-L
A+	低压辅助电源正	S+	CAN-H
CC2	直流充电感应信号	PE	地线
CC1	车身地	DC-	动力电池负极
		DC+	动力电池正极

4.4.2 充电系统原理

充电系统原理如图 4-4-4 所示。

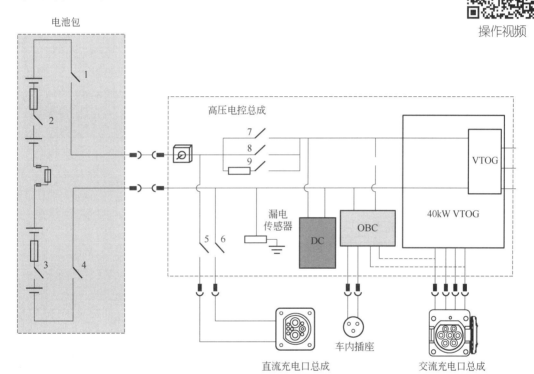

图 4-4-4 充电系统原理

1—正极接触器；2—电池包分压接触器 2；3—电池包分压接触器 1；4—负极接触器；5—直流充电正极接触器；6—直流充电负极接触器；7—主接触器；8—交流充电接触器；9—预充接触器

操作视频

4.4.3 充电系统故障检修

（1）直流无法充电故障检修

① 检查直流充电口总成高低压线束

a. 分别拔出直流充电口总成的高压接插件和低压接插件。

b. 分别测试正负极电缆和低压线束是否导通。

c. 用万用表检查低压接插件与充电口端值是否正常（图 4-4-5 和表 4-4-4）。

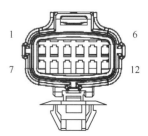

图 4-4-5 直流充电口低压接插件

表 4-4-4　参考正常值（1）

端子	正常值/Ω	端子	正常值/Ω
1—A-（低压辅助电源负）	小于1	4—S-（CAN-L）	小于1
2—A+（低压辅助电源正）	小于1	5—S+（CAN-H）	小于1
3—CC2（直流充电感应信号）	小于1	CC1—车身地	1000±30

如不符合要求，则更换直流充电口总成。

② 检查低压线束

a. 电源置为 OFF 挡。

b. 拔出电池管理器低压接插件 BMC02。

c. 用万用表检查电池管理器接插件 BMC02 与充电口端子值（表 4-4-5）。

表 4-4-5　参考正常值（2）

端子	正常值/Ω	端子	正常值/Ω
BMC02-04—CC2（直流充电感应信号）	小于1	1—A-（低压辅助电源负）	小于1
BMC02-14—S+（CAN-H）	小于1	2—A+（低压辅助电源正）	小于1
BMC02-20—S-（CAN-L）	小于1		

如不符合要求，则更换线束。

③ 检查高压电控总成

a. 电源置为 OFF 挡。

b. 连接充电枪，准备充电。

c. 用万用表检查电池管理器接插件 BMC02 与车身地值（表 4-4-6）。

表 4-4-6　参考正常值（3）

端子	正常值
直流充电正负极接触器电源脚—车身地	11～14V
直流充电接触器控制脚—车身地	小于1Ω

d. 断开充电枪。

e. 拔下电池管理器接插件，将直流充电正负极接触器控制脚与车身地短接，将吸合充电正负极接触器。

f. 用万用表测量充电口 DC+ 与 DC- 的电阻值正常值约为 650V。

如不符合要求，则检修高压电控；如符合要求，则更换电池管理器。

（2）交流无法充电故障检修

① 检查交流充电口总成：检查充电电缆是否断路。如果存在故障，则更换交流充电口总成；如果符合标准，则检查高压电控总成。

② 检查高压电控总成：将交流充电口接入充电桩或家用电源。用万用表测量高压电控总成接插件交流充电感应信号脚端子电压（正常值应小于1V）。如果存在故障，则检修或更换高压电控总成；如果符合标准，则检查低压线束（交流充电口 - 电池管理器）。

③ 检查低压线束（交流充电口 - 电池管理器）　如果存在故障，则更换线束；如果符合标准，则检查电池管理系统。

④ 检查电池管理系统　如果存在故障，则更换电池管理系统。

4.5 空调系统

空调系统（图 4-5-1）由电动压缩机、冷凝器、HVAC 总成、制冷管路、PTC 水加热器总成、空调电子水泵、暖风水管、风道、电子膨胀阀、温度压力传感器、压力传感器、空调控制器等零部件组成，具有制冷、采暖、除霜除雾、通风换气四种功能。

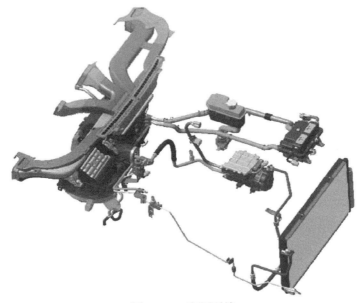

图 4-5-1　空调系统

4.5.1　空调系统的特点和原理

（1）**系统特点**　包含电动压缩机模块和 PTC 水加热模块；制热系统为独立水循环，带单独储水壶；配备电子膨胀阀、压力传感器（高压管路）、温度压力传感器（低压管路）；采用 R410a 制冷剂，加注量为 430g，冷冻油 POE，加注量为 135mL。

（2）**制冷系统原理**　由空调驱动器驱动的电动压缩机将气态的制冷剂从蒸发器中抽出，并将其压入冷凝器。高压气态制冷剂经冷凝器时液化而进行热交换（释放热量），热量被车外的空气带走。

高压液态的制冷剂经膨胀阀的节流作用而降压，低压液态制冷剂在蒸发器中气化而进行热交换（吸收热量），蒸发器附近被冷却了的空气通过鼓风机吹入车厢。气态的制冷剂又被压缩机抽走，泵入冷凝器，如此使制冷剂进行封闭的循环流动，不断地将车厢内的热量排到车外，使车厢内的气温降至适宜的温度（图 4-5-2）。

（3）**供暖系统原理**　供暖系统采用 PTC 水加热器总成加热冷却液，先由水泵抽空调暖风副水箱总成内的冷却液泵至 PTC 水加热器总成，加热后的冷却液流经暖风芯体，再回至空调暖风副水箱总成，如此循环。加热后的空气，通过鼓风机鼓风将热量送至乘员舱或风窗玻璃，用以提高车厢内温度和除霜（图 4-5-3）。

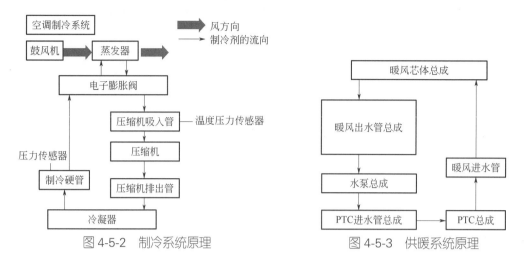

图 4-5-2 制冷系统原理　　　　图 4-5-3 供暖系统原理

（4）风扇控制逻辑

① 空调打开后，且 ECU 检测到中压开关低电平信号后，控制风扇高速转。

② 开启压缩机的同时，空调控制器检测系统压力值，向主控请求电子风扇挡位：当空调系统压力 < 2.7MPa 时，发送低速挡位；当空调系统压力 ≥ 2.7MPa 时，发送高速挡位。

4.5.2　空调系统零部件

（1）压缩机　制冷系统采用电动压缩机（图 4-5-4），额定功率 2kW。系统工作时，高压压力为 2.0～3.0MPa；低压压力为 0.5～1MPa。电动压缩机模块接高压电控端插头，带高压互锁。

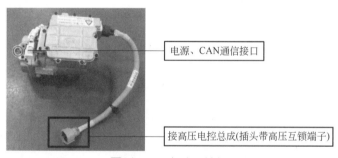

图 4-5-4　电动压缩机

（2）传感器　主要是压力传感器（高压管路）和温度压力传感器（低压管路），如图 4-5-5 所示。

（3）电子膨胀阀　电子膨胀阀如图 4-5-6 所示。

(a) 温度压力传感器　　(b) 压力传感器

图 4-5-5　传感器　　　　　　　　图 4-5-6　电子膨胀阀

4.5.3 空调系统常见故障

(1) **电动压缩机模块故障** 电动压缩机电器原理如图 4-5-7 所示。电动压缩机模块常见故障见表 4-5-1。

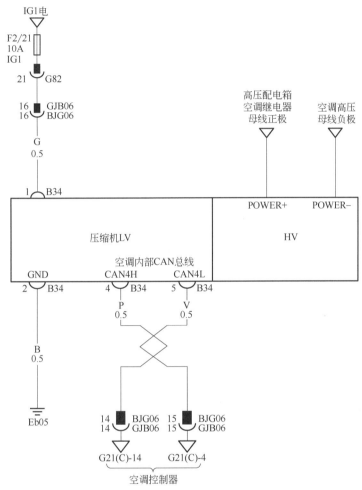

图 4-5-7 电动压缩机电器原理

表 4-5-1 电动压缩机模块常见故障

电动压缩机故障码	故障含义	电动压缩机故障码	故障含义
B2AB0	电流采样电路故障	B2AB7	转速异常故障
B2AB1	电机缺相故障	B2AB8	相电压过高故障
B2AB2	IPM/IGBT 故障	B2AB9	负载过大故障
B2AB3	内部温度传感器故障	U2A01	负载电压过压故障
B2AB4	内部电流过大故障	U2A02	负载电压低压故障
B2AB5	启动失败故障	B2ABA	内部低压电源故障
B2AB6	内部温度异常		

(2) **制热系统故障** 供暖系统采用 PTC 水加热模块,额定功率 6kW,PTC 加热冷却液后供

给暖风芯体；空调电子水泵安装在电动压缩机上端（图4-5-8）。

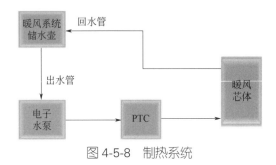

图 4-5-8　制热系统

PTC水加热模块带高压互锁端子和水温传感器，如图4-5-9所示。PTC水加热器电器原理如图4-5-10所示。PTC水加热器模块故障见表4-5-2。

图 4-5-9　PTC水加热模块

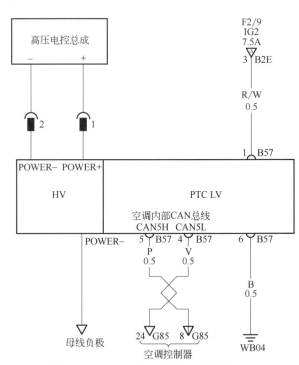

图 4-5-10　PTC水加热器电器原理

表 4-5-2　PTC水加热器模块故障

PTC 故障码	故障含义	PTC 故障码	故障含义
B1212	PTC驱动组件故障	B122B	冷却液温度传感器短路
B1213	PTC加热组件故障	B1239	IG2电源过压
B1216	PTC回路电流过大	B123A	IG2电源欠压
B1217	控制器内部+15V电压异常	B123B	负载电源过压
B1218	IGBT组件功能失效（一个或多个IGBT不受控，常开或常闭）	B123C	负载电源欠压
B122A	冷却液温度传感器断路		

（3）自动空调控制模块检查 自动空调系统工作原理如图 4-5-11 所示。如图 4-5-12 所示，检查空调控制模块插接器。

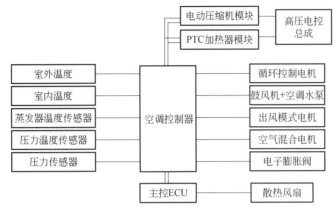

图 4-5-11 自动空调系统工作原理

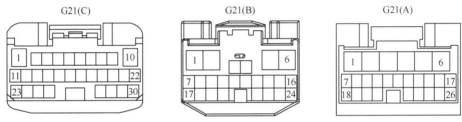

图 4-5-12 空调控制模块插接器

① 从空调控制模块 G21（A）、G21（B）、G21（C）连接器后端引线。
② 检查连接器各端子，端子标准值见表 4-5-3。

表 4-5-3 连接器各端子标准值

端子号	线色	端子描述	条件	正常值
G21（A）-3	R/B	IG1 电	始终	11～14V
G21（A）-4	P	空调水泵继电器	开空调	电压信号
G21（A）-14	L/B	鼓风机继电器输出端	开空调	电压信号
G21（A）-18	B	接地	始终	
G21（A）-21	L/Y	压力温度传感器	压缩机开启状态	小于 1V
G21（A）-22	R/Y	模式风门电机反馈电压		5V
G21（B）-1	G	冷暖电机反馈电源	开空调	5V
G21（B）-4	P/B	电子膨胀阀控制 A 端		
G21（B）-6	W/G	电子膨胀阀控制 A′端		
G21（B）-12	W/B	电子膨胀阀控制 B′端		
G21（B）-16	W/L	电子膨胀阀控制 B 端		
G21（C）-2	P	CAN-H		
G21（C）-3	V	CAN-L		

续表

端子号	线色	端子描述	条件	正常值
G21（C）-5	W/R	压力温度传感器压力信号		
G21（C）-7	B/Y	室外温度传感器		
G21（C）-8	R/L	主驾驶吹脚通道传感器		
G21（C）-9	G/B	室内温度传感器		
G21（C）-10	Br	前蒸发器温度传感器		
G21（C）-15	R/B	压力温度传感器温度信号		
G21（C）-18	R	小灯照明电源负输入端	始终	小于1Ω
G47-1	V	CAN-L		
G47-2	P	CAN-H		
G47-13	B	接地		
G47-21	R/B	背光+	开鼓风机	电压信号
G47-22	RL	背光-	开空调	电压信号
G47-33	B/W	接地		
G47-40	R/B	IG1电	始终	11～14V

（4）室内温度传感器断路（B2A2013）/短路（B2A2111）故障 室内温度传感器电路如图4-5-13所示。

① 检查室内温度传感器阻值

a. 断开室内温度传感器连接器G05，取下室内温度传感器。

b. 测量阻值，标准值见表4-5-4。

表4-5-4 标准值（1）

端子	条件/℃	下限值/kΩ	上限值/kΩ
1—2	-25	126.4	134.7
	-10	54.60	57.65
	0	32.25	33.69
	10	19.68	20.35
	20	12.37	12.67
	30	7.95	8.14
	50	3.51	3.66

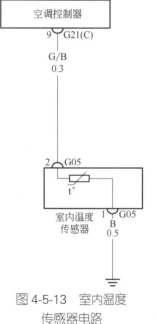

图4-5-13 室内温度传感器电路

如果不符合标准，则更换室内温度传感器；如果符合标准，则检查线束（室内温度传感器-ACECU）。

② 检查线束（室内温度传感器-ACECU）

a. 断开前室内温度传感器连接器G05。

b. 断开ACECU连接器G21（C）。

c. 检查端子间阻值（表4-5-5）。

表 4-5-5 标准值（2）

端子	线色	正常情况
G05-2—G21（C）-9	G/B	小于1Ω
G05-1—车身地	B	小于1Ω
G05-1—G05-2	—	大于10kΩ

如果不符合标准，则更换线束；如果符合标准，则更换空调控制器（ACECU）。

(5) 冷暖电机对地短路或开路（B2A2B14）/ 对电源短路（B2A2B12）/ 转不到位（B2A2B92）故障　冷暖电机电路如图 4-5-14 所示。

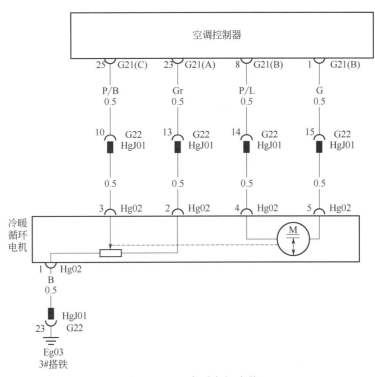

图 4-5-14　冷暖电机电路

① 检查冷暖混合控制电机运行情况　断开冷暖混合控制电机连接器 HG02，不拆下电机；测试冷暖混合控制电机（表 4-5-6）。

表 4-5-6　冷暖混合控制电机运行

端子	正常情况
HG02-4—蓄电池正极 HG02-5—蓄电池负极	冷暖混合控制电机应当运转自如，并在最大制冷状态时停止
HG02-5—蓄电池正极 HG02-4—蓄电池负极	倒装接头，冷暖混合控制电机应当运转平稳，并在最大加热状态时停止

② 检查线束（冷暖混合控制电机 -ACECU）　断开冷暖混合控制电机连接器 HG02；断开 ACECU 连接器 G47（图 4-5-15）；测线束阻值（表 4-5-7）。

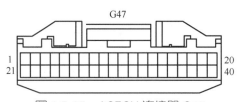

图 4-5-15 ACECU 连接器 G47

表 4-5-7 标准值（3）

端子	线色	正常情况 /Ω
HG02-2—G21（A）-23	Gr	小于 1
HG02-3—G21（C）-25	P/B	小于 1
HG02-5—G21（B）-1	P/L	小于 1
HG02-4—G21（B）-8	G	小于 1

如果不符合标准，则更换或维修线束；如果符合标准，则检查线束（空气混合电机 - 车身地）。

③ 检查线束（空气混合电机 - 车身地） 断开冷暖混合控制电机连接器 HG02；测线束阻值（表 4-5-8）。

表 4-5-8 标准值（4）

端子	线色	正常情况 /Ω
HG02-1—车身地	B	小于 1

如果不符合标准，则更换或维修线束；如果符合标准，则检查线束是否对地短路。

④ 检查线束是否对地短路 断开接插件，测线束端各端子对地阻值（表 4-5-9）。

表 4-5-9 标准值（5）

端子	线色	正常情况 /kΩ
G21（A）-23—车身地	Gr	大于 10
G21（C）-25—车身地	P/B	大于 10
G21（B）-1—车身地	G	大于 10
G21（B）-8—车身地	P/L	大于 10

如果不符合标准，则更换或维修线束；如果符合标准，则检查空调控制器（ACECU）。

⑤ 检查空调控制器（ACECU） 从空调控制器连接器后端引线，打开空调，检查端子输出值（表 4-5-10）。

表 4-5-10 标准值（6）

端子	条件（调节温度）/℃	正常情况 /V
G21（A）-23—车身地	开空调	约 5
G21（C）-25—车身地	32	约 0.9
	25	约 1.9
	18	约 4.1
G21（B）-1—G21（B）-8	调节温度	11～14

如果不符合标准,则更换空调控制器(ACECU)。

(6) 制冷功能不正常故障

① 故障描述　电动压缩机是否允许开启由 BMS 根据整车动力电池电量情况判断,当整车动力电池电量足够时,开启空调制冷,电动压缩机即可工作。

② 电路图　见图 4-5-16。

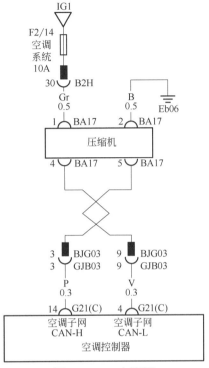

图 4-5-16　电路图

③ 车上检查　整车上电至 OK 挡;打开鼓风机;手动打开 A/C,检查是否制冷。如果符合标准,则不存在故障;如果不符合标准,则检查空调压力。

④ 检查空调压力　电源上电至 OK 挡;用诊断仪读取系统故障;检查是否有压力故障。如果符合标准,则检查蒸发器温度;如果不符合标准,则检查压力故障。

⑤ 检查蒸发器温度　将车辆静置一段时间(1h 左右),避免蒸发器因结冰导致无法启动空调;打开空调制冷。如果符合标准,则检查保险;如果不符合标准,则表明蒸发器温度过低。

⑥ 检查保险　用万用表检查 F2/14 保险是否导通。如果符合标准,则检查线束;如果不符合标准,则更换保险。

⑦ 检查线束　断开接插件 B2H、BA17;测线束阻值(表 4-5-11)。

表 4-5-11　标准值(7)

端子	条件	正常情况/Ω
B2H-30—BA17-1	OK 挡电	小于 1
BA17-2—车身地	始终	小于 1

如果符合标准,则更换空调控制器;如果不符合标准,则更换线束。

第 5 章 吉利电动汽车故障

5.1 动力系统

动力系统部件位置如图 5-1-1 所示,如图 5-1-2 所示为驱动电机分解。

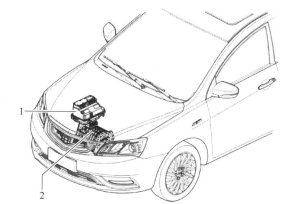

图 5-1-1 动力系统部件位置

1—电机控制器;2—驱动电机

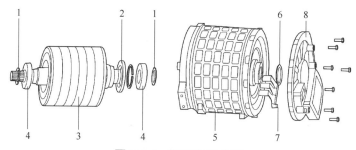

图 5-1-2 驱动电机分解

1—轴用弹性挡圈;2—旋变转子;3—转子总成;4—深沟球轴承;
5—定子壳体总成;6—波形弹簧;7—圆柱销;8—后端盖总成

5.1.1 动力系统工作原理

当三相交流电被接入定子线圈中时,即产生旋转的磁场,这个旋转的磁场牵引转子内部的永磁体,产生和旋转磁场同步的旋转扭矩(图 5-1-3)。

使用旋转变压器检测转子的位置,以及用电流传感器检测线圈的电流,从而控制驱动电机的扭矩输出。

旋变信号的作用是反映驱动电机转子当前的旋转相位,电机控制器通过旋变信号计算当前的驱动电机转速。吉利电动汽车采用磁阻式旋转变压器。旋变电机如图 5-1-4 所示,旋变转子与驱动电机转子同轴连接,随电机转轴旋转。旋变定子内侧有感应线圈,安装在驱动电机定子上。驱动电机旋转时,带动旋变转子旋转。旋变器与电机控制器中间通过 6 根低压线束连接,2 根是从电机控制器输出的激励信号,另外 4 根分别是旋变器输出的正弦信号和余弦信号。6 根线当中任何一根线路出现故障都会导致驱动电机无法正常工作。

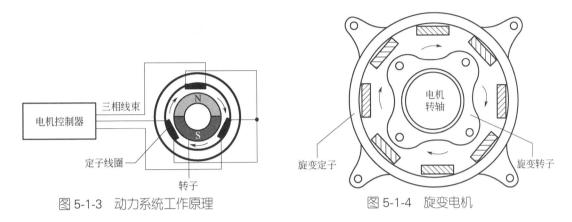

图 5-1-3　动力系统工作原理　　　　图 5-1-4　旋变电机

5.1.2　电机绝缘阻值检测

如图 5-1-5 所示为电机电路简图。

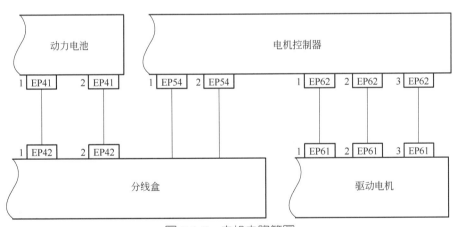

图 5-1-5　电机电路简图

诊断步骤如下。

(1) 确认高压回路切断

① 操作启动开关使电源模式至 OFF 状态。

② 断开蓄电池负极电缆。

③ 拆卸维修开关。

④ 断开电机控制器高压线线束连接器 EP54 (图 5-1-6)。

等待 5min 后,用万用表检测电机控制器正负极电压(标准电压≤5V)。如果电压大于 5V,则等待电机电压下降;如果电压小于 5V,则检测电机绝缘阻值。

（2）检测电机绝缘阻值

① 操作启动开关使电源模式至 OFF 状态。
② 断开蓄电池负极电缆。
③ 拆卸维修开关。
④ 拆卸电机三相线束线束连接器 EP62（电机控制器侧）（图 5-1-7）。
⑤ 将高压绝缘检测仪的挡位调至 1000V。
⑥ 用高压绝缘检测仪测量三相线束线束连接器 EP62 的 1 号端子与电机壳体之间的电阻（标准电阻≥20MΩ）。
⑦ 用高压绝缘检测仪测量三相线束线束连接器 EP62 的 2 号端子与电机壳体之间的电阻（标准电阻≥20MΩ）。
⑧ 用高压绝缘检测仪测量三相线束线束连接器 EP62 的 3 号端子与电机壳体之间的电阻（标准电阻≥20MΩ）。
⑨ 确认测量值是否符合标准。如果不符合标准，则修理或更换线束；如果符合标准，则绝缘阻值正常。

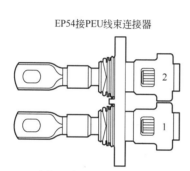

图 5-1-6　电机控制器高压线线束连接器

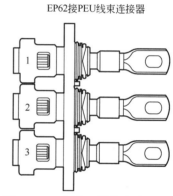

图 5-1-7　电机三相线束连接器

5.1.3　电机常见故障诊断

电机常见故障主要是异响、强烈振动或转速和输出功率达不到要求。故障诊断步骤如下。

（1）紧固电机固定螺栓
① 操作启动开关使电源模式至 OFF 状态。
② 检查电机后端盖与悬挂支架连接螺栓是否紧固。
③ 检查电机前端盖与减速器壳体连接螺栓是否紧固。
如果不符合标准，则紧固电机固定螺栓；如果符合标准，则检查电机冷却系统。

（2）检查电机冷却系统
① 操作启动开关使电源模式至 ON 状态。
② 检查冷却管路有无老化、变形、渗漏。
③ 确认水箱、管路无水垢、堵塞现象。
④ 确认水泵是否工作正常。
如果不符合标准，则优先排除冷却系统故障；如果符合标准，则检查电机线束连接器。

（3）检查电机线束连接器
① 操作启动开关使电源模式至 OFF 状态。
② 检查电机低压线束连接器是否插接牢固、无松脱

③ 检查电机高压线束连接器是否插接牢固、无松脱

如果不符合标准，则重新固定连接器；如果符合标准，则检查驱动电机三相线束紧固力矩。

（4）检查驱动电机三相线束（图5-1-8）紧固力矩

① 操作启动开关使电源模式至 OFF 状态。
② 断开蓄电池负极电缆。
③ 拆卸维修开关。
④ 检查三相线固定螺栓的紧固力矩（电机控制器侧）是否符合标准。
⑤ 检查三相线固定螺栓的紧固力矩（电机侧）是否符合标准。

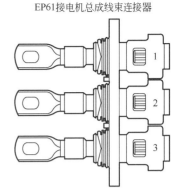

图 5-1-8　驱动电机三相线束

如果不符合标准，则紧固电机三相线束；如果符合标准，则检测驱动电机三相线束是否相互短路故障。

（5）检测驱动电机三相线束是否相互短路故障

① 操作启动开关使电源模式至 OFF 状态。
② 断开蓄电池负极电缆。
③ 拆卸维修开关。
④ 断开驱动电机三相线束连接器 EP61。
⑤ 断开驱动电机三相线束连接器 EP62。
⑥ 用万用表按表 5-1-1 所示的标准值进行测量，确认测量值是否符合标准。

如果不符合标准，则修理或更换线束；如果符合标准，则检测驱动电机三相线绝缘电阻。

表 5-1-1　标准值（1）

测量位置 A	测量位置 B	测量标准值
EP61-1	EP61-2	标准电阻：20kΩ 或更高
EP61-1	EP61-3	
EP61-2	EP61-3	

（6）检测驱动电机三相线绝缘电阻

① 操作启动开关使电源模式至 OFF 状态。
② 拆卸维修开关。
③ 断开驱动电机三相线束连接器 EP61。
④ 断开驱动电机三相线束连接器 EP62。
⑤ 用万用表按表 5-1-2 所示的标准值进行测量，确认测量值是否符合标准。

如果不符合标准，则修理或更换线束；如果符合标准，则进行前后端盖清理检查。

表 5-1-2　标准值（2）

测量位置 A	测量位置 B	测量标准值
EP61-1	车身接地	标准电阻：20kΩ 或更高
EP61-2	车身接地	
EP61-3	车身接地	

(7) 进行前后端盖清理检查
① 拆卸电机。
② 用除锈清洗剂清洗端盖,确认端盖无灰尘、无杂物,止口无破损,无碰伤。
③ 用内径千分尺测量轴承室无磨损、甩圈,轴承室尺寸合格。
如果不符合标准,则修理或更换后端盖;如果符合标准,则清理检查水套壳体。

(8) 清理检查水套壳体
① 拆卸电机。
② 用除锈清洗剂清洗,水套端面要求无灰尘、无杂物,止口无破损,无碰伤。
③ 用密封检测工装,检测壳体有无漏气现象。
④ 用水道检测工装,检测水道是否有堵塞、水道流量是否满足冷却要求。
⑤ 复测转子动平衡,超出规定数值后,需重新标定动平衡量。
⑥ 确认故障是否排除。如果故障已排除,则结束;如果故障未排除,则对定子检测清理检查。

(9) 定子检测清理检查
① 拆卸电机。
② 用吸尘器清理定子灰尘,用除锈剂清除定子铁芯的锈迹,要求定子表面无灰尘、定子内圆无剐蹭、无杂物,定子线包无损伤,定子绝缘漆无脆裂等。
③ 用耐压绝缘表测试耐压、绝缘。
④ 用定子综合测试仪测试电性能。
⑤ 出线端子更换。
⑥ 温度传感器绝缘检测。
⑦ 重新更换三相出线和温度传感器出线的绝缘管、热缩管。
⑧ 确认故障是否排除。如果故障已排除,则结束;如果故障未排除,则检测旋变定子。

(10) 检测旋变定子
① 拆卸电机。
② 用电阻计检测旋变定子电阻值。
③ 用耐压绝缘表测试耐压、绝缘。
④ 重新更换旋变信号线出线绝缘管、端子。
⑤ 确认故障是否排除。如果故障已排除,则结束;如果故障未排除,则更换前、后轴承。

(11) 更换前、后轴承
① 拆卸电机。
② 用拉马拆除旧轴承,用专用压装工装,压轴承内圈,更换新轴承,轴承须装配到位。
③ 轴用轴承挡圈安装到位。
④ 确认故障是否排除。如果故障已排除,则结束;如果故障未排除,则更换驱动电机。

5.2 电机控制系统

5.2.1 系统的组成和控制模式

(1) 电机控制系统的组成 电机控制器内部包含 1 个 DC/AC 逆变器和 1 个 DC/DC 直流转换器,逆变器由 IGBT、直流母线电容、驱动和控制电路板等组成,实现直流(可变的电压、电流)与交流(可变的电压、电流、频率)之间的转变。直流转换器由高低压功率器件、变压器、电感、驱动和控制电路板等组成,实现直流高压向直流低压的能量传递。电机控制器还包含冷却器(通冷却液)给电子功率器件散热。

(2) 电机控制系统的控制模式

① 转矩控制模式　电机控制系统控制电机轴向四象限的转矩。由于没有转矩传感器，转矩指令（由整车控制器发送）被转换成为电流指令，并进行闭环控制。转矩控制模式只有在获得正确的初始偏移角度时才能进行。

② 静态模式　静态模式在电机控制器（PEU）处于被动状态（待机状态）或故障状态时被激活。

③ 主动放电模式　主动放电模式用于高压直流端电容的快速放电。主动放电指令来自整车控制器的指令或由电机控制器（PEU）内部故障触发。

④ DC/DC 直流转换模式　电机控制器（PEU）中的 DC/DC 转换器将高压端的直流高压转换成指定的直流低压（12V 低压系统），低压设定值来自整车控制器指令。

5.2.2　系统诊断通信功能

当故障发生时，软件根据故障级别使 PEU 进入安全状态或限制状态。安全状态包括主动短路或 Freewheel 模式，限制状态包括四个级别的功率/转矩输出限制。PEU 软件中提供基于 ISO 14229 标准的诊断通信功能（表 5-2-1）。

表 5-2-1　诊断通信功能

诊断项目	诊断内容	诊断项目	诊断内容
传感器诊断	电流传感器、电压传感器、温度传感器、位置传感器等故障诊断	CAN 通信诊断	包括 CAN 内存检测，总线超时，报文长度、Checksum 校验，收发计数器的诊断
电机诊断	电流调节故障，电机性能检查，主动短路或空转条件不满足，转子偏移角诊断等	硬件安全关诊断	相电流过流诊断、直流母线电压过压诊断，高/低压供电故障诊断，处理器监控等

5.2.3　电机控制器结构原理及其接口

电机控制器结构原理如图 5-2-1 所示，电机控制器上的接口见图 5-2-2。

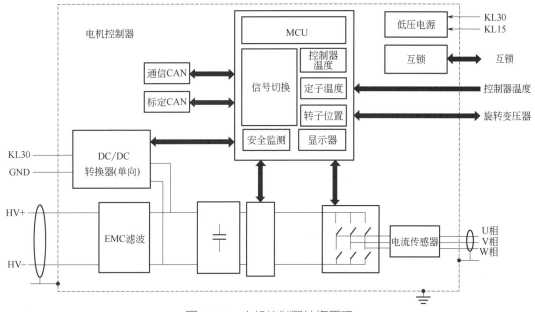

图 5-2-1　电机控制器结构原理

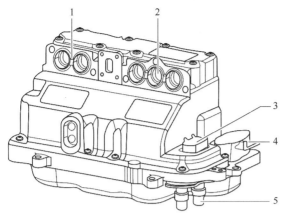

图 5-2-2 电机控制器上的接口

1—高压线束接口；2—驱动电机三相线束接口；3—低压信号接口；
4—低压充电（DCDC）接口；5—冷却管口

图 5-2-3 电机控制系统端子

5.2.4 电机控制系统端子

电机控制系统端子如图 5-2-3 和表 5-2-2 所示。

表 5-2-2 电机控制系统端子列表

端子号	端子定义	线径（mm^2）颜色	端子状态	状态
1	高压互锁输入	0.5Br	E-S-PLTIN	
2	—	—	—	
3	—	—	—	
4	高压互锁输出	0.5W	E-S-PLOUT	
5	温度传感器输入	0.5Br/W	E-A-EMTI	
6	温度传感器接地	0.5R	M-A-EMTO	
7	温度传感器输入	0.5L/R	E-A-EMTO	
8	—	—	—	
9	—	—	—	
10	屏蔽线接地	0.5B	M-SCHIRM-VOGT	
11	接地	0.5B	—	
12	—	—	—	
13	温度传感器接地	0.5W/G	E-A-EMTI	
14	唤醒输入	0.5L/W	E-S-唤醒	
15	旋变器 +EXC	0.5G		
16	旋变器 +COSLO	0.5P		
17	旋变器 +SINLO	0.5W		
18	—	—	—	—
19	—	—	—	

续表

端子号	端子定义	线径（mm²）颜色	端子状态	状态
20	CAN-H	L/R	总线	
21	CAN-L	0.5Gr/O	总线	
22	旋变器 -EXC	0.5O	A-F-LG-ERR-NEG	
23	旋变器 +COSHI	0.5L	E-F-LG-COSHI	
24	旋变器 +SINHI	0.5Y	E-F-LG-SINHI	
25	KL15	0.5R/B	E-S-KL15	
26	KL30	0.5R/Y	U-UKL30	
27	调试 CAN-H	0.5P/W	总线	
28	调试 CAN-L	0.5B/W	总线	

5.2.5 系统常见故障

（1）电机控制器低压供电回路故障　电机控制器低压供电回路故障码及说明见表 5-2-3，如图 5-2-4 所示为其电路简图。诊断步骤如下。

表 5-2-3　电机控制器低压供电回路故障码及说明

故障码	说明
P056300	蓄电池电压过压故障
P056200	蓄电池电压欠压故障
P113600	低压端输出与蓄电池连接断开故障

① 检查蓄电池电压
a. 操作启动开关使电源模式至 OFF 状态。
b. 用万用表测量蓄电池电压（标准电压：11～14V）。
c. 确认测量值是否符合标准。如果不符合标准，则更换蓄电池或为蓄电池充电；如果符合标准，则检查电机控制器熔丝 EF18、EF31 和蓄电池正极柱头熔丝是否熔断。
② 检查电机控制器熔丝 EF18、EF31 和蓄电池正极柱头熔丝是否熔断
a. 操作启动开关使电源模式至 OFF 状态。
b. 拔下熔丝 EF31 检查其是否熔断（熔丝额定容量：10A）。
c. 拔下熔丝 EF18 检查其是否熔断（熔丝额定容量：30A）。
d. 拔下蓄电池正极柱头熔丝检查其是否熔断（熔丝额定容量：150A）。
如果不符合标准，则检修熔丝线路，更换额定容量熔丝；如果符合标准，则检查电机控制器电源电压。
③ 检查电机控制器电源电压
a. 操作启动开关使电源模式至 OFF 状态。
b. 断开电机控制器线束连接器 EP11（参见图 5-2-3）。
c. 操作启动开关使电源模式至 ON 状态。
d. 用万用表测量电机控制器线束连接器 EP11 端子 25 和车身接地之间的电压值（标准电压：11～14V）。

e. 用万用表测量电机控制器线束连接器 EP11 端子 26 和车身接地之间的电压值（标准电压：11～14V）。

f. 确认测量值是否符合标准。如果不符合标准，则修理或更换线束；如果符合标准，则检查电机控制器接地电阻。

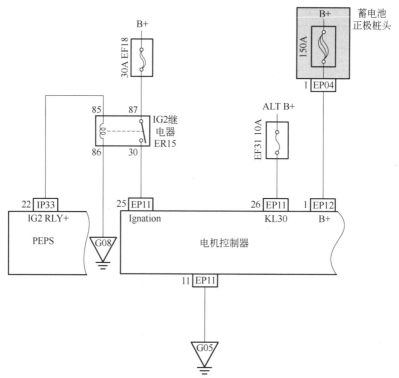

图 5-2-4　电机控制器低压供电回路电路简图

④ 检查电机控制器接地电阻

a. 操作启动开关使电源模式至 OFF 状态。

b. 断开电机控制器线束连接器 EP11（参见图 5-2-4）。

c. 用万用表测量电机控制器线束连接器 EP11 端子 11 和车身接地之间的电阻（标准电阻：小于 1Ω）。

d. 确认测量值是否符合标准。如果不符合标准，则修理或更换线束；如果符合标准，则检测 DC/DC 与蓄电池之间的线路。

⑤ 检测 DC/DC 与蓄电池之间的线路

a. 操作启动开关使电源模式至 OFF 状态。

b. 断开蓄电池负极电缆。

c. 断开电机控制器线束连接器 EP12（图 5-2-5）。

d. 断开蓄电池正极电缆。

e. 用万用表测量电机控制器线束连接器 EP12 端子 1 和蓄电池正极电缆之间的电阻（标准电阻：小于 1Ω）。

f. 确认测量值是否符合标准。如果不符合标准，则修理或更换线束；如果符合标准，则更换电机控制器。

图 5-2-5　检测 DC/DC 与蓄电池之间的线路

（2）**电机控制器通信故障**　电机控制器通信故障码及说明见表 5-2-4，

如图 5-2-6 所示为其电路简图。

表 5-2-4　电机控制器通信故障码及说明

故障码	说明	故障码	说明
U007388	Hybrid CAN 发生 BusOff 故障	U120B00	ID 364 循环计数错误
U007387	Hybrid CAN 发生 Timeout 故障	U110000	ID 230 BMS_General 帧超过一段时间
U120000	ID 1B6 接收超时	U110100	ID 230 BMS_General DLC 长度错误
U120100	ID 1B6 长度错误	U110200	ID 230 BMS_General 校验和错误
U120200	ID 1B6 校验和错误	U110300	ID 230 BMS_General 循环计数错误
U120300	ID 1B6 循环计数错误	U110400	ID 2A6 帧接收超过一段时间
U120400	ID 1CA 接收超时	U110500	ID 2A6 长度错误
U120500	ID 1CA 长度错误	U130000	ID 2A8 接收超时
U120600	ID 1CA 校验和错误	U130100	ID 2A8 长度错误
U120700	ID 1CA 循环计数错误	U130200	ID 2A8 校验和错误
U120800	ID 364 接收超时	U130300	ID 2A8 循环计数错误
U120900	ID 364 长度错误	U110600	ID 2A6 校验和错误
U120A00	ID 364 校验和错误	U110700	ID 2A6 循环计数错误

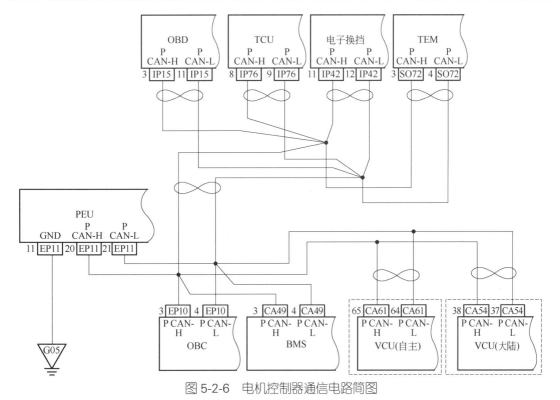

图 5-2-6　电机控制器通信电路简图

故障诊断步骤如下。

① 使用故障诊断仪读取故障码

a. 操作启动开关使电源模式至 ON 状态。

b. 连接故障诊断仪，读取系统故障代码。

c. 确认系统是否存在其他故障码。如果不符合标准，则优先排除其他故障码指示故障；如果符合标准，则检查电机控制器的通信屏蔽线路。

② 检查电机控制器的通信屏蔽线路

a. 操作启动开关使电源模式至 OFF 状态。

b. 断开电机控制器线束连接器 EP11（参见图 5-2-3）。

c. 用万用表测量电机控制器线束连接器 EP11 端子 10 与车身可靠接地之间的电阻（电阻标准值：小于 1Ω）。

d. 确认测量值是否符合标准。如果不符合标准，则修理或更换线束；如果符合标准，则检查电机控制器的通信线路。

③ 检查电机控制器的通信线路

a. 操作启动开关使电源模式至 OFF 状态。

b. 断开电机控制器线束连接器 EP11（参见图 5-2-3）。

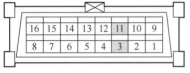

图 5-2-7 诊断接口

c. 用万用表测量电机控制器线束连接器 EP11 端子 21 和诊断接口 IP15 端子 11 之间的电阻（图 5-2-7）（电阻标准值：小于 1Ω）。

d. 用万用表测量电机控制器线束连接器 EP11 端子 20 和诊断接口 IP15 端子 3 之间的电阻（电阻标准值：小于 1Ω）。

e. 确认测量值是否符合标准。如果不符合标准，则修理或更换线束；如果符合标准，则进行 P-CAN 网络完整性检查。

④ 进行 P-CAN 网络完整性检查

a. 操作启动开关使电源模式至 OFF 状态。

b. 用万用表测量终端接口 IP15 端子 3 和端子 11 之间的电阻值（标准电阻：55～67.5Ω）。

c. 确认测量值是否符合标准。如果不符合标准，则优先排除 P-CAN 网络不完整故障；如果符合标准，则更换电机控制器。

（3）驱动电机旋变信号故障　驱动电机旋变信号故障码及说明见表 5-2-5，如图 5-2-8 所示为其电路简图。

表 5-2-5　驱动电机旋变信号故障码及说明

故障码	说明
P0C5300	sin/cos 输入信号消波故障
P0C511C	sin/cos 输入信号超过电压阈值
P0C5200	sin/cos 输入信号低于电压阈值
P0A4429	跟踪误差超过阈值
P170900	输入转速信号超过芯片最大跟踪速率
P150700	电机超速故障
P171000	角度跳变故障
P171100	信号失配错误
P171200	配置错误
P171300	奇偶校检错误
P171400	锁相错误

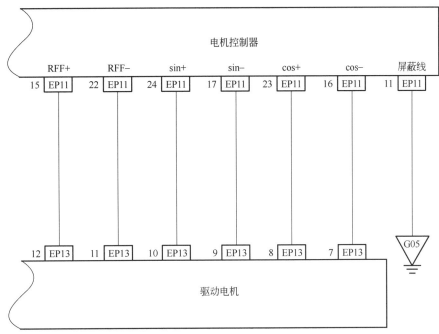

图 5-2-8　驱动电机旋变信号电路简图

故障诊断步骤如下。

① 检测电机旋变的正弦、余弦、励磁电阻值　正常值：余弦为（14.5±1.5）Ω；正弦为（13.5±1.5）Ω；励磁为（9.5±1.5）Ω。

② 检测驱动电机旋变信号屏蔽线路

a. 操作启动开关使电源模式至 OFF 状态。

b. 拆卸维修开关。

c. 操作启动开关使电源模式至 ON 状态。

d. 断开电机控制器线束连接器 EP11。

e. 用万用表测量电机控制器线束连接器 EP11 的 10 号端子与车身接地之间的电阻（标准电阻：小于 1Ω）。

f. 确认测量值是否符合标准。如果不符合标准，则修理或更换线束；如果符合标准，则检测驱动电机余弦旋变信号线路。

③ 检测驱动电机余弦旋变信号线路

a. 操作启动开关使电源模式至 OFF 状态。

b. 拆卸维修开关。

c. 操作启动开关使电源模式至 ON 状态。

d. 断开驱动电机线束连接器 EP13。

e. 断开电机控制器线束连接器 EP11。

f. 用万用表按图 5-2-9 和表 5-2-6 进行测量。

g. 确认测量值是否符合标准。如果不符合标准，则修理或更换线束；如果符合标准，则检测驱动电机正弦旋变信号线路。

操作视频

④ 检测驱动电机正弦旋变信号线路

a. 操作启动开关使电源模式至 OFF 状态。

b. 断开蓄电池负极电缆。

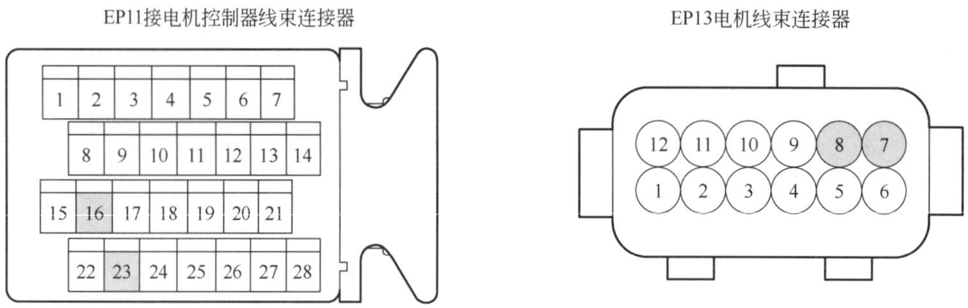

图 5-2-9　检测驱动电机线路（1）

表 5-2-6　标准值（1）

测量位置 A	测量位置 B	测量标准值
EP13-7	EP11-16	标准电阻：小于 1Ω
EP13-8	EP11-23	
EP13-7	EP13-8	标准电阻：10kΩ 或更高
EP13-7	车身接地	
EP13-8	车身接地	
EP13-7	车身接地	标准电压：0V
EP13-8	车身接地	

c. 拆卸维修开关。

d. 操作启动开关使电源模式至 ON 状态。

e. 断开驱动电机线束连接器 EP13。

f. 断开电机控制器线束连接器 EP11。

g. 用万用表按图 5-2-10 和表 5-2-7 进行测量。

h. 确认测量值是否符合标准。如果不符合标准，则修理或更换线束；如果符合标准，则检测驱动电机励磁旋变信号线路。

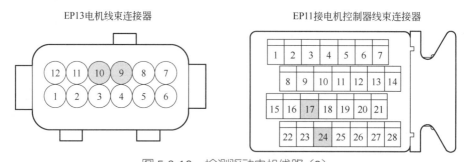

图 5-2-10　检测驱动电机线路（2）

表 5-2-7　标准值（2）

测量位置 A	测量位置 B	测量标准值
EP13-9	EP11-17	标准电阻：小于 1Ω
EP13-10	EP11-24	

测量位置 A	测量位置 B	测量标准值
EP13-9	EP13-10	标准电阻：10kΩ 或更高
EP13-9	车身接地	
EP13-10	车身接地	
EP13-9	车身接地	标准电压：0V
EP13-10	车身接地	

⑤ 检测驱动电机励磁旋变信号线路

a. 操作启动开关使电源模式至 OFF 状态。
b. 断开蓄电池负极电缆。
c. 拆卸维修开关。
d. 操作启动开关使电源模式至 ON 状态。
e. 断开驱动电机线束连接器 EP13。
f. 断开电机控制器线束连接器 EP11。
g. 用万用表按图 5-2-11 和表 5-2-8 进行测量。
h. 确认测量值是否符合标准。如果不符合标准，则修理或更换线束；如果符合标准，则更换电机控制器。

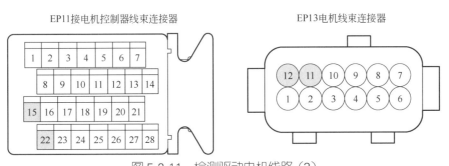

图 5-2-11　检测驱动电机线路（3）

表 5-2-8　标准值（3）

测量位置 A	测量位置 B	测量标准值
EP13-11	EP11-22	标准电阻：小于1Ω
EP13-12	EP11-15	
EP13-11	EP13-12	标准电阻：10kΩ 或更高
EP13-11	车身接地	
EP13-12	车身接地	
EP13-11	车身接地	标准电压：0V
EP13-12	车身接地	

5.3 高压配电系统

高压配电系统主要包括以下部件：分线盒、直流充电接口、交流充电接口、直流母线、电机三相线束。各部件位置如图 5-3-1 所示。

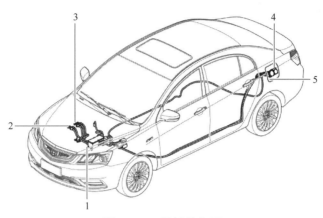

图 5-3-1　各部件位置

1—分线盒；2—直流母线；3—电机三相线束；4—交流充电接口（如配备）；5—直流充电接口

5.3.1　系统功能介绍

纯电动汽车有一套高压配电系统。高压配电系统由动力电池为电机控制器、驱动电机、电动压缩机、PTC 加热器等高压部件提供能量。此外动力电池还有一套直流快充充电系统和一套交流慢充充电系统。这些所有的高压部件都由高压配电系统连接输送电能（图 5-3-2）。

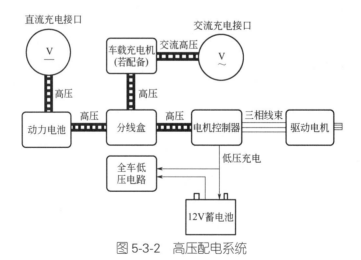

图 5-3-2　高压配电系统

5.3.2　系统工作原理

（1）**分线盒**　分线盒的作用类似于低压供电系统中的熔丝盒，高压接线盒功能包括：高压电能的分配，和高压回路的过载及短路保护。

分线盒将动力电池总成输送的电能分配给电机控制器、空调压缩机和 PTC 加热器。此外，交流慢充时，充电电流也会经过分线盒流入动力电池为其充电。分线盒内对电动压缩机回路、

PTC 加热器回路、交流慢充回路各设有一个 30A 的熔断器。当上述回路电流超过 90A 时，熔断器会在 15s 内熔断；当回路电流超过 150A 时，熔断器会在 1s 内熔断，保护相关回路（图 5-3-3）。

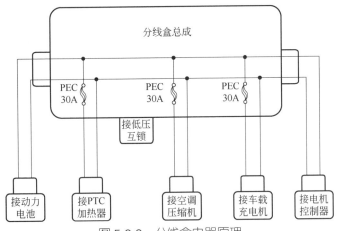

图 5-3-3　分线盒电器原理

（2）**直流充电接口**　直流充电接口能接收直流充电桩的电能，并通过高压线束将电能输送给动力电池总成，为其充电。

（3）**交流充电接口（如配备）、直流母线**　交流充电接口能接收交流充电桩的电能，并通过高压线束将电能输送给车载充电机，车载充电机将交流电转化成直流电再传递给分线盒，分线盒经过直流母线将直流电传递到动力电池，为其充电（图 5-3-4）。

图 5-3-4　能量传递路线

（4）**电机三相线**　车辆行驶时，电流从动力电池依次经过，直流母线、分线盒、电机控制器高压线、电机控制器、电机三相线到达驱动电机，产生驱动力（图 5-3-5）。

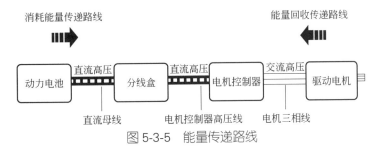

图 5-3-5　能量传递路线

5.3.3　高压线束连接器的拆卸

（1）第一类高压接插件（HVP800 序列）（图 5-3-6）

① 用手或起子轻撬助力手柄锁扣。

操作视频

②将助力手柄脱出锁头，然后缓慢向上抬高助力手柄，接插件会慢慢退出。

③当助力手柄由水平位置变到垂直位置时，接插件已全部处于拔出状态。

（2）第二类高压接插件（HVA280 序列）（图 5-3-7）

①按住①后，将接插件往外拔，听到咔响声后停止；

②按住②后，将接插件往外拔，直到拔出为止。

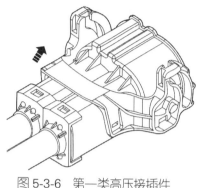

图 5-3-6　第一类高压接插件

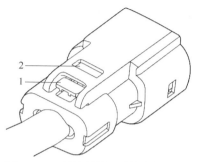

图 5-3-7　第二类高压接插件

5.3.4　系统常见故障

（1）电机控制器回路故障　图 5-3-8 所示为电机控制器电路简图。故障诊断步骤如下。

① 使用故障诊断仪读取故障代码

a. 操作启动开关使电源模式至 ON 状态。

b. 连接故障诊断仪，读取系统故障码。

c. 确认系统是否存在其他故障码。如果不符合标准，则优先排除其他故障码指示故障；如果符合标准，则检查回路绝缘故障。

② 检查回路绝缘故障

a. 操作启动开关使电源模式至 OFF 状态。

b. 断开蓄电池负极电缆。

c. 拆卸维修开关。

d. 断开电机控制器线束连接器 EP54（图 5-3-9）。

e. 用兆欧表测量电机控制器线束连接器 EP54 端子 1 和分线盒壳体之间的电阻（标准电阻：大于或等于 20MΩ）。

f. 用兆欧表测量电机控制器线束连接器 EP54 端子 2 和分线盒壳体之间的电阻（标准电阻：大于或等于 20MΩ）。

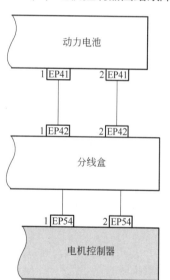

图 5-3-8　电机控制器电路简图

g. 确认测量值是否符合标准。如果不符合标准，则修理或更换线束；如果符合标准，则检查回路断路故障。

③ 检查回路断路故障

a. 操作启动开关使电源模式至 OFF 状态。

b. 断开蓄电池负极电缆。

c. 拆卸维修开关。

d. 断开直流母线线束连接器 EP41（图 5-3-10）。

e. 断开电机控制器线束连接器 EP54。

f. 用万用表测量直流母线线束连接器 EP41 端子 1 和电机控制器线束连接器 EP54 端子 1 之

间的电阻（电阻标准值：小于 1Ω）。

g.用万用表测量直流母线线束连接器 EP41 端子 2 和电机控制器线束连接器 EP54 端子 2 之间的电阻（电阻标准值：小于 1Ω）。

h.确认测量值是否符合标准。如果不符合标准，则修理或更换线束；如果符合标准，则检查回路相互短路故障。

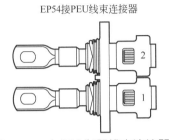

图 5-3-9 电机控制器线束连接器

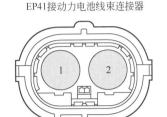

图 5-3-10 直流母线线束连接器

④ 检查回路相互短路故障

a.操作启动开关使电源模式至 OFF 状态。

b.断开蓄电池负极电缆。

c.拆卸维修开关。

d.断开电机控制器线束连接器 EP54。

e.断开分线盒其他所有高压线束连接器。

f.用万用表测量电机控制器线束连接器 EP54 端子 2 与端子 1 之间的电阻（标准电阻：大于或等于 20MΩ）。

g.确认测量值是否符合标准。如果不符合标准，则修理或更换线束；如果符合标准，则更换分线盒。

（2）车载充电机回路故障 如图 5-3-11 所示为车载充电机电路简图。

故障诊断步骤如下。

① 使用故障诊断仪读取故障码

a.操作启动开关使电源模式至 ON 状态。

b.连接故障诊断仪，读取系统故障码。

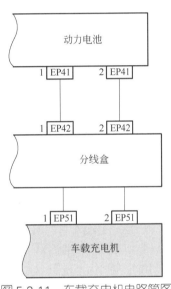

图 5-3-11 车载充电机电路简图

c.确认系统是否存在其他故障码。如果不符合标准，则优先排除其他故障码指示故障；如果符合标准，则检查分线盒熔断器是否熔断。

② 检查分线盒熔断器是否熔断

a.操作启动开关使电源模式至 OFF 状态。

b.断开蓄电池负极电缆。

c.拆卸维修开关。

d.拆卸分线盒上盖，用万用表测量分线盒熔断器两端的电阻（标准电阻：小于 1Ω）。

e.确认测量值是否符合标准。如果不符合标准，则检修熔丝线路，更换额定容量熔断器；如果符合标准，则检查回路绝缘故障。

③ 检查回路绝缘故障

a.操作启动开关使电源模式至 OFF 状态。

b.断开蓄电池负极电缆。

c. 拆卸维修开关。

d. 断开车载充电机线束连接器 EP51（图 5-3-12）。

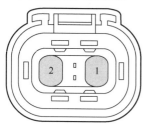

图 5-3-12　车载充电机线束连接器

e. 用兆欧表测量车载充电机线束连接器 EP51 端子 1 和分线盒壳体之间的电阻（标准电阻：大于或等于 20MΩ）。

f. 用兆欧表测量车载充电机线束连接器 EP51 端子 2 和分线盒壳体之间的电阻（标准电阻：大于或等于 20MΩ）。

g. 确认测量值是否符合标准。如果不符合标准，则修理或更换线束；如果符合标准，则检查回路断路故障。

④ 检查回路断路故障

a. 操作启动开关使电源模式至 OFF 状态。

b. 断开蓄电池负极电缆。

c. 拆卸维修开关。

d. 断开直流母线线束连接器 EP41。

e. 断开车载充电机线束连接器 EP51。

f. 用万用表测量直流母线线束连接器 EP41 端子 1 和车载充电机线束连接器 EP51 端子 1 之间的电阻（电阻标准值：小于 1Ω）。

g. 用万用表测量直流母线线束连接器 EP41 端子 2 和车载充电机线束连接器 EP51 端子 2 之间的电阻（电阻标准值：小于 1Ω）。

h. 确认测量值是否符合标准。如果不符合标准，则修理或更换线束；如果符合标准，则检查回路相互短路故障。

⑤ 检查回路相互短路故障

a. 操作启动开关使电源模式至 OFF 状态。

b. 断开蓄电池负极电缆。

c. 拆卸维修开关。

d. 断开车载充电机线束连接器 EP51。

e. 断开分线盒其他所有高压线束连接器。

f. 用万用表测量车载充电机线束连接器 EP51 端子 2 与端子 1 之间的电阻（标准电阻：大于或等于 20MΩ）。

g. 确认测量值是否符合标准。如果不符合标准，则修理或更换线束；如果符合标准，则更换分线盒。

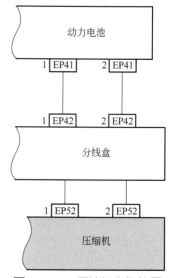

图 5-3-13　压缩机电路简图

（3）压缩机回路故障　如图 5-3-13 所示为压缩机电路简图。故障诊断步骤如下。

① 使用故障诊断仪读取故障码

a. 操作启动开关使电源模式至 ON 状态。

b. 连接故障诊断仪，读取系统故障码。

c. 确认系统是否存在其他故障码。如果不符合标准，则优先排除其他故障码指示故障；如果符合标准，则检查分线盒熔断器是否熔断。

② 检查分线盒熔断器是否熔断

a. 操作启动开关使电源模式至 OFF 状态。

b. 断开蓄电池负极电缆。

c. 拆卸维修开关。

d. 拆卸分线盒上盖，用万用表测量分线盒熔断器两端的电阻（标准电阻：小于 1Ω）。

e. 确认测量值是否符合标准。如果不符合标准，则检修熔丝线路，更换额定容量熔断器；

如果符合标准，则检查回路绝缘故障。

③ 检查回路绝缘故障

a. 操作启动开关使电源模式至 OFF 状态。

b. 断开蓄电池负极电缆。

c. 拆卸维修开关。

d. 断开压缩机线束连接器 EP52（图 5-3-14）。

e. 用兆欧表测量压缩机线束连接器 EP52 端子 1 和分线盒壳体之间的电阻（标准电阻：大于或等于 20MΩ）。

f. 用兆欧表测量压缩机线束连接器 EP52 端子 2 和分线盒壳体之间的电阻（标准电阻：大于或等于 20MΩ）。

g. 确认测量值是否符合标准。如果不符合标准，则修理或更换线束；如果符合标准，则检查回路断路故障。

图 5-3-14 压缩机线束连接器

④ 检查回路断路故障

a. 操作启动开关使电源模式至 OFF 状态。

b. 断开蓄电池负极电缆。

c. 拆卸维修开关。

d. 断开直流母线线束连接器 EP41。

e. 断开压缩机线束连接器 EP52。

f. 用万用表测量直流母线线束连接器 EP41 端子 1 和压缩机线束连接器 EP52 端子 1 之间的电阻（电阻标准值：小于 1Ω）。

g. 用万用表测量直流母线线束连接器 EP41 端子 2 和压缩机线束连接器 EP52 端子 2 之间的电阻（电阻标准值：小于 1Ω）。

h. 确认测量值是否符合标准。如果不符合标准，则修理或更换线束；如果符合标准，则检查回路相互短路故障。

⑤ 检查回路相互短路故障

a. 操作启动开关使电源模式至 OFF 状态。

b. 断开蓄电池负极电缆。

c. 拆卸维修开关。

d. 断开压缩机线束连接器 EP52。

e. 断开分线盒其他所有高压线束连接器。

f. 用万用表测量压缩机线束连接器 EP52 端子 2 与端子 1 之间的电阻（标准电阻：大于或等于 20MΩ）。

g. 确认测量值是否符合标准。如果不符合标准，则修理或更换线束；如果符合标准，则更换分线盒。

（4）PTC 加热器回路故障 如图 5-3-15 所示为 PTC 加热器电路简图。故障诊断步骤如下。

① 使用故障诊断仪读取故障码

a. 操作启动开关使电源模式至 ON 状态。

b. 连接故障诊断仪，读取系统故障码。

c. 确认系统是否存在其他故障码。如果不符合标准，则优先排除其他故障码指示故障；如果符合标准，则检查分线盒熔断器是否熔断。

② 检查分线盒熔断器是否熔断

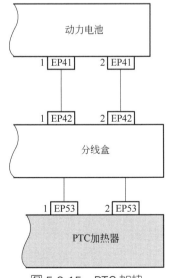

图 5-3-15 PTC 加热器电路简图

a. 操作启动开关使电源模式至 OFF 状态。

b. 断开蓄电池负极电缆。

c. 拆卸维修开关。

d. 拆卸分线盒上盖，用万用表测量分线盒熔断器两端的电阻（标准电阻：小于 1Ω）。

e. 确认测量值是否符合标准。如果不符合标准，则检修保险丝线路，更换额定容量熔断器；如果符合标准，则检查回路绝缘故障。

③ 检查回路绝缘故障

a. 操作启动开关使电源模式至 OFF 状态。

b. 断开 PTC 加热器线束连接器 EP53（图 5-3-16）。

图 5-3-16　PTC 加热器线束连接器

c. 用兆欧表测量 PTC 加热器线束连接器 EP53 端子 1 和分线盒壳体之间的电阻（标准电阻：大于或等于 20MΩ）。

d. 用兆欧表测量 PTC 加热器线束连接器 EP53 端子 2 和分线盒壳体之间的电阻（标准电阻：大于或等于 20MΩ）。

e. 确认测量值是否符合标准。如果不符合标准，则修理或更换线束；如果符合标准，则检查回路断路故障。

④ 检查回路断路故障

a. 操作启动开关使电源模式至 OFF 状态。

b. 断开蓄电池负极电缆。

c. 拆卸维修开关。

d. 断开直流母线线束连接器 EP41。

e. 断开 PTC 加热器线束连接器 EP53。

f. 用万用表测量直流母线线束连接器 EP41 端子 1 和 PTC 加热器线束连接器 EP53 端子 1 之间的电阻（电阻标准值：小于 1Ω）。

g. 用万用表测量直流母线线束连接器 EP41 端子 2 和 PTC 加热器线束连接器 EP53 端子 2 之间的电阻（电阻标准值：小于 1Ω）。

h. 确认测量值是否符合标准。如果不符合标准，则修理或更换线束；如果符合标准，则检查回路相互短路故障。

⑤ 检查回路相互短路故障

a. 操作启动开关使电源模式至 OFF 状态。

b. 断开蓄电池负极电缆。

c. 拆卸维修开关。

d. PTC 加热器线束连接器 EP53。

e. 断开分线盒其他所有高压线束连接器。

f. 用万用表测量 PTC 加热器线束连接器 EP53 端子 2 与端子 1 之间的电阻（标准电阻：大于或等于 20MΩ）。

g. 确认测量值是否符合标准。如果不符合标准，则修理或更换线束；如果符合标准，则更换分线盒。

5.4　动力电池及控制系统

动力电池采用三元锂电池（Lithiumion Battery），以钴酸锂、锰酸锂或镍酸锂等化合物为正极，以可嵌入锂离子的碳材料为负极，使用有机电解质。动力电池总成安装在车体下部，动力电池的组成部件包括各模组总成、CSC 采集系统、电池控制单元（BMU）、电池高压分配单元（B-BOX）、维修开关等。

电池管理系统 BMS（Battery Management System）能够对动力电池组总电压、总电流、每个测点温度和电池单体的电压参数进行实时监控，并进行故障诊断、SOC（剩余电量比）计算、短路保护、漏电监测、报警显示、充放电模式等进行选择。BMS 可以将动力电池相关参数上报给 VCU，并由 VCU 控制动力电池的充电和放电功率。

5.4.1 系统工作原理

① 电池单体（Cell） 是直接将化学能转化为电能的基本单元装置，包括电极、隔膜、电解质、外壳和端子，并被设计成可充电。

② 电池模组（Module） 将一个以上电池单体按照串联、并联或串并联方式组合，且只有一对正负极输出端子，并作为电源使用的组合体。

③ CSC 采集系统 每一个电池单元有多个 CSC 采集系统，以监测其中每个电池单体或电池组单体电压、温度信息。CSC 采集系统将相关信息上报电池控制单元（BMU）并根据 BMU 的指令执行单体电压均衡。

④ 电池控制单元（BMU） 安装于动力电池总成内部，是电池管理系统核心部件，电池控制单元（BMU）将单体电压、电流、温度及整车高压绝缘等信息上报整车控制器（VCU），并根据 VCU 的指令完成对动力电池的控制。

⑤ 电池高压分配单元（B-BOX） 安装在动力电池总成的正负极输出端，由高压正极继电器、高压负极继电器、预充继电器、电流传感器和预充电阻等组成。

⑥ 维修开关 位于动力电池总成中间表面位置，打开驾驶室内副仪表手套箱开关，可操作维修开关。在高压零部件检查和维护前，断开维修开关可以确保切断高压。

5.4.2 系统部件位置及电气原理

系统部件位置见图 5-4-1，如图 5-4-2 所示为系统电气原理框图。

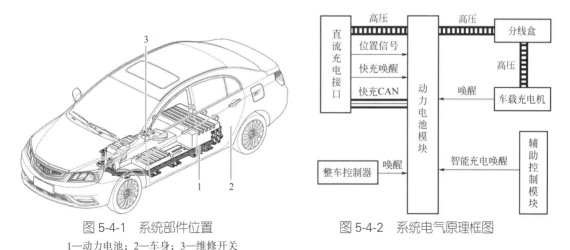

图 5-4-1 系统部件位置
1—动力电池；2—车身；3—维修开关

图 5-4-2 系统电气原理框图

5.4.3 系统常见故障

（1）BMS 通信线路故障 BMS 通信线路故障码及说明见表 5-4-1，如图 5-4-3 所示为其电路简图。故障诊断步骤如下。

表 5-4-1 BMS 通信线路故障码及说明

故障码	说明
U0AC47D	A-CAN 总线故障
U0AC486	BMU 的 CAN 网络中断
U0AD400	CAN 报文"BMS_General, 0x230"无效
U0AD415	CAN 报文"BMS_VoltCurr, 0x2A6"无效
U0AD416	CAN 报文"BMS_Temp, 0x3C6"无效
U0AD401	CAN 报文"BMS_SOC, 0x36F"无效
U0AD407	CAN 报文"BMS_PwrLimit_ChgDchg, 0x377"无效
U0AD408	CAN 报文"BMS_Fault, 0x380"无效
U0AD409	CAN 报文"BMS_Info, 0x3BE"无效
U0AD40A	CAN 报文"BMS_CCU_Control, 0x618"无效
U0AD40B	CAN 报文"BMS_Event, 0x30B"无效

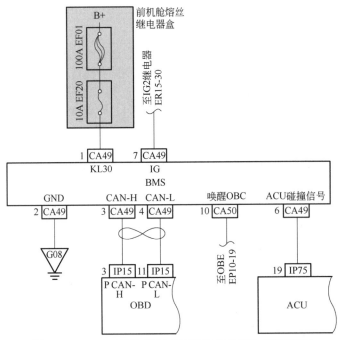

图 5-4-3 BMS 通信线路(前机舱继电器)电路简图

① 使用故障诊断仪读取故障码

a. 操作启动开关使电源模式至 ON 状态。

b. 连接故障诊断仪,读取系统故障码。

c. 确认系统是否存在其他故障码。如果不符合标准,则优先排除其他故障码指示故障;如果符合标准,则检查 BMS 的通信线路。

② 检查 BMS 的通信线路

a. 操作启动开关使电源模式至 OFF 状态。

b. 断开 BMS 线束连接器 CA49(图 5-4-4)。

c. 用万用表测量 BMS 线束连接器 CA49 端子 4 和诊断接口 IP15 端子 11 之间的电阻（电阻标准值：小于 1Ω）。

d. 用万用表测量 BMS 线束连接器 CA49 端子 3 和诊断接口 IP15 端子 3 之间的电阻（电阻标准值：小于 1Ω）。

e. 确认测量值是否符合标准。如果不符合标准，则修理或更换线束；如果符合标准，则进行 P-CAN 网络完整性检查。

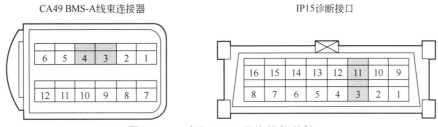

图 5-4-4 检查 BMS 通信线路故障

③ 进行 P-CAN 网络完整性检查

a. 操作启动开关使电源模式至 OFF 状态。

b. 用万用表测量终端接口 IP15 端子 3 和端子 11 之间的电阻值（标准电阻：55～67.5Ω）。

c. 确认测量值是否符合标准。如果不符合标准，则优先排除 CAN 网络不完整故障；如果符合标准，则更换 BMS。

（2）DTC P21E023 故障 DTC P21E023 故障码及说明见表 5-4-2，如图 5-4-5 所示为直流充电系统电路简图。故障诊断步骤如下。

表 5-4-2 DTC P21E023 故障码及说明

故障码	说明
P21E023	不能充电原因：CC 硬件信号异常

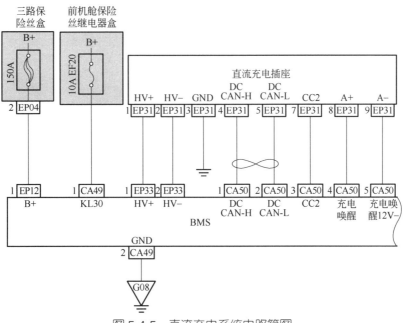

图 5-4-5 直流充电系统电路简图

① 检查充电枪与充电口插针是否松动

a. 操作启动开关使电源模式至 OFF 状态。

b. 拆卸维修开关。

c. 检查充电枪插针是否松动。

d. 检查充电口插针是否松动。如果不符合标准，则更换故障的充电枪或充电口；如果符合标准，则检查 BMS 与直流充电接口之间的 CC 信号线。

② 检查 BMS 与直流充电接口之间的 CC 信号线

a. 操作启动开关使电源模式至 OFF 状态。

b. 拆卸维修开关。

c. 断开 BMS 线束连接器 CA50。

d. 断开直流充电插座线束连接器 EP31。

e. 用万用表测量辅助控制器线束连接器 CA50 端子 3 和交流充电接口 EP31 端子 7 之间的电阻（图 5-4-6）（电阻标准值：小于 1Ω）。

f. 确认测量值是否符合标准。如果不符合标准，则修理或更换线束；如果符合标准，则检查 BMS 电源线路。

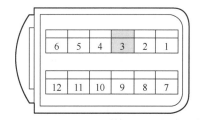 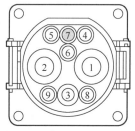

图 5-4-6　检查 DTC P21E023 故障（1）

③ 检查 BMS 电源线路

a. 操作启动开关使电源模式至 OFF 状态。

b. 断开 BMS 线束连接器 CA49（图 5-4-7）。

c. 操作启动开关使电源模式至 ON 状态。

d. 用万用表测量 BMS 束连接器 CA49 的 1 号端子和车身可靠接地之间的电压（电压标准值：11～14V）。

e. 用万用表测量 BMS 束连接器 CA49 的 7 号端子和车身可靠接地之间的电压（电压标准值：11～14V）。

f. 确认测量值是否符合标准。如果不符合标准，则修理或更换线束；如果符合标准，则检查 BMS 接地线路。

④ 检查 BMS 接地线路

a. 操作启动开关使电源模式至 OFF 状态。

b. 断开 BMS 线束连接器 CA49（图 5-4-8）。

c. 用万用表测量 BMS 线束连接器 CA49 的 2 号端子和车身可靠接地之间的电阻（标准电阻：小于 1Ω）。

d. 确认测量值是否符合标准。如果不符合标准，则修理或更换线束；如果符合标准，则更换 BMS。

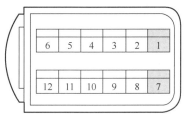
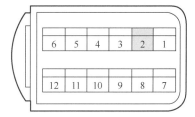

图 5-4-7　检查 DTC P21E023 故障（2）　　　　图 5-4-8　检查 DTC P21E023 故障（3）

（3）DTC P150217、P150316 故障　故障码及说明见表 5-4-3。如图 5-4-9 所示为车载充电机电路简图。故障诊断步骤如下。

表 5-4-3　DTC P150217、P150316 故障码及说明

故障码	说明
P150217	加热时进水口温度过高
P150316	冷却时进水口温度过高

① 使用故障诊断仪读取故障码

a. 操作启动开关使电源模式至 ON 状态。

b. 连接故障诊断仪，读取系统故障码。

c. 确认系统是否存在其他故障码。如果不符合标准，则优先排除其他故障码指示故障；如果符合标准，则检查车载充电机内部熔丝。

② 检查车载充电机内部熔丝

a. 操作启动开关使电源模式至 OFF 状态。

b. 断开蓄电池负极电。

c. 拆卸维修开关打开。

d. 拆卸车载充电机盒上盖，用万用表测量车载充电机盒熔断器 HF02、HF03 两端的电阻（标准电阻：小于 1Ω）。

e. 确认测量值是否符合标准。如果不符合标准，则检修熔丝线路，更换额定容量熔断器；如果符合标准，则检查 PTC、压缩机与车载充电机之间的线路。

③ 检查 PTC、压缩机与车载充电机之间的线路

a. 操作启动开关使电源模式至 OFF 状态。

b. 断开 PTC 线束连接器 EP53。

c. 断开压缩机线束连接器 EP52。

d. 用万用表测量 PTC 线束连接器 EP53 的端子 1 和 2 与压缩机线束连接器 EP52 的端子 1 和 2 两端的电阻（标准电阻：小于 1Ω）。

e. 确认测量值是否符合标准。如果不符合标准，则修理或更换线束；如果符合标准，则更换 PTC。

（4）DTC P21F024、P21F025 故障　故障码及说明见表 5-4-4，前机舱继电器电路简图参见图 5-4-3。故障诊断步骤如下。

① 检查蓄电池电压

a. 操作启动开关使电源模式至 OFF 状态。

b. 用万用表测量蓄电池正负极之间的电压（电压标准值：11～14V）。

c. 确认测量值是否符合标准。如果不符合标准，则检查充电系统或对蓄电池充电；如果符合标准，则检查 BMS 熔丝。

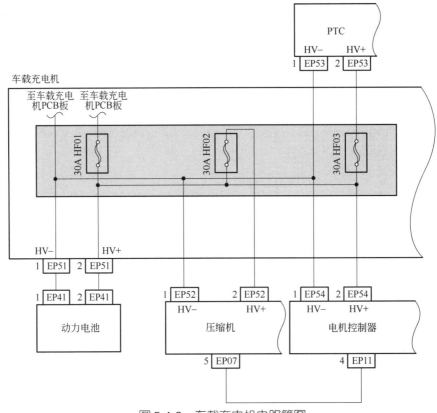

图 5-4-9　车载充电机电路简图

表 5-4-4　DTC P21F024、P21F025 故障码及说明

故障码	说明
P21F024	BMS 的 12V 供电电源电压过低故障
P21F025	BMS 的 12V 供电电源电压过高故障

② 检查 BMS 熔丝

a. 操作启动开关使电源模式至 OFF 状态。

b. 拔下熔丝 EF20 检查其是否熔断（熔丝额定容量：10A）。

如果不符合标准，则检修熔丝线路，更换额定容量熔丝；如果符合标准，则检查 BMS 电源线路。

③ 检查 BMS 电源线路

a. 操作启动开关使电源模式至 OFF 状态。

b. 断开 BMS 线束连接器 CA49（参见图 5-4-7）。

c. 操作启动开关使电源模式至 ON 状态。

d. 用万用表测量 BMS 束连接器 CA49 的 1 号与 7 号端子和车身可靠接地之间的电压（电压标准值：11～14V）。

e. 确认测量值是否符合标准。如果不符合标准，则修理或更换线束；如果符合标准，则检查 BMS 接地线路。

④ 检查 BMS 接地线路

a. 操作启动开关使电源模式至 OFF 状态。

b. 断开 BMS 线束连接器 CA49。

c. 用万用表测量 BMS 线束连接器 CA49 的 2 号端子和车身可靠接地之间的电阻（标准电阻：小于 1Ω）。

d. 确认测量值是否符合标准。如果不符合标准，则修理或更换线束；如果符合标准，则更换 BMS。

（5）**动力电池绝缘电阻故障** 动力电池绝缘电阻故障码及说明见表 5-4-5，如图 5-4-10 所示为动力电池绝缘电阻电路简图。故障诊断步骤如下。

表 5-4-5　动力电池绝缘电阻故障码及说明

故障码	说明
P21F02A	在高压继电器闭合的前提下，绝缘故障（最严重）

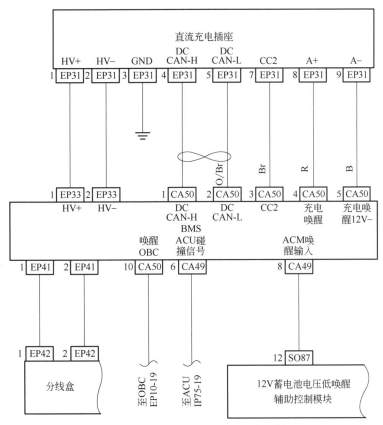

图 5-4-10　动力电池绝缘电阻电路简图

① 确认高压回路切断

a. 操作启动开关使电源模式至 OFF 状态。

b. 断开蓄电池负极电缆。

c. 拆卸维修开关。

d. 断开动力电池高压线线束连接器 EP41。

e. 等待 5min。

f. 用万用表检测 EP41 端子 1 与端子 2 之间的电压（标准电压：≤5V）。如果大于 5V，则等待高压系统电压下降；如果小于 5V，则检测动力电池供电绝缘阻值。

② 检测动力电池供电绝缘阻值

a. 操作启动开关使电源模式至 OFF 状态。

b. 断开蓄电池负极电缆。

c. 拆卸维修开关。

d. 拆卸动力电池高压线线束连接器 EP41。

e. 将高压绝缘检测仪的挡位调至 1000V。

f. 用高压绝缘检测仪测量动力电池高压线线束连接器 EP41 的 1 号和 2 号端子与车身接地之间的电阻（标准电阻：大于或等于 20MΩ）。

g. 确认测量值是否符合标准。如果不符合标准，则修理或更换线束；如果符合标准，则检测动力电池充电线路绝缘阻值。

③ 检测动力电池充电线路绝缘阻值

a. 操作启动开关使电源模式至 OFF 状态。

b. 断开蓄电池负极电缆。

c. 拆卸维修开关。

d. 拆卸动力电池高压线线束连接器 EP33（图 5-4-11）。

e. 将高压绝缘检测仪的挡位调至 1000V。

f. 用高压绝缘检测仪测量动力电池高压线线束连接器 EP33 的 1 号和 2 号端子与车身接地之间的电阻（标准电阻：大于或等于 20MΩ）。

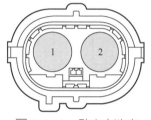

图 5-4-11　动力电池高压线线束连接器

g. 确认测量值是否符合标准。如果不符合标准，则修理或更换线束；如果符合标准，则绝缘阻值正常。

5.5 充电系统

5.5.1 系统功能介绍

充电系统从功能上可分为快充、慢充、低压充电、制动能量回收四项，具体部件组成如下。

（1）快充功能　部件组成：直流充电口（带高压线束）和动力电池。

（2）慢充功能　部件组成：交流充电口（带高压线束）、交流充电插座、交流充电插头、动力电池、车载充电机（如配备）。

（3）低压充电功能　部件组成：12V 铅酸蓄电池、电机控制器、分线盒、动力电池。

（4）能量回收功能　部件组成：制动开关、动力电池、驱动电机、整车控制器。

5.5.2 充电接口、指示灯及照明灯

（1）充电接口　交流充电口、直流充电口都安装在车身左后侧。充电时，根据选择的充电类型，连接交流充电插头或者直流充电插头到相应的充电插座，连接正确后开始充电。充电口连接后形成检测回路，当出现连接故障时，系统可以检测该故障。

（2）充电指示灯　充电指示灯位于车辆充电接口上方，用于指示不同的充电状态。任意电源挡位，当辅助控制模块收到 BMS 的充电状态信息时，驱动充电指示灯都会工作，显示充电状态。充电指示灯状态显示定义如表 5-5-1 所示。

表 5-5-1　充电指示灯状态显示定义

指示灯颜色	动作	定义
—	熄灭	未充电
绿色	常亮 15min	充电完成
绿色	闪烁（1Hz）	正在充电
红色	常亮 15min	充电故障

上述显示信号中"正在充电"状态显示为即时显示，"充电完成、充电故障"显示为延时关闭，即收到相应的状态信号时显示相应的状态 15min 后自动熄灭，期间若充电状态变化（如由"充电故障"变为"正在充电"状态）则立即切换为相应的状态。充电指示灯由 BMS 信号提供给辅助控制模块（ACM），ACM 控制指示灯状态。充电指示灯控制流程见图 5-5-1。

图 5-5-1　充电指示灯控制流程

（3）**充电口照明灯**　充电照明灯为白色，直接由辅助控制模块（ACM）控制。充电口照明灯控制逻辑如下。

① 当高压电池处于未充电的状态时，充电口盖打开，ACM 立即驱动充电口照明灯工作 3min，工作期间检测到充电枪插入 3s 后停止驱动或充电口盖关闭则立即停止驱动充电口照明灯。

② 当充电口盖为打开状态时，车门状态由关闭变为打开状态，辅助控制模块立即驱动充电口照明灯工作 3min，工作期间当高压电池转变为充电状态 3s 后停止驱动或充电口盖关闭则立即停止驱动充电口照明灯。

③ OFF 挡时，当充电口盖为打开状态，辅助控制模块接收到 PEPS 发送的解锁信息，则立即驱动充电口照明灯工作 3min，工作期间如收到车辆上锁信息或充电口盖变为关闭状态则立即驱动充电口照明灯熄灭。

④ OFF 挡时，当充电口盖为打开状态，辅助控制模块接收到 PEPS 发送的遥控寻车信息，则立即驱动充电口照明灯工作 3min，工作期间如收到车辆上锁信息延迟 3s 后熄灭或充电口盖变为关闭状态则立即驱动充电口照明灯熄灭。

⑤ 任意情况下，充电口盖关闭或车速大于 2km/h 时则立即停止驱动充电口照明灯。

充电口照明灯控制流程见图 5-5-2。

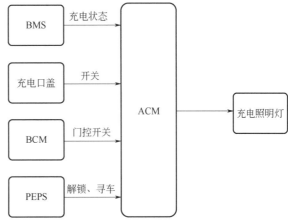

图 5-5-2　充电口照明灯控制流程

5.5.3　系统工作原理

（1）**快充（直流高压充电）**　当直流充电设备接口连接到整车直流充电口时，直流充电设备发送充电唤醒信号给 BMS，BMS 根据动力电池的可充电功率，向直流充电设备发送充电电流指令。同时，BMS 吸合系统高压正极继电器和高压负极继电器，动力电池开始充电。充电时间：

48min 可充电 80%。直流充电流量传递路线如图 5-5-3 所示。

图 5-5-3　直流高压充电

（2）**慢充（交流高压充电）**　当车辆处于交流充电模式下，ACM 检测交流充电接口的 CC、CP 信号（充电枪插入、导通信号）并唤醒 BMS，BMS 唤醒车载充电机并发送指令充电，同时闭合主继电器，动力电池开始充电。充电时间：预估 13～14h 可充满。交流充电流量传递路线如图 5-5-4 所示。

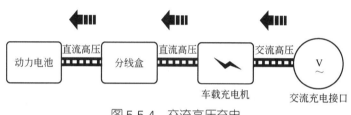

图 5-5-4　交流高压充电

（3）**充电锁功能**　为防止车辆充电过程中充电枪丢失，车辆具有充电枪锁功能。充电枪插入充电接口后，只要驾驶员按下智能钥匙闭锁按钮，充电枪防盗功能将开启；PEPS 收到智能钥匙的闭锁信号后通过 CAN 总线将该信号传递到辅助控制模块（ACM），ACM 将控制充电枪锁止电机锁止充电枪，此时充电枪无法拔出（图 5-5-5）。如要拔出充电枪，需先按下智能钥匙解锁按钮，解锁充电枪。

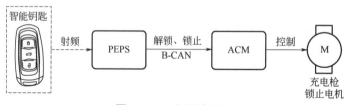

图 5-5-5　充电锁功能

（4）**低压充电**　高压上电前，低压电路系统依赖 12V 铅酸蓄电池供电，当高压上电后，电机控制器将动力电池的高压直流电转换成低压直流电为 12V 铅酸蓄电池充电（图 5-5-6）。

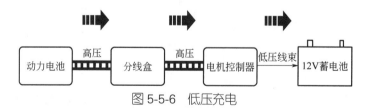

图 5-5-6　低压充电

（5）**智能充电**　长期停放的车辆容易造成低压蓄电池馈电，若低压蓄电池严重馈电将会导致车辆无法启动上电。为避免这一问题，具有智能充电功能的车辆停放过程中辅助控制器

(ACM)将持续对电源蓄电池电压进行监控,当电压低于设定值时,ACM将唤醒BMS,同时VCU也将控制电机控制器通过DC/DC对低压蓄电池进行充电,防止低压蓄电池馈电(图5-5-7)。

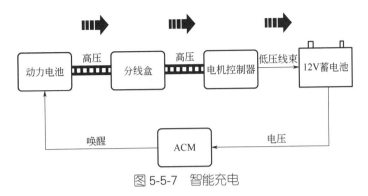

图 5-5-7 智能充电

(6)制动能量回收 能量回收系统是在车辆滑行或制动过程中,驱动电机从驱动状态转变成发电状态,将车辆的动能转换为电能储存在动力电池中。

车辆在滑行或制动时,VCU根据当前动力电池状态和制动踏板位置信号,计算能量回收扭矩并发送指令给电机控制器,启动能量回收。制动能量回收传递路线与能量消耗相反,如图5-5-8所示。

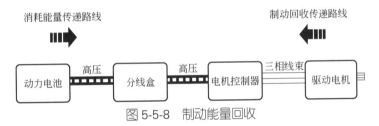

图 5-5-8 制动能量回收

制动能量回收过程中电机消耗车轮旋转的动能发出交流电再输出给电机控制器,电机控制器将交流电转换成直流电给动力电池充电。

5.5.4 系统部件位置和电气原理

系统部件位置见图5-5-9,如图5-5-10所示为系统电气原理框图。

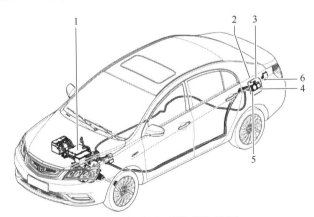

图 5-5-9 充电系统部件位置

1—车载充电机(如配备);2—充电接口照明灯;3—充电接口指示灯;4—交流充电接口(如配备);
5—直流充电接口;6—辅助控制器(ACM)

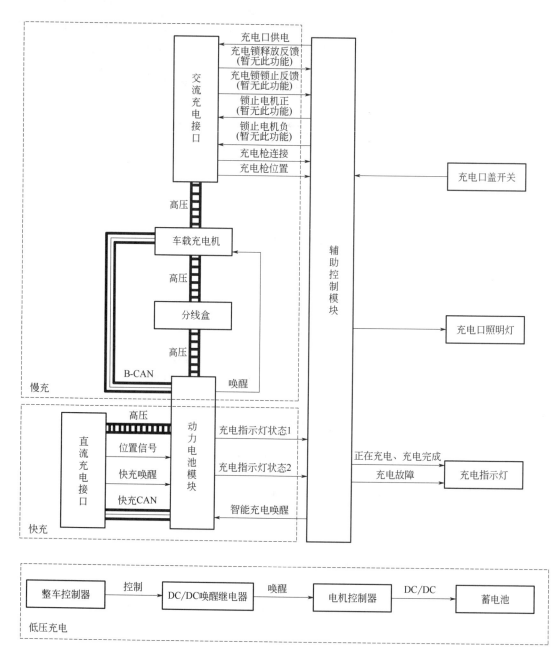

图 5-5-10 系统电气原理框图

5.5.5 系统常见故障

（1）车载充电机通信故障 车载充电机通信故障码及说明见表 5-5-2，如图 5-5-11 所示为其电路简图。故障诊断步骤如下。

表 5-5-2 车载充电机通信故障码及说明

故障码	说明
U007388	Busoff 事件发生
U100287	BMS 报文超时事件发生

续表

故障码	说明
U100016	KL30 电压小于 9V
U100017	KL30 电压大于 16V
U24BA81	BMS_CCU_Control 帧内的 Checksum 错误

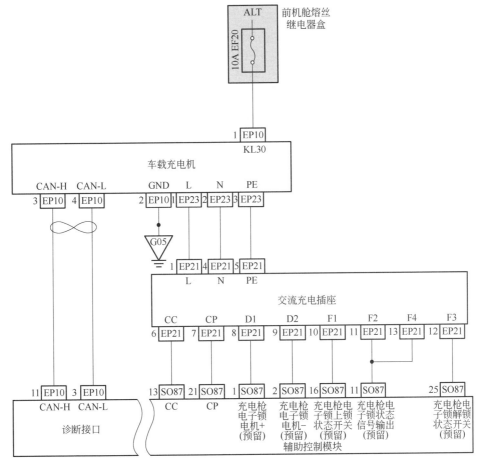

图 5-5-11　车载充电机通信（充电感应信号）电路简图

① 使用故障诊断仪读取故障码

a. 操作启动开关使电源模式至 ON 状态。

b. 连接故障诊断仪，读取系统故障码。

c. 确认系统是否存在其他故障码。如果存在其他故障码，则优先排除其他故障码指示故障。如果不存在其他故障码，则检查车载充电机熔丝 EF20 是否熔断。

② 检查车载充电机熔丝 EF20 是否熔断

a. 操作启动开关使电源模式至 OFF 状态。

b. 拔下熔丝 EF20 检查其是否熔断（熔丝额定容量：10A）。如果不符合要求，则检修熔丝线路，更换额定容量熔丝；如果符合要求，则检查车载充电机电源、接地之间的电压。

③ 检查车载充电机电源、接地之间的电压

a. 操作启动开关使电源模式至 OFF 状态。

b. 断开车载充电机线束连接器 EP10（图 5-5-12）。

c. 操作启动开关使电源模式至 ON 状态。

d. 用万用表测量车载充电机线束连接器 EP10 端子 1 和端子 2 之间的电压值（标准电压：11～14V）。

e. 确认测量值是否符合标准。如果不符合标准，则修理或更换线束；如果符合标准，则检查车载充电机的通信线路。

④ 检查车载充电机的通信线路

a. 操作启动开关使电源模式至 OFF 状态。

b. 断开车载充电机线束连接器 EP10（图 5-5-13）。

c. 用万用表测量车载充电机线束连接器 EP10 端子 3/4 和诊断接口 IP15 端子 11/3 之间的电阻（电阻标准值：小于 1Ω）。

d. 确认测量值是否符合标准。如果不符合要求，则修理或更换线束；如果符合要求，则进行 P-CAN 网络完整性检查。

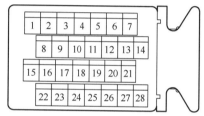

图 5-5-12　车载充电机线束连接器

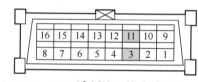

图 5-5-13　IP15 诊断接口线束连接器

⑤ 进行 P-CAN 网络完整性检查

a. 操作启动开关使电源模式至 OFF 状态。

b. 用万用表测量终端接口 IP15 端子 3 和端子 11 之间的电阻值（标准电阻：55～67.5Ω）。

c. 确认测量值是否符合标准。如果不符合要求，则优先排除 B-CAN 网络不完整故障；如果符合要求，则更换车载充电机。

（2）充电感应信号（CC 信号）故障　充电感应信号电路简图参见图 5-5-11。故障诊断步骤如下。

① 检查充电枪与充电口插针是否松动

a. 操作启动开关使电源模式至 OFF 状态。

b. 拆卸维修开关。

c. 检查充电枪插针是否松动。

d. 检查充电口插针是否松动。如果不符合要求，则更换故障的充电枪或充电口；如果符合要求，则检查辅助控制器与交流充电接口之间的 CC 信号线路。

② 检查辅助控制器与交流充电接口之间的 CC 信号线路

a. 操作启动开关使电源模式至 OFF 状态。

b. 拆卸维修开关。

c. 断开辅助控制器线束连接器 SO87。

d. 断开交流充电接口线束连接器 EP21。

e. 用万用表测量辅助控制器线束连接器 SO87 端子 13 和交流充电接口 EP21 端子 6 之间的电阻（图 5-5-14）（电阻标准值：小于 1Ω）。

f. 确认测量值是否符合标准。如果不符合标准，则修理或更换线束；如果符合标准，则检查辅助控制器电源、接地之间的电压。

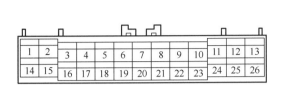
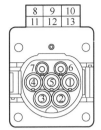

(a) SO87辅助控制模块线束连接器　　(b) EP21交流充电插座线束连接器

图 5-5-14　辅助控制器线束连接器

③ 检查辅助控制器电源、接地之间的电压

a. 操作启动开关使电源模式至 OFF 状态。

b. 断开辅助控制器线束连接器 SO87[参见图 5-5-14（a）]。

c. 用万用表测量辅助控制器线束连接器 SO87 端子 5 和端子 10 之间的电压（标准电压：11～14V）。

d. 确认测量值是否符合标准。如果不符合要求，则修理或更换线束；如果符合要求，则更换辅助控制器。

（3）CP 信号故障　如图 5-5-15 所示为 CP 信号电路简图。故障诊断步骤如下。

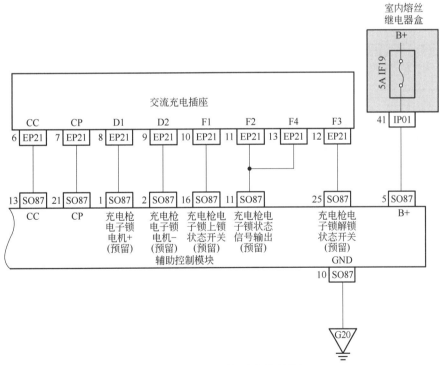

图 5-5-15　CP 信号电路简图

① 检查充电枪与充电口插针是否松动

a. 操作启动开关使电源模式至 OFF 状态。

b. 拆卸维修开关。

c. 检查充电枪插针是否松动。

d. 检查充电口插针是否松动。如果不符合要求,则更换故障的充电枪或充电口;如果符合要求,则检查辅助控制器与交流充电接口之间的 CP 信号线路。

② 检查辅助控制器与交流充电接口之间的 CP 信号线路

a. 操作启动开关使电源模式至 OFF 状态。

b. 拆卸维修开关。

c. 断开交流充电接口。

d. 断开辅助控制器线束连接器 SO87(参见图 5-5-14)。

e. 用万用表测量辅助控制器线束连接器 SO87 端子 21 和交流充电接口 7 号端子之间的电阻(电阻标准值:小于 1Ω)。

f. 确认测量值是否符合标准。如果不符合标准,则修理或更换线束;如果符合标准,则检查辅助控制器电源、接地之间的电压。

③ 检查辅助控制器电源、接地之间的电压

a. 操作启动开关使电源模式至 OFF 状态。

b. 断开辅助控制器线束连接器 SO87 [参见图 5-5-14(a)]。

c. 用万用表测量辅助控制器线束连接器 SO87 端子 5 和端子 10 之间的电压(标准电压:$11 \sim 14V$)。

d. 确认测量值是否符合标准。如果不符合标准,则修理或更换线束;如果符合标准,则更换辅助控制器。

(4) **预充故障** 预充故障码及说明见表 5-5-3,如图 5-5-16 为其电路简图。故障诊断步骤如下。

表 5-5-3 预充故障码及说明

故障码	说明
P100005	预充电继电器故障

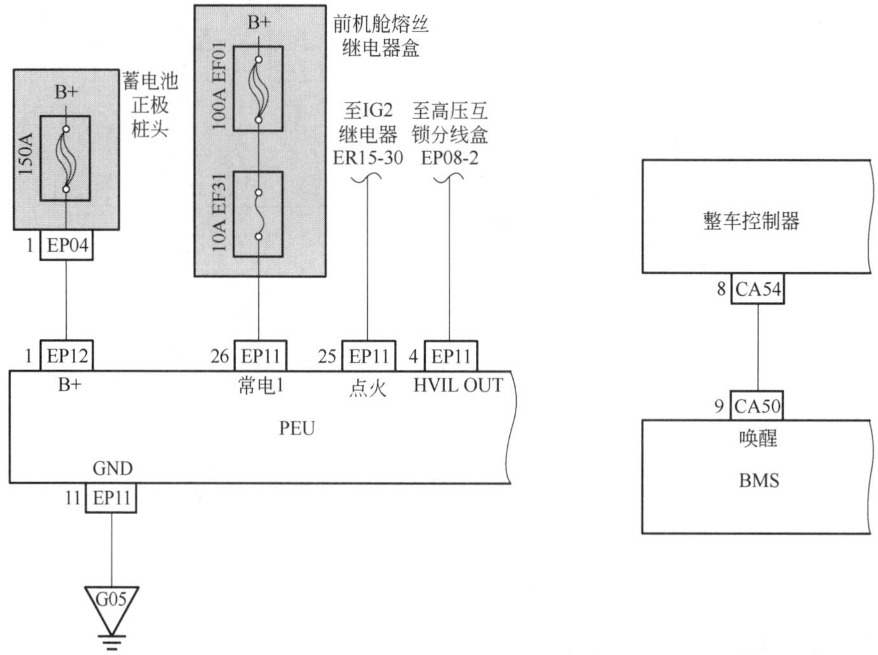

图 5-5-16 预充电路简图

① 检测铅酸蓄电池电压

a. 操作启动开关使电源模式至 OFF 状态。

b. 用万用表测量铅酸蓄电池正负极之间的电压（标准电压：11～14V）。

c. 确认测量值是否符合标准。如果不符合标准，则更换蓄电池或为蓄电池充电；如果符合标准，则重新启动一次。

② 重新启动

a. 操作启动开关使电源模式至 ON 状态后重新启动。

b. 确认预充电压是否达到预充完成的电压要求。如果不符合要求，则检查 VCU 与 BMS 之间的线路；如果符合要求，则诊断结束。

③ 检查 VCU 与 BMS 之间的线路

a. 操作启动开关使电源模式至 OFF 状态。

b. 断开 VCU 线束连接器 CA54。

c. 断开 BMS 线束连接器 CA50。

d. 用万用表测量 VCU 线束连接器 CA54 端子 8 和 BMS 线束连接器 CA50 端子 9 之间的电阻（图 5-5-17）（电阻标准值：小于 1Ω）。

e. 确认测量值是否符合标准。如果不符合标准，则修理或更换线束；如果符合标准，则检查电机控制器电源、接地之间的电压。

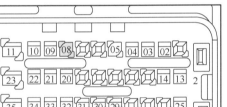

图 5-5-17　VCU 与 BMS 线束连接器

④ 检查电机控制器电源、接地之间的电压

a. 操作启动开关使电源模式至 OFF 状态。

b. 断开电机控制器线束连接器 EP11（图 5-5-18）。

c. 用万用表测量电机控制器线束连接器 EP11 端子 25 和端子 11 之间的电压（标准电压：11～14V）。

d. 用万用表测量电机控制器线束连接器 EP11 端子 26 和端子 11 之间的电压（标准电压：11～14V）。

e. 确认测量值是否符合标准。如果不符合标准，则修理或更换线束；如果符合标准，则更换电机控制器。

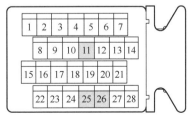

图 5-5-18　电机控制器线束连接器

（5）高压系统漏电故障　高压系统漏电故障码及说明见表 5-5-4，如图 5-5-19 所示为其电路简图。故障诊断步骤如下。

表 5-5-4　高压系统漏电故障码及说明

故障码	说明	故障码	说明
U210101	交流输入电压过高	U210002	高压输出过压
U210001	两路直流高压检测偏差过大	U210003	高压输出过流
P100001	内部母线电压过高	U210004	高压输出短路

① 检查分线盒正极高压线束

a. 操作启动开关使电源模式至 OFF 状态。

b. 拆卸维修开关。

c. 断开直流母线（动力电池侧）线束连接器 EP41。

d. 用绝缘电阻测试仪测试 EP41 的 1 号端子与车身接地之间的绝缘电阻（标准电阻：大于或等于 20MΩ）。

e. 确认测量值是否符合标准。如果不符合标准，则依次检查电机控制器、车载充电机、PTC 加热器、电动压缩机、充电接口正极对地电阻；如果符合标准，则检查分线盒负极高压线束。

② 依次检查电机控制器、车载充电机、PTC 加热器、电动压缩机、充电接口正极对地电阻

a. 操作启动开关使电源模式至 OFF 状态。

b. 拆卸维修开关。

c. 安装上述方法，用绝缘电阻测试仪依次检查电机控制器、车载充电机、PTC 加热器、电动压缩机、充电接口正极与车身接地之间的绝缘电阻（标准电阻：大于或等于 20MΩ）。

d. 确认测量值是否符合标准。如果不符合标准，则修理或更换故障部件；如果符合标准，则检查分线盒负极高压线束。

③ 检查分线盒负极高压线束

a. 操作启动开关使电源模式至 OFF 状态。

b. 拆卸维修开关。

c. 断开直流母线（动力电池侧）线束连接器 EP41（图 5-5-20）。

d. 用绝缘电阻测试仪测试 EP41 的 2 号端子与车身接地之间的绝缘电阻（标准电阻：大于或等于 20MΩ）。

e. 确认测量值是否符合标准。如果不符合标准，则依次检查电机控制器、车载充电机、PTC 加热器、电动压缩机、充电接口负极对地电阻；如果符合标准，则检查动力电池负极高压线束。

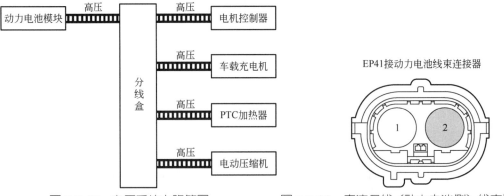

图 5-5-19　高压系统电路简图　　图 5-5-20　直流母线（动力电池侧）线束连接器

④ 依次检查电机控制器、车载充电机、PTC 加热器、电动压缩机、充电接口负极对地电阻。

a. 操作启动开关使电源模式至 OFF 状态。

b. 拆卸维修开关。

c. 按照上述方法，用绝缘电阻测试仪依次检查电机控制器、车载充电机、PTC 加热器、电动压缩机、充电接口负极与车身接地之间的绝缘电阻（标准电阻：大于或等于 20MΩ）。

d. 确认测量值是否符合标准。如果不符合标准，则修理或更换故障部件；如果符合标准，则检查动力电池负极高压线束。

⑤ 检查动力电池负极高压线束

a. 操作启动开关使电源模式至 OFF 状态。

b. 拆卸维修开关。

c. 断开直流母线（分线盒侧）线束连接器 EP42［图 5-5-21（a）］。

d. 用绝缘电阻测试仪测试 EP42 的 2 号端子与车身接地之间的绝缘电阻（标准电阻：大于或等于 20MΩ）。

e. 确认测量值是否符合标准。如果不符合标准，则检查动力电池负极高压线束；如果符合标准，则更换动力电池。

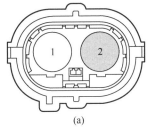
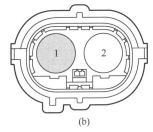

图 5-5-21　直流母线（分线盒侧）线束连接器

⑥ 检查动力电池负极高压线束

a. 操作启动开关使电源模式至 OFF 状态。

b. 拆卸维修开关。

c. 断开直流母线（分线盒侧）线束连接器 EP42［图 5-5-21（b）］。

d. 用绝缘电阻测试仪测试 EP42 的 1 号端子与车身接地之间的绝缘电阻（标准电阻：大于或等于 20MΩ）。

e. 确认测量值是否符合标准。如果不符合标准，则修理或更换线束；如果符合标准，则更换动力电池。

（6）**辅助控制器通信线路故障**　辅助控制器通信线路故障码及说明见表 5-5-5，如图 5-5-22 所示为其电路简图。故障诊断步骤如下。

表 5-5-5　辅助控制器通信线路故障码及说明

故障码	说明
U014687	ACM 与 VCU 通信丢失
U014087	ACM 与 BCM 通信丢失
U021487	ACM 与 PEPS 通信丢失
U012887	ACM 与 EPB 通信丢失
U012287	ACM 与 ESP 通信丢失
U017081	VCU_TradTCUControl_ 校验失败

续表

故障码	说明
U017082	VCU_TradTCUControl_ 滚码计数器失败
U017181	ABS_ESP_Status 校验失败
U017182	ABS_ESP_Status_ 滚码计数器失败
U017281	ABS_ESP_EPBControl 校验失败
U017282	ABS_ESP_EPBControl_ 滚码计数器失败

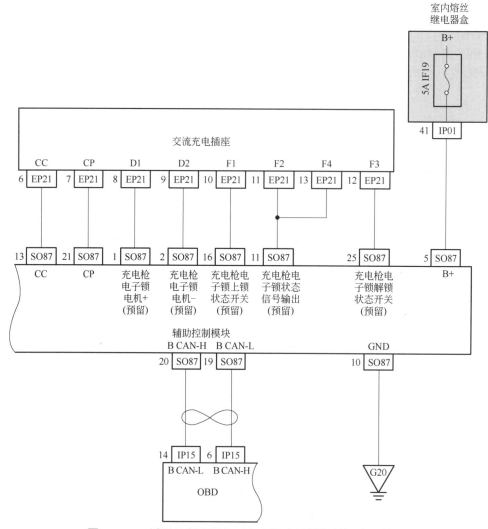

图 5-5-22　辅助控制器通信（充电枪电子锁解锁）电路简图

① 使用故障诊断仪读取故障码

a. 操作启动开关使电源模式至 ON 状态。

b. 连接故障诊断仪，读取系统故障码。

c. 确认系统是否存在其他故障码。如果不符合要求，则优先排除其他故障码指示故障；如果符合要求，则检查辅助控制器的通信线路。

② 检查辅助控制器的通信线路

a. 操作启动开关使电源模式至 OFF 状态。

b. 断开辅助控制器线束连接器 SO87（图 5-5-23）。

c. 用万用表测量辅助控制器线束连接器 SO87 端子 19/20 和诊断接口 IP15 端子 6/14 之间的电阻（电阻标准值：小于 1Ω）。

d. 确认测量值是否符合标准。如果不符合标准，则修理或更换线束；如果符合标准，则进行 P-CAN 网络完整性检查。

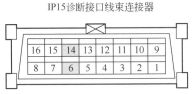
IP15诊断接口线束连接器

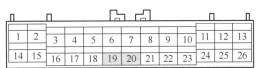
SO87辅助控制模块线束连接器

图 5-5-23　IP15 与 SO87 线束连接器

③ 进行 P-CAN 网络完整性检查

a. 操作启动开关使电源模式至 OFF 状态。

b. 用万用表测量终端接口 IP15 端子 6 和端子 14 之间的电阻值（标准电阻：55～67.5Ω）。

c. 确认测量值是否符合标准。如果不符合标准，则优先排除 B-CAN 网络不完整故障；如果符合标准，则更换辅助控制器。

（7）充电枪电子锁解锁卡滞故障　充电枪电子锁解锁卡滞故障码及说明见表 5-5-6，如其电路简图如图 5-5-22 所示。故障诊断步骤如下。

表 5-5-6　充电枪电子锁解锁卡滞故障码及说明

故障码	说明
B11B172	充电枪电子锁解锁卡滞（暂无此功能）
B11B173	充电枪电子锁锁止卡滞（暂无此功能）

① 使用故障诊断仪读取故障码

a. 操作启动开关使电源模式至 ON 状态。

b. 连接故障诊断仪，读取系统故障码。

c. 确认系统是否存在其他故障码。如果存在其他故障码，则优先排除其他故障码指示故障；如果不存在其他故障码，则检查交流充电插座与辅助控制器之间的线路断路故障。

② 检查交流充电插座与辅助控制器之间的线路断路故障

a. 操作启动开关使电源模式至 OFF 状态。

b. 断开交流充电插座线束连接器 EP21。

c. 断开辅助控制器线束连接器 SO87。

d. 用万用表测量交流充电插座线束连接器 EP21 端子 10 和辅助控制器线束连接器 SO87 端子 16 之间的电阻（电阻标准值：小于 1Ω）。

e. 用万用表测量交流充电插座线束连接器 EP21 端子 12 和辅助控制器线束连接器 SO87 端子 25 之间的电阻（参见图 5-5-14）（电阻标准值：小于 1Ω）。

f. 确认测量值是否符合标准。如果不符合标准，则修理或更换线束；如果符合标准，则检查交流充电插座与辅助控制器之间的线路对地短路故障。

③ 检查交流充电插座与辅助控制器之间的线路对地短路故障

a. 操作启动开关使电源模式至 OFF 状态。

b. 断开交流充电插座线束连接器 EP21。

c. 断开辅助控制器线束连接器 SO87。

d. 用万用表测量交流充电插座 EP21 端子 12 与 11 和车身可靠接地之间的电阻（电阻标准值：10kΩ 或更高）。

e. 确认测量值是否符合标准。如果不符合标准，则修理或更换线束；如果符合标准，则检查交流充电插座与辅助控制器之间的线路对电源短路故障。

④ 检查交流充电插座与辅助控制器之间的线路对电源短路故障

a. 操作启动开关使电源模式至 OFF 状态。

b. 断开交流充电插座线束连接器 EP21。

c. 断开辅助控制器线束连接器 SO87。

d. 操作启动开关使电源模式至 ON 状态。

e. 用万用表测量交流充电插座 EP21 端子 10 与 12 和车身可靠接地之间的电压（电压标准值：0V）。

f. 确认测量值是否符合标准。如果不符合标准，则修理或更换线束；如果符合标准，则更换交流充电插座。

5.6 空调系统

无论车辆外部天气状况如何，自动空调系统的设计都可以给驾驶室提供舒适的乘坐环境，系统由下列主要部件组成：制冷系统、制热系统、空气分配系统、模式/温度控制系统。

5.6.1 空调系统零部件

（1）压缩机　压缩机类型为电动涡旋式，压缩机控制器与压缩机集成一体，通过电机自身的旋转带动涡旋盘压缩，完成制冷剂的吸入和排出，为制冷循环提供动力。压缩机性能曲线（测试工况：高压 1.57MPa，低压 0.296MPa，过热度 10℃，过冷度 5℃）。

（2）冷凝器、储液干燥器　从空调压缩机出来的高温高压制冷剂蒸气流入冷凝器，冷凝器由能进行快速热传递的铝管和冷却翅片制成，冷却翅片通过散热把高温高压的制冷剂蒸气凝结成中温高压的液体。

储液干燥器位于冷凝器的左侧，与冷凝器焊接成一体。储液干燥器内部结构设计可以保证中温高压的气液混合制冷剂进入，而从储液干燥器出来的是中温高压的液态制冷剂。储液干燥器内部有吸附制冷系统水分的干燥剂，干燥剂不能重复使用。出现泄漏时，储液干燥器芯不能维修，只能更换。

（3）室内温度传感器、室外温度传感器　室外温度传感器、室内温度传感器影响车内空气温度的自动控制：这些传感器都是对温度敏感的热敏元件，传感器的电阻和温度呈反比对应关系。空调控制模块根据电阻值信息设置内外循环电机，冷暖温度风向电机，鼓风机调速模块等来控制空调温度。

室内温度传感器壳体通过软管管道连接到吸气器。流出空调主机的气流在吸气器软管端部形成微小真空。这种真空使车内空气流经室内温度传感器，提高了传感器检测的车厢温度的准确性。室外温度传感器位于车辆前保险杠下面的前格栅区域，空调控制模块使用这个传感器来获知周围空气温度信息，使用该信息空调控制模块会在仪表上显示外部温度。

(4) 环境光及阳光传感器 环境光及阳光传感器位于仪表板上部装饰衬垫中间。环境光及阳光传感器属于光照能量传感器，该传感器可测量阳光照射到车辆所产生的热量，为空调控制模块提供更多的补偿参数。空调控制模块根据车外光照强度的状态和车内空调工况需求，实时自动调整空调风量和冷/热风混合比例，让所有乘员均能获得最舒适的感觉。

(5) 室内空调主机 室内空调主机位于仪表板内，由鼓风电机、鼓风机调速模块、空调滤清器、加热器芯、蒸发器、膨胀阀、冷暖温度风向控制电机以及各种空气偏转风门、通风风道构成。

① 鼓风电机 鼓风机由永磁型电机、鼠笼式风扇组成。鼓风机在不同转速下运转转速的变化取决于鼓风机调速模块。如用户选择最大空调模式，绝大部分进入鼓风机的空气来自乘客舱（内循环）。

② 加热器芯体 加热器芯体是制热系统的主要部件。加热器芯体位于空调主机内，每当加热器开始工作时，加热器水泵将高温的冷却液泵入加热器芯体，加热器芯体将冷却液的热量传输给流经加热器芯体的空气，加热器芯体有特有的进口和出口暖风水管。

拆卸时，加热器芯体的暖风水管路必须完全泄放。维修时，配备独立暖风水管道的加热器芯体必须已经是安装好的。加热器芯体上装有温度传感器，此传感器将加热器芯体的表面温度信号传递给空调控制模块，为自动空调控制提供更多的补偿参数。

③ 蒸发器与膨胀阀 蒸发器位于空调主机的右侧。空调主机安装在车上时，需要对其进行拆卸，才能拆卸和安装蒸发器与膨胀阀。拆卸时，蒸发器的制冷剂管路必须完全泄放。维修时，配备独立制冷剂管路的蒸发器必须已经是安装好的。膨胀阀与蒸发器相连，安装于蒸发器的一端，位于蒸发器进口，膨胀阀的一侧连接着空调压缩机的进、排气管，一侧连接着蒸发器的进、排气管，在液体管路内对高压液体制冷剂形成限制，使制冷剂流向蒸发器时成为低压液体。

膨胀阀根据空调压力下限、空调压力上限从大到小改变位置。蒸发器在空气进入乘员舱之前对其进行冷却和除湿。蒸发器内制冷剂蒸发，从而吸收通过蒸发器气流的热量。空气中的热量传给蒸发器芯的时候，空气中的湿气会凝结在蒸发器芯的外表面上形成水流出。蒸发器上配备有温度传感器以防止其结冰，该传感器对蒸发器上散热片的表面温度进行测量，若其温度低于大约 2℃，则压缩机离合器就不会继续工作。若该温度增加至 4℃ 以上，压缩机便重新开始工作。

(6) 制冷剂 R134a 与润滑油 制冷剂在空调系统中有吸收热量、携带热量、释放热量的作用。车辆使用 R134a 制冷剂，其为无毒、阻燃、透明、无色的液化气体。

进行需要打开制冷系统管路或部件的维修作业前，应参阅制冷剂管路和管接头的处置以及保持化学品稳定性的说明。R134a 系统加注专用润滑油 POE、HAF68 制冷剂油，此制冷剂油易吸水，需要在密闭容器中进行储存。R134a 空调系统的内部循环中只能使用 POE、HAF68 制冷剂润滑油。安装螺纹和 O 形密封圈处只能使用矿物基 525 黏度制冷剂油，使用其他润滑油会造成压缩机或附件故障。

(7) 空调高压管、空调低压管、空调压力开关、制冷管路电磁阀 车辆采用空调高压管与低压管（空调硬管和/或软管）将空调制冷系统连接成一个密闭的系统，制冷剂与润滑油在这个密闭系统里流动，完成制冷剂的工作循环过程。空调硬管由铝管和相应接头组成，空调软管由橡胶软管和相应的接头组成。

空调压力开关属于三态压力开关，根据空调制冷循环中制冷剂压力值，打开或关断压力开关，传送空调系统压力信号，实现空调系统的压力保护。制冷管路电磁阀属于开关阀，根据需要在只有电池冷却时，关闭进入乘员舱的制冷剂回路。

(8) 加热器 加热器由电阻膜和散热元件组成，在一定电压范围内，加热的功率随电流变化而变化,电阻膜的电阻随温度变化的影响较小,因此电加热器可输出稳定的功率,从而为制热系统提供稳定的热源。

5.6.2 自动空调工作原理

(1) **系统诊断**　通过诊断接口,空调控制模块可以发送相应的诊断信息给专用诊断仪,专用诊断仪可以从空调控制模块中读取空调控制模块厂家编号和软件版本号等信息。

(2) **制冷系统工作原理**(图5-6-1)　压缩机受高压电驱动,从蒸发器中抽取气态制冷剂并将其压缩。制冷剂的温度升高至83~110℃,压力达到1470kPa。高压过热制冷剂被传送至冷凝器中,此时制冷剂内的热量被输送至冷凝器散热片的空气带走,因为热量的散失制冷剂被冷却,温度降至53~70℃。制冷剂在高压下被送至储液干燥器中,储液干燥器作为储存中介,过滤所有夹杂在制冷剂中的水分。

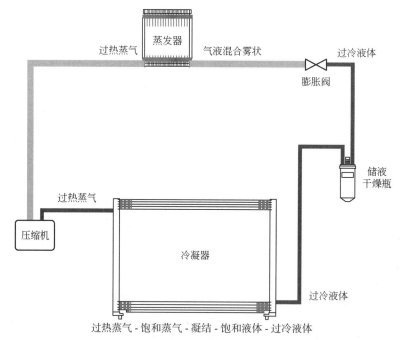

图5-6-1　制冷系统工作原理

干燥过的制冷剂被送至膨胀阀入口处,膨胀阀对进入蒸发器中的制冷剂流量进行节流减压控制,从膨胀阀出来的雾状制冷剂压力为200kPa,温度降到0~2℃。雾状制冷剂在蒸发器中受热蒸发。最后,鼓风机把经过蒸发箱表面的空气吹向各出风口,因为蒸发器内部制冷剂的蒸发吸热,把经过蒸发箱表面的空气中的热量吸收,所以出风口的温度远远低于环境温度。经过蒸发的低压制冷剂气流从蒸发箱流至膨胀阀,此时的制冷剂压力为200kPa,温度升高到5~8℃。最后低压制冷剂气流回流至压缩机经过再一次压缩,至此,空调制冷剂完成一个工作循环。

(3) **制热系统工作原理**(图5-6-2)　制热系统由鼓风机和电加热器(PTC)、加热器水泵、加热芯体等组成。当自动空调系统处于加热模式时,加热器在高压电的作用下对冷却液进行加热,高温冷却液被加热器水泵抽至加热芯体。同时,冷暖温度控制电机将温度控制装置转至采暖位置,部分或全部气流在鼓风机的作用下旁通至加热芯体,产生热量传递。任何不用加热的空气,将在进入乘客舱前,与加热后的空气混合,获得相应的混合好的温度合适的空气。

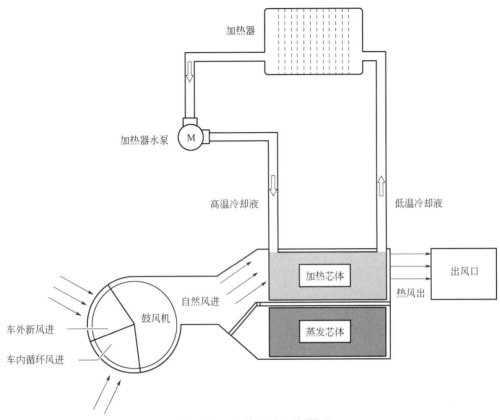

图 5-6-2　制热系统工作原理

（4）通风控制系统工作原理（图 5-6-3）　通风控制系统上的各种位置可使模式阀门通过风道混合或引入冷风、热风和外部空气通过空调系统，气流由风道系统和出风口将空气输送到乘客舱。

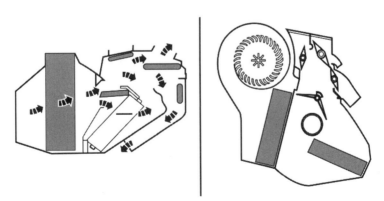

图 5-6-3　通风控制系统工作原理

在"AUTO（自动）"模式中会自动选择相应的模式状态，使用"MODE（模式）"按钮可更改车辆的送风模式。如果当前显示一个送风模式，则按"MODE（模式）"按钮可选择下一个送风模式。

空气流向按下列模式进行改变：吹面——通过仪表板出风口送风；双向——通过仪表板出风口、地板出风口送风；吹脚——通过地板出风口送风；混合——通过地板、前风窗出风口送风；除霜——通过前风窗出风口送风。

5.6.3 部件位置（图 5-6-4）

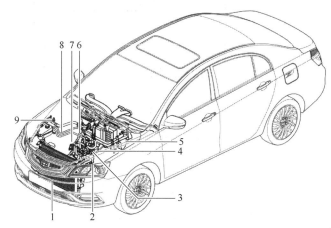

图 5-6-4　部件位置

1—冷凝器；2—加热器水泵；3—PTC 加热器；4—加热器安装支架；5—空调主机；
6—空调低压管；7—空调压缩机；8—空调高压管；9—空调压力开关

5.6.4 电气原理框图（图 5-6-5）

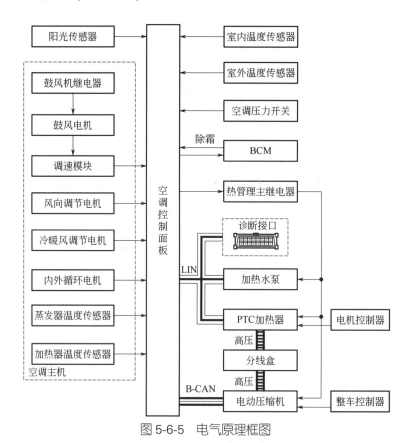

图 5-6-5　电气原理框图

5.6.5 空调压缩机不工作故障诊断

空调压缩机电路简图如图 5-6-6 所示。诊断步骤如下。

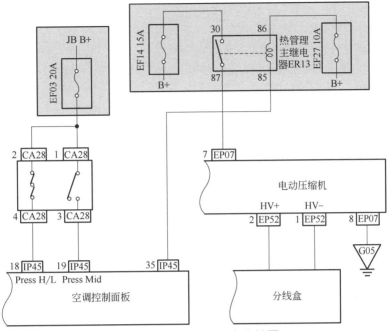

图 5-6-6 空调压缩机电路简图

(1) 使用故障诊断仪读取故障码

① 操作启动开关使电源模式至 ON 状态。

② 连接故障诊断仪,读取系统故障码。

③ 确认系统是否存在故障码。

如果存在故障码,则优先排除故障码指示故障。如果不存在故障码,则检查蒸发器温度传感器信号。

(2) 检查蒸发器温度传感器信号

① 操作启动开关使电源模式至 ON 状态。

② 连接故障诊断仪,读取蒸发器温度传感器信号。

③ 检查蒸发器温度传感器显示温度是否过低(标准温度:高于 2℃)。

如果不符合要求,则更换蒸发器温度传感器;如果符合要求,则检查鼓风机是否工作正常。

(3) 检查鼓风机是否工作正常

① 操作启动开关使电源模式至 ON 状态。

② 打开鼓风机,检查鼓风机是否工作正常。如果不符合要求,则优先排除鼓风机功能故障;如果符合要求,则检查室外温度传感器是否正常。

(4) 检查室外温度传感器是否正常

① 操作启动开关使电源模式至 ON 状态。

② 检查室外温度传感器是否显示温度低于 4℃。

如果不符合要求,则更换室外温度传感器;如果符合要求,则检查阳光传感器是否正常。

(5) 检查阳光传感器是否正常

① 操作启动开关使电源模式至 ON 状态。

② 检查阳光温度传感器是否显示温度低于 4℃。

如果不符合要求，则更换阳光传感器；如果符合要求，则检查熔丝 EF03、EF14、EF27 是否熔断。

（6）检查熔丝 EF03、EF14、EF27 是否熔断

① 操作启动开关使电源模式至 OFF 状态。

② 拔下熔丝 EF03 检查其是否熔断。熔丝额定容量：20A。

③ 拔下熔丝 EF14 检查其是否熔断。熔丝额定容量：15A。

④ 拔下熔丝 EF27 检查其是否熔断。熔丝额定容量：10A。

如果不符合要求，则检修熔丝线路，更换额定容量熔丝；如果符合要求，则检查热管理主继电器。

（7）检查热管理主继电器

① 操作启动开关使电源模式至 OFF 状态。

② 拔下继电器，使用相同型号的继电器替换热管理主继电器。

③ 确认故障是否排除。

如果故障已排除，则更换故障的继电器；如果故障未排除，则检查压缩机低压电源、接地之间的电压。

（8）检查压缩机低压电源、接地之间的电压

① 操作启动开关使电源模式至 OFF 状态。

② 断开压缩机低压线束连接器 EP07（图 5-6-7）。

③ 操作启动开关使电源模式至 ON 状态。

④ 打开空调，同时用万用表测量压缩机低压线束连接器 EP07 的 7 号端子与 8 号端子之间的电压（电压标准值：11～14V）。

⑤ 确认测量值是否符合标准。如果不符合要求，则修理或更换线束；如果符合要求，则检查压力开关。

（9）检查压力开关

① 操作启动开关使电源模式至 OFF 状态。

② 断开空调控制面板线束连接器 IP45（图 5-6-8）。

③ 操作启动开关使电源模式至 ON 状态。

④ 用万用表测量空调控制面板线束连接器 IP45 的 18 号端子与车身接地之间的电压（电压标准值：11～14V）。

⑤ 用万用表测量空调控制面板线束连接器 IP45 的 19 号端子与车身接地之间的电压（电压标准值：0V）。

⑥ 确认测量值是否符合标准。如果不符合标准，则更换压力开关；如果符合标准，则检查压缩机高压电源电压。

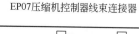

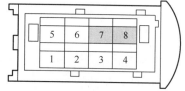

图 5-6-7　压缩机低压线束连接器

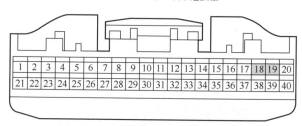

图 5-6-8　空调控制面板线束连接器

(10) 检查压缩机高压电源电压
① 操作启动开关使电源模式至 OFF 状态。
② 拆卸维修开关。
③ 断开压缩机高压线束连接器 EP52。
④ 安装维修开关。
⑤ 操作启动开关使电源模式至 ON 状态。
⑥ 打开空调，同时用万用表测量压缩机高压线束连接器 EP52 端子 1 和端子 2 之间的电压值（电压标准值：274.4～411.6V）。
⑦ 确认测量值是否符合标准。
如果不符合标准，则更换压缩机；如果符合标准，则检查分线盒熔丝是否熔断。

(11) 检查分线盒熔丝是否熔断
① 操作启动开关使电源模式至 OFF 状态。
② 拆卸维修开关。
③ 拆卸分线盒上盖。
④ 用万用表测量分线盒熔丝两端的电阻（标准电阻：小于 1Ω）。
⑤ 确认测量值是否符合标准。如果不符合标准，则检修熔丝线路，更换额定容量熔丝；如果符合标准，则检查分线盒线束。

(12) 检查分线盒线束
① 操作启动开关使电源模式至 OFF 状态。
② 拆卸维修开关。
③ 断开压缩机高压线束连接器 EP52（图 5-6-9）。
④ 拆卸分线盒上盖。
⑤ 用万用表测量分线盒与压缩机高压线束连接器的 1 号端子之间的电阻（标准电阻：小于 1Ω）。
⑥ 用万用表测量分线盒与压缩机高压线束连接器的 2 号端子之间的电阻（标准电阻：小于 1Ω）。
⑦ 确认测量值是否符合标准。
如果不符合标准，则更换电分线盒；如果符合标准，则更换空调控制面板。

5.6.6 加热器不工作故障诊断

加热器电路简图如图 5-6-10 所示。诊断步骤如下。

(1) 使用故障诊断仪读取故障码
① 操作启动开关使电源模式至 ON 状态。
② 连接故障诊断仪，读取系统故障码。
③ 确认系统是否存在故障。如果存在故障码，则优先排除故障码指示故障；如果不存在故障码，则检查鼓风机是否工作正常。

(2) 检查鼓风机是否工作正常
① 操作启动开关使电源模式至 ON 状态。
② 打开鼓风机，检查鼓风机是否工作正常。
如果不符合要求，则优先排除鼓风机功能故障；如果符合要求，则检查熔丝 EF14、EF27 是否熔断。

(3) 检查熔丝 EF14、EF27 是否熔断
① 操作启动开关使电源模式至 OFF 状态。

② 拔下熔丝 EF14 检查其是否熔断。熔丝额定容量：15A。
③ 拔下熔丝 EF27 检查其是否熔断。熔丝额定容量：10A。

如果不符合标准，则检修熔丝线路，更换额定容量熔丝；如果符合标准，则检查热管理主继电器。

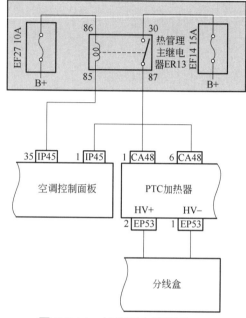

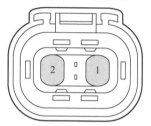

图 5-6-9　压缩机高压线束连接器

图 5-6-10　加热器电路简图

（4）检查热管理主继电器
① 操作启动开关使电源模式至 OFF 状态。
② 拔下继电器，使用相同型号的继电器替换热管理主继电器。
③ 确认故障是否排除。

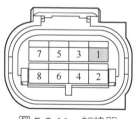

图 5-6-11　加热器低压线束连接器

如果故障已排除，则更换故障的继电器；如果故障未排除，则检查加热器低压电源电压。

（5）检查加热器低压电源电压
① 操作启动开关使电源模式至 OFF 状态。
② 断开加热器低压线束连接器 CA48（图 5-6-11）。
③ 操作启动开关使电源模式至 ON 状态。
④ 打开加热器，同时用万用表测量加热器低压线束连接器 CA48 的 1 号端子与车身接地之间的电压（电压标准值：11～14V）。
⑤ 确认测量值是否符合标准。

如果不符合标准，则修理或更换线束；如果符合标准，则检查加热器高压电源电压。

（6）检查加热器高压电源电压
① 操作启动开关使电源模式至 OFF 状态。
② 拆卸维修开关。
③ 断开加热器高压线束连接器 EP53。
④ 安装维修开关。
⑤ 操作启动开关使电源模式至 ON 状态。

⑥ 打开加热器，同时用万用表测量加热器高压线束连接器 EP53 端子 1 和端子 2 之间的电压值（电压标准值：274.4～411.6V）。

⑦ 确认测量值是否符合标准。

如果不符合标准，则检查分线盒熔丝是否熔断；如果符合标准，则更换加热器。

（7）检查分线盒熔丝是否熔断

① 操作启动开关使电源模式至 OFF 状态。

② 拆卸维修开关。

③ 拆卸分线盒上盖。

④ 用万用表测量线盒熔丝两端的电阻（标准电阻：小于 1Ω）。

⑤ 确认测量值是否符合标准。

如果不符合标准，则检修熔丝线路，更换额定容量熔丝；如果符合标准，则检查分线盒线束。

（8）检查分线盒线束

① 操作启动开关使电源模式至 OFF 状态。

② 拆卸维修开关。

③ 断开加热器高压线束连接器 EP53。

④ 拆卸分线盒上盖。

⑤ 用万用表测量分线盒与加热器高压线束连接器的 1 号端子之间的电阻（标准电阻：小于 1Ω）。

⑥ 用万用表测量分线盒与加热器高压线束连接器的 2 号端子之间的电阻值（标准电阻：小于 1Ω）。

⑦ 确认测量值是否符合标准。

如果不符合标准，则更换电分线盒；如果符合标准，则检查加热器与空调控制面板之间的线束。

（9）检查加热器与空调控制面板之间的线束

① 操作启动开关使电源模式至 OFF 状态。

② 断开加热器低压线束连接器 CA48。

③ 断开空调控制面板线束连接器 IP45。

④ 用万用表测量加热器低压线束连接器 CA48 端子 6 和空调控制面板线束连接器 IP45 端子 1 之间的电阻值（图 5-6-12）。标准电阻：小于 1Ω。

⑤ 确认测量值是否符合标准。

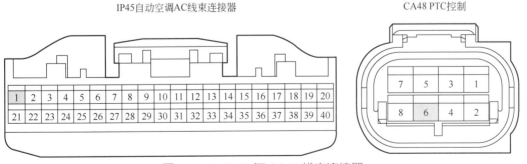

图 5-6-12　IP45 与 CA48 线束连接器

如果不符合标准，则修理或更换线束；如果符合标准，则更换空调控制面板。

5.6.7 空调制暖效果差

空调制暖电路简图如图 5-6-13 所示。诊断步骤如下。

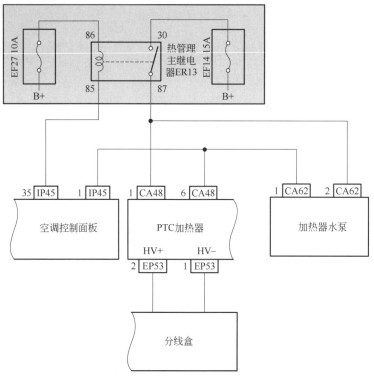

图 5-6-13　空调制暖电路简图

(1) 使用故障诊断仪读取故障码
① 操作启动开关使电源模式至 ON 状态。
② 连接故障诊断仪，读取系统故障码。
③ 确认系统是否存在故障码。

如果存在故障码，则优先排除故障码指示故障；如果不存在故障码，则检查加热器冷却液。

(2) 检查加热器冷却液
① 打开机舱盖。
② 检查加热器冷却液是否充足。

如果不符合标准，则添加加热器冷却液；如果符合标准，则检查鼓风机是否工作正常。

(3) 检查鼓风机是否工作正常
① 操作启动开关使电源模式至 ON 状态。
② 打开鼓风机，检查鼓风机是否工作正常。

如果存在故障，则优先排除故障码指示故障；如果不存在故障，则检查熔丝 EF14、EF27 是否熔断。

(4) 检查熔丝 EF14、EF27 是否熔断
① 操作启动开关使电源模式至 OFF 状态。
② 拔下熔丝 EF14 检查其是否熔断。熔丝额定容量：15A。
③ 拔下熔丝 EF27 检查其是否熔断。熔丝额定容量：10A。

如果不符合标准，则检修熔丝线路，更换额定容量熔丝；如果符合标准，则检查热管理主继电器。

(5) 检查热管理主继电器

① 操作启动开关使电源模式至 OFF 状态。
② 拔下继电器，使用相同型号的继电器替换热管理主继电器。
③ 确认故障是否排除。

如果故障已排除，则更换故障的继电器；如果故障未排除，则检查加热器水泵电源电压。

(6) 检查加热器水泵电源电压

① 操作启动开关使电源模式至 OFF 状态。
② 断开加热器水泵线束连接器 CA62（图 5-6-14）。
③ 操作启动开关使电源模式至 ON 状态。
④ 打开加热器，同时用万用表测量加热器水泵线束连接器 CA62 的 2 号端子与车身接地之间的电压（电压标准值：11～14V）。
⑤ 确认测量值是否符合标准。

如果不符合标准，则修理或更换线束；如果符合标准，则检查加热器水泵与空调控制面板之间的线束。

图 5-6-14 加热器水泵线束连接器

(7) 检查加热器水泵与空调控制面板之间的线束

① 操作启动开关使电源模式至 OFF 状态。
② 断开加热器水泵线束连接器 CA62。
③ 断开空调控制面板线束连接器 IP45。
④ 用万用表测量加热器水泵线束连接器 CA62 端子 1 和空调控制面板线束连接器 IP45 端子 1 之间的电阻值（图 5-6-15）（标准电阻：小于 1Ω）。
⑤ 确认测量值是否符合标准。

图 5-6-15 CA62 与 IP45 线束连接器

如果不符合标准，则修理或更换线束；如果符合标准，则更换加热器水泵。

操作视频

第6章 北京电动汽车故障

6.1 驱动系统

(1) MCU IGBT 驱动电路过流故障(表 6-1-1)

表 6-1-1　MCU IGBT 驱动电路过流故障诊断

故障名称	MCU IGBT 驱动电路过流故障(U/V/W)
故障码	P116016/P116116/P116216
MCU 故障处理方式	MCU 关闭 PWM 输出,并发送关闭使能请求标志位
VCU 故障处理方式	❶ VCU 关闭使能信号 ❷ 仪表点亮电机系统专用报警灯 ❸ 仪表点亮 MIL 灯,报警音短鸣
导致故障的原因	❶ 驱动电源欠压 ❷ 电机短路引起电流畸变 ❸ 转子位置信号异常引起电流畸变 ❹ 相电流信号异常引起电流畸变 ❺ 软件失控引起电流畸变
故障可能造成的影响	❶ MCU 无法正常工作 ❷ MCU 硬件 IGBT 损坏 ❸ 车辆无法行驶
建议售后处理措施	检查 MCU 软、硬件版本,若软、硬件版本正确,则立即更换 MCU
建议的维修措施	❶ 检查 MCU 软、硬件版本 ❷ 更换 MCU

(2) MCU 相电流过流故障(表 6-1-2)

表 6-1-2　MCU 相电流过流故障诊断

故障名称	MCU 相电流过流故障
故障码	P113519
MCU 故障处理方式	当数据流显示"相电流保护阈值(510A)"<相电流值<"(595A)"时,MCU 控制电机输出转矩由当前值到零
VCU 故障处理方式	❶ 仪表点亮电机系统专用报警灯 ❷ 仪表点亮 MIL 灯,报警音短鸣

续表

导致故障的原因	❶ 电机短路引起电流畸变 ❷ 转子位置信号异常引起电流畸变 ❸ 相电流信号异常引起电流畸变 ❹ 负载突然变化引起电流畸变 ❺ 线束短路引起电流畸变
故障可能造成的影响	❶ MCU 无法正常工作 ❷ 车辆无法行驶
建议售后处理措施	❶ 如果重新上电，车辆恢复正常，则不需要派工。同时将信息反馈至技术中心电机工程师 ❷ 如果重新上电车辆不能恢复正常，可能 MCU 存在硬件故障或软、硬件版本问题，则需要派工
建议的维修措施	❶ 检查 MCU 软、硬件版本 ❷ 更换 MCU

(3) 电机超速故障（表 6-1-3）

表 6-1-3　电机超速故障诊断

故障名称	电机超速故障
故障码	P0A4400
MCU 故障处理方式	当电机转速 > 电机超速限制值时，MCU 进入零转矩控制模式，并向 VCU 发送零转矩模式状态标志位
VCU 故障处理方式	VCU 发送零转矩指令
导致故障的原因	❶ 整车负载突然降低（如冰面打滑） ❷ 电机转矩控制失效
故障可能造成的影响	❶ MCU 无法正常工作 ❷ 整车失去动力输出
建议售后处理措施	❶ 如果重新上电，车辆恢复正常，则不需要派工。同时将信息反馈至技术中心电机工程师 ❷ 如果重新上电车辆运行再次出现异常，可能存在 MCU 硬件故障或软、硬件版本问题，则需要派工
建议的维修措施	❶ 检查 MCU 软、硬件版本 ❷ 更换 MCU

(4) MCU 直流母线过压故障（表 6-1-4）

表 6-1-4　MCU 直流母线过压故障诊断

故障名称	MCU 直流母线过压故障
故障码	P114017
MCU 故障处理方式	MCU 关闭 PWM 输出，并发送关闭使能请求标志位
VCU 故障处理方式	❶ VCU 关闭使能信号 ❷ 仪表点亮 MIL 灯，报警音短鸣

导致故障的原因	❶ 电机系统突然大功率充电 ❷ 发电状态下高压回路非正常断开
故障可能造成的影响	❶ MCU 无法正常工作 ❷ MCU 高压直流侧电容损坏 ❸ 车辆无法行驶
建议售后处理措施	❶ 若其他节点也上报直流母线过压故障，则优先排查其他子系统和高压供电回路可能存在的问题 ❷ 否则将 SD 卡数据反馈给电机工程师进行分析，如果故障期间母线电压确实超过上限阈值，则不需要派工 ❸ 如果故障期间母线电压未超过上限阈值，则需要派工
建议的维修措施	检查高压供电回路

(5) MCU 直流母线欠压故障（表 6-1-5）

表 6-1-5　MCU 直流母线过压故障诊断

故障名称	MCU 直流母线欠压故障
故障码	P114016
MCU 故障处理方式	MCU 关闭 PWM 输出，并发送关闭使能请求标志位
VCU 故障处理方式	❶ VCU 关闭使能信号 ❷ 仪表点亮 MIL 灯，报警音短鸣
导致故障的原因	❶ 电机系统突然大功率放电 ❷ 电池 SOC 低 ❸ 电动状态下高压回路非正常断开
故障可能造成的影响	❶ MCU 最大可用转矩降低 ❷ 整车动力性能降低，甚至不能正常行驶
建议售后处理措施	❶ 若其他节点也上报直流母线欠压故障，则优先排查其他子系统和高压供电回路可能存在的问题 ❷ 否则将 SD 卡数据反馈给电机工程师进行分析，如果故障期间母线电压确实超过下限阈值，则不需要派工 ❸ 如果故障期间母线电压未超过下限阈值，则需要派工
建议的维修措施	❶ 检查电池 SOC ❷ 检查高压供电回路
备注	MCU 根据母线电压调整最大可用转矩，母线电压从正常工作电压下限（265V）下降至欠压限制值（210V），MCU 最大可用转矩从峰值转矩下降至零

(6) MCU IGBT 过温故障（表 6-1-6）

表 6-1-6　MCU IGBT 过温故障诊断

故障名称	MCU IGBT 过温故障（U/V/W）
故障码	P117098/P117198/P117298
MCU 故障处理方式	当任意一相 IGBT 温度 > IGBT 温度限制值（90℃）时，MCU 进入零转矩控制模式，同时向 VCU 转矩发送零转矩模式状态标志位

续表

VCU 故障处理方式	❶ VCU 发送零转矩指令 ❷ 仪表点亮电机系统专用报警灯（闪烁） ❸ 仪表点亮 MIL 灯，报警音短鸣
导致故障的原因	❶ MCU 长期大负载运行 ❷ 冷却系统故障
故障可能造成的影响	❶ MCU 最大可用转矩降低 ❷ 整车动力性能降低，甚至不能正常行驶
建议售后处理措施	❶ 如果间隔一段时间重新上电，车辆恢复正常，则不需要派工。同时将信息反馈至技术中心电机工程师 ❷ 如果间隔一段时间重新上电，车辆运行重复出现，则按以下方法处理 　a. 首先优先排查风扇、水泵及其驱动电路故障，若异常，则联系冷却系统派工解决 　b. 然后优先排查是否缺冷却液，若缺冷却液，则及时补充 　c. 若不缺冷却液，则排查冷却管路是否存在堵塞和漏水；若冷却管路存在堵塞和漏水，则进行排查解决 　d. 若冷却液和冷却管路均无问题，则需要派工
建议的维修措施	❶ 检查运行工况 ❷ 检查冷却水泵、冷却液和冷却管路

（7）电机过温故障（表 6-1-7）

表 6-1-7　电机过温故障诊断

故障名称	电机过温故障
故障码	P0A2F98
MCU 故障处理方式	当电机温度＞电机温度限制值（150℃）时，MCU 进入零转矩控制模式，同时向 VCU 发送零转矩模式状态标志位
VCU 故障处理方式	❶ VCU 发送零转矩指令 ❷ 仪表点亮电机系统专用报警灯（闪烁） ❸ 仪表点亮 MIL 灯，报警音短鸣
导致故障的原因	❶ 电机长期大负载运行 ❷ 冷却系统故障
故障可能造成的影响	❶ MCU 最大可用转矩降低 ❷ 整车动力性能降低，甚至不能正常行驶
建议售后处理措施	❶ 如果间隔一段时间重新上电，车辆恢复正常，则不需要派工。同时将信息反馈至技术中心电机工程师 ❷ 如果间隔一段时间重新上电，车辆运行重复出现，则按以下方法处理 　a. 首先优先排查风扇、水泵及其驱动电路故障，若异常，则联系冷却系统派工解决 　b. 然后优先排查是否缺冷却液，若缺冷却液，则及时补充冷却液 　c. 若不缺冷却液，则排查冷却管路是否存在堵塞和漏水；若冷却管路存在堵塞和漏水，则进行排查解决 　d. 若冷却液和冷却管路均无问题，则需要派工
建议的维修措施	❶ 检查运行工况 ❷ 检查冷却系统

(8) MCU 位置信号检测回路故障（表 6-1-8）

表 6-1-8　MCU 位置信号检测回路故障诊断

故障名称	MCU 位置信号检测回路故障
故障码	P0A3F00
MCU 故障处理方式	MCU 关闭 PWM 输出，并发送关闭使能请求标志
VCU 故障处理方式	❶ VCU 关闭使能信号 ❷ 仪表点亮电机系统专用报警灯 ❸ 仪表点亮 MIL 灯，报警音短鸣
导致故障的原因	❶ 旋变线束损坏 ❷ 旋变解码硬件电路损坏
故障可能造成的影响	❶ MCU 无法正常工作 ❷ 整车不能正常高压上电（行车模式、慢充模式、快充模式）
建议售后处理措施	❶ 优先检查外部旋变线束、电机侧低压接插件、MCU 侧低压接插件 ❷ 若线束和接插件均正常，则可能存在 MCU 硬件故障，或软件版本问题，需要派工
建议的维修措施	❶ 检查、更换线束或接插件 ❷ 更换 MCU

(9) MCU IGBT 温度检测回路故障（表 6-1-9）

表 6-1-9　MCU IGBT 温度检测回路故障诊断

故障名称	MCU IGBT 温度检测回路故障（U/V/W）
故障码	P11801C/P11811C/P11821C
MCU 故障处理方式	若一相 IGBT 温度检测回路故障，则 MCU 利用其他相 IGBT 温度检测回路和 MCU 温度检测回路进行 IGBT 温度监控。同时限制驻坡功能：驻坡模式下，由 MCU 自身对电机输出转矩进行限制（50% 最大堵转转矩、1s 堵转时间） 若两相 IGBT 温度检测回路出现故障，如果处于 state30，MCU 延时 300ms 后调整最大可用转矩至安全限值（1/3 峰值外特性），并发送降功率请求标志位。同时限制驻坡功能：驻坡模式下，由 MCU 自身对电机输出转矩进行限制（50% 最大堵转转矩、1s 堵转时间） 若三相 IGBT 温度检测回路均出现故障，则 ❶ MCU 发送关闭使能请求标志位 ❷ IGBT 温度上报无效值 0xFF
VCU 故障处理方式	若一相 IGBT 温度检测回路故障，则 ❶ VCU 不做处理 ❷ 仪表点亮电机系统专用报警灯 若两相 IGBT 温度检测回路出现故障，则 ❶ 如果处于 state30，VCU 延时 t_z（$8s \leqslant t_z < 15s$）后根据最大可用转矩限制转矩命令 ❷ 仪表点亮电机系统专用报警灯 ❸ 仪表点亮 MIL 灯，报警音二级 若三相 IGBT 温度检测回路均出现故障，则 ❶ 如果处于 state30，VCU 延时 t_z（$8s \leqslant t_z < 15s$）关闭使能信号 ❷ 仪表点亮电机系统专用报警灯 ❸ 仪表点亮 MIL 灯，报警音二级
导致故障的原因	❶ MCU 内部硬件电路故障或线束损坏 ❷ MCU 软件与硬件版本不匹配

故障可能造成的影响	❶ MCU 无法检测和上报 IGBT 实际温度 ❷ MCU 无法正常工作，需降功率运行 ❸ 车辆无法正常行驶，需降功率行驶
建议售后处理措施	可能 MCU 存在硬件故障或软、硬件版本问题，需要派工
建议的维修措施	❶ 检查 MCU 软、硬件版本 ❷ 更换 MCU

（10）电机温度检测回路故障（表 6-1-10）

表 6-1-10　电机温度检测回路故障诊断

故障名称	电机温度检测回路故障
故障码	P0A001C
MCU 故障处理方式	❶ 如果处于 state30，MCU 延时 300ms 后调整最大可用转矩至安全限值（1/3 峰值外特性），并发送降功率请求标志位。驻坡模式下，由 MCU 自身对电机输出转矩进行限制（50% 最大堵转转矩、1s 堵转时间） ❷ 电机温度上报无效值 0xFF
VCU 故障处理方式	❶ 如果处于 state30，VCU 延时 t_z（8s≤t_z<15s）后根据最大可用转矩限制转矩命令 ❷ 仪表点亮电机系统专用报警灯 ❸ 仪表点亮 MIL 灯，报警音二级
导致故障的原因	❶ MCU 内部硬件电路故障或线束损坏 ❷ MCU 软件与硬件版本不匹配
故障可能造成的影响	❶ MCU 无法检测和上报电机实际温度 ❷ MCU 无法正常工作，需降功率运行 ❸ 车辆无法正常行驶，需降功率行驶
建议售后处理措施	❶ 优先检查低压线束、电机侧低压接插件、MCU 侧低压接插件 ❷ 若线束和接插件均正常，可能存在 MCU 硬件故障，或软件版本问题，需要派工
建议的维修措施	❶ 检查、更换线束和接插件 ❷ 更换 MCU

（11）MCU 反馈转矩与转矩命令校验错误故障（表 6-1-11）

表 6-1-11　MCU 反馈转矩与转矩命令校验错误故障诊断

故障名称	MCU 反馈转矩与转矩命令校验错误故障
故障码	P113064
MCU 故障处理方式	若反馈转矩大于转矩命令，则 MCU 关闭 PWM 输出，并发送关闭使能请求标志位 若反馈转矩小于转矩命令，则 MCU 仅发送故障标志位，不做其他处理
VCU 故障处理方式	若反馈转矩大于转矩命令，则 ❶ VCU 关闭使能信号 ❷ 仪表点亮电机系统专用报警灯 ❸ 仪表点亮 MIL 灯，报警音短鸣 若反馈转矩小于转矩命令，则 ❶ VCU 不处理 ❷ 仪表点亮电机系统专用报警灯

续表

导致故障的原因	❶ MCU 动态响应速度慢 ❷ 电机转矩标定精度不高 ❸ MCU 软件失控 ❹ 电机电磁特性一致性较差 ❺ MCU 软件版本与硬件版本及电机零件号不匹配
故障可能造成的影响	❶ 电机系统无法正确输出目标转矩 ❷ 整车无法行驶
建议售后处理措施	❶ 如果重新上电，车辆恢复正常，则不需要派工。同时将信息反馈至技术中心电机工程师 ❷ 如果重新上电车辆运行再次出现异常，则可能 MCU 存在硬件故障或软、硬件版本问题，需要派工
建议的维修措施	❶ 检查 MCU 软、硬件版本 ❷ 更换 MCU

（12）转矩命令超限故障（表 6-1-12）

表 6-1-12　转矩命令超限故障诊断

故障名称	转矩命令超限故障
故障码	U040186
MCU 故障处理方式	MCU 进入零转矩控制模式，同时向 VCU 发送零转矩模式状态标志位
VCU 故障处理方式	❶ VCU 发送零转矩指令 ❷ 仪表点亮 MIL 灯，报警音短鸣
导致故障的原因	❶ VCU 发送指令错误 ❷ VCU 软、硬件版本与车型不匹配
故障可能造成的影响	❶ MCU 无法正常工作 ❷ 车辆无法行驶
建议售后处理措施	❶ 如果重新上电，车辆恢复正常，则不需要派工。同时将信息反馈至技术中心电机工程师 ❷ 如果重新上电车辆不能恢复正常，则按以下方法处理 a. 优先排查 VCU 或 VMS 软、硬件版本问题 b. 若 VCU 或 VMS 软、硬件版本正确，则可能 MCU 软、硬件版本不正确，需要派工
建议的维修措施	❶ 检查 VCU 软件版本 ❷ 检查 MCU 软件版本 ❸ 更换 MCU

（13）与 VCU 通信丢失故障（表 6-1-13）

表 6-1-13　与 VCU 通信丢失故障诊断

故障名称	与 VCU 通信丢失故障
故障码	U010087
MCU 故障处理方式	MCU 先进入零转矩控制模式，同时向 VCU 发送零转矩模式状态标志位，然后延时 2s 后关闭 PWM 输出，并发送关闭使能请求标志位

续表

VCU 故障处理方式	❶ VCU 关闭使能信号 ❷ 仪表点亮 MIL 灯，报警音短鸣
导致故障的原因	❶ VCU 发送报文失败 ❷ 线束问题［网络信号线（CAN 高、CAN 低）出现断路、网络信号线（CAN 高、CAN 低）之间短路、网络信号线（CAN 高、CAN 低）对地短路］ ❸ 低压接插件接触不良 ❹ CAN 网络受干扰严重
故障可能造成的影响	❶ MCU 无法正常工作 ❷ 整车无法行驶
建议售后处理措施	❶ 如果重新上电，车辆恢复正常，则不需要派工。同时将信息反馈至技术中心电机工程师 ❷ 如果重新上电车辆不能恢复正常，则按以下方法处理 a. 若其他节点也上报与 VCU 通信丢失故障，则优先排查 VCU 问题 b. 否则可能是 MCU 硬件故障，则需要派工
建议的维修措施	❶ 若 BMS 同时上报 VCU 节点丢失故障，则优先检查 VCU ❷ 检查 CAN 网络线束 ❸ 更换 MCU
备注	在接收不到 VCU 报文但又未达到该故障确认条件时，MCU 执行上一次接收到的 VCU 指令

(14) MCU 低压电源过压故障（表 6-1-14）

表 6-1-14　MCU 低压电源过压故障诊断

故障名称	低压电源过压故障
故障码	U300317
MCU 故障处理方式	MCU 关闭 PWM 输出，并发送关闭使能请求标志位
VCU 故障处理方式	❶ VCU 关闭使能信号 ❷ 仪表点亮 MIL 灯，报警音短鸣
导致故障的原因	❶ 低压蓄电池过度充电 ❷ MCU 软件与硬件版本不匹配
故障可能造成的影响	❶ MCU 无法正常工作 ❷ 整车不能正常高压上电（行车模式、慢充模式、快充模式）
建议售后处理措施	❶ 若其他节点也上报低压供电过压故障，则优先排查蓄电池、DC/DC 及低压供电电路问题 ❷ 否则可能存在线束、硬件故障或软件版本问题，需要派工
建议的维修措施	❶ 检查低压蓄电池和 DC/DC ❷ 检查低压供电电路 ❸ 检查 MCU 软、硬件版本 ❹ 更换 MCU
备注	VCU 运行过程中一直进行低压电源校验，在达到 MCU 低压电源过压阈值之前，则关闭 DC/DC；若关闭 DC/DC 后仍触发 MCU 低压电源过压故障，则关闭使能信号

(15) MCU 低压电源欠压故障（表 6-1-15）

表 6-1-15　MCU 低压电源欠压故障诊断

故障名称	低压电源欠压故障
故障码	U300316
MCU 故障处理方式	MCU 关闭 PWM 输出，并发送关闭使能请求标志位
VCU 故障处理方式	❶ VCU 关闭使能信号 ❷ 仪表点亮 MIL 灯，报警音短鸣
导致故障的原因	❶ 低压蓄电池亏电 ❷ 低压供电线路故障 ❸ MCU 软件与硬件版本不匹配
故障可能造成的影响	❶ MCU 无法正常工作 ❷ 整车不能正常高压上电（行车模式、慢充模式、快充模式）
建议售后处理措施	❶ 若其他节点也上报低压供电欠压故障，则优先排查蓄电池、DC/DC 及低压供电电路问题 ❷ 否则可能存在线束、硬件故障或软件版本问题，需要派工
建议的维修措施	❶ 检查低压蓄电池和 DC/DC ❷ 检查低压供电电路 ❸ 检查 MCU 软、硬件版本 ❹ 更换 MCU
备注	VCU 运行过程中一直进行低压电源校验，在达到 MCU 低压电源欠压阈值之前，关闭使能信号

(16) MCU 相电流传感器零漂故障（表 6-1-16）

表 6-1-16　MCU 相电流传感器零漂故障诊断

故障名称	MCU 相电流传感器零漂故障（U/V/W）
故障码	P118A28/P118B28/P118C28
MCU 故障处理方式	若仅有一相电流传感器零漂故障，则 MCU 利用其他两相电流传感器进行电机控制，但不再进行电机三相电流校验故障检测。正常计算和上报相电流有效值或幅值 若有两相或三相电流传感器零漂故障，则 ❶ MCU 关闭 PWM 输出，并发送关闭使能请求标志位 ❷ 相电流有效值或幅值上报无效值 0xFFFF
VCU 故障处理方式	若仅有一相电流传感器零漂故障，则仪表点亮电机系统专用报警灯 若有两相或三相电流传感器零漂故障，则 ❶ VCU 不使能 MCU ❷ 仪表点亮电机系统专用报警灯 ❸ 仪表点亮 MIL 灯，报警音短鸣
导致故障的原因	(1) MCU 电源模块硬件损坏 (2) MCU 软件与硬件版本不匹配
故障可能造成的影响	(1) MCU 无法正常工作 (2) 整车不能正常运行

建议售后处理措施	可能 MCU 存在硬件故障或软、硬件版本问题，需要派工
建议的维修措施	❶ 检查 MCU 软、硬件版本 ❷ 更换 MCU

（17）MCU EEPROM 故障（表 6-1-17）

表 6-1-17　MCU EEPROM 故障诊断

故障名称	MCU EEPROM 故障
故障码	P062F46
MCU 故障处理方式	MCU 正常运行
VCU 故障处理方式	❶ VCU 不处理 ❷ 仪表点亮电机系统专用报警灯
导致故障的原因	❶ MCU 内部 EEPROM 芯片损坏或相关硬件电路故障 ❷ MCU 内部 EEPROM 虚焊 ❸ MCU 内部 PCB 抗电磁干扰性能差
故障可能造成的影响	MCU 无法正常读写 EPPROM
建议售后处理措施	❶ 如果重新上电，车辆恢复正常，则不需要派工。同时将信息反馈至技术中心电机工程师 ❷ 如果重新上电车辆不能恢复正常，则可能是 MCU 存在硬件故障，需要派工
建议的维修措施	更换 MCU

6.2　动力电池

动力电池常见故障及排除方法见表 6-2-1。

表 6-2-1　动力电池常见故障及排除方法

序号	故障描述	常规解决办法（按照序号进行操作）
1	SOC 异常：如无显示，数值明显不符合逻辑	❶ 停车或者关闭车钥匙后重新启动 ❷ 检查仪表显示其他故障报警有无点亮，并做好现象记录 ❸ 联系专业售后人员进行复查，维修人员确认无误后正常使用
2	续航里程低于经验值	联系维护人员，检查充放电过程，容量是否衰减，BMS 控制是否正常
3	电池过热报警 / 保护	❶ 10s 内减速，停车观察 ❷ 检查报警是否消除，检查是否有其他故障，并做好记录 ❸ 若报警或保护消除，可以继续驾驶，否则，联系售后人员 ❹ 运行中若连续 3 次以上出现停车，减速故障消除时，联系售后人员
4	SOC 过低报警 / 保护	❶ SOC 低于 30% 报警出现时减速行驶，寻找最近的充电站进行充电 ❷ 停车休息 3～5min 后行驶，检查故障是否能自动消除 ❸ 若故障不能自行解除，且仍未驶达充电站的，联系售后人员解决

续表

序号	故障描述	常规解决办法（按照序号进行操作）
5	电压/电流明显异常	❶ 关闭电源开关，迅速下车并保存适当距离 ❷ 联系专业技术人员处理
6	钥匙打ON/START后不工作	❶ 检查并维护低压电源 ❷ 若打ON后能工作，检查仪表盘上故障显示，并记录 ❸ 若打START后仍不能工作，联系专业人员
7	不能充电	❶ 检查SOC当前数值 ❷ 检查充电线缆是否按照正确方法连接 ❸ 若由环境温度超出使用范围，终止使用 ❹ 联系维修人员
8	运行时高压短时间丢失	检查系统屏蔽层是否有效，检查继电器是否能正常动作，检查主回路是否接触良好
9	电池外箱磨损破坏	联系专业人员维护

6.3 高压电控系统

（1）DC/DC故障（表6-3-1）

表6-3-1　DC/DC故障检测及排除

异常现象	异常原因	处理意见
DC/DC不工作	高压输入断电	检查高压输入是否正常
	使能信号为高电位	检查控制端子17脚是否正常
	输出短路	检查输出连接是否正常
配电盒保险烧坏	高压输入短路或输入正负极接反	检测高压输入是否正常
故障反馈：DC-OK	输入过/欠压，输出过/欠压，整机过温	检查输出是否过流或过压，关闭，关闭DC/DC总成，静置10min后启动，如果仍然报故障，请联后台技术工程师

（2）充电机故障（表6-3-2）

表6-3-2　充电机故障检测及排除

异常现象	异常原因	处理建议
低压无输出	交流输入断电	检查AC输入是否正常
高压无输出	❶ 控制信号连接异常 ❷ 与BMS的通信协议不匹配	❶ 检查控制信号线连接是否正常 ❷ 核对通信协议是否匹配

6.4 充电系统

充电机故障检测及排除见表6-4-1。

表 6-4-1 充电机故障检测及排除

异常现象	异常原因	处理建议
充电机上报故障	❶ 输入欠/过压 ❷ 输出欠/过压 ❸ 输出过流/短路	❶ 检查 AC 输入电压是否正常 ❷ 检查动力电池电压是否正常 ❸ 检查充电回路是否短路
	过温	拔掉 AC 插头，10min 后插上插头，观察是否能够正常充电，如不能正常充电，返回维修
	电池连接异常	检查电池的极性是否接反或者与充电机输出是否连接正常
	充电机硬件故障	返厂维修

6.5 空调系统

（1）车内空调总成（HVAC）介绍　车内空调总成如图 6-5-1 所示。

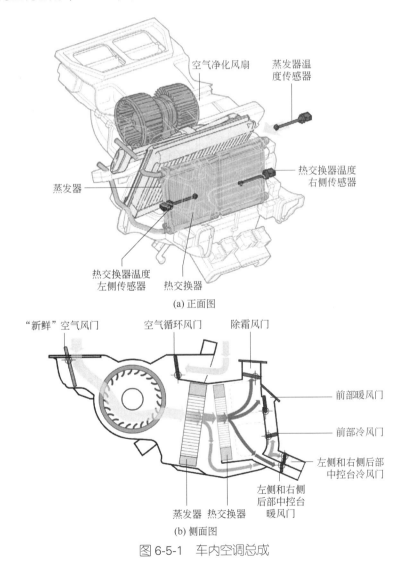

(a) 正面图

(b) 侧面图

图 6-5-1　车内空调总成

(2)电动压缩机　电动压缩机总成如图 6-5-2 所示。

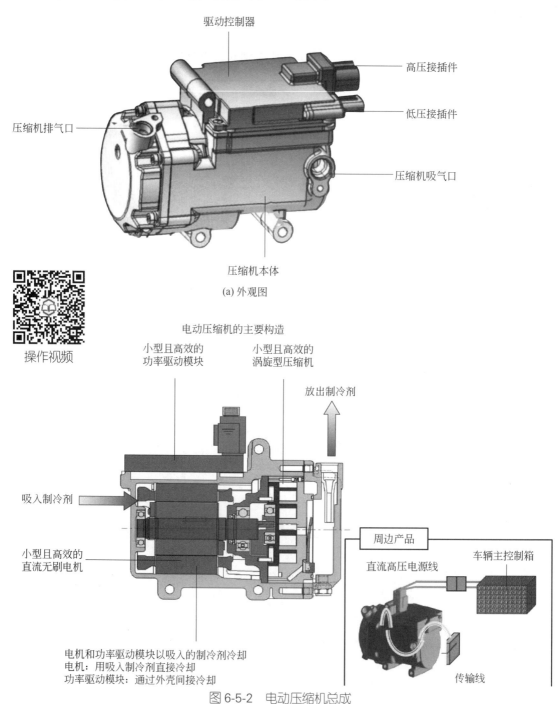

图 6-5-2　电动压缩机总成

(3)加热器　加热器原理示意如图 6-5-3 所示。

(4)测量空调平衡压力　需要维修人员将空调系统关机,连接压力表后静置数分钟,待空调高、低压力数值趋于一致后读取,此数值为此时空调系统平衡压力。若平衡压力在 0.5~0.75MPa 范围内,则认为空调系统内制冷剂加注量基本正常;若平衡压力大于 0.75MPa,则认为系统内制冷剂加注量高于正常值;若平衡压力小于 0.5MPa,则认为系统内制冷剂少于正常值。制冷剂过多或过少均可能引起空调系统制冷性能衰减,均应按照标准数值要求重新加注制冷剂。

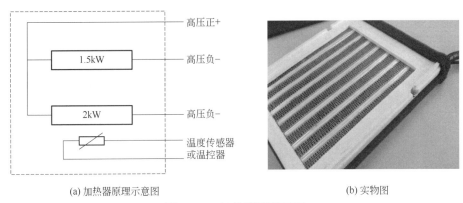

(a) 加热器原理示意图　　　　　　(b) 实物图

图 6-5-3　加热器原理示意

注意:相同的制冷剂加注量在不同的环境温度下产生的系统压力略有差异,天气较热时压力偏高;反之偏低。常温下理想数值为 0.6 ~ 0.7MPa。

(5) **测量系统工作压力**　在确认平衡压力正常后,需要维修人员启动空调 A/C 功能,使空调制冷系统运转后测量工作状态下的高、低压管路压力。

压缩机启动后,当管路压力变化稳定后读数。若高压高于 2.0MPa,则认为高压端压力过高,若高压低于 0.9MPa,则认为高压端压力过低;若低压高于 0.35MPa,则认为低压端压力过高,若低压低于 0.1MPa,则认为低压端压力过低。

相同的制冷剂加注量、压缩机转速、压缩机排量条件下,在不同的环境温度工作时产生的系统压力略有差异,天气较热时整体压力偏高;反之整体偏低。夏季 30℃环境下理想数值为高压 1.0 ~ 1.5MPa,低压 0.2 ~ 0.3MPa。

(6) **检查低压保险**　在确认压缩机无法工作后,需要维修人员断开压缩机低压连接器并打开前舱低压保险盒,检查并判断压缩机低压连接器是否存在松脱、压缩机低压熔丝是否存在熔断。若存在熔丝熔断,需在更换熔丝后检查压缩机低压插脚是否存在 12V 输入脚与 GND 脚短路,须确认无短路风险后再连接线束并上电复测。

(7) **检查高压保险**　压缩机控制器 12V 供电无异常且仍不运转,须继续检查高压供电是否正常。维修人员需断开压缩机高压连接器,并打开高压盒(或 PDU)检查压缩机高压保险是否熔断。若存在高压熔丝熔断,需在更换熔丝后检查压缩机高压插脚是否存在短路、高压线束是否存在短路,须确认无短路风险后再连接线束并上电复测。

注意:高压保险不可在压缩机与高压线束连接状态下直接测量导通。

(8) **检查 12V 低压供电/插件端子/低压继电器**　高压确认无供电异常后,上电复测若压缩机仍不运转,则需维修人员继续检查空调继电器是否存在接触不良、压缩机低压连接器护套是否存在破损变形而导致接触不良等现象。

(9) **判断散热风扇工作状态**　压缩机高、低压电源均确认无异常且压缩机仍无法运转的,需维修人员根据前端电子扇工作情况间接判断空调控制器是否未向压缩机发出工作指令。若电子扇工作,可认为空调控制器已经发出运转指令,若电子扇不工作,可认为空调控制器未发出压缩机工作指令,此时需维修人员检查环境温度传感器与空调控制面板是否存在接触不良、环境温度传感器本身是否损坏。

确认环境温度传感器无异常后,检查压力开关及其与空调控制面板相连的线束是否正常、蒸发器温度传感器及其与空调控制面板相连的线束是否正常。

注意：环境温度传感器在不同温度下所对应的电阻值参考表 6-5-1。

表 6-5-1　环境温度传感器电阻值

温度 /℃	参考阻值 /kΩ	温度 /℃	参考阻值 /kΩ
-35	37.00	-35	37.00
0	6.27	0	6.27
5	5.02	5	5.02
10	4.05	10	4.05
15	3.29	15	3.29
20	2.68	20	2.68
25	2.20	25	2.20
30	1.82	30	1.82
35	1.51	35	1.51
40	1.26	40	1.26
80	0.36	80	0.36

操作视频

第 7 章 荣威电动汽车故障

7.1 驱动系统

(1) 电压 / 电流矢量幅值偏差过大故障诊断 (表 7-1-1)

表 7-1-1　电压 / 电流矢量幅值偏差过大故障诊断

项目	内容
故障码	P0A1B
故障描述	电压 / 电流矢量幅值偏差过大
系统原理	检测 PEB 内部三相电流和电压，与期望值做比较，计算误差值
故障码出现条件	电压矢量幅值的误差超过阈值或者电流矢量幅值的误差超过阈值
故障现象	主动短路或进入 Freewheeling 模式；SVS 故障警告灯点亮
可能原因	电驱动变速器故障；电力电子箱故障
诊断方法	❶ 检测电力电子箱和电驱动变速器，线束以及连接器是否有磨损或腐蚀的现象。对于目视有问题的可进行重新调整 ❷ 连接诊断仪，点火开关置于 ON 位置，使用诊断仪读取故障码，并做记录 ❸ 确认未设置 DTC P0A1B 之外的电力电子箱故障诊断 ❹ 清除故障码后，确认未设置 DTC P0A1B ❺ 如果再次设置了故障诊断码，则检测 / 更换电力电子箱或电驱动变速器 ❻ 如需开盖维修，则请寻求专业人员的技术支持

(2) 旋变传感器故障诊断 (表 7-1-2)

表 7-1-2　旋变传感器故障诊断

项目	内容
故障码、故障描述	P0A44：旋变输入信号超过最大跟踪速率 P1C21：旋变削波故障 P1C22：旋变输入的差分信号幅值过小 P1C23：旋变跟踪误差过大 P1C24：旋变输入的差分信号过大

操作视频

续表

项目	内容
系统原理	旋转变压器是一种精密的角度、位置、速度检测装置，与 TM 电机连接，获取电机的角度、位置、速度等信号
故障码出现条件	P0A44：输入转速信号超过最大跟踪速率 10000r/min P1C21：输入引脚幅值过小或过大（小于 0.15V 或大于 0.2V） P1C22：输入的差分信号幅值小于阈值 2.09V P1C23：Resolver 跟踪误差超过阈值 9° P1C24：输入的差分信号超过阈值 4.14V
故障现象	主动短路或进入 Freewheeling 模式；SVS 故障警告灯点亮
可能原因	相关线路故障；连接器故障或配合不良；旋转变压器故障；电驱动变速器故障
诊断方法	（1）使用诊断仪读取相关参数或者强制输出，确认故障状态 ❶ 连接诊断仪，点火开关置于 ON 位置，使用诊断仪读取故障码并做记录 ❷ 确认未设置 P0A44、P1C21、P1C22、P1C23、P1C24 之外的故障码 ❸ 清除故障码后，确认未设置故障码 P0A44、P1C21、P1C22、P1C23、P1C24 ❹ 如果再次设置故障码，则检查旋变波形和 EDS 内部旋变阻抗是否在合理值范围内：是→诊断结束；否→转至步骤（2） （2）检测 / 更换旋转变压器 如果经过以上检测和维修后故障码依然存在，则尝试检测 / 更换旋转变压器

（3）驱动电机 U 相电流故障诊断（表 7-1-3）

表 7-1-3　驱动电机 U 相电流故障诊断

项目	内容
故障码、故障描述	P0A5E：U 相电流偏移量不合理 P1C63：U 相电流过高故障 P1C64：U 相电流过低故障 P1D19：U 相电流幅值不合理
系统原理	PEB 内部有 U、V、W 相电流的自检功能，电机故障也可干扰 U、V、W 相电流
故障码出现条件	P0A5E：U 相电流 AD 偏移量在上电时候不在阈值区间内 P1C63：U 相电流数值大于阈值 790V P1C64：U 相电流数值小于阈值 -790V P1D19：U 相电流幅值与另两相电流幅值差值大于阈值 40A
故障现象	主动短路或进入 Freewheeling 模式；SVS 故障警告灯点亮
可能原因	电驱动变速器故障；高压电池包故障；电力电子箱故障
诊断方法	❶ 检查电力电子箱和高压电池包、线束以及连接器是否有磨损或腐蚀的现象。对于目视有问题的可进行重新调整 ❷ 连接诊断仪，点火开关置于 ON 位置，使用诊断仪读取故障码并做记录 ❸ 清除故障码后，确认未设置 P0A5E、P1C63、P1C64、P1D19 ❹ 如果再次设置了故障码，则检测 / 更换电驱动变速器 ❺ 如需开盖维修，则请寻求专业人员的技术支持

(4) 驱动电机 V 相电流故障诊断（表 7-1-4）

表 7-1-4 驱动电机 V 相电流故障诊断

项目	内容
故障码、故障描述	P0A61：V 相电流偏移量不合理 P1C66：V 相电流过高故障 P1C67：V 相电流过低故障 P1D1C：V 相电流幅值不合理
系统原理	电力电子箱内部有 U、V、W 相电流自检功能，电机故障也可能干扰 U、V、W 相电流
故障码出现条件	P0A61：V 相电流 AD 偏移量在上电时候不在阈值区间内 P1C66：V 相电流数值大于阈值 P1C67：V 相电流数值小于阈值 P1D1C：V 相电流幅值与另两相电流幅值差值大于阈值 40A
故障现象	主动短路或进入 Freewheeling 模式；SVS 故障警告灯点亮
可能原因	电驱动变速器故障；高压电池包故障；电力电子箱故障
诊断方法	❶ 检查电力电子箱和电驱动变速器接插件的安装位置，线束以及连接器是否有磨损或腐蚀的现象。对于目视有问题的可进行重新调整 ❷ 连接诊断仪，点火开关置于 ON 位置，使用诊断仪读取故障码并做记录 ❸ 清除故障码后，确认未设置 P0A61、P1C66、P1C67、P1D1C ❹ 如果再次设置了故障码，则检测/更换电驱动变速器 ❺ 如需开盖维修，则请寻求专业人员的技术支持

(5) 驱动电机 W 相电流故障诊断（表 7-1-5）

表 7-1-5 驱动电机 W 相电流故障诊断

项目	内容
故障码、故障描述	P0A64：W 相电流偏移量不合理 P1C69：W 相电流过高故障 P1C6A：W 相电流过低故障 P1D1D：W 相电流幅值不合理
系统原理	电力电子箱内部有 U、V、W 相电流自检功能，电机故障也可能干扰 U、V、W 相电流
故障码出现条件	P0A64：W 相电流 AD 偏移量在上电时候不在阈值区间内 P1C69：W 相电流数值大于阈值 P1C6A：W 相电流数值小于阈值 P1D1D：W 相电流幅值与另两相电流幅值差值大于阈值 40A
故障现象	主动短路或进入 Freewheeling 模式；SVS 故障警告灯点亮
可能原因	电驱动变速器故障；电力电子箱故障；高压电池包故障

续表

项目	内容
诊断方法	❶ 检查电力电子箱和电驱动变速器接插件的安装位置，线束以及连接器是否有磨损或腐蚀的现象。对于目视有问题的可进行重新调整 ❷ 连接诊断仪，点火开关置于 ON 位置，使用诊断仪读取故障码并做记录 ❸ 清除故障码后，确认未设置 P0A64、P1C69、P1C6A、P1D1D ❹ 如果再次设置了故障诊断码，则检测/更换电驱动变速器 ❺ 如需开盖维修，则请寻求专业人员的技术支持

（6）三相电流故障诊断（表 7-1-6）

表 7-1-6　三相电流故障诊断

项目	内容
故障码、故障描述	P0A8E：三相电流过流故障 P1DC2：相电流超出范围 P1D1B：三相电流和超出阈值
系统原理	电力电子箱进行内部相电流检测
故障码出现条件	P0A8E：使用硬件比较电路，判断相电流峰峰值超过硬件阈值 P1DC2：相电流高于限定值标准 1 和标准 2 P1D1B：三相电流和大于阈值 40A
故障现象	P0A8E、P1DC2：故障状态下电路短路；SVS 故障警告灯点亮 P1D1B：主动短路或进入 Freewheeling 模式；SVS 故障警告灯点亮
可能原因	电力电子箱故障；电驱动变速器故障
诊断方法	❶ 检查电力电子箱和电驱动变速器接插件的安装位置，线束以及连接器是否有磨损或腐蚀的现象。对于目视有问题的可进行重新调整 ❷ 连接诊断仪，点火开关置于 ON 位置，使用诊断仪读取故障码并做记录 ❸ 确认未设置 P0A8E、P1DC2、P1D1B 之外的电力电子箱故障码 ❹ 清除故障码后，确认未设置 P0A8E、P1DC2、P1D1B ❺ 如果再次设置了故障码，则检测/更换电力电子箱或电驱动变速器 ❻ 如需开盖维修，则请寻求专业人员的技术支持

（7）电力电子箱故障诊断（表 7-1-7）

表 7-1-7　电力电子箱故障诊断

项目	内容
故障码、故障描述	P1C2C：VDD30 电源电压过压 P1C2D：VDD30 电源电压欠压
系统原理	电力电子箱内进行内部故障检测，不涉及外部电路
故障码出现条件	P1C2C：VDD30 电源电压过压（2.2 平台，该电压既给 INV 驱动板供电，也给 DC/DC 供电） P1C2D：VDD30 电源电压欠压（2.2 平台，该电压既给 INV 驱动板供电，也给 DC/DC 供电）

续表

项目	内容
故障现象	主动短路或进入 Freewheeling 模式；SVS 故障警告灯点亮
可能原因	电力电子箱故障
诊断方法	❶ 检查电力电子箱和电驱动变速器接插件的安装位置，线束以及连接器是否有磨损或腐蚀的现象。对于目视有问题的可进行重新调整
	❷ 连接诊断仪，点火开关置于 ON 位置，使用诊断仪读取故障码并做记录
	❸ 清除故障码后，确认未设置 P1C2C、P1C2D
	❹ 确认未设置 P1C2C、P1C2D 之外的电力电子箱故障码
	❺ 如果再次设置了故障码，则检测/更换电力电子箱
	❻ 如需开盖维修，则请寻求专业人员的技术支持

（8）上电初始化 DFW 全频输出故障诊断（表 7-1-8）

表 7-1-8　上电初始化 DFW 全频输出故障诊断

项目	内容
故障码、故障描述	P1C2E：上电初始化 DFW 全频输出故障
	P1C2F：上电初始化 DFW 半频输出故障
系统原理	电力电子箱检测 DFW 频率，DFW 频率在工作频率范围以外，则设置故障码
故障码出现条件	P1C2E：DFW 频率在工作频率范围以外（135～146Hz）
	P1C2F：DFW 频率在工作频率范围以外（24～53Hz）
故障现象	主动短路或进入 Freewheeling 模式
可能原因	电力电子箱故障；电驱动变速器故障
诊断方法	❶ 检查电力电子箱和电驱动变速器，线束以及连接器是否有磨损或腐蚀的现象。对于目视有问题的可进行重新调整
	❷ 连接诊断仪，点火开关置于 ON 位置，使用诊断仪读取故障码并做记录
	❸ 清除故障码后，确认未设置 P1C2E、P1C2F
	❹ 确认未设置 P1C2E、P1C2F 之外的电力电子箱和电驱动变速器故障诊断码
	❺ 如果再次设置了故障码，则检测/更换电力电子箱或电驱动变速器
	❻ 如需开盖维修，则请寻求专业人员的技术支持

（9）自动角度标定加速过程超时故障诊断（表 7-1-9）

表 7-1-9　自动角度标定加速过程超时故障诊断

项目	内容
故障码、故障描述	P1C3E：自动角度标定的结果不合理
	P1C3F：偏置角状态错误
	P1C40：自动角度标定加速过程超时
	P1C44：角度标定计算阶段超时

项目	内容
系统原理	旋转变压器是一种精密的角度、位置、速度检测装置,与 TM 电机连接,获取电机的角度、位置、速度等信号
故障码出现条件	P1C3E:本次自动角标结果与之前存储结果(如有)差异过大(60°) P1C3F:Offset 角状态错误 P1C40:在给定时间内未达到设定的转速 1500r/min P1C44:标定计算时间大于设定阈值 5s
故障现象	主动短路或进入 Freewheeling 模式;SVS 故障警告灯点亮
可能原因	电力电子箱故障;电驱动变速器故障
诊断方法	❶ 检查电力电子箱和电驱动变速器,线束以及连接器是否有磨损或腐蚀的现象。对于目视有问题的可进行重新调整 ❷ 连接诊断仪,点火开关置于 ON 位置,使用诊断仪读取故障码并做记录 ❸ 清除故障码后,确认未设置 P1C3E、P1C3F、P1C40、P1C44 ❹ 确认未设置 P1C3E、P1C3F、P1C40、P1C44 之外的电力电子箱和电驱动变速器故障码 ❺ 如果再次设置了故障码,则检测/更换电力电子箱或电驱动变速器 ❻ 如需开盖维修,请寻求专业人员的技术支持

(10)估算转速与旋变计算转速相差过大故障诊断(表 7-1-10)

表 7-1-10　估算转速与旋变计算转速相差过大故障诊断

项目	内容
故障码、故障描述	P1C50:估算转速与旋变计算转速相差过大 P1C52:实际计算扭矩与扭矩指令相差过大
系统原理	旋转变压器是一种精密的角度、位置、速度检测装置,与 TM 电机连接,获取电机的角度、位置、速度等信号
故障码出现条件	P1C50:估算转速与旋变计算转速相差超过阈值 P1C52:LEVEL1 实际计算扭矩与扭矩指令相差超过阈值
故障现象	P1C50:仅报告 DFC;SVS 故障警告灯点亮 P1C52:ASC 故障或电机空转模式;SVS 故障警告灯点亮
可能原因	相关线路故障;连接器故障或配合不良;旋转变压器故障;电驱动变速器故障
诊断方法	❶ 检查电力电子箱和电驱动变速器,线束以及连接器是否有磨损或腐蚀的现象。对于目视有问题的可进行重新调整 ❷ 连接诊断仪,点火开关置于 ON 位置,使用诊断仪读取故障码并做记录 ❸ 清除故障码后,确认未设置 P1C3E、P1C3F、P1C40、P1C44 ❹ 确认未设置 P1C3E、P1C3F、P1C40、P1C44 之外的电力电子箱和电驱动变速器故障码 ❺ 如果再次设置了故障码,则检测/更换电力电子箱或电驱动变速器 ❻ 如需开盖维修,请寻求专业人员的技术支持

(11) 冷却水泵故障诊断（表 7-1-11）

表 7-1-11　冷却水泵故障诊断

项目	内容
故障码、故障描述	P1C49：冷却水泵常闭故障 P1C51：冷却水泵常开故障
系统原理	电力电子箱依据冷却水的温度来控制冷却水泵的工作状态
故障码出现条件	通过水泵状态判断
故障现象	P1C49：坡行回家模式，故障等级 2；SVS 故障警告灯点亮 P1C51：仅报告 DFC；SVS 故障警告灯点亮
可能原因	相关线路故障；连接器故障或配合不良；整车控制单元故障；冷却水泵故障
诊断方法	（1）使用诊断仪读取相关参数或者强制输出，确认故障状态 ❶ 连接诊断仪，将点火开关置于 ON 位置。 ❷ 读取"冷却泵状态反馈"是否在合理值范围内：是→检测/更换冷却泵；否→转至步骤（2） （2）检验接插件的连接性 ❶ 检查 EDS 冷却水泵的线束连接器 BY240，整车控制单元的线束连接器端子 BY260，发动机舱熔丝盒的线束连接器端子 BY016 是否存在松动、接触不良、扭曲、腐蚀、污染、变形等现象 ❷ 检查 EDS 冷却水泵熔丝 F39 是否存在松动、接触不良、损坏、变形等现象 ❸ 检测冷却液容量是否存在不足、污染等现象，若有则更换冷却液 ❹ 拆卸检查冷却水泵液轮，检测其是否有损坏、变形等现象，若有更换 ❺ 对于目视有问题的部件进行清洁、维修或更换 ❻ 检测/维修相关故障后关闭并重新打开点火开关，再次读取故障码，确认故障码是否继续存在：是→转到步骤（3）；否→诊断结束 （3）检测相关线路 ❶ 将点火开关置于 OFF 位置，车辆静置 5min 以上，操作手动维修开关，断开高压电池电源，断开蓄电池负极接线 ❷ 断开整车控制单元的线束连接器端子 BY260，断开 EDS 冷却水泵的线束连接器 BY240，断开发动机舱熔丝盒的线束连接器 BY016 ❸ 测量 EDS 冷却水泵的线束连接器端子 BY240-3 与发动机舱熔丝盒的线束连接器端子 BY016-7 和整车控制单元的线束连接器端子 BY260-63 与发动机舱熔丝盒的线束连接器端子 BY016-6 之间的电阻是否小于 5Ω。如果不在规定范围，则检测/维修电路开路、电阻过大故障 ❹ 分别测量 EDS 冷却水泵的线束连接器端子 BY240-3 或发动机舱熔丝盒的线束连接器端子 BY016-7 与电源和接地之间的电阻是否为无穷大。如果不在规定范围，则检测/维修电路对电源或接地短路故障 ❺ 分别测量发动机舱熔丝盒的线束连接器端子 BY016-6 或整车控制单元的线束连接器端子 BY260-63 电源和接地之间的电阻是否为无穷大。如果不在规定范围，则检测/维修电路对电源或接地短路故障 ❻ 检测/维修相关故障后关闭并重新打开点火开关，再次读取故障码，确认故障码是否继续存在：是→转到步骤（4）；否→诊断结束 （4）检测/更换 EDS 冷却水泵继电器 ❶ 将 EDS 冷却水泵继电器拆下，把端子 10 连接一个熔丝后与蓄电池正极接通 ❷ 控制 EDS 冷却水泵继电器端子 6 与蓄电池负极接通 ❸ 若有蓄电池电压继电器损坏，用万用表测试 EDS 冷却水泵继电器端子 7；若没有蓄电池电压继电器损坏，则更换 EDS 冷却水泵继电器 如果经过以上检测和维修后故障码依然存在，则尝试检测/更换 EDS 冷却水泵或整车控制单元

(12) 电机转速超速故障诊断（表 7-1-12）

表 7-1-12 电机转速超速故障诊断

项目	内容
故障码、故障描述	P1C53：电机转速超速故障
系统原理	旋转变压器是一种精密的角度、位置、速度检测装置，与 TM 电机连接，获取电机的角度、位置、速度等信号
故障码出现条件	电机转速绝对值超过转速最大值 7500r/min
故障现象	仅在故障状态下报故障码
可能原因	相关线路故障；连接器故障或配合不良；电驱动变速器故障
诊断方法	❶ 使用诊断仪读取相关参数或者强制输出，确认故障状态 a. 连接诊断仪，将点火开关置于 ON 位置 b. 读取"TM 电机转速"是否在合理值范围内：是→诊断结束；否→转至步骤 ❷ 检测电驱动变速器：如果经过以上检测和维修后故障码依然存在，则尝试检测电驱动变速器

(13) IGBT 的 Freewheeling 错误故障诊断（表 7-1-13）

表 7-1-13 IGBT 的 Freewheeling 错误故障诊断

项目	内容
故障码、故障描述	P1C59：IGBT 的 FreeWheeling 错误
系统原理	电力电子箱内部逆变器中的所有 IGBT 开路时为电机 Freewheeling 模式
故障码出现条件	IGBT 处于 Freewheeling 时，定子合成电流大于标定电流值
故障现象	主动短路或进入 Freewheeling 模式；SVS 故障警告灯点亮
可能原因	电力电子箱故障；电驱动变速器故障
诊断方法	❶ 检查电力电子箱和电驱动变速器接插件的安装位置，线束以及连接器是否有磨损或腐蚀的现象。对于目视有问题的可进行重新调整 ❷ 连接诊断仪，点火开关置于 ON 位置，使用诊断仪读取故障码并做记录 ❸ 清除故障码后，确认未设置 P1C59 ❹ 如果再次设置了故障码，则进行实时显示功能检测 ❺ 如果实时显示参数不在合理范围，则检测 / 更换电力电子箱或电驱动变速器 ❻ 如需开盖维修，则请寻求专业人员的技术支持

(14) 电机堵转故障诊断（表 7-1-14）

表 7-1-14 电机堵转故障诊断

项目	内容
故障码、故障描述	P1C73：电机堵转故障

续表

项目	内容
系统原理	旋转变压器是一种精密的角度、位置、速度检测装置,与 TM 电机连接,获取电机的角度、位置、速度等信号
故障码出现条件	电机工作状态下电磁转矩大于转矩阈值且转速小于转速阈值
故障现象	跛行回家,故障等级为 2 级；SVS 故障警告灯点亮
可能原因	电驱动变速器故障
诊断方法	❶ 检查电驱动变速器,线束以及连接器是否有磨损或腐蚀的现象。对于目视有问题的可进行重新调整 ❷ 连接诊断仪,点火开关置于 ON 位置,使用诊断仪读取故障码并做记录 ❸ 清除故障码后,确认未设置 P1C73 ❹ 确认未设置 P1C73 之外的电驱动变速器故障码 ❺ 如果再次设置了故障码,则检测/更换电驱动变速器 ❻ 如需开盖维修,则请寻求专业人员的技术支持

(15) 定子温度过高故障诊断(表 7-1-15)

表 7-1-15 定子温度过高故障诊断

项目	内容
故障码、故障描述	P1C75:定子温度过高 P1C76:定子温度过低 P1D78:IGBT 上桥臂异常导通故障
系统原理	电机内部有温度传感器检测温度的高低,判断是否启动冷却系统
故障码出现条件	P1C75:定子温度大于阈值 245℃ P1C76:定子温度小于阈值 -55℃ P1D78:定子温度大于阈值 166℃
故障现象	P1C75、P1C76:跛行回家,故障等级为 2 级；SVS 故障警告灯点亮 P1D78:仅在故障状态下报故障码
可能原因	相关线路故障；连接器故障或配合不良；电驱动变速器故障；冷却液温度传感器故障
诊断方法	(1) 使用诊断仪读取相关参数或者强制输出,确认故障状态 ❶ 连接诊断仪,将点火开关置于 ON 位置 ❷ 读取"TM 定子温度"是否在合理值范围内:否→检测电驱动变速器或电驱动变速器冷却系统工作状态；是→转至步骤(2) (2) 检验接插件的连接性 ❶ 检查整车控制单元的线束连接器 BY260 和 PEB 水温传感器的线束连接器 BY210 是否存在松动、接触不良、扭曲、腐蚀、污染、变形等现象 ❷ 对于目视有问题的部件进行清洁、维修或更换 ❸ 检测/维修相关故障后关闭并重新打开点火开关,再次读取故障码,确认故障码是否继续存在:是→转到步骤(3)；否→诊断结束

项目	内容
诊断方法	（3）检测相关线路 ❶ 将点火开关置于 OFF 位置，车辆静置 5min 以上，操作手动维修开关，断开高压电池电源，断开蓄电池负极接线 ❷ 断开 PEB 水温传感器的线束连接器端子 BY210 和断开整车控制单元的线束连接器 BY260 ❸ 测量整车控制单元的线束连接器端子 BY260 与 PEB 水温传感器的线束连接器端子 BY210 之间的电阻是否小于 5Ω：端子 BY260-73 与端子 BY210-1；端子 BY260-54 与端子 BY210-2。如果不在规定范围，则检测 / 维修电路开路、电阻过大故障 ❹ 分别测量整车控制单元的线束连接器端子 BY260 或 PEB 水温传感器的线束连接器端子 BY210 与电源和接地之间的电阻是为无穷大：端子 BY260-73 或端子 BY210-1；端子 BY260-54 或端子 BY210-2。如果不在规定范围，则检测 / 维修电路对电源或接地短路故障 ❺ 检测 / 维修相关故障后关闭并重新打开点火开关，再次读取故障码，确认故障码是否继续存在：是→转到步骤（4）；否→诊断结束 （4）检测 / 更换电驱动变速器　如果经过以上检测和维修后故障码依然存在，则尝试检测 / 更换电驱动变速器

（16）IGBT 上桥臂异常导通故障诊断（表 7-1-16）

表 7-1-16　IGBT 上桥臂异常导通故障诊断

项目	内容
故障码、 故障描述	P1C7B：IGBT 上桥臂异常导通故障
	P1C7C：IGBT 下桥臂异常导通故障
系统原理	电力电子箱内部逆变器完成直流和交流转换
故障码 出现条件	检测硬件 Pin 状态
故障现象	关闭高压电、放电故障等级 2；SVS 故障警告灯点亮
可能原因	电力电子箱故障
诊断方法	❶ 检查电力电子箱接插件的安装位置，线束以及连接器是否有磨损或腐蚀的现象。对于目视有问题的可进行重新调整 ❷ 连接诊断仪，点火开关置于 ON 位置，使用诊断仪读取故障码并做记录 ❸ 清除故障码后，确认未设置 P1C7B、P1C7C ❹ 如果再次设置了故障码，则检测 / 更换电力电子箱 ❺ 如需开盖维修，则请寻求专业人员的技术支持

7.2　动力电池

（1）主高压互锁回路失效故障诊断（表 7-2-1）

表 7-2-1　主高压互锁回路失效故障诊断

项目	内容
故障码、 故障描述	P0A0C：主高压互锁回路失效（低）
	P0A0D：主高压互锁回路失效（高）

续表

项目	内容
系统原理	高压电池管理系统检测高压互锁回路,以检查高压接插件是否可靠连接
故障码出现条件	P0A0C:主高压互锁回路的信号占空比低于 40%,持续时间超过 5s P0A0D:主高压互锁回路的信号占空比超过 60%,持续时间超过 5s
故障现象	无
可能原因	相关线路故障;连接器故障或配合不良故障;高压电池包故障;整车配电单元故障;高压互锁故障
诊断方法	(1)使用诊断仪读取相关参数或者强制输出,确认故障状态 ❶ 连接诊断仪,将点火开关置于 ON 位置 ❷ 读取"高压互锁回路(A)状态"和"高压互锁回路(B)状态"是否在合理值范围内:否→检测 / 更换高压互锁线束;是→转至步骤(2) (2)检验接插件的连接性 ❶ 检查高压电池包的线束连接器 BY216 和整车配电单元的线束连接器端子 BY259 是否存在松动、接触不良、扭曲、腐蚀、污染、变形等现象 ❷ 对于目视有问题的部件进行清洁、维修或更换 ❸ 检测 / 维修相关故障后关闭并重新打开点火开关,再次读取故障码,确认故障代码是否继续存在:是→转到步骤(3);否→诊断结束 (3)检测相关线路 ❶ 将点火开关置于 OFF 位置,车辆静置 5min 以上,操作手动维修开关,断开高压电池电源,断开蓄电池负极接线 ❷ 断开整车配电单元的线束连接器端子 BY259 和断开高压电池包的线束连接器 BY216 ❸ 测量高压电池包的线束连接器 BY216-6 与整车配电单元的线束连接器端子 BY259-1 之间的电阻是否小于 5Ω。如果不在规定范围,则检测 / 维修电路开路、电阻过大故障 ❹ 测量高压电池包的线束连接器 BY216-6 或整车配电单元的线束连接器端子 BY259-1 与电源之间的电阻是否为无穷大。如果不在规定范围,则检测 / 维修电路对电源短路故障 ❺ 测量高压电池包的线束连接器 BY216-6 或整车配电单元的线束连接器端子 BY259-1 与接地之间的电阻是否为无穷大。如果不在规定范围,则检测 / 维修电路对接地短路故障 ❻ 检测 / 维修相关故障后关闭并重新打开点火开关,再次读取故障码,确认故障代码是否继续存在:是→转到步骤(4);否→诊断结束 (4)检测 / 更换动力电池管理系统 如果经过以上检测和维修后故障码依然存在,则尝试检测 / 更换动力电池管理系统或主高压互锁线束

(2)高压电池包电量低故障诊断(表 7-2-2)

表 7-2-2 高压电池包电量低故障诊断

项目	内容
故障码、故障描述	P0A7D:高压电池包电量低
系统原理	SOC 值过低会有损伤电池的潜在风险。BMS 实时监控电池包 SOC 值,根据设定阈值触发报警等级 DTC,提示驾驶者尽快充电或维护电池包
故障码出现条件	高压电池组 SOC 小于 5%
故障现象	无
可能原因	相关线路故障;连接器故障或配合不良;高压电池包故障

续表

项目	内容
诊断方法	❶ 检查高压电池包的安装位置，线束以及连接器是否有磨损或腐蚀的现象。对于目视有问题的可进行重新调整 ❷ 点火开关置于ON位置，连接诊断仪读取"高压电池SOC"是否在合理值范围内（合理值范围，参见实时显示） ❸ 检测车载充电器充电是否正常，若不能正常充电则更换充电器 ❹ 使用故障诊断仪检测故障码，清除故障码后，确认未设置P0A7D ❺ 如果再次设置了故障码，则与上汽相关技术人员联系

（3）高压电池包健康度（SOH）过低故障诊断（表7-2-3）

表7-2-3　高压电池包健康度（SOH）过低故障诊断

项目	内容
故障码、故障描述	P0A7F：高压电池包健康度（SOH）过低
系统原理	高压电池管理系统预测电池寿命衰减情况，SOH值用来表征电池包的健康程度，当该值过低或触发报警时，表明高压电池包需要维护或维修
故障码出现条件	高压电池包健康度低于80%
故障现象	无
可能原因	相关线路故障；连接器故障或配合不良；高压电池包故障
诊断方法	❶ 检查高压电池包的安装位置，线束以及连接器是否有磨损或腐蚀的现象。对于目视有问题的可进行重新调整 ❷ 点火开关置于ON位置，连接诊断仪读取"高压电池SOH值"是否在合理值范围内（合理值范围，参见实时显示） ❸ 使用诊断仪读取故障码并做记录，之后清除故障码 ❹ 清除故障码后，再次使用诊断仪读取故障码，确认未设置P0A7F。如果再次设置了故障码，则对高压电池管理模块进行软件刷新，确定版本正确 ❺ 如果故障码依然存在，则可能需要开盖维修，需要寻求专业人员的技术支持

（4）高压电池包主熔丝损坏故障诊断（表7-2-4）

表7-2-4　高压电池包主熔丝损坏故障诊断

项目	内容
故障码、故障描述	P0A95 高压电池包主熔丝损坏
系统原理	高压电池包采用了整体更换式维修开关（MSD），其可将高压电池包分为两半。高压管理模块（HVM）通过连在MSD上的高压采样线，检测MSD上/下两高压点，当MSD的熔丝烧毁后，触发对应的故障码

续表

项目	内容
故障码 出现条件	HVM 系统上电
故障现象	限制高压电池包电流输出，然后下高压电
可能原因	手动维修开关故障；高压电池包故障
诊断方法	❶ 检查高压电池包和手动维修开关，是否有磨损或腐蚀的现象，对于目视有问题的可进行重新调整 ❷ 使用诊断仪读取故障码并做记录，之后清除故障码 ❸ 清除故障码后，再次使用诊断仪读取故障码，确认未设置 P0A95。如果再次设置了故障码，则检测手动维修开关或高压电池 ❹ 断开手动维修开关后，检查手动维修开关内部端子是否正常，如果不能正常导通，则更换手动维修开关；否则，检测 / 更换高压电池包

（5）电池包绝缘故障诊断（表 7-2-5）

表 7-2-5　电池包绝缘故障诊断

项目	内容
故障码、 故障描述	P0AA7：电池包电压隔离传感器线路 P1E04：外部高压电路与底盘绝缘故障 P1E05：内部高压回路与底盘绝缘故障 P1E06：绝缘故障 P1EB2：慢充过程中检测的绝缘值过低
系统原理	电流检测模块监测电池系统电流及绝缘检测功能，它会检测高压系统绝缘情况，如绝缘低会上报绝缘故障至整车，同时它会检查绝缘电阻、检测回路是否存在故障及进行合理性检查
故障码 出现条件	P0AA7：检测到绝缘监测电路硬件故障 P1E04：系统检测到电池组外部高压回路绝缘故障 P1E05：系统检测到电池内部绝缘故障 P1E06：系统绝缘检测失败 P1EB2：充电过程中绝缘值过低
故障现象	P0AA7、P1E05：高压电池故障警告灯点亮 P1E04、P1E06：无 P1EB2：慢充充电停止
可能原因	相关线路故障；连接器故障或配合不良；高压电池包故障
诊断方法	（1）使用诊断仪读取相关参数或者强制输出，确认故障状态 ❶ 连接诊断仪，将点火开关置于 ON 位置 ❷ 读取"高压系统绝缘电阻"是否在合理值范围内：否→检测 / 更换高压电池包；是→转至步骤（2）

续表

项目	内容
诊断方法	（2）检验接插件的连接性 ❶ 检查高压电池包的线束连接器 HV002、HY003 是否存在松动、接触不良、扭曲、腐蚀、污染、变形等现象 ❷ 对于目视有问题的部件进行清洁、维修或更换 ❸ 检测/维修相关故障后关闭并重新打开点火开关，再次读取故障码，确认故障代码是否继续存在：是→转到步骤（3）；否→诊断结束
	（3）检测相关线路 ❶ 将点火开关置于 OFF 位置，车辆静置 5min 以上，操作手动维修开关，断开高压电池电源，断开蓄电池负极接线 ❷ 测量高压电池上高压连接器各端子间、端子与地之间，以及高压线束端高压连接器内的端子之间，确保没有高压电 ❸ 使用绝缘检测仪器，检测高压电池系统的绝缘值是否在规定的范围内，绝缘检测仪器的测试电压值应高于高压电池包的电压值 ❹ 断开高压电池包的线束连接器 HV002、HY003 ❺ 分别测试高压电池包的线束连接器 HV002、HY003 端子与接地之间的电阻，应该为兆欧级：端子 HV002-1；端子 HV002-2；端子 HY003-1；端子 HY003-2；端子 HY003-3 ❻ 检测/维修相关故障后关闭并重新打开点火开关，再次读取故障码，确认故障码是否继续存在：是→转到步骤（4）；否→诊断结束
	（4）检测/更换高压电池包　如果经过以上检测和维修后故障码依然存在，则尝试检测/更换高压电池包

（6）高压电池包总电压值过低故障诊断（表 7-2-6）

表 7-2-6　高压电池包总电压值过低故障诊断

项目	内容
故障码、故障描述	P0AFA：高压电池包总电压值过低 P0AFB：高压电池包总电压值过高
系统原理	高压电池包管理系统内部自监测电池包电压，不涉及外部线路
故障码出现条件	P0AFA：高压电池包总电压值有效且低于 260V P0AFB：高压电池包总电压值有效且高于 410V
故障现象	跛行回家，并且当车辆停止时断开高压电输出
可能原因	相关线路故障；连接器故障或配合不良；高压电池包故障
诊断方法	❶ 检查高压电池包的安装位置，线束以及连接器是否有磨损或腐蚀的现象。对于目视有问题的可进行重新调整
	❷ 使用诊断仪读取故障码并做记录，之后清除故障码
	❸ 清除故障码后，再次使用诊断仪读取故障码，确认未设置 P0AFA、P0AFB。如果再次设置了故障码，则对高压电池管理模块进行软件刷新，确定版本正确
	❹ 如果故障码依然存在，则可能需要开盖维修，需要寻求专业人员的技术支持

（7）"CAB"电流传感器电流值与"LEM"传感器电流值不一致故障诊断（表 7-2-7）

表 7-2-7　"CAB"电流传感器电流值与"LEM"传感器电流值不一致故障诊断

项目	内容
故障码、故障描述	P0B13："CAB"电流传感器电流值与"LEM"传感器电流值不一致
系统原理	高压电池包内部有 2 个电流传感器来检测动力电池的电流大小，分别位于高压电池包的正负极上，当检测到 2 个电流传感器电流值差异过大时，报出故障，同时采取相应策略
故障码出现条件	CAB 电流传感器或 LEM 电流传感器的值无效或错误；或者 2 个传感器的电流差异过大（超过 12A 或 10%），持续时间超过 20s
故障现象	无
可能原因	相关线路故障；连接器故障或配合不良；高压电池包故障
诊断方法	❶ 检查高压电池包的安装位置，线束以及连接器是否有磨损或腐蚀的现象。对于目视有问题的可进行重新调整 ❷ 使用诊断仪读取故障码并做记录，之后清除故障码 ❸ 清除故障码后，再次使用诊断仪读取故障码，确认未设置 P0B13。如果再次设置了故障码，则对高压电池管理模块进行软件刷新，确定版本正确 ❹ 如果故障码依然存在，则可能需要开盖维修，需要寻求专业人员的技术支持

（8）电池包电压值错误故障诊断（表 7-2-8）

表 7-2-8　电池包电压值错误故障诊断

项目	内容
故障码、故障描述	P0B19：电池包电压值错误 P1F0E：主正端电压值错误
系统原理	高压管理单元（HVM）对 PACK 端电压、继电器端电压进行采集和监控
故障码出现条件	高压电池包总电压值无效
故障现象	限制高压电池包电流输出，然后下高压电，高压电池故障警告灯点亮
可能原因	相关线路故障；连接器故障或配合不良；高压电池包故障
诊断方法	❶ 检查高压电池包的安装位置，线束以及连接器是否有磨损或腐蚀的现象。对于目视有问题的可进行重新调整 ❷ 使用诊断仪读取故障码并做记录，之后清除故障码 ❸ 清除故障码后，再次使用诊断仪读取故障码，确认未设置 P0B19、P1F0E。如果再次设置了故障码，则对高压电池管理模块进行软件刷新，确定版本正确 ❹ 如果故障码依然存在，则可能需要开盖维修，需要寻求专业人员的技术支持

(9) 预充电超时故障诊断（表 7-2-9）

表 7-2-9　预充电超时故障诊断

项目	内容
故障码、故障描述	P0C78：预充电超时 P1E0D：高压电池包预充电能量超限值故障
系统原理	为了防止高压上电时对整车用电器的浪涌冲击，电池系统具备预充电功能。同时 BMS 会监测预充时间及预充能量以检测预充电回路是否故障以保护预充电阻及外部电路
故障码出现条件	P0C78：预充电持续超过 500ms P1E0D：在规定时间内预充电能量超限
故障现象	P0C78：立即断开高压电 P1E0D：立即断开高压电，并且 BMS 等待 5s 后进入休眠状态
可能原因	相关线路故障；连接器故障或配合不良；高压电池包故障；车载充电器故障
诊断方法	❶ 检查高压电池包和车载充电器的安装位置，线束以及连接器是否有磨损或腐蚀的现象。对于目视有问题的可进行重新调整 ❷ 使用诊断仪读取故障码并做记录，之后清除故障码 ❸ 清除故障码后，再次使用诊断仪读取故障码，确认未设置 P0C78、P1E0D ❹ 如果故障码依然存在，则可能需要开盖维修，需要寻求专业人员的技术支持。如果再次设置了故障码，则对高压电池管理模块进行软件刷新，确定版本正确 ❺ 如果故障码依然存在，则可能需要开盖维修，需要寻求专业人员的技术支持

(10) 慢充互锁回路对地短路故障诊断（表 7-2-10）

表 7-2-10　慢充互锁回路对地短路故障诊断

项目	内容
故障码、故障描述	P1E01：慢充互锁回路对地短路 P1E02：慢充互锁回路对电源短路
系统原理	高压互锁回路的作用是用低压回路来判断各个高压部件的接插件是否可靠，当高压回路中的任何一个接插件松动或者打开，则高压互锁回路打开，系统无法上高压电
故障码出现条件	P1E01：与车载充电器之间的高压互锁回路的信号占空比低于 40% 并持续超过 5s P1E02：与车载充电器之间的高压互锁回路的信号占空比低于 60% 并持续超过 5s
故障现象	无
可能原因	相关线路故障；连接器故障或配合不良故障；车载充电器故障；互锁故障
诊断方法	❶ 将点火开关置于 ON 位置 ❷ 用诊断仪确认未设置 P1E01、P1E02 以外的故障码。如果设置了相关故障码，先诊断这些故障码 ❸ 清除故障码后，确认未设置 P1E01、P1E02 故障码 ❹ 如果再次设置了故障码，则检查或更换车载充电器

(11) LEM 电流传感器对地短路故障诊断（表 7-2-11）

表 7-2-11　LEM 电流传感器对地短路故障诊断

项目	内容
故障码、故障描述	P1E09LEM：电流传感器对地短路 P1E0ALEM：电流传感器对电源短路
系统原理	高压电池包内部有 2 个电流传感器来检测动力电池的电流大小，分别位于高压电池包的正负极上，当检测到 2 个电流传感器电流值差异过大时，报出故障，同时采取相应策略
故障码出现条件	P1E09：LEM 电压小于 0.2V，持续 10s P1E0A：LEM 电压高于 4.8V，持续 10s
故障现象	高压电池故障警告灯点亮
可能原因	相关线路故障；连接器故障或配合不良；高压电池包故障
诊断方法	❶ 检查高压电池包的安装位置，线束以及连接器是否有磨损或腐蚀的现象。对于目视有问题的可进行重新调整 ❷ 使用诊断仪读取故障码并做记录，之后清除故障码 ❸ 清除故障码后，再次使用诊断仪读取故障码，确认未设置 P1E09、P1E0A。如果再次设置了故障码，则对高压电池管理模块进行软件刷新，确定版本正确 ❹ 如果故障码依然存在，则可能需要开盖维修，需要寻求专业人员的技术支持

(12) 电芯压差过大故障诊断（表 7-2-12）

表 7-2-12　电芯压差过大故障诊断

项目	内容
故障码、故障描述	P1E0E 电芯压差过大
系统原理	BMS 会监测电芯的电压及温度，当电压或温度超过一定范围会报出相应故障
故障码出现条件	单体最大电压与单体最小电压差异过大，且持续时间超过 10s
故障现象	无
可能原因	相关线路故障；连接器故障或配合不良；高压电池包故障
诊断方法	❶ 检查高压电池包的安装位置，线束以及连接器是否有磨损或腐蚀的现象。对于目视有问题的可进行重新调整 ❷ 使用诊断仪读取故障码并做记录，之后清除故障码 ❸ 清除故障码后，再次使用诊断仪读取故障码，确认未设置 P1E0E。如果再次设置了故障码，则对高压电池管理模块进行软件刷新，确定版本正确 ❹ 如果故障码依然存在，则可能需要开盖维修，需要寻求专业人员的技术支持

7.3 高压电控系统

(1) 低压输出电流零漂故障诊断 (表 7-3-1)

表 7-3-1 低压输出电流零漂故障诊断

项目	内容
故障码、故障描述	P1D61：低压输出电流零漂故障
系统原理	系统内部故障，不涉及外部电路
故障码出现条件	DC/DC 输出电流大于 10A
故障现象	DC/DC 下电；SVS 故障警告灯点亮
可能原因	直流 / 直流转换器故障
诊断方法	❶ 检查 DC/DC 接插件的安装位置，线束以及连接器是否有磨损或腐蚀的现象。对于目视有问题的可进行重新调整 ❷ 连接诊断仪，点火开关置于 ON 位置，使用诊断仪读取故障码并做记录 ❸ 清除故障码后，确认未设置 P1D61 ❹ 如果再次设置了故障码，则检测 / 更换 DC/DC ❺ 如需开盖维修，则请寻求专业人员的技术支持

(2) DC/DC 输出电流过大故障诊断 (表 7-3-2)

表 7-3-2 DC/DC 输出电流过大故障诊断

项目	内容
故障码、故障描述	P1D62：DC/DC 输出电流过大
系统原理	系统内部故障，不涉及外部电路
故障码出现条件	DC/DC 输出电流大于 180A；设定输出电压比 DC/DC 输出电流高 0.5V
故障现象	无
可能原因	直流 / 直流转换器故障
诊断方法	❶ 检查 DC/DC 接插件的安装位置，线束以及连接器是否有磨损或腐蚀的现象。对于目视有问题的可进行重新调整 ❷ 连接诊断仪，点火开关置于 ON 位置，使用诊断仪读取故障码并做记录 ❸ 清除故障码后，确认未设置 P1D62 ❹ 如果再次设置了故障诊断码，则检测 / 更换 DC/DC ❺ 如需开盖维修，则请寻求专业人员的技术支持

(3) DC/DC 冷却液温度过高故障诊断（表 7-3-3）

表 7-3-3　DC/DC 冷却液温度过高故障诊断

项目	内容
故障码、故障描述	P1D63：DC/DC 冷却液温度过高 P1D64：DC/DC PCB 电路板温度过高
系统原理	温度传感器主要用来采集 EDS 冷却液温度，整车控制单元提供 5V 电源给传感器供电，它通过温度传感器反馈的水温信号来实时调整参数控制冷却系统的工作，进而达到最佳的冷却效果
故障码出现条件	P1D63：DC/DC 冷却液温度高于 85℃ P1D64：DC/DC PCB 电路板温度高于 105℃
故障现象	DC/DC 下电；SVS 故障警告灯点亮
可能原因	相关线路故障；连接器故障或配合不良；冷却液温度传感器故障
诊断方法	（1）使用诊断仪读取相关参数或者强制输出，确认故障状态 ❶ 连接诊断仪，将点火开关置于 ON 位置 ❷ 读取 "PEB 冷却液温度" 是否在合理值范围内：是→检测/更换冷却液温度传感器；否→转至步骤（2） （2）检验接插件的连接性 ❶ 检查冷却液温度传感器的线束连接器 BY210 和整车控制单元的线束连接器端子 BY260 是否存在松动、接触不良、扭曲、腐蚀、污染、变形等现象 ❷ 检查冷却液是否缺少、污染等现象 ❸ 对于目视有问题的部件进行清洁、维修或更换 ❹ 检测/维修相关故障后关闭并重新打开点火开关，再次读取故障码，确认故障代码是否继续存在：是→转到步骤（3）；否→诊断结束 （3）检测相关线路 ❶ 将点火开关置于 OFF 位置，车辆静置 5min 以上，操作手动维修开关，断开高压电池电源，断开蓄电池负极接线 ❷ 断开整车控制单元的线束连接器 BY260 和断开冷却液温度传感器的线束连接器 BY210 ❸ 测量冷却液温度传感器的线束连接器端子 BY210 与整车控制单元的线束连接器端子 BY260 之间的电阻是否小于 5Ω：端子 BY210-1 与端子 BY260-54；端子 BY210-2 与端子 BY260-73。如果不在规定范围，则检测/维修电路开路、电阻过大故障 ❹ 分别测量冷却液温度传感器的线束连接器端子 BY210 或整车控制单元的线束连接器端子 BY260 与接地之间的电阻是否为无穷大：端子 BY210-1 或端子 BY260-54；端子 BY210-2 或端子 BY260-73。如果不在规定范围，则检测/维修电路对接地短路故障 ❺ 分别测量冷却液温度传感器的线束连接器端子 BY210 或整车控制单元的线束连接器端子 BY260 与电源之间的电阻是否为无穷大：端子 BY210-1 或端子 BY260-54；端子 BY210-2 或端子 BY260-73。如果不在规定范围，则检测/维修电路对电源短路故障 ❻ 检测/维修相关故障后关闭并重新打开点火开关，再次读取故障码，确认故障码是否继续存在：是→转到步骤（4）；否→诊断结束 （4）检测/更换冷却液温度传感器　如果经过以上检测和维修后故障码依然存在，则尝试检测/更换冷却液温度传感器

（4）DC/DC 输出端子连接错误故障诊断（表 7-3-4）

表 7-3-4　DC/DC 输出端子连接错误故障诊断

项目	内容
故障码、故障描述	P1D65：DC/DC 输出端子连接错误
系统原理	系统内部故障，不涉及外部电路
故障码出现条件	DC/DC 输出电压小于（3.00±0.15）V
故障现象	SVS 故障警告灯点亮；DC/DC 下电
可能原因	DC/DC 故障；连接器故障或配合不良
诊断方法	❶ 检查 DC/DC 接插件的安装位置，线束以及连接器是否有磨损或腐蚀的现象。对于目视有问题的可进行重新调整 ❷ 连接诊断仪，点火开关置于 ON 位置，使用诊断仪读取故障码并做记录 ❸ 清除故障码后，如果再次设置了故障码，则检测/更换 DC/DC ❹ 如需开盖维修，则请寻求专业人员的技术支持

（5）DC/DC 输出电压过高故障诊断（表 7-3-5）

表 7-3-5　DC/DC 输出电压过高故障诊断

项目	内容
故障码、故障描述	P1D66 17：DC/DC 输出电压过高 P1D66 16：DC/DC 输出电压过低
系统原理	系统内部故障，不涉及外部电路
故障码出现条件	P1D66 17：DC/DC 输出电压大于（16.50±0.33）V P1D66 16：DC/DC 输出电压小于（8.50±0.17）V
故障现象	P1D66 17：SVS 故障警告灯点亮；重新上电后恢复检测 P1D66 16：SVS 故障警告灯点亮；故障之后立即自动重新启动；若重新启动失败，则每间隔 2s，自动重启一次，共 5 次后，若仍无法工作，则关机；重新上电后恢复检测
可能原因	DC/DC 故障
诊断方法	❶ 检查 DC/DC 接插件的安装位置，线束以及连接器是否有磨损或腐蚀的现象。对于目视有问题的可进行重新调整 ❷ 连接诊断仪，点火开关置于 ON 位置，使用诊断仪读取故障码并做记录 ❸ 清除故障码后，确认未设置 P1D66 ❹ 如果再次设置了故障码，则检测/更换 DC/DC ❺ 如需开盖维修，则请寻求专业人员的技术支持

(6) DC/DC 输入电压过高故障诊断 (表 7-3-6)

表 7-3-6　DC/DC 输入电压过高故障诊断

项目	内容
故障码、故障描述	P1D68 17：DC/DC 输入电压过高 P1D68 16：DC/DC 输入电压过低
系统原理	系统内部故障，不涉及外部电路
故障码出现条件	P1D68 17：DC/DC 输入电压大于（440±5）V P1D68 16：DC/DC 输入电压小于（215±5）V
故障现象	SVS 故障警告灯点亮；DC/DC 下电
可能原因	相关线路故障；连接器故障或配合不良；DC/DC 故障；高压电池包故障
诊断方法	（1）检验接插件的连接性 ❶ 检查 DC/DC 线束连接器 HV007 和整车配电单元线束连接器 HV006 是否存在松动、接触不良、扭曲、腐蚀、污染、变形等现象 ❷ 对于目视有问题的部件进行清洁、维修或更换 ❸ 连接诊断仪，点火开关置于 ON 位置，使用诊断仪读取故障码并做记录 ❹ 清除故障码后，确认未设置 P1D68 ❺ 如果再次设置了故障诊断码，则检测 / 更换 DC/DC （2）检测相关线路 ❶ 将点火开关置于 OFF 位置，车辆静置 5min 以上，操作手动维修开关，断开高压电池电源，断开蓄电池负极接线 ❷ 测量高压电池上高压连接器各端子间、端子与地之间，以及高压线束端高压连接器内的端子之间，确保没有高压电 ❸ 使用绝缘检测仪器，检测高压电池系统的绝缘值是否在规定的范围内，绝缘检测仪器的测试电压值应高于高压电池包的电压值 ❹ 断开整车配电单元线束连接器 HV006，DC/DC 线束连接器 HV007 ❺ 测试整车配电单元线束连接器 HV006 端子 2 和 1 与接地之间的电阻应该为兆欧级 ❻ 测试 DC/DC 线束连接器 HV007 端子 1 和 2 与接地之间的电阻应该为兆欧级 ❼ 检测 / 维修相关故障后关闭并重新打开点火开关，再次读取故障码，确认故障代码是否继续存在：是→转到步骤（3）；否→诊断结束 （3）检测高压电池包　如果经过以上检测和维修后故障码依然存在，则尝试检测高压电池包

(7) DC/DC 驱动电压过低故障诊断 (表 7-3-7)

表 7-3-7　DC/DC 驱动电压过低故障诊断

项目	内容
故障码、故障描述	P1D69：DC/DC 驱动电压过低
系统原理	系统内部故障，不涉及外部电路
故障码出现条件	DC/DC 驱动电压小于（14.50±0.29）V
故障现象	DC/DC 下电；SVS 故障警告灯点亮
可能原因	相关线路故障；连接器故障或配合不良；DC/DC 故障

续表

项目	内容
诊断方法	❶ 检查 DC/DC 接插件的安装位置，线束以及连接器是否有磨损或腐蚀的现象。对于目视有问题的可进行重新调整 ❷ 连接诊断仪，点火开关置于 ON 位置，使用诊断仪读取故障码并做记录 ❸ 清除故障码后，确认未设置 P1D69 ❹ 如果再次设置了故障码，则检测/更换 DC/DC

(8) DC/DC 模式转换超时故障诊断（表 7-3-8）

表 7-3-8　DC/DC 模式转换超时故障诊断

项目	内容
故障码、故障描述	P1D6A：DC/DC 模式转换超时
系统原理	系统内部故障，不涉及外部电路
故障码出现条件	DC/DC 实际状态与目标模式不相符
故障现象	无
可能原因	DC/DC 故障
诊断方法	❶ 检查 DC/DC 接插件的安装位置，线束以及连接器是否有磨损或腐蚀的现象。对于目视有问题的可进行重新调整 ❷ 连接诊断仪，点火开关置于 ON 位置，使用诊断仪读取故障码并做记录 ❸ 清除故障码后，确认未设置 P1D6A ❹ 如果再次设置了故障码，则检测/更换 DC/DC ❺ 如需开盖维修，则请寻求专业人员的技术支持

(9) DC/DC 输出电压传感器对电源短路故障诊断（表 7-3-9）

表 7-3-9　DC/DC 输出电压传感器对电源短路故障诊断

项目	内容
故障码、故障描述	P1D6D：DC/DC 输出电压传感器对电源短路 P1D6B：DC/DC 输出电流传感器对电源短路
系统原理	系统内部故障，不涉及外部电路
故障码出现条件	P1D6B：DC/DC 输出电流传感器反馈值不正常 P1D6D：DC/DC 输出电压传感器反馈值不正常
故障现象	DC/DC 下电；SVS 故障警告灯点亮
可能原因	相关线路故障；连接器故障或配合不良；DC/DC 故障

续表

项目	内容
诊断方法	❶ 检查 DC/DC 接插件的安装位置，线束以及连接器是否有磨损或腐蚀的现象。对于目视有问题的可进行重新调整
	❷ 连接诊断仪，点火开关置于 ON 位置，使用诊断仪读取故障码并做记录
	❸ 清除故障码后，确认未设置 P1D6B、P1D6D
	❹ 如果再次设置了故障码，则检测 / 更换 DC/DC
	❺ 如需开盖维修，则请寻求专业人员的技术支持

（10）DC/DC PCB 电路板温度传感器对电源短路故障诊断（表 7-3-10）

表 7-3-10　DC/DC PCB 电路板温度传感器对电源短路故障诊断

项目	内容
故障码、故障描述	P1D6C 12：DC/DC PCB 电路板温度传感器对电源短路 P1D6C 11：DC/DC PCB 电路板温度传感器对地短路
系统原理	系统内部故障，不涉及外部电路
故障码出现条件	P1D6C 12：PCB 电路板温度传感器反馈值不正常 P1D6C 11：PCB 电路板温度传感器反馈值不正常
故障现象	SVS 故障警告灯点亮；DC/DC 上电
可能原因	相关线路故障；连接器故障或配合不良；PCB 电路板温度传感器故障
诊断方法	❶ 检查 DC/DC PCB 电路板温度传感器的安装位置，线束以及连接器是否有磨损或腐蚀的现象。对于目视有问题的可进行重新调整
	❷ 使用诊断仪读取故障码并做记录，之后清除故障码
	❸ 清除故障码后，再次使用诊断仪读取故障码，确认未设置 P1D6C。如果再次设置了故障码，则对 DC/DC 管理模块进行软件刷新，确定版本正确
	❹ 如果故障码依然存在，则可能需要开盖维修，需要寻求专业人员的技术支持

（11）DC/DC 实际输出电压与设置值偏差过大故障诊断（表 7-3-11）

表 7-3-11　DC/DC 实际输出电压与设置值偏差过大故障诊断

项目	内容
故障码、故障描述	P1D6E：DC/DC 实际输出电压与设置值偏差过大
系统原理	系统内部故障，不涉及外部电路
故障码出现条件	DC/DC 实际输出电压比设置值大 ±0.65V
故障现象	无
可能原因	相关线路故障；连接器故障或配合不良；DC/DC 故障

续表

项目	内容
诊断方法	❶ 检查 DC/DC 的安装位置，线束以及连接器是否有磨损或腐蚀的现象。对于目视有问题的可进行重新调整 ❷ 使用诊断仪读取故障码并做记录，之后清除故障码 ❸ 清除故障码后，再次使用诊断仪读取故障码，确认未设置 P1D6E。如果再次设置了故障码，则对 DC/DC 管理模块进行软件刷新，确定版本正确 ❹ 如果故障码依然存在，则可能需要开盖维修，需要寻求专业人员的技术支持

（12）DC/DC 输出端极性错误故障诊断（表 7-3-12）

表 7-3-12　DC/DC 输出端极性错误故障诊断

项目	内容
故障码、故障描述	P1D81：DC/DC 输出端极性错误
系统原理	系统内部故障，不涉及外部电路
故障码出现条件	DC/DC 输出侧电压小于（3.00±0.15）V
故障现象	SVS 故障警告灯点亮；DC/DC 下电
可能原因	相关线路故障；连接器故障或配合不良；DC/DC 故障
诊断方法	❶ 检查 DC/DC 接插件的安装位置，线束以及连接器是否有磨损或腐蚀的现象。对于目视有问题的可进行重新调整 ❷ 连接诊断仪，点火开关置于 ON 位置，使用诊断仪读取故障码并做记录 ❸ 清除故障码后，确认未设置 P1D81 ❹ 如果再次设置了故障码，则检测 / 更换 DC/DC ❺ 如需开盖维修，则请寻求专业人员的技术支持

7.4　充电系统

（1）交流电压过低故障诊断（表 7-4-1）

表 7-4-1　交流电压过低故障诊断

项目	内容
故障码、故障描述	P1FA0-16：交流电压过低 P1FA1-17：交流电压过高
系统原理	车辆通过车载充电器接口将外部交流电转换成直流电充入高压电池包，从而为车辆行驶提供充足的电量
故障码出现条件	P1FA0：交流电压低于 70V 持续 100ms P1FA1：交流电压高于 280V 持续 100ms

续表

项目	内容
故障现象	重置 5 次，如果故障码存在，则关闭车载充电器
可能原因	相关线路故障；连接器故障或配合不良；外部交流电源故障；车载充电器故障
诊断方法	❶ 确认未设置除 P1FA0、P1FA1 之外的车载充电器相关故障码。如果设置了其他车载充电器系统故障诊断码，则先诊断这些故障诊断码
	❷ 测量外部交流电源电压是否在 75～275V 之间，如果不在规定范围内，则维修/更换外部交流电源
	❸ 将点火开关置于 OFF 位置，检查车载充电器相关连接器和线束是否有磨损或接触不良现象，视情况进行维修/更换
	❹ 连接车载充电器充电 5min 后确认故障诊断码是否依然存在。如果故障诊断码依然存在，则应更换车载充电器

（2）功率因子修正（PFC）电路输出总线电压过高故障诊断（表 7-4-2）

表 7-4-2　功率因子修正（PFC）电路输出总线电压过高故障诊断

项目	内容
故障码、故障描述	P1FA3-17：功率因子修正（PFC）电路输出总线电压过高
	P1FA4-00：功率因子修正（PFC）电路输出总线电压过低
系统原理	车辆通过车载充电器接口将外部交流电转换成直流电充入高压电池包，从而为车辆行驶提供充足的电量
故障码出现条件	P1FA3：功率因子修正（PFC）电路输出总线电压高于 465V 并持续 120ms
	P1FA4：功率因子修正（PFC）电路输出总线电压低于 300V 并持续 120ms
故障现象	P1FA3：重置 5 次，如果故障码存在，则关闭车载充电器
	P1FA4：关闭车载充电器
可能原因	相关线路故障；连接器故障或配合不良；车载充电器故障
诊断方法	❶ 确认未设置除 P1FA3、P1FA4 之外的车载充电器故障诊断码。如果设置了其他车载充电器系统故障码，先诊断这些故障码。如果其他模块测试正常，则继续以下检测流程
	❷ 将点火开关置于 OFF 位置，断开蓄电池负极接线
	❸ 检查相关连接器是否有磨损或腐蚀现象
	❹ 检查直流电压是否低于 300V。如果低于 300V，则对蓄电池充电
	❺ 确认故障码是否存在
	❻ 执行上述步骤以后，如果故障诊断码依旧存在，则应更换车载充电器

（3）至高压电池包的高压输出的正负极之间短路故障诊断（表 7-4-3）

表 7-4-3　至高压电池包的高压输出的正负极之间短路故障诊断

项目	内容
故障码、故障描述	P1FA5-01：至高压电池包的高压输出的正负极之间短路
	P1FA6-17：至高压电池包的高压输出电压过高
	P1FA7 -16：至高压电池包的高压输出电压过低

续表

项目	内容
系统原理	车辆通过车载充电器接口将外部交流电转换成直流电充入高压电池包，从而为车辆行驶提供充足的电量
故障码出现条件	P1FA5：至高压电池包输出的电流高于 36A P1FA6：至高压电池包输出的电压高于 455V 并持续 1s 或者电压高于 450V 并持续 10s P1FA7：至高压电池包输出的电压低于 190V 并持续 5s
故障现象	重置 5 次，如果故障码存在，则关闭车载充电器
可能原因	相关线路故障；连接器故障或配合不良；车载充电器故障；高压电池包故障
诊断方法	（1）检验接插件的连接性 ❶ 检查高压电池包的线束连接器 HV002 和车载充电器的线束连接器 HV001 是否存在松动、接触不良、扭曲、腐蚀、污染、变形等现象 ❷ 对于目视有问题的部件进行清洁、润滑、维修或更换 ❸ 检测/维修相关故障后关闭并重新打开点火开关，再次读取故障码，确认故障码是否继续存在：是→转到步骤（2）；否→诊断结束 （2）检测相关线路 ❶ 将点火开关置于 OFF 位置，车辆静置 5min 以上，操作手动维修开关，断开高压电池电源，断开蓄电池负极接线 ❷ 测量高压电池上高压连接器各端子间、端子与地之间，以及高压线束端高压连接器内的端子之间，确保没有高压电 ❸ 使用绝缘检测仪器，检测高压电池系统的绝缘值是否在规定的范围内，绝缘检测仪器的测试电压值应高于高压电池包的电压值 ❹ 断开车载充电器线束连接器 HV001，高压电池包的线束连接器 HV002 ❺ 测试高压电池包的线束连接器 HV002 端子 1 和 2 与接地之间的电阻应该为兆欧级 ❻ 测试车载充电器线束连接器 HV001 端子 1 和 2 与接地之间的电阻应该为兆欧级 ❼ 检测/维修相关故障后关闭并重新打开点火开关，再次读取故障码，确认故障码是否继续存在：是→转到步骤（3）；否→诊断结束 （3）检测/更换车载充电器　如果所有电路测试正常，则检测/更换车载充电器

（4）至高压电池包的高压输出电流过高故障诊断（表 7-4-4）

表 7-4-4　至高压电池包的高压输出电流过高故障诊断

项目	内容
故障码、故障描述	P1FA8-17：至高压电池包的高压输出电流过高
系统原理	车辆通过车载充电器接口将外部交流电转换成直流电充入高压电池包，从而为车辆行驶提供充足的电量
故障码出现条件	至高压电池包的高压输出电流高于 15A 并持续 40ms
故障现象	重置 5 次，如果故障码存在，则关闭车载充电器 10s
可能原因	相关线路故障；连接器故障或配合不良；车载充电器故障；高压电池包故障

续表

项目	内容
诊断方法	（1）检验接插件的连接性 ❶ 检查高压电池包的线束连接器 HV002 和车载充电器的线束连接器 HV001 是否存在松动、接触不良、扭曲、腐蚀、污染、变形等现象 ❷ 对于目视有问题的部件进行清洁、润滑、维修或更换 ❸ 检测/维修相关故障后关闭并重新打开点火开关，再次读取故障码，确认故障码是否继续存在：是→转到步骤（2）；否→诊断结束 （2）检测相关线路 ❶ 将点火开关置于 OFF 位置，车辆静置 5min 以上，操作手动维修开关，断开高压电池电源，断开蓄电池负极接线 ❷ 测量高压电池上高压连接器各端子间、端子与地之间，以及高压线束端高压连接器内的端子之间，确保没有高压电 ❸ 使用绝缘检测仪器，检测高压电池系统的绝缘值是否在规定的范围内，绝缘检测仪器的测试电压值应高于高压电池包的电压值 ❹ 断开车载充电器线束连接器 HV001，高压电池包的线束连接器 HV002 ❺ 测试高压电池包的线束连接器 HV002 端子 1 和 2 与接地之间的电阻应该为兆欧级 ❻ 测试车载充电器线束连接器 HV001 端子 1 和 2 与接地之间的电阻应该为兆欧级 ❼ 检测/维修相关故障后关闭并重新打开点火开关，再次读取故障码，确认故障代码是否继续存在：是→转到步骤（3）；否→诊断结束 （3）检测/更换车载充电器　如果所有电路测试正常，则检测/更换车载充电器

（5）内部故障——主从控制单元之间通信故障诊断（表 7-4-5）

表 7-4-5　内部故障——主从控制单元之间通信故障诊断

项目	内容
故障码、故障描述	P1FA9-08：内部故障——主从控制单元之间通信故障 P1FAA：内部故障——低压控制器和从控制单元通信故障
系统原理	车载充电器内部故障，不涉及外部电路
故障码出现条件	P1FA9：主从控制单元之间通信故障并持续 10s P1FAA：低压控制器和从控制单元通信故障并持续 10s
故障现象	重置 5 次，如果故障码存在，则关闭车载充电器
可能原因	相关线路故障；连接器故障或配合不良；车载充电器故障
诊断方法	❶ 检查车载充电器的安装位置，线束以及连接器是否有磨损或腐蚀的现象。对于目视有问题的可进行重新调整 ❷ 确认未设置除 P1FA9、P1FAA 之外的车载充电器故障码。如果设置了其他车载充电器系统故障码，先诊断这些故障诊断码 ❸ 清除故障码，对电池管理系统进行设置和编程 ❹ 清除故障码后，确认未设置故障码 P1FA9、P1FAA。如果再次设置了故障码，则更换车载充电器

(6) 唤醒信号错误故障诊断（表 7-4-6）

表 7-4-6 唤醒信号错误故障诊断

项目	内容
故障码、故障描述	P1FAB-02：唤醒信号错误
系统原理	当外接充电插头插上时，车载充电器将向高压电池包的 BMS 发送唤醒信号，以便通信数据，并确认开始充电
故障码出现条件	唤醒硬件信号没有输出并持续 100ms
故障现象	重置 5 次，如果故障码存在，则关闭车载充电器
可能原因	相关线路故障；连接器故障或配合不良；车载充电器故障
诊断方法	（1）检验接插件的连接性 ❶ 检查高压电池包的线束连接器 BY222 和车载充电器的线束连接器 BY223 是否存在松动、接触不良、扭曲、腐蚀、污染、变形等现象 ❷ 对于目视有问题的部件进行清洁、维修或更换 ❸ 检测/维修相关故障后关闭并重新打开点火开关，再次读取故障码，确认故障码是否继续存在：是→转到步骤（2）；否→诊断结束 （2）检测相关线路 ❶ 将点火开关置于 OFF 位置，车辆静置 5min 以上，操作手动维修开关，断开高压电池电源，断开蓄电池负极接线 ❷ 断开高压电池包的线束连接器 BY222，车载充电器的线束连接器 BY223 ❸ 测量下列高压电池包的线束连接器端子 BY222 与车载充电器的线束连接器端子 BY223 之间的电阻是否小于 5Ω：端子 BY222-4 与端子 BY223-4；端子 BY222-3 与端子 BY223-3。如果不在规定范围，则检测/维修电路开路、电阻过大故障 ❹ 分别测量高压电池控制模块的线束连接器端子 BY222 或车载充电器的线束连接器端子 BY223 与电源之间的电阻是否为无穷大：端子 BY222-4 或端子 BY223-4；端子 BY222-3 或端子 BY223-3。如果不在规定范围，则检测/维修电路对电源短路故障 ❺ 分别测量高压电池控制模块的线束连接器端子 BY222 或车载充电器的线束连接器端子 BY223 与接地之间的电阻是否为无穷大：端子 BY222-4 或端子 BY223-4；端子 BY222-3 或端子 BY223-3。如果不在规定范围，则检测/维修电路对接地短路故障 ❻ 检测/维修相关故障后关闭并重新打开点火开关，再次读取故障码，确认故障码是否继续存在：是→转到步骤（3）；否→诊断结束 （3）检测/更换车载充电器　如果经过以上检测和维修后故障码依然存在，则尝试检测/更换车载充电器

（7）主级测试点 1 温度过高故障诊断（表 7-4-7）

表 7-4-7 主级测试点 1 温度过高故障诊断

项目	内容
故障码、故障描述	P1FB4-4B：主级测试点 1 温度过高 P1FB5-4B：主级测试点 2 温度过高 P1FB6-4B：次级测试点 1 温度过高 P1FB7-4B：次级测试点 2 温度过高

续表

项目	内容
系统原理	OBC 内部集成有温度传感器，模块根据传感器采集温度信号控制冷却风扇的工作，从而保证了系统的正常运行
故障码出现条件	P1FB4：主级测试点 1 温度高于 127℃并持续 5s P1FB5：主级测试点 2 温度高于 127℃并持续 5s P1FB6：次级测试点 2 温度高于 122℃并持续 5s P1FB7：次级测试点 2 温度高于 122℃并持续 5s
故障现象	重置 5 次，如果故障码存在，则关闭车载充电器
可能原因	车载充电器故障
诊断方法	❶ 将点火开关置于 ON 位置 ❷ 用诊断仪确认未设置除 P1FB4、P1FB5、P1FB6、P1FB7 以外的故障码。如果设置了相关故障码，先诊断这些故障诊断码 ❸ 清除故障码后，确认未设置 P1FB4、P1FB5、P1FB6、P1FB7 故障码 ❹ 如果再次设置了故障码，则检查或更换车载充电器

（8）车载充电器由于环境温度过低不工作故障诊断（表 7-4-8）

表 7-4-8　车载充电器由于环境温度过低不工作故障诊断

项目	内容
故障码、故障描述	P1FB8-09：车载充电器由于环境温度过低不工作 P1FB9-98：车载充电器由于环境温度过高不工作 P1FBA-98：车载充电器由于环境温度过高关闭
系统原理	控制模块内部故障，不涉及外部电路
故障码出现条件	P1FB8：环境温度低于 -35℃并持续 1s P1FB9：环境温度高于 115℃并持续 1s P1FBA：环境温度高于 95℃并持续 5s
故障现象	P1FB8、P1FB9：重置 5 次，如果故障码存在，则关闭车载充电器 P1FBA：关闭车载充电器
可能原因	车载充电器故障
诊断方法	❶ 将点火开关置于 ON 位置 ❷ 用诊断仪确认未设置除 P1FB8、P1FB9、P1FBA 以外的故障码。如果设置了相关故障码，先诊断这些故障诊断码 ❸ 清除故障码后，确认未设置 P1FB8、P1FB9、P1FBA 故障码 ❹ 如果再次设置了故障码，则检查或更换车载充电器

(9)车载充电器不工作——充电口正极温度过高故障诊断(表7-4-9)

表7-4-9 车载充电器不工作——充电口正极温度过高故障诊断

项目	内容
故障码、故障描述	P1FBB-09：车载充电器不工作——充电口正极温度过高 P1FBC-01：车载充电器不工作——充电口负极温度过高
系统原理	控制模块内部故障，不涉及外部电路
故障码出现条件	P1FBB：车载充电器充电口正极温度高于110℃并持续500ms P1FBC：车载充电器充电口负极温度高于110℃并持续500ms
故障现象	重置5次；如果故障码存在，则关闭车载充电器
可能原因	车载充电器故障
诊断方法	❶ 将点火开关置于ON位置 ❷ 用诊断仪确认未设置除P1FBB、P1FBC以外的故障码 ❸ 清除故障码后，确认未设置P1FBB、P1FBC故障码 ❹ 如果再次设置了故障码，则检查或更换车载充电器

(10)车载充电器不工作——主板温度过高故障诊断(表7-4-10)

表7-4-10 车载充电器不工作——主板温度过高故障诊断

项目	内容
故障码、故障描述	P1FBD-01：车载充电器不工作——主板温度过高
系统原理	控制模块内部故障，不涉及外部电路
故障码出现条件	车载充电器主板温度高于103℃并持续5s
故障现象	重置5次；如果故障码存在，则关闭车载充电器
可能原因	车载充电器故障
诊断方法	❶ 将点火开关置于ON位置 ❷ 用诊断仪确认未设置除P1FBD以外的故障码。如果设置了相关故障码，先诊断这些故障码 ❸ 清除故障码后，确认未设置P1FBD故障码 ❹ 如果再次设置了故障码，则检查或更换车载充电器

(11)车载充电器不工作——交流电输入超时故障诊断(表7-4-11)

表7-4-11 车载充电器不工作——交流电输入超时故障诊断

项目	内容
故障码、故障描述	P1FBE-1C：车载充电器不工作——交流电输入超时 P1FBF-1C：车载充电器不工作——交流电输入异常
系统原理	控制模块内部故障，不涉及外部电路
故障码出现条件	P1FBE：开关2关闭之后，交流电输入电压低于60V并持续5s P1FBF：交流电输入正常（输入电压高于65V并持续200ms），之后异常断电（输入电压低于60V并持续200ms）

续表

项目	内容
故障现象	重置 5 次；如果故障码存在，则关闭车载充电器
可能原因	车载充电器故障
诊断方法	❶ 将点火开关置于 ON 位置 ❷ 用诊断仪确认未设置除 P1FBE、P1FBF 以外的故障码 ❸ 清除故障码后，确认未设置 P1FBE、P1FBF 故障码 ❹ 如果再次设置了故障码，则检查或更换车载充电器

（12）车载充电器不工作——充电线连接控制信号 PWM 超时故障诊断（表 7-4-12）

表 7-4-12 车载充电器不工作——充电线连接控制信号 PWM 超时故障诊断

项目	内容
故障码、 故障描述	P1FC0-03：车载充电器不工作——充电线连接控制信号 PWM 超时 P1FC1-03：车载充电器不工作——充电线连接控制信号 PWM 异常
系统原理	控制模块内部故障，不涉及外部电路
故障码 出现条件	P1FC0：车载充电器充电线连接控制信号为 9V 高电位并持续 5min P1FC1：车载充电器充电线连接控制负载线路 PWM 小于 8% 或大于 90% 并持续 200ms
故障现象	重置 5 次；如果故障码存在，则关闭车载充电器
可能原因	车载充电器故障
诊断方法	❶ 将点火开关置于 ON 位置 ❷ 用诊断仪确认未设置除 P1FC0、P1FC1 以外的故障码。如果设置了相关故障码，先诊断这些故障码 ❸ 清除故障码后，确认未设置 P1FC0、P1FC1 故障码 ❹ 如果再次设置了故障码，则检查或更换车载充电器

7.5 空调系统

（1）环境温度传感器对地短路（表 7-5-1）

表 7-5-1 环境温度传感器对地短路

项目	内容
故障码、 故障描述	B1411-11：环境温度传感器对地短路 B1411-15：环境温度传感器对电压短路或开路
系统原理	环境温度传感器被固定在前保险杠格栅上。空调控制器用该传感器的信号修改气候控制算法，以补偿周围空气温度
故障码 出现条件	B1411 11：环境温度传感器电压小于 0.1V 并持续 100ms B1411 15：环境温度传感器电压大于 4.9V 并持续 100ms

续表

项目	内容
故障现象	压缩机不工作
可能原因	相关线路故障；连接器故障或配合不良；环境温度传感器故障；空调控制模块故障
诊断方法	（1）检验接插件的连接性 ❶ 检查空调控制模块的线束连接器 FA043 和环境温度传感器的线束连接器 EB023 是否存在松动、接触不良、扭曲、腐蚀、污染、变形等现象 ❷ 对于目视有问题的部件进行清洁、润滑、维修或更换 ❸ 检测/维修相关故障后关闭并重新打开点火开关，再次读取故障码，确认故障码是否继续存在：是→转到步骤（2）；否→诊断结束
	（2）检测相关线路 ❶ 将点火开关置于 OFF 位置，断开蓄电池负极接线，断开环境温度传感器的线束连接器 EB023 ❷ 执行环境温度传感器的部件测试，如果不在规定范围，则更换环境温度传感器 ❸ 断开空调控制模块的线束连接器 FA043 ❹ 测试空调控制模块的线束连接器 FA043 端子与环境温度传感器线束连接器 EB023 端子之间的电阻是否小于 5Ω 如果不在规定范围，则测试电路开路/电阻过大故障 a. 端子 FA043-10 与端子 EB023-1 b. 端子 FA043-3 与端子 EB023-2 ❺ 测试空调控制模块的线束连接器 FA043 端子或环境温度传感器线束连接器 EB023 端子与接地之间的电阻是否为无穷大 如果不在规定范围，则测试电路对地短路故障 a. 端子 FA043-10 或端子 EB023-1 b. 端子 FA043-3 或端子 EB023-2 ❻ 测试空调控制模块的线束连接器 FA043 端子或环境温度传感器线束连接器 EB023 端子与电源之间的电阻是否为无穷大 如果不在规定范围，则测试电路对电源短路故障 a. 端子 FA043-10 或端子 EB023-1 b. 端子 FA043-3 或端子 EB023-2 ❼ 检测/维修相关故障后关闭并重新打开点火开关，再次读取故障码，确认故障码是否继续存在：是→转到步骤（3）；否→诊断结束
	（3）检测/更换空调控制模块或环境温度传感器 ❶ 将点火开关置于 OFF 位置，断开环境温度传感器的线束连接器 EB023 ❷ 测试环境温度传感器的电路端子 1 和 2 之间的电阻是否在规定范围（35kΩ 左右，常温 25℃时） ❸ 如果不在规定范围，则更换环境温度传感器 如果经过以上检测和维修后故障码依然存在，则尝试检测/更换空调控制模块

（2）蒸发器温度传感器对地短路（表 7-5-2）

表 7-5-2　蒸发器温度传感器对地短路

项目	内容
故障码、故障描述	B1419-11：蒸发器温度传感器对地短路 B1419-15：蒸发器温度传感器对地短路或开路
系统原理	蒸发器温度传感器是 NTC 型传感器，将蒸发器排气口温度输入空调控制器。蒸发器温度传感器位于暖风机总成中蒸发器芯体的出口侧
故障码出现条件	B1419 11：蒸发器温度传感器电压小于 0.1V 并持续 100ms B1419 15：蒸发器温度传感器电压大于 4.9V 并持续 100ms

续表

项目	内容
故障现象	空调不能制冷
可能原因	相关线路故障；连接器故障或配合不良；蒸发器温度传感器故障；空调控制模块故障
诊断方法	（1）检验接插件的连接性 ❶ 检查空调控制模块的线束连接器 FA060、FA043 和蒸发器温度传感器的线束连接器 FA064 是否存在松动、接触不良、扭曲、腐蚀、污染、变形等现象 ❷ 对于目视有问题的部件进行清洁、润滑、维修或更换 ❸ 检测/维修相关故障后关闭并重新打开点火开关，再次读取故障码，确认故障码是否继续存在：是→转到步骤（2）；否→诊断结束 （2）检测相关线路 ❶ 将点火开关置于 OFF 位置，断开蓄电池负极接线，断开蒸发器温度传感器的线束连接器 FA064 ❷ 执行蒸发器温度传感器的部件测试，如果不在规定范围，则更换蒸发器温度传感器 ❸ 断开空调控制模块的线束连接器 FA060、FA043 ❹ 测试空调控制模块的线束连接器 FA060、FA043 端子与蒸发器温度传感器线束连接器 FA064 端子之间的电阻是否小于 5Ω 如果不在规定范围，则测试电路开路/电阻过大故障 a. 端子 FA060-12 与端子 FA064-1 b. 端子 FA043-3 与端子 FA064-2 ❺ 测试空调控制模块的线束连接器 FA060、FA043 端子或蒸发器温度传感器线束连接器 FA064 端子与接地之间的电阻是否为无穷大 如果不在规定范围，则测试电路对地短路故障 a. 端子 FA060-12 与端子 FA064-1 b. 端子 FA043-3 与端子 FA064-2 ❻ 测试空调控制模块的线束连接器 FA060、FA043 端子或蒸发器温度传感器线束连接器 FA064 端子与电源之间的电阻是否为无穷大 如果不在规定范围，则测试对电源短路故障 a. 端子 FA060-12 与端子 FA064-1 b. 端子 FA043-3 与端子 FA064-2 ❼ 检测/维修相关故障后关闭并重新打开点火开关，再次读取故障码，确认故障码是否继续存在：是→转到步骤（3）；否→诊断结束 （3）检测/更换蒸发器温度传感器或空调控制器 ❶ 将点火开关置于 OFF 位置，断开蒸发器温度传感器的线束连接器 FA064 ❷ 测试蒸发器温度传感器线束连接器 FA064 的端子1和2之间的电阻是否在规定范围（1.1kΩ左右，常温25℃时） 如果经过以上检测和维修后故障码依然存在，则尝试检测/更换空调控制器

（3）离子发生器对地短路（表 7-5-3）

表 7-5-3　离子发生器对地短路

项目	内容
故障码、故障描述	B1452-11：离子发生器对地短路 B1452-15：离子发生器对地短路或开路
系统原理	离子发生器通过空调控制器进行控制，以吸附空气中的灰尘、颗粒，从而达到净化空气的目的
故障码出现条件	B1452 11：离子发生器频脚断开反馈信号低并持续 200ms B1452 15：离子发生器频脚反馈信号高并持续 200ms

续表

项目	内容
故障现象	离子发生器停止工作
可能原因	相关线路故障；连接器故障或配合不良；混合风门伺服电机故障；空调控制模块故障
诊断方法	（1）使用诊断仪读取相关参数或者强制输出，确认故障状态 ❶ 连接诊断仪，将点火开关置于 ON 位置 ❷ 读取"负离子发生器"是否在合理值范围内（合理值范围） ❸ 执行"负离子发生器"的强制输出，观察负离子发生器是否有相应的响应或动作：是→检测/更换空调控制模块；否→转至步骤（2） （2）检验接插件的连接性 ❶ 检查空调控制模块的线束连接器 FA043 和离子发生器的线束连接器 FA028 是否存在松动、接触不良、扭曲、腐蚀、污染、变形等现象 ❷ 对于目视有问题的部件进行清洁、润滑、维修或更换 ❸ 检测/维修相关故障后关闭并重新打开点火开关，再次读取故障码，确认故障码是否继续存在：是→转到步骤（3）；否→诊断结束 （3）检测相关线路 ❶ 检查熔丝 CF6 是否熔断 ❷ 将点火开关置于 ON 位置，断开离子发生器的线束连接器 FA028 ❸ 测试离子发生器的线束连接器端子 FA028-1 与接地之间的电压是否为蓄电池电压 ❹ 将点火开关置于 OFF 位置，断开蓄电池负极接线，断开离子发生器的线束连接器 FA028 和空调控制模块的线束连接器 FA043 ❺ 测试离子发生器的线束连接器端子 FA028-2 与接地之间的电阻是否小于 5Ω 如果不在规定范围，则测试电路开路/电阻过大故障 ❻ 测试空调控制模块的线束连接器端子 FA043-13 与离子发生器的线束连接器端子 FA028-4 之间的电阻是否小于 5Ω 如果不在规定范围，则测试电路开路/电阻过大故障 ❼ 测试空调控制模块的线束连接器端子 FA043-13 或离子发生器的线束连接器端子 FA028-4 与接地之间的电阻是否为无穷大 如果不在规定范围，则测试电路对地短路故障 ❽ 测试以下空调控制模块的线束连接器端子 FA043-13 或离子发生器的线束连接器端子 FA028-4 与电源之间的电阻是否为无穷大 如果不在规定范围，则测试电路对电源短路故障 ❾ 检测/维修相关故障后关闭并重新打开点火开关，再次读取故障码，确认故障码是否继续存在：是→转到步骤（4）；否→诊断结束 （4）检测/更换离子发生器或空调控制器　如果经过以上检测和维修后故障码依然存在，则尝试离子发生器或空调控制器

（4）高压电池管理系统（BMS）冷却泵控制电路对电源短路（表 7-5-4）

表 7-5-4　高压电池管理系统（BMS）冷却泵控制电路对电源短路

项目	内容
故障码、故障描述	B1456-12：高压电池管理系统（BMS）冷却泵控制电路对电源短路
系统原理	电池冷却系统由冷却板、水管、冷却泵、散热器等组成，冷却泵是冷却液循环的动力源。PEB 根据冷却液的温度来控制冷却泵，以让电芯保持在一定的温范围内工作
故障码出现条件	高压电池包冷却水泵输出驱动脚处于低电位且对电源短路，持续 100ms

续表

项目	内容
故障现象	高压电池包冷却泵关闭，设置故障码
可能原因	相关线路故障；连接器故障或配合不良；电池冷却泵故障；电力电子箱故障
诊断方法	（1）使用诊断仪读取相关参数或者强制输出，确认故障状态 ❶ 连接诊断仪，将点火开关置于 ON 位置 ❷ 读取"高压电池包冷却泵控制"是否在合理值范围内（合理值范围）：是→检测 / 更换电池冷却泵；否→转至步骤（2） （2）检验接插件的连接性 ❶ 检查电池冷却泵的线束连接器 BY119，电力电子箱的线束连接器 EB076，发动机舱熔丝盒的线束连接器 EB042，动力电池管理系统的线束连接器 BY123 是否存在松动、接触不良、扭曲、腐蚀、污染、变形等现象 ❷ 检查电池冷却泵熔丝 EF45 是否存在松动、接触不良、损坏、变形等现象 ❸ 对于目视有问题的部件进行清洁、维修或更换 ❹ 检测 / 维修相关故障后关闭并重新打开点火开关，再次读取故障码，确认故障码是否继续存在：是→转到步骤（3）；否→诊断结束 （3）检测相关线路 ❶ 将点火开关置于 OFF 位置，车辆静置 5min 以上，操作手动维修开关，断开高压电池电源，断开蓄电池负极接线 ❷ 断开电力电子箱的线束连接器端子 EB076，断开电池冷却泵的线束连接器 BY119，断开发动机舱熔丝盒的线束连接器 EB042，动力电池管理系统的线束连接器 BY123 ❸ 测量电池冷却泵的线束连接器端子 BY119-3 与发动机舱熔丝盒的线束连接器端子 EB042-R6-87 和电力电子箱的线束连接器端子 EB076-26 与发动机舱熔丝盒的线束连接器端子 EB042-R6-85 之间的电阻是否小于 5Ω。如果不在规定范围，则检测 / 维修电路开路、电阻过大故障 ❹ 测量电池冷却泵的线束连接器端子 BY119-2 与动力电池管理系统的线束连接器 BY123-7 之间的电阻是否小于 5Ω。如果不在规定范围，则检测 / 维修电路开路、电阻过大故障 ❺ 分别测量电池冷却泵的线束连接器端子 BY119-3 或发动机舱熔丝盒的线束连接器端子 EB042-R6-87 与电源和接地之间的电阻是否为无穷大。如果不在规定范围，则检测 / 维修电路对电源或接地短路故障 ❻ 分别测量电池冷却泵的线束连接器端子 BY119-2 或动力电池管理系统的线束连接器 BY123-7 与电源和接地之间的电阻是否为无穷大。如果不在规定范围，则检测 / 维修电路对电源或接地短路故障 ❼ 分别测量发动机舱熔丝盒的线束连接器端子 EB042-R6-85 或电力电子箱的线束连接器端子 EB076-26 与电源和接地之间的电阻是否为无穷大。如果不在规定范围，则检测 / 维修电路对电源或接地短路故障 ❽ 检测 / 维修相关故障后关闭并重新打开点火开关，再次读取故障码，确认故障码是否继续存在：是→转到步骤（4）；否→诊断结束 （4）检测 / 更换电池冷却泵继电器 ❶ 将电池冷却泵继电器拆下，把端子 R6-30 和端子 R6-86 连接一个 10A 熔丝后与蓄电池正极接通 ❷ 控制电池冷却泵继电器端子 R6-85 与蓄电池负极接通 ❸ 用万用表测试电池冷却泵继电器端子 R6-87，若有蓄电池电压则表明继电器未损坏；若没有蓄电池电压则表明继电器损坏，更换电池冷却泵继电器 如果经过以上检测和维修后故障码依然存在，则尝试检测 / 更换电池冷却泵 / 电力电子箱

(5) 电空调压缩机电压过低（表 7-5-5）

表 7-5-5　电空调压缩机电压过低

项目	内容
故障码、故障描述	B14A0-16：电空调压缩机电压过低 B14A0-17：电空调压缩机电压过高
系统原理	压缩机安装在变速器的安装支架下，通过高压电机驱动，高压电由高压电池包提供
故障码出现条件	B14A0：电空调压缩机电压信号低为 1 B14A2：电空调压缩机电压信号高为 1
故障现象	停止压缩机。控制模块记录故障码
可能原因	相关线路故障；连接器故障或配合不良；空调压缩机故障
诊断方法	（1）使用诊断仪读取相关参数或者强制输出，确认故障状态 ❶ 连接诊断仪，将点火开关置于 ON 位置 ❷ 读取"EVDC 压缩机电流"是否在合理值范围内：否→检测高压电池包；是→转至步骤（2） （2）检验接插件的连接性 ❶ 检查高压电池包线束连接器 HV003，电空调压缩机线束连接器 HV004 是否存在松动、接触不良、扭曲、腐蚀、污染、变形等现象 ❷ 对于目视有问题的部件进行清洁、维修或更换 ❸ 检测/维修相关故障后关闭并重新打开点火开关，再次读取故障码，确认故障码是否继续存在：是→转到步骤（3）；否→诊断结束 （3）检测相关线路 ❶ 将点火开关置于 OFF 位置，车辆静置 5min 以上，操作手动维修开关，断开高压电池电源，断开蓄电池负极接线 ❷ 测量高压电池上高压连接器各端子间、端子与地之间，以及高压线束端高压连接器内的端子之间，确保没有高压电 ❸ 使用绝缘检测仪器，检测高压电池系统的绝缘值是否在规定的范围内，绝缘检测仪器的测试电压值应高于高压电池包的电压值 ❹ 断开高压电池包线束连接器 HV003，电空调压缩机线束连接器 HV004 ❺ 测试高压电池包线束连接器 HV003 端子 1 和 2 与接地之间的电阻应该为兆欧级 ❻ 测试电空调压缩机线束连接器 HV004 端子 1 和 2 与接地之间的电阻应该为兆欧级 ❼ 检测/维修相关故障后关闭并重新打开点火开关，再次读取故障码，确认故障码是否继续存在：是→转到步骤（4）；否→诊断结束 （4）检测高压电池包　如果经过以上检测和维修后故障码依然存在，则尝试检测高压电池包

(6) 电空调压缩机温度过高（表 7-5-6）

表 7-5-6　电空调压缩机温度过高

项目	内容
故障码、故障描述	B14A1-4B：电空调压缩机温度过高
系统原理	空调控制模块会对启动或切断压缩机进行控制，用以确保压缩机保持正常的压力范围，同时对压缩机起到过温保护
故障码出现条件	电空调压缩机温度信号高为 1

续表

项目	内容
故障现象	停止压缩机。控制模块记录故障码
可能原因	空调压缩机故障
诊断方法	❶ 连接诊断仪，将点火开关置于 ON 位置 ❷ 自诊断后删除故障码，确认故障码是否继续存在 ❸ 清除故障码后，确认未设置 B14A1。如果再次设置了故障码，则进行实时显示功能检测 ❹ 如果再次设置了故障码，则更换空调压缩机

（7）电空调压缩机低压电压故障（表 7-5-7）

表 7-5-7　电空调压缩机低压电压故障

项目	内容
故障码、故障描述	B14A5-01：电空调压缩机低压电压故障
系统原理	空调压缩机的供电电压由蓄电池常供电，当需要启动或切断压缩机时，空调控制模块会对其进行控制
故障码出现条件	电空调压缩机低压电信号为 1
故障现象	停止压缩机。控制模块记录故障码
可能原因	相关线路故障；连接器故障或配合不良；空调压缩机故障
诊断方法	（1）使用诊断仪读取相关参数或者强制输出，确认故障状态 ❶ 连接诊断仪，将点火开关置于 ON 位置 ❷ 读取"蓄电池电压"是否在合理值范围内（合理值范围）：是→检测/更换空调压缩机；否→转至步骤（2） （2）检验接插件的连接性 ❶ 检查电空调压缩机的线束连接器 EM121A，发动机舱熔丝盒的线束连接器 EB042 是否存在松动、接触不良、扭曲、腐蚀、污染、变形等现象 ❷ 对于目视有问题的部件进行清洁、维修或更换 ❸ 检测/维修相关故障后关闭并重新打开点火开关，再次读取故障码，确认故障码是否继续存在：是→转到步骤（3）；否→诊断结束 （3）检测相关线路 ❶ 检查熔丝 EF47，是否存在损坏、松动、接触不良、腐蚀、变形等现象，如果存在则进行更换或维修 ❷ 将点火开关置于 OFF 位置，车辆静置 5min 以上，操作手动维修开关，断开高压电池电源，断开蓄电池负极接线 ❸ 断开电空调压缩机的线束连接器 EM121A ❹ 连接蓄电池负极接线，将点火开关置于 ON 位置 ❺ 测量电空调压缩机的线束连接器端子 EM121A-1 与接地之间的电压是否为蓄电池电压 如果不在规定范围，则检测/维修电路开路、电阻过大或对地短路故障 ❻ 将点火开关置于 OFF 位置，断开蓄电池负极接线，断开蓄电池的线束连接器 BY137 ❼ 测量电空调压缩机的线束连接器端子 EM121A-1 与发动机舱熔丝盒的线束连接器端子 EB042-F47 之间的电阻是否小于 5Ω 如果不在规定范围，则检测/维修电路开路、电阻过大故障

续表

项目	内容
诊断方法	❽ 分别测量电空调压缩机的线束连接器端子 EM121A-1 或发动机舱熔丝盒的线束连接器端子 EB042-F47 与电源和接地之间的电阻是否为无穷大 如果不在规定范围，则检测 / 维修电路对电源或接地短路故障 ❾ 检测 / 维修相关故障后关闭并重新打开点火开关，再次读取故障码，确认故障码是否继续存在：是→转到步骤（4）；否→诊断结束
	（4）检测 / 更换电空调压缩机　如果经过以上检测和维修后故障码依然存在，则尝试检测 / 更换电空调压缩机

（8）电空调压缩机温度传感器故障（表 7-5-8）

表 7-5-8　电空调压缩机温度传感器故障

项目	内容
故障码、故障描述	B14A8-01：电空调压缩机温度传感器故障
系统原理	空调控制模块会对启动或切断压缩机进行控制，用以确保压缩机保持正常的压力范围，同时对压缩机起到过温保护
故障码出现条件	电空调压缩机温度传感器故障信号为 1
故障现象	停止压缩机。控制模块记录故障码
可能原因	空调压缩机故障
诊断方法	❶ 连接诊断仪，将点火开关置于 ON 位置 ❷ 自诊断后删除故障码，确认故障码是否继续存在 ❸ 清除故障码后，确认未设置 B14A8。如果再次设置了故障码，则进行实时显示功能检测 ❹ 如果再次设置了故障码，则更换空调压缩机

（9）电空调压缩机内部供电故障（表 7-5-9）

表 7-5-9　电空调压缩机内部供电故障

项目	内容
故障码、故障描述	B14AB-01：电空调压缩机内部供电故障
系统原理	电控压缩机内部故障，不涉及外部电路
故障码出现条件	电空调压缩机供电故障信号为 1
故障现象	停止压缩机。控制模块记录故障码
可能原因	空调压缩机故障
诊断方法	❶ 连接诊断仪，将点火开关置于 ON 位置 ❷ 自诊断后删除故障码，确认故障码是否继续存在 ❸ 清除故障码后，确认未设置 B14AB。如果再次设置了故障码，则进行实时显示功能检测 ❹ 如果再次设置了故障码，则更换空调压缩机

（10）CAN 总线关闭（表 7-5-10）

表 7-5-10　CAN 总线关闭

项目	内容
故障码、故障描述	U007301-88：CAN 总线关闭
系统原理	空调控制模块通过高速 CAN 总线与其他控制模块进行通信
故障码出现条件	控制器发生发送错误累计到一定次数，会进入"总线关闭"状态，当"总线关闭"状态连续发生 5 次，则设置该故障码
故障现象	停止压缩机。控制模块记录故障码
可能原因	相关线路故障；连接器故障或配合不良；空调控制模块故障
诊断方法	（1）检验接插件的连接性 ❶ 检查空调控制模块的线束连接器 FA043 是否存在松动、接触不良、扭曲、腐蚀、污染、变形等现象 ❷ 对于目视有问题的部件进行清洁、润滑、维修或更换 ❸ 检测/维修相关故障后关闭并重新打开点火开关，再次读取故障码，确认故障码是否继续存在：是→转到步骤（2）；否→诊断结束 （2）检测相关线路 ❶ 参见"车身高速 CAN 网络完整性检查"。如果其他模块测试正常，则继续以下检测流程 ❷ 将点火开关置于 OFF 位置，断开蓄电池负极接线，断开空调控制模块的线束连接器 FA043 端子 ❸ 测试以下空调控制模块的线束连接器 FA043 端子与网关的线束连接器 FA040 端子之间的电阻是否小于 5Ω 如果不在规定范围，则测试电路开路/电阻过大故障 a. 端子 FA043-5 与端子 FA040-20 b. 端子 FA043-6 与端子 FA040-19 ❹ 测试空调控制模块的线束连接器 FA043 端子或网关的线束连接器 FA040 端子与接地之间的电阻是否为无穷大 a. 端子 FA043-5 或端子 FA040-20 b. 端子 FA043-6 或端子 FA040-19 ❺ 连接蓄电池负极接线，测试空调控制模块的线束连接器 FA043 端子或网关的线束连接器 FA040 端子与接地之间的电压是否为 2～3V 如果不在规定范围，则测试电路对电源短路故障 a. 端子 FA043-5 或端子 FA040-20 b. 端子 FA043-6 或端子 FA040-19 ❻ 检测/维修相关故障后关闭并重新打开点火开关，再次读取故障码，确认故障码是否继续存在：是→转到步骤（3）；否→诊断结束 （3）检测/更换空调控制器　如果经过以上检测和维修后故障码依然存在，则尝试检测/更换空调控制器

操作视频

操作视频

第 8 章　广州电动汽车故障

8.1　整车三电系统

三电系统工作原理如图 8-1-1 所示。

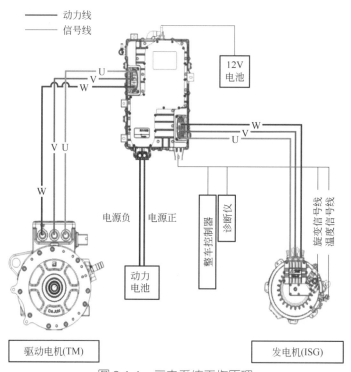

图 8-1-1　三电系统工作原理

（1）**驱动电机**　驱动电机的位置见图 8-1-2，驱动电机的结构如图 8-1-3 所示。其工作原理为：当三相定子绕组通入三相对称正弦交流电时，所产生的旋转磁场磁极与转子的异性磁极间形成的磁拉力就会牵引转子与旋转磁场同步旋转。

（2）**动力电池**　有两种电池系统，AG1 电池系统如图 8-1-4 所示，AG2 电池系统如图 8-1-5 所示。

动力电池的充电原理如图 8-1-6 所示，经过预充电、恒流充电、涓流（恒压）充电后充电结束。

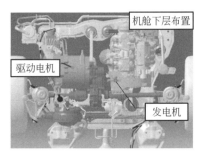

图 8-1-2 驱动电机的位置

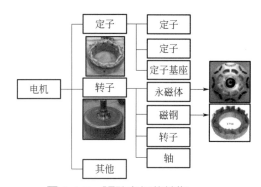

图 8-1-3 驱动电机的结构

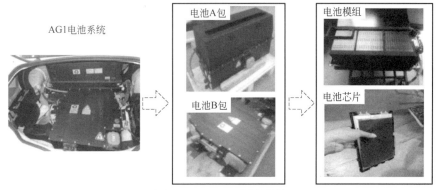

图 8-1-4 AG1 电池系统

图 8-1-5 AG2 电池系统

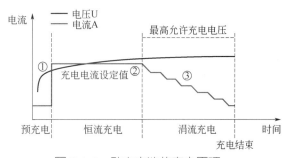

图 8-1-6 动力电池的充电原理

① 预充电　不是每次充电都经历，当电池电压较低（＜2.7V）时，如果直接进入恒流充电会损害电池寿命，恒流预充，电压升高至一定值，开始恒流充电。

② 恒流充电　以恒定电流充电至 70%～80% 电池电量时，达到最高限制电压，开始恒压充电。

③ 涓流（恒压）充电　以 30% 的时间充 10%。

（3）电机控制器　电机控制器的组成如图 8-1-7 所示，它主要有以下几个作用：接收整车命令；将直流电压转化为交流电压，控制电机在不同转速下的扭矩输出；将电机控制器系统的状态返回给整车。

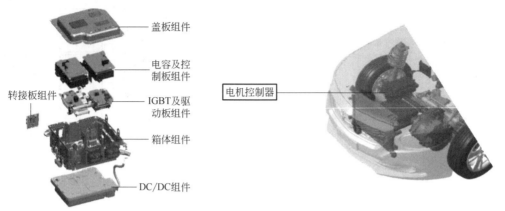

图 8-1-7 电机控制器的组成

8.2 GA5REV 故障案例分析

（1）充电机无法充电

① 故障现象　充电机无法充电。

② 故障分析　充电过程逻辑如图 8-2-1 所示。

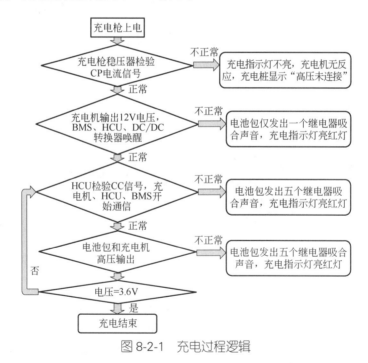

图 8-2-1 充电过程逻辑

a. 请检查 12V 蓄电池电量是否足够（标准：12.5V）。

b. 检查充电线是否异常。

家用充电线：检查插座有无接地线，如无，则接好地线；经确认，有接地线。更换充电线（无法测量充电线的故障）。

充电桩用的充电线：用万用表检查充电线的输入端与输出端的线有无导通。如无导通，可确认充电线故障。

c. 检查与充电机相连接的三条线，检查是否有退针现象。经检查，未有退针现象。

d. 检查充电开始时充电机输出的 12V 电压（由充电盒"黑色的、与线束相连"输出）有无唤醒电机控制器 /HCU/BMS。可重新连接外接充电，连接后前 5s 听电池包里有无发出 4 声"砰"的响声（为电池继电器唤醒后合闸的声音），如有，则已唤醒；如无，则检查充电盒的插接线是否插好、有无退针现象、充电盒是否失效。

e. 检查充电机外壳接地是否良好（用万用表检测，一端接触充电机外壳，另一端接地。如接地不通，则拆卸充电机 4 个紧固螺栓，用打磨机打磨充电机 4 个螺栓孔），如接地不良，则拆卸充电机，用砂纸打磨 4 个紧固螺栓孔。

f. 以上方法均未解决无法充电，则检查充电机，更换充电机，再次充电验证是否解决问题。

HCU 检测 CC 信号，充电机、HCU、BMS 开始 CAN 通信。继电器吸合（Key On 信号进入后，BMS 进入 Standby 状态，待 HCU 发出吸合主继电器请求后，主负继电器、中间继电器率先吸合，然后预充电继电器吸合，高压电进入整车回路，开始预充电过程，待预充电过程结束后，预充电继电器断开，主正继电器吸合，BMS 进入 Active 状态，完成电池上电过程）。若继电器其中有一继电器不吸合，则检查动力电池。

（2）高压互锁线断开

① 故障现象　组合仪表报"系统故障、联系维修"；车辆无法启动，且上不了高压电。

② 故障诊断　检查故障码，如图 8-2-2 所示。

序号	控制器	硬件号	软件号	零件号	故障码	故障类型	定义	状态
1	制动控制系统	8030009BAC020H.0	8030009BAC020S.0	8030009BAC0200	无故障码			
2	助力转向系统	3410006BAC010H??	3410006BAC010S??	3410006BAC0100	无故障码			
3	发动机管理系统	1120003BAC1100H.C	1120003BAC1100S.C	1120003BAC1100	无故障码			
4	辅助安全系统	8040003BAC000H???	8040003BAC000S???	8040003BAC0000	U041881	历史的	从BCS收到的车速值无效或者 BCS_VehSpdVD的值是无效的	28
5	电池管理系统				通信异常			
6	前驱电机	1520007BAC0000H.0	1520007BAC0000S.4	1520007BAC0000	无故障码			
7	混动控制系统	1110003BAC0300H.C	1110003BAC0300S.C	1110003BAC0300	P0A0A13	当前的	高压互锁线开路	8B
8	混动控制系统	1110003BAC0300H.C	1110003BAC0300S.C	1110003BAC0300	P0A0B13	历史的	HVIL反馈线开路	0A
9	混动控制系统	1110003BAC0300H.C	1110003BAC0300S.C	1110003BAC0300	P16FC16	当前的	高压电池电池包电压过低（1级）	0B
10	混动控制系统	1110003BAC0300H.C	1110003BAC0300S.C	1110003BAC0300	P16FC84	当前的	高压电池电池包电压过低（2级）	0B
11	混动控制系统	1110003BAC0300H.C	1110003BAC0300S.C	1110003BAC0300	P166496	当前的	高压电池初始化错误	0B
12	混动控制系统	1110003BAC0300H.C	1110003BAC0300S.C	1110003BAC0300	U10C181	当前的	HVIL线断开	0B
13	混动控制系统	1110003BAC0300H.C	1110003BAC0300S.C	1110003BAC0300	P166900	当前的	BMS emergency线断开	0B
14	集成启动发电机	1520007BAC0000H.0	1520007BAC0000S.4	1520007BAC0000	无故障码			

图 8-2-2　检查高压互锁线故障码

a. 确认当前故障码是否有 [当前的 HVIL 线断开；或当前的 BMS emergency 线断开；当前的高压电池电池包电压过低（1 级）；当前的高压电池电池包电压过低（2 级）；当前的高压电池初始化错误]。

b. 如有上述故障，则判断为高压互锁线路断开，排查高压互锁线路故障。高压互锁回路电路如图 8-2-3 所示。

③ 处理方法（由易到难原则）

a. 检查前舱电器盒（EF16）熔丝是否有松动、烧坏、氧化现象。

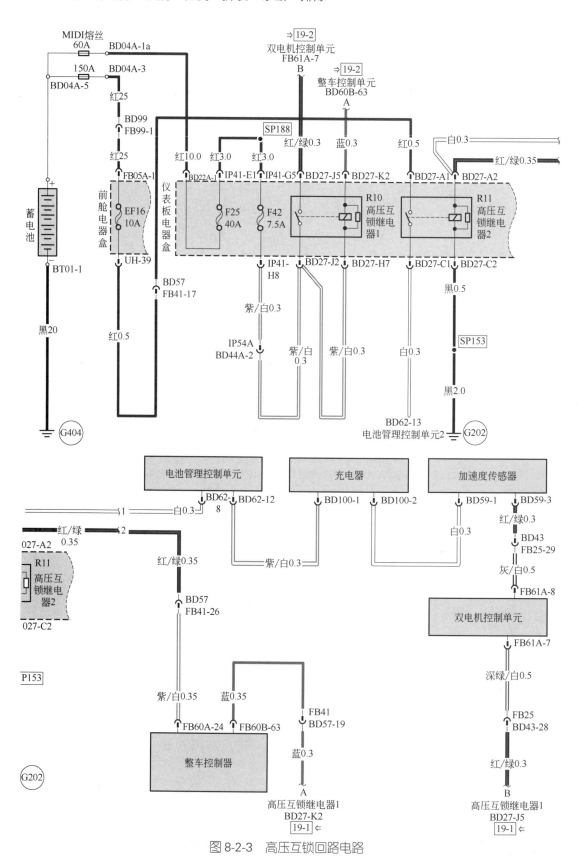

图 8-2-3 高压互锁回路电路

b. 检查仪表电器盒（F42 熔丝，R10、R11 继电器）是否有松动、烧坏、氧化现象。

c. 检查后备厢动力电池 B 包手动维修开关安装状态（无松脱）。

d. 检测动力电池系统（图 8-2-4）：利用万用表检测动力电池 B 包低压输出插头端（动力电池的左侧）$8^#$、$12^#$ 针脚（图 8-2-5）是否导通，如导通判断为动力电池 A、B 包状态正常；反之，再分开检测电池 A、B 包。

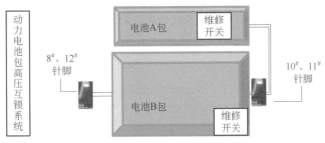

图 8-2-4　动力电池系统

图 8-2-5　检测动力电池 B 包低压输出插头端 $8^#$、$12^#$ 针脚

e. 检测动力电池 A 包低压输出端口 $10^#$、$11^#$ 针脚（图 8-2-6），如导通则动力电池 A 包状态正常；反之则不正常，检查动力电池 A 包手动维修开关安装状态。

图 8-2-6　检测动力电池 A 包低压输出端口 $10^#$、$11^#$ 针脚

f. 检测动力电池 A 包的低压输出端口 $8^#$、$12^#$ 针脚（图 8-2-7）是否导通，如导通则动力电池 B 包状态正常；反之执行下一步。

图 8-2-7　检测动力电池 A 包的低压输出端口 $8^#$、$12^#$ 针脚

g. 检测充电机系统：利用万用表检测充电机输出端 $C^#$、$D^#$ 针脚（图 8-2-8）是否导通。如导通判断为充电机状态正常；若不导通，检查动力电池 B 包低压输出线连接到充电机线束状态，

如线束不导通，判断动力电池 B 包低压输出线连接到充电机线束不正常，反之则充电机不正常。

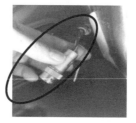

图 8-2-8　检测充电机输出端 C#、D# 针脚

h. 检测加速度传感器系统：利用万用表检测加速度传感器端 1#、3# 针脚（图 8-2-9）是否导通，如导通判断为加速度传感器状态正常；反之，请检查充电机连接到加速度传感器线束状态。

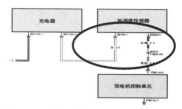

图 8-2-9　检测加速度传感器端 1#、3# 针脚

i. 检测控制器系统：利用万用表检查电机控制器（低压输出、白色）插头 7#、8# 针脚（图 8-2-10），如导通判断为控制器状态正常，再检测加速度传感器连接到电机控制器线束状态；如不导通，判断为加速度传感器连接至控制器线束不正常。

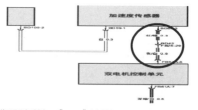

图 8-2-10　检查电机控制器插头 7#、8# 针脚

j. 检测双电机控制单元：利用万用表检查 VCU 控制器（60A-24、60B-63）针脚是否导通（图 8-2-11），如导通则判定 VCU 控制器状态正常；如不导通，则需检查仪表电器盒 R11、R10 继电器（BD27-A1、BD27-K2）到 VCU 控制器的连接线束状态。

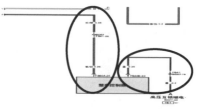

图 8-2-11　检查 VCU 控制器（60A-24、60B-63）针脚

（3）行驶中掉高压电（动力电池故障）

① 故障现象　车辆在低速行驶时出现过 3 次高压掉电，报"系统故障，联系维修"故障，

重启故障消失；在加速过程中有时瞬间失去动力（持续零点几秒），未报故障。

② 故障诊断　检查故障码，如图 8-2-12 所示。

序号	控制器	硬件号	软件号	零件号	故障码	故障类型	定义	状态
1	制动控制系统	8030009BAC020H.0	8030009BAC020S.C	8030009BAC0200	无故障码			
2	助力转向系统	3410006BAC010H??	3410006BAC010S??	3410006BAC0100	无故障码			
3	发动机管理系统	1120006BAC1100H.C	1120006BAC1100S.C	1120006BAC1100	P057129	历史的	刹车信号不同步	20
4	辅助安全系统	8040003BAC010H???	8040003BAC010S???	8040003BAC0100	无故障码			
5	电池管理系统				通信异常			
6	前驱电机	1520007BAC0000H.C	1520007BAC0000S.4	1520007BAC0000	P180116	历史的	发电机高压直流电压低出阈值-关闭IPU	A8
7	混动控制系统	1110003BAC0300H.C	1110003BAC0300S.C	1110003BAC0300	P16FE84	历史的	高压电池过流	08
8	混动控制系统	1110003BAC0300H.C	1110003BAC0300S.C	1110003BAC0300	P14D813	历史的	HCU黄色充电指示灯控制电路开路	08
9	混动控制系统	1110003BAC0300H.C	1110003BAC0300S.C	1110003BAC0300	P14DB13	历史的	HCU绿色充电指示灯控制电路开路	08
10	混动控制系统	1110003BAC0300H.C	1110003BAC0300S.C	1110003BAC0300	P14DE13	历史的	HCU红色充电指示灯控制电路开路	08
11	混动控制系统	1110003BAC0300H.C	1110003BAC0300S.C	1110003BAC0300	P167000	当前的	BMS 12V供电电压异常	08
12	混动控制系统	1110003BAC0300H.C	1110003BAC0300S.C	1110003BAC0300	U10C287	历史的	丢失与充电机的通信超过1秒	08
13	混动控制系统	1110003BAC0300H.C	1110003BAC0300S.C	1110003BAC0300	P109296	历史的	发动机故障级别1	08
14	混动控制系统	1110003BAC0300H.C	1110003BAC0300S.C	1110003BAC0300	U011187	历史的	与BMS丢失通信	08
15	混动控制系统	1110003BAC0300H.C	1110003BAC0300S.C	1110003BAC0300	P16FB00	当前的	高压电池单体电压过低（3级）	08
16	混动控制系统	1110003BAC0300H.C	1110003BAC0300S.C	1110003BAC0300	P16FCAE	当前的	高压电池电池单体电压不平衡（1级）	08
17	混动控制系统	1110003BAC0300H.C	1110003BAC0300S.C	1110003BAC0300	P166496	历史的	高压电池初始化错误	08
18	混动控制系统	1110003BAC0300H.C	1110003BAC0300S.C	1110003BAC0300	P169496	历史的	BMS故障级别3	08
19	混动控制系统	1110003BAC0300H.C	1110003BAC0300S.C	1110003BAC0300	P189496	历史的	驱动电机故障级别3	08
20	集成启动发电机	1520007BAC0000H.C	1520007BAC0000S.4	1520007BAC0000	无故障码			

图 8-2-12　检查电机控制器故障码

a. 确认当前故障码是否有［当前的高压电池单体电压过低（3级）；当前的高压电池单体电压不平衡；当前的 BMS 12V 供电电压异常］。

b. 如有上述故障，判断为动力电池内部故障。

（4）电机控制器故障

① 故障现象　车辆上不了电。

② 故障诊断

a. 确认当前故障码是否有（当前的发电机丢失与 HCUCAN 通信；当前的前驱电机丢失与 HCUCAN 通信）。

b. 如有上述故障，判断为电机控制器内部故障。

③ 电机控制器过温故障分析流程如图 8-2-13 所示。

（5）发电机绝缘故障

① 故障现象　车辆行驶中报"降功率行驶/严重故障、联系维修"故障。

② 故障诊断　检查故障码，如图 8-2-14 所示。

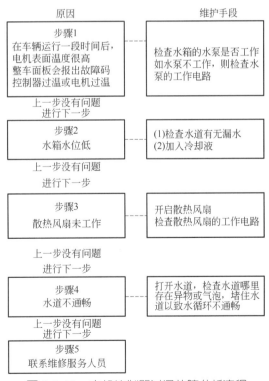

图 8-2-13　电机控制器过温故障分析流程

10	混动控制系统	1110003BAC0300H.B	1110003BAC0300S.B	1110003BAC0300	U007388	历史的	HCAN总线关闭	08
11	混动控制系统	1110003BAC0300H.B	1110003BAC0300S.B	1110003BAC0300	P171019	历史的	DC/DC输出电流超出阈值	08
12	混动控制系统	1110003BAC0300H.B	1110003BAC0300S.B	1110003BAC0300	P16C119	历史的	高压电池充电电流过大（1级）	08
13	混动控制系统	1110003BAC0300H.B	1110003BAC0300S.B	1110003BAC0300	U10C287	历史的	丢失与充电机的通信超过1s	08
14	混动控制系统	1110003BAC0300H.B	1110003BAC0300S.B	1110003BAC0300	P0AA601	历史的	高压电池系统绝缘故障	08
15	混动控制系统	1110003BAC0300H.B	1110003BAC0300S.B	1110003BAC0300	P169796	当前的	BMS故障级别4	8B
16	集成启动发电机	1520007BAC0000H.0	1520007BAC0000S.1	1520007BAC0000	无故障码			

图 8-2-14　检查发电机绝缘故障码

a. 确认当前故障码是否有（当前的、BMS故障级别4；历史的/当前的、高压电池系统绝缘故障）。
b. 如有上述故障，初步判断为三电系统部件（电池、电机、电控）绝缘故障。
③ 处理方法
a. 检测三电高压系统部件绝缘，首先必须切断动力电池B包手动维修开关及12V蓄电池负极。
b. 检测动力电池A、B包的绝缘情况（图8-2-15）：拆开动力电池A、B包相互连接的高压线接插件（①位置），利用绝缘表分别检测该点接插件（1#、2#）针脚的绝缘值（正常绝缘值为550Ω），如绝缘值不符，可判定为动力电池A包绝缘故障，检查该线束的状态（是否破皮、压坏），如线束无异常则需更换动力电池A包；利用绝缘表检测动力电池B包（1#、2#）针脚（②位置）的绝缘值（正常绝缘值为550Ω），如阻值不符，则判定为动力电池B包绝缘需更换。

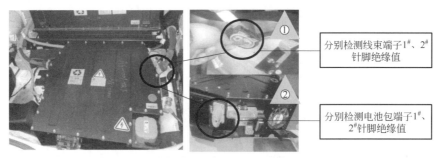

图 8-2-15　检测动力电池A、B包的绝缘情况

c. 检测空调系统高压线绝缘情况（图8-2-16）：拆开动力电池B包空调系统高压线连接的接插件（①位置），检测该线束接插件（1#、2#针脚）的绝缘值（正常绝缘阻值为550MΩ），如阻值不符，请检查该接插件到前机舱位置空调压缩机处的线束安装状态（端子有无异常、线束有无破皮）；拆开空调压缩机高压接插件，用绝缘表检测空调压缩机1#、2#内部绝缘情况（②位置），正常绝缘阻值为550MΩ，如阻值不符，则判定为空调压缩机内部绝缘异常，需更换空调压缩机。

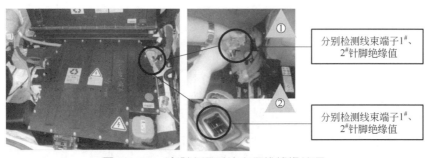

图 8-2-16　检测空调系统高压线绝缘情况

d. 检测充电机绝缘情况（图 8-2-17）：拆开动力电池 B 包充电机连接的高压系统接插件（①位置），检测该线束接插件（1#、2# 针脚）的绝缘值（正常绝缘阻值＞550MΩ），如阻值不符，请检查该段线束的状态（有无破皮、端子有无异常）和充电机。

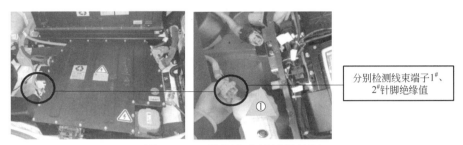

图 8-2-17　检测充电机绝缘情况

e. 检测三合一控制器系统绝缘情况（图 8-2-17）：拆开动力电池 B 包三合一控制器系统连接的接插件（A 点），检测该线束接插件（1#、2# 针脚）的绝缘值（正常绝缘阻值＞550MΩ），如阻值不符，则拆开三合一控制器连接的接插件（B 点），检测该点的绝缘值。如绝缘值不符，则可判断为该段线束不良（线束破皮、端子异常）。

用绝缘表检测三合一控制器针脚 1#、2#（B 点）的绝缘值（图 8-2-19），如绝缘值不符，拆开控制器与发电机连接的接插件 [图 8-2-18 中 C 点 / 图 8-2-19（c）]，分别检测 U、V、W 三个端子。如绝缘值不符，则判定发电机绝缘不良；反之，则拆开控制器与驱动电机连接的接插件 [图 8-2-18 中 D 点 / 图 8-2-19（d）]，分别检测 U、V、W 三个端子，如阻值不符，则判定为驱动电机绝缘不良。如发电机及驱动电机绝缘值均符合，则为三合一控制器绝缘。

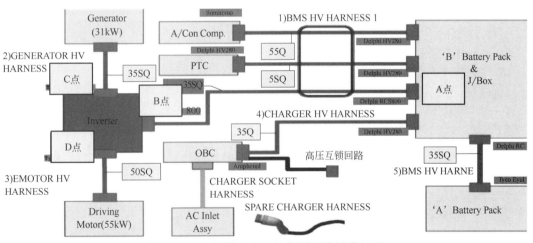

图 8-2-18　检测三合一控制器系统绝缘情况

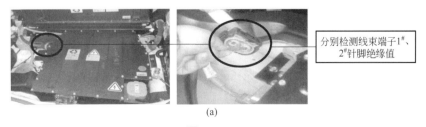

(a)

图 8-2-19

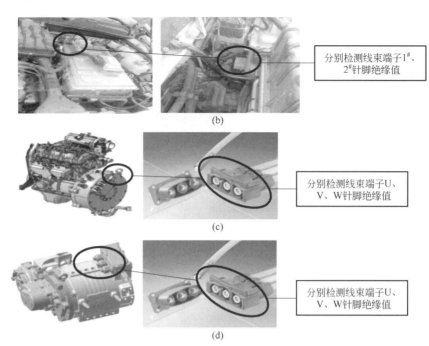

图 8-2-19 检测三合一控制器针脚 1#、2#

8.3 ISG 故障诊断

DTC 检测步骤如下。

① 在进行下列步骤之前，确认蓄电池电压为正常工作电压。
② 关闭点火开关及所有用电器。
③ 将车辆诊断仪连接至车辆诊断接口上。
④ 将点火钥匙置于"ON"挡。
⑤ 用车辆诊断仪读取和清除 DTC。
⑥ 关闭点火开关及所有用电器，3～5s 后重新将点火钥匙置于"ON"挡。
⑦ 重新启动车辆进行路试，使车辆在各工况下运行。
⑧ 用车辆诊断仪读取 DTC。

如果检测到 DTC，则说明车辆有故障，请进行相应的诊断步骤；如果没有检测到 DTC，则说明先前检测到的故障为偶发性故障。

8.3.1 IGBT 过电流故障诊断

IGBT 过电流故障的故障码见表 8-3-1。诊断步骤如下。

表 8-3-1 IGBT 过电流故障的故障码

DTC	DTC 定义	可能故障原因	维修处理方法
P170219	IGBT 过电流（>1000A）或 IGBT 短路到地	● 电机控制参数异常 ● 绝缘不良	检查绝缘状况
P170619	IGBT 过电流	● 电机控制参数异常 ● 绝缘不良	● 重新上电 ● 检查绝缘状况

① 连接车辆诊断仪清除故障码。
② 关闭点火开关，重新启动车辆进行测试。
③ 再次读取故障码，检查故障是否存在：是→进行下一步；否→偶发性故障，检查ISG电机和集成发电机及驱动电机控制器插头针脚是否松动、腐蚀。
④ 检查ISG电机和集成发电机及驱动电机控制器散热是否正常：是→进行下一步；否→散热系统故障，维修散热系统。
⑤ 检查ISG电机是否进水：是→ISG电机故障，更换ISG电机；否→进行下一步。
⑥ 检查ISG电机高压线束是否绝缘不良：是→更换高压线束；否→进行下一步。
⑦ 检查集成发电机及驱动电机控制器到ISG电机之间导线是否正常：是→进行下一步；否→导线故障，维修故障导线。
⑧ 更换确认良好的ISG电机进行测试，如果症状及故障码消失，则更换新的ISG电机；若故障仍存在，则需更换集成发电机及驱动电机控制器。

8.3.2 高压直流过电流故障诊断

高压直流过电流故障的故障码见表8-3-2。诊断步骤如下。

表 8-3-2 高压直流过电流故障的故障码

DTC	DTC 定义	可能故障原因	维修处理方法
P170719	高压直流过电流	● 高压输入端短路 ● 绝缘不良	● 重新上电 ● 检查绝缘状况
P17181D	高压直流电流传感器故障	● 电流传感器故障 ● 传感器电路故障	检查电机电流传感器及其接线
P170819	高压直流过电流（关闭IPU）	过载、过流、短路	检查高压电路是否短路

① 连接车辆诊断仪清除故障码。
② 关闭点火开关，重新打开点火开关。
③ 再次读取故障码，检查故障是否存在：是→进行下一步；否→偶发性故障，检查ISG电机和集成发电机及驱动电机控制器插头与插头针脚是否松动、腐蚀。
④ 检查电池组箱电压输出是否正常：是→进行下一步；否→电池组箱内部故障，维修电池组箱。
⑤ 检查电池组箱与ISG电机和集成发电机及驱动电机控制器之间导线是否正常：是→进行下一步；否→线路故障，维修故障线路。
⑥ 连接车辆诊断仪，读取ISG电机电流和电压传感器数据流，确认电压/电流传感器是否正常：是→进行下一步；否→ISG电机电压/电流传感器故障，更换ISG电机。

8.3.3 电机过速故障诊断

电机过速故障的故障码见表8-3-3。诊断步骤如下。

表 8-3-3 电机过速故障的故障码

DTC	DTC 定义	可能故障原因	维修处理方法
P17A070	电机过速	● 电机控制参数异常 ● 机械故障、电机空转	● 检查电机机械连接状态 ● 更换电机

① 连接车辆诊断仪清除故障码。
② 关闭点火开关，重新启动车辆进行测试。
③ 再次读取故障码，检查故障是否存在：是→进行下一步；否→偶发性故障，检查ISG电机和集成发电机及驱动电机控制器插头针脚是否松动、腐蚀。
④ 检查发动机性能是否正常：是→进行下一步；否→检修发动机系统。
⑤ 检查电机机械连接状态是否正常：是→进行下一步；否→检修电机机械故障。
⑥ 更换确认良好的集成发电机及驱动电机控制器进行测试，如果症状及故障码消失，则更换集成发电机及驱动电机控制器。

8.3.4 CAN通信故障诊断

CAN通信故障的故障码见表8-3-4。诊断步骤如下。

表8-3-4 CAN通信故障的故障码

DTC	DTC 定义	可能故障原因	维修处理方法
U029387	丢失与HCU的CAN通信	● HCU故障 ● CAN连接头故障 ● CAN收发器故障	● 检查HCU ● 检查HCAN线连接状况
U029486	接收到来自HCU的无效CAN报文	● HCU故障 ● 通信噪声	● 检查HCU ● 检查HCAN物理层
U14E088	CAN总线关闭	● CAN总线负载过大 ● CAN物理层异常	● 检查HCAN总线负载 ● 检查HCAN物理层

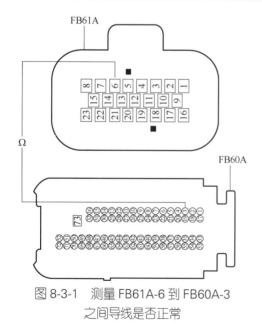

图8-3-1 测量FB61A-6到FB60A-3之间导线是否正常

① 连接车辆诊断仪清除故障码。
② 关闭点火开关，重新启动发动机进行测试。
③ 再次读取故障码，检查故障是否存在：是→进行下一步；否→偶发性故障，检查集成发电机及驱动电机控制器和ISG电机插头针脚是否松动、腐蚀。
④ 断开集成发电机及驱动电机控制器插头FB61A和整车控制器插头FB60A。测量FB61A-6到FB60A-3之间导线是否正常（图8-3-1）：是→进行下一步；否→导线故障，维修故障导线。
⑤ 连接车辆诊断仪，检查其他控制系统是否存在故障码：是→根据故障码进行排除；否→进行下一步。
⑥ 检查车辆CAN网络总线是否正常：是→检修CAN网络总线；否→进行下一步。
⑦ 更换确认良好的集成发电机及驱动电机控制器进行测试，如果症状及故障码消失，则更换新的集成发电机及驱动电机控制器。

8.3.5 存储器故障诊断

存储器故障的故障码见表8-3-5。诊断步骤如下。

表 8-3-5　存储器故障的故障码

DTC	DTC 定义	可能故障原因	维修处理方法
P176146	存储器故障	微控制器故障	更换电机控制器
P176246	软件任务重入故障（关闭 IPU）	任务调用时间设置不当	修改任务调用时间
P17A271	堵转故障（关闭 IPU）	发动机及发电机机械系统故障	检查发动机及发电机机械系统
P176248	程序运行异常	软件程序异常	更换电机控制器
P17A062	电机估测扭矩超出 10% 的命令扭矩	电机控制参数异常	更换电机控制器
P17A162	三级扭矩监控故障	微控制器故障	更换电机控制器

① 连接车辆诊断仪清除故障码。
② 关闭点火开关，重新启动车辆进行测试。
③ 再次读取故障码，检查故障是否存在：是→进行下一步；否→偶发性故障，检查 ISG 电机和集成发电机和驱动电机控制器插头针脚是否松动、腐蚀。
④ 检查集成发电机及驱动电机控制器和 ISG 电机散热系统是否正常：是→进行下一步；否→散热系统故障，维修散热系统。
⑤ 检查集成发电机及驱动电机控制器是否进水、受潮：是→集成发电机及驱动电机控制器故障，更换集成发电机及驱动电机控制器；否→进行下一步。
⑥ 检查集成发电机及驱动电机控制器到 ISG 电机之间的导线和接地点是否正常：是→进行下一步；否→导线故障，维修故障导线。
⑦ 更换确认良好的 ISG 电机进行测试，如果症状及故障码消失，则更换新的 ISG 电机；若故障仍存在，则需更换集成发电机及驱动电机控制器。

8.3.6　电池电压超出范围故障诊断

电池电压超出范围故障的故障码见表 8-3-6。诊断步骤如下。

表 8-3-6　电池电压超出范围故障的故障码

DTC	DTC 定义	可能故障原因	维修处理方法
P17051C	12V 电池电压超出范围	● 12V 电池老化 ● 12V 电池电压过低 ● 传感器电路故障	检查 12V 电池
P17061C	传感器供电电压超出范围	● 电源供应故障 ● 传感器电路故障	● 检查 12V 电池 ● 维修电机

① 连接车辆诊断仪清除故障码。
② 关闭点火开关，重新启动车辆进行测试。
③ 再次读取故障码，检查故障是否存在：是→进行下一步；否→偶发性故障，检查集成发电机及驱动电机控制器插头针脚是否松动、腐蚀。
④ 检查蓄电池电压是否正常：是→进行下一步；否→蓄电池故障，更换蓄电池。
⑤ 更换确认良好的集成发电机及驱动电机控制器进行测试，如果症状及故障码消失，则更换新的集成发电机及驱动电机控制器。

8.3.7 逆变器过温（降载）故障诊断

逆变器过温（降载）故障的故障码见表 8-3-7。诊断步骤如下。

表 8-3-7 逆变器过温（降载）故障的故障码

DTC	DTC 定义	可能故障原因	维修处理方法
P17064B	逆变器过温（降载）	正常工况	无须维修
P17084B	电机过温（降载）	正常工况	无须维修

① 连接车辆诊断仪清除故障码。
② 关闭点火开关，重新启动车辆进行测试。
③ 再次读取故障码，检查故障是否存在：是→进行下一步；否→偶发性故障，检查集成发电机及驱动电机控制器插头针脚是否松动、腐蚀。
④ 检查电机高压冷却系统及散热系统是否正常：是→进行下一步；否→检修高压冷却系统及散热系统。
⑤ 再次删除故障码进行测试，如果症状及故障码消失，则无须维修。

8.3.8 两组 IGBT 温度传感器故障诊断

两组 IGBT 温度传感器故障的故障码见表 8-3-8。诊断步骤如下。

表 8-3-8 两组 IGBT 温度传感器故障的故障码

DTC	DTC 定义	可能故障原因	维修处理方法
P171012	两组 IGBT 温度传感器开路或短路到电源	● 温度传感器故障 ● 传感器电路故障	● 检查电机温度传感器及其接线 ● 更换电机
P171011	两组 IGBT 温度传感器短路到地	● 温度传感器故障 ● 传感器电路故障	● 检查电机温度传感器及其接线 ● 更换电机
P172112	IGBT 温度传感器 1 开路或短路到电源	● 温度传感器故障 ● 传感器电路故障	● 检查电机温度传感器及其接线 ● 更换电机
P172212	IGBT 温度传感器 2 开路或短路到电源	● 温度传感器故障 ● 传感器电路故障	● 检查电机温度传感器及其接线 ● 更换电机
P172111	IGBT 温度传感器 1 短路到地	● 温度传感器故障 ● 传感器电路故障	● 检查电机温度传感器及其接线 ● 更换电机
P173A00	发电机两个 IGBT 温度传感器故障	● 温度传感器故障 ● 传感器电路故障	● 检查电机温度传感器及其接线 ● 更换电机
P172211	IGBT 温度传感器 2 短路到地	● 温度传感器故障 ● 传感器电路故障	● 检查电机温度传感器及其接线 ● 更换电机

① 连接车辆诊断仪清除故障码。
② 关闭点火开关，重新启动车辆进行测试。
③ 再次读取故障码，检查故障是否存在：是→进行下一步；否→偶发性故障，检查集成发电机和驱动电机控制器插头针脚是否松动、腐蚀。
④ 检查 ISG 电机及集成发电机和驱动电机控制器散热系统是否正常：是→进行下一步；否→散热系统故障，维修 ISG 电机散热系统。
⑤ 检查 ISG 电机是否进水、受潮：是→ ISG 电机故障，更换 ISG 电机；否→进行下一步。
⑥ 连接车辆诊断仪，读取集成发电机及驱动电机控制器中 ISG 温度传感器数据流是否正常：是→进行下一步；否→ ISG 温度传感器故障，更换 ISG 电机。
⑦ 更换确认良好的 ISG 电机进行测试，如果症状及故障码消失，则更换新的 ISG 电机；若故障仍存在则更换集成发电机及驱动电机控制器。

8.3.9 三相电机温度传感器故障诊断

三相电机温度传感器故障的故障码见表 8-3-9。诊断步骤如下。

表 8-3-9 三相电机温度传感器故障的故障码

DTC	DTC 定义	可能故障原因	维修处理方法
P171112	U、V、W 相电机温度传感器开路或短路到电源	● 温度传感器故障 ● 传感器电路故障	● 检查电机温度传感器及其接线 ● 更换电机
P171111	U、V、W 相电机温度传感器短路到地	● 温度传感器故障 ● 传感器电路故障	● 检查电机温度传感器及其接线 ● 更换电机
P172312	U 相电机温度传感器开路或短路到电源	● 温度传感器故障 ● 传感器电路故障	● 检查电机温度传感器及其接线 ● 更换电机
P172412	V 相电机温度传感器开路或短路到电源	● 温度传感器故障 ● 传感器电路故障	● 检查电机温度传感器及其接线 ● 更换电机
P172512	W 相电机温度传感器开路或短路到电源	● 温度传感器故障 ● 传感器电路故障	● 检查电机温度传感器及其接线 ● 更换电机
P172311	U 相电机温度传感器短路到地	● 温度传感器故障 ● 传感器电路故障	● 检查电机温度传感器及其接线 ● 更换电机
P172411	V 相电机温度传感器短路到地	● 温度传感器故障 ● 传感器电路故障	● 检查电机温度传感器及其接线 ● 更换电机
P172511	W 相电机温度传感器短路到地	● 温度传感器故障 ● 传感器电路故障	● 检查电机温度传感器及其接线 ● 更换电机
P173B00	发电机至少两相温度传感器故障	● 温度传感器故障 ● 传感器电路故障	● 检查电机温度传感器及其接线 ● 更换电机

① 连接车辆诊断仪清除故障码。
② 关闭点火开关，重新启动车辆进行测试。
③ 再次读取故障码，检查故障是否存在：是→进行下一步；否→偶发性故障，检查集成发电机及驱动电机控制器插头针脚是否松动、腐蚀。
④ 检查 ISG 电机散热系统是否正常：是→进行下一步；否→散热系统故障，维修 ISG 电机散热系统。
⑤ 检查 ISG 电机与集成发电机及驱动电机控制器之间的线路是否正常：是→进行下一步；

否→导线故障，维修故障导线。

⑥ 使用诊断仪读取 ISG 电机中温度传感器数据流，查看数据流是否正常：是→进行下一步；否→温度传感器故障，更换 ISG 电机。

⑦ 更换确认良好的集成发电机及驱动电机控制器进行测试，如果症状及故障码消失，则更换新的集成发电机及驱动电机控制器。

8.3.10 电机反转故障诊断

电机反转故障的故障码见表 8-3-10。诊断步骤如下。

表 8-3-10 电机反转故障的故障码

DTC	DTC 定义	可能故障原因	维修处理方法
P17A077	ISG 电机反转故障（关闭 IPU）	● 扭矩控制异常 ● 电机位置传感器异常	● 检查 HCU 控制扭矩命令 ● 检查电机位置传感器电路

① 连接车辆诊断仪清除故障码。

② 关闭点火开关，重新启动车辆进行测试。

③ 再次读取故障码，检查故障是否存在：是→进行下一步；否→偶发性故障，检查集成发电机及驱动电机控制器插头针脚是否松动、腐蚀。

④ 检查 ISG 电机 U、V、W 导线连接是否正确：是→进行下一步；否→导线错误连接故障，重新按照正确方法连接导线。

⑤ 连接车辆诊断仪，读取 ISG 电机位置传感器数据流是否正常：是→进行下一步；否→位置传感器故障，更换 ISG 电机位置传感器。

⑥ 检查 ISG 电机是否进水、受潮：是→ISG 电机故障，更换 ISG 电机；否→进行下一步。

⑦ 更换确认良好的集成发电机及驱动电机控制器进行测试，如果症状及故障码消失，则更换集成发电机及驱动电机控制器。

8.3.11 相电流传感器故障诊断

相电流传感器故障的故障码见表 8-3-11。诊断步骤如下。

表 8-3-11 相电流传感器故障的故障码

DTC	DTC 定义	可能故障原因	维修处理方法
P171D38	U 相电流传感器故障	● 电流传感器故障 ● 传感器电路故障	更换电机
P171E38	V 相电流传感器故障	● 电流传感器故障 ● 传感器电路故障	更换电机
P173638	W 相电流传感器故障	● 电流传感器故障 ● 传感器电路故障	更换电机
P173838	至少两相电流传感器故障	● 电流传感器故障 ● 传感器电路故障	更换电机

① 连接车辆诊断仪清除故障码。

② 关闭点火开关，重新启动车辆进行测试。

③ 再次读取故障码，检查故障是否存在：是→进行下一步；否→偶发性故障，检查集成发电机及驱动电机控制器插头针脚是否松动、腐蚀。

④ 检查 ISG 电机是否进水、受潮：是→ ISG 电机故障，更换 ISG 电机；否→进行下一步。

⑤ 连接车辆诊断仪，读取 ISG 电机 U、V、W 三相电流传感器数据流是否正常：是→进行下一步；否→电流传感器故障，更换 ISG 电机。

⑥ 检查 ISG 电机到集成发电机及驱动电机控制器之间的导线是否正常：是→进行下一步；否→导线故障，维修故障导线。

⑦ 更换确认良好的集成发电机及驱动电机继电器进行测试，如果症状及故障码消失，则更换集成发电机及驱动电机控制器。

8.3.12 逆变器过温故障诊断

逆变器过温故障的故障码见表 8-3-12。诊断步骤如下。

表 8-3-12 逆变器过温故障的故障码

DTC	DTC 定义	可能故障原因	维修处理方法
P17074B	逆变器过温	冷却系统故障	检查冷却系统
P17A14B	电机过温		
P17394B	逆变器过温（断电）		
P17374B	冷却系统故障	• 冷却液未加满 • 冷却水泵故障	检查冷却液及冷却水泵
P17A24B	电机转子过温	• 冷却系统故障 • 转子退磁	• 检查冷却系统 • 更换电机

① 连接车辆诊断仪清除故障码。

② 关闭点火开关，重新启动车辆进行测试。

③ 再次读取故障码，检查故障是否存在：是→进行下一步；否→偶发性故障，检查集成发电机及驱动电机控制器插头针脚是否松动、腐蚀。

④ 检查电机高压冷却系统及散热系统是否正常：是→进行下一步；否→检修高压冷却系统及散热系统。

⑤ 检查电机机械系统是否正常：是→进行下一步；否→检修电机机械系统。

⑥ 更换确认良好的 ISG 电机进行测试，如果症状及故障码消失，则更换新的 ISG 电机；若故障仍存在，则需更换集成发电机及驱动电机控制器。

8.3.13 电机位置传感器故障诊断

电机位置传感器故障的故障码见表 8-3-13。诊断步骤如下。

表 8-3-13 电机位置传感器故障的故障码

DTC	DTC 定义	可能故障原因	维修处理方法
P172012	电机位置传感器故障	• 位置传感器接线故障 • 传感器电路故障	检查电机位置传感器及其接线

① 连接车辆诊断仪清除故障码。

② 关闭点火开关，重新启动车辆进行测试。

③ 再次读取故障码，检查故障是否存在：是→进行下一步；否→偶发性故障，检查集成发电机及驱动电机控制器插头针脚是否松动、腐蚀。

④ 连接车辆诊断仪，读取 ISG 位置传感器数据流是否正常：是→进行下一步；否→ISG 位置传感器故障，更换 ISG 位置传感器。

⑤ 更换确认良好的 ISG 电机进行测试，检查症状及故障码是否消失：是→ISG 电机故障，更换 ISG 电机；否→进行下一步。

⑥ 更换确认良好的集成发电机及驱动电机控制器进行测试，如果症状及故障码消失，则更换新的集成发电机及驱动电机控制器。

8.3.14 模式电流超过降功率故障诊断

模式电流超过降功率故障的故障码见表 8-3-14。诊断步骤如下。

表 8-3-14 模式电流超过降功率故障的故障码

DTC	DTC 定义	可能故障原因	维修处理方法
P170B19	电动模式电流超过 idc_max 时降功率	电机控制参数异常	更换电机控制器
P170C19	发电模式时电流超出 idc_min 时降功率	电机控制参数异常	更换电机控制器
P170317	发电时高压电压高于 udc_max 时降功率	● 电机控制参数异常 ● 为了保护电池	更换电机控制器
P170316	电动时高压电压低于 udc_min 时降功率	● 电机控制参数异常 ● 为了保护电池	更换电机控制器

① 连接车辆诊断仪清除故障码。

② 关闭点火开关，重新启动车辆进行测试。

③ 再次读取故障码，检查故障是否存在：是→进行下一步；否→偶发性故障，检查集成发电机及驱动电机控制器插头针脚是否松动、腐蚀。

④ 检查集成发电机及驱动电机控制器电源熔丝 EF13（10A）是否正常：是→进行下一步；否→熔丝故障，更换故障熔丝。

⑤ 检查集成发电机及驱动电机控制器到 ISG 电机之间导线是否正常：是→进行下一步；否→导线故障，维修故障导线。

⑥ 更换确认良好的 ISG 电机进行测试，如果症状及故障码消失，则更换新的 ISG 电机；若故障仍存在则需更换集成发电机及驱动电机控制器。

8.3.15 DC/DC 温度传感器故障诊断

DC/DC 温度传感器故障的故障码见表 8-3-15。诊断步骤如下。

表 8-3-15 DC/DC 温度传感器故障的故障码

DTC	DTC 定义	可能故障原因	维修处理方法
P172601	DC/DC 温度传感器故障	● 温度传感器故障 ● 传感器电路故障	● 检查电机温度传感器及其接线 ● 更换 DC/DC 转换器
P17094B	DC/DC 过温	风扇故障	● 检查风扇

① 连接车辆诊断仪清除故障码。

② 关闭点火开关，重新启动车辆进行测试。

③ 再次读取故障码，检查故障是否存在：是→进行下一步；否→偶发性故障，检查集成发电机及驱动电机控制器插头针脚是否松动、腐蚀。

④ 检查 DC/DC 转换器散热系统是否正常：是→进行下一步；否→散热系统故障，维修 DC/DC 转换器散热系统。

⑤ 检查蓄电池是否正常：是→进行下一步；否→蓄电池故障，更换蓄电池。

⑥ 连接车辆诊断仪，读取 DC/DC 转换器温度传感器是否正常：否→进行下一步；是→ DC/DC 转换器故障，更换 DC/DC 转换器。

⑦ 更换确认良好的 DC/DC 转换器进行测试，如果症状及故障码消失，则更换新的 DC/DC 转换器。

8.3.16　DC/DC 高压电流传感器故障诊断

DC/DC 高压电流传感器故障的故障码见表 8-3-16。诊断步骤如下。

表 8-3-16　DC/DC 高压电流传感器故障的故障码

DTC	DTC 定义	可能故障原因	维修处理方法
P172701	DC/DC 高压电流传感器故障	● 电流传感器故障 ● 传感器电路故障	更换 DC/DC 转换器
P172901	DC/DC 高压电压传感器故障	● 电压传感器故障 ● 传感器电路故障	更换 DC/DC 转换器
P170919	DC/DC 高压电流过流	● 高压输入端短路 ● 绝缘不良	● 重新上电 ● 检查绝缘状况 ● 更换 DC/DC 转换器
P170917	DC/DC 高压电压过压	● 发电功率异常 ● 高压电池电压异常 ● 传感器电路故障	● 检查 HCU 控制命令 ● 检查高压电池状态
P170916	DC/DC 高压电压欠压	● 电池电压异常 ● 电容老化	检查电池状态

① 连接车辆诊断仪清除故障码。

② 关闭点火开关，重新启动车辆进行测试。

③ 再次读取故障码，检查故障是否存在：是→进行下一步；否→偶发性故障，检查集成发电机及驱动电机控制器插头针脚是否松动、腐蚀。

④ 检查 DC/DC 转换器电源熔丝 EF13（10A）是否正常：是→进行下一步；否→熔丝故障，更换故障熔丝。

⑤ 检查前舱电器盒到 DC/DC 转换器之间导线是否正常：是→进行下一步；否→导线故障，维修故障导线。

⑥ 检查高压电池及高压回路是否正常：是→进行下一步；否→高压系统故障，检修高压系统。

⑦ 更换确认良好 DC/DC 转换器进行测试，如果症状及故障码消失，则更换新的 DC/DC 转换器。

8.3.17　DC/DC 低压电流传感器故障诊断

DC/DC 低压电流传感器故障的故障码见表 8-3-17。诊断步骤如下。

表 8-3-17　DC/DC 低压电流传感器故障的故障码

DTC	DTC 定义	可能故障原因	维修处理方法
P172801	DC/DC 低压电流传感器故障	● 电流传感器故障 ● 传感器电路故障	更换 DC/DC 转换器
P172A01	DC/DC 低压电压传感器故障	● 电压传感器故障 ● 传感器电路故障	更换 DC/DC 转换器
P171019	DC/DC 低压电流过流	● 12V 负载过载 ● 输出短路	● 检查 12V 负载 ● 更换 DC/DC 转换器
P170A17	DC/DC 低压电压过压	● 检测电路故障	更换 DC/DC 转换器
P170A16	DC/DC 低压电压欠压	● 12V 电池老化 ● 12V 电池电压过低 ● 检测电路故障	检测 12V 电池

① 连接车辆诊断仪清除故障码。
② 关闭点火开关，重新启动车辆进行测试。
③ 再次读取故障码，检查故障是否存在：是→进行下一步；否→偶发性故障，检查集成发电机及驱动电机控制器插头针脚是否松动、腐蚀。
④ 检查蓄电池是否正常：是→进行下一步；否→蓄电池故障，更换蓄电池。
⑤ 连接车辆诊断仪，读取 DC/DC 输出侧电流传感器数据流是否正常：是→进行下一步；否→ DC/DC 转换器故障，更换 DC/DC 转换器。
⑥ 更换确认良好的集成发电机及驱动电机控制器进行测试，如果症状及故障码消失，则更换新的集成发电机及驱动电机控制器。

8.4　HCU 故障诊断

DTC 检测步骤如下。
① 在进行下列步骤之前，确认蓄电池电压为正常工作电压。
② 关闭点火开关及所有用电器。
③ 将车辆诊断仪连接至车辆诊断接口上。
④ 将点火钥匙置于"ON"挡。
⑤ 用车辆诊断仪读取和清除 DTC。
⑥ 关闭点火开关及所有用电器，3～5s 后重新将点火钥匙置于"ON"挡。
⑦ 重新启动车辆进行路试，使车辆在各工况下运行。
⑧ 用车辆诊断仪读取 DTC。

如果检测到 DTC，则说明车辆有故障，请进行相应的诊断步骤；如果没有检测到 DTC，则说明先前检测到的故障为偶发性故障。

8.4.1　真空制动压力传感器故障诊断

真空制动压力传感器故障的故障码见表 8-4-1。诊断步骤如下。

表 8-4-1 真空制动压力传感器故障的故障码

DTC	DTC 定义	可能故障原因	维修处理方法
P252711	真空制动压力传感器短路到地	真空制动压力传感器短路到电源或开路	检查真空制动压力传感器电路
P252812	真空制动压力传感器短路到电源	真空制动压力传感器短路到地	检查真空制动压力传感器电路
P050F00	制动助力真空度过低	• 制动助力真空度过低 • 制动真空泵故障 • 制动真空泵继电器故障 • 真空制动压力传感器故障	• 检查制动真空泵 • 检查制动真空泵继电器 • 检查真空制动压力传感器 • 检查制动系统

① 连接车辆诊断仪清除故障码。
② 关闭点火开关，重新启动车辆进行测试。
③ 再次读取故障码，检查故障是否存在：是→进行下一步；否→偶发性故障，检查集成发电机及驱动电机控制器插头针脚是否松动、腐蚀。
④ 拆卸真空制动压力传感器。
⑤ 使用万用表测量真空制动压力传感器各针脚之间的阻值是否正常：是→进行下一步；否→真空制动压力传感器故障，更换真空制动压力传感器。
⑥ 断开整车控制器插头 FB60A、真空制动压力传感器插头 FB38。

测量 FB60A-3 到 FB38-3、FB60A-31 到 FB38-2 之间导线是否正常（图 8-4-1）：是→进行下一步；否→导线故障，维修故障导线。
⑦ 更换确认良好的整车控制器进行测试，如果症状及故障码消失，则更换新的整车控制器。

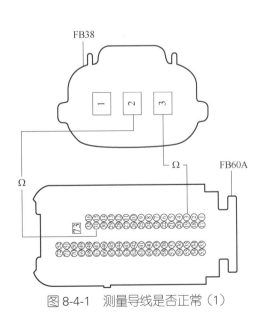

图 8-4-1 测量导线是否正常（1）

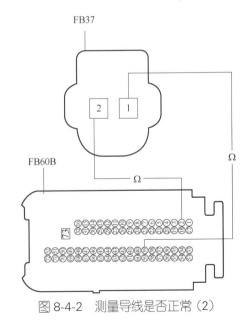

图 8-4-2 测量导线是否正常（2）

8.4.2 驱动电机冷却液温度传感器故障诊断

驱动电机冷却液温度传感器故障的故障码见表 8-4-2。诊断步骤如下。

表 8-4-2　驱动电机冷却液温度传感器故障的故障码

DTC	DTC 定义	可能故障原因	维修处理方法
P0A0412	驱动电机冷却液温度传感器短路到电源或开路	驱动电机冷却液温度传感器短路到电源或开路	检查驱动电机冷却液温度传感器电路
P0A0311	驱动电机冷却液温度传感器短路到地	驱动电机冷却液温度传感器短路到地	检查驱动电机冷却液温度传感器电路

① 连接车辆诊断仪清除故障码。

② 关闭点火开关，重新启动车辆进行测试。

③ 再次读取故障码，检查故障是否存在：是→进行下一步；否→偶发性故障，检查集成发电机及驱动电机控制器插头针脚是否松动、腐蚀。

④ 断开整车控制器插头 FB60B 和驱动电机冷却液温度传感器插头 FB37。

测量 FB60B-39 到 FB37-1、FB60B-2 到 FB37-2 之间导线是否正常（图 8-4-2）：是→进行下一步；否→导线故障，维修故障导线。

⑤ 更换确认良好的整车控制器进行测试，如果症状及故障码消失，则更换新的整车控制器。

8.4.3　纯电动模式指示灯故障诊断

纯电动模式指示灯故障的故障码见表 8-4-3。诊断步骤如下。

表 8-4-3　纯电动模式指示灯故障的故障码

DTC	DTC 定义	可能故障原因	维修处理方法
P14D011	纯电动模式指示灯短路到地	纯电动模式指示灯短路到地	检查纯电动模式指示灯电路
P14D112	纯电动模式指示灯短路到电源	纯电动模式指示灯短路到电源	检查纯电动模式指示灯电路
P14D213	纯电动模式指示灯开路	纯电动模式指示灯开路	检查纯电动模式指示灯电路

① 连接车辆诊断仪清除故障码。

② 关闭点火开关，重新启动车辆进行测试。

③ 再次读取故障码，检查故障是否存在：是→进行下一步；否→偶发性故障，检查集成发电机及驱动电机控制器插头针脚是否松动、腐蚀。

④ 拆卸 EV 模式切换开关。

⑤ 检查 EV 模式切换开关否正常：是→进行下一步；否→EV 模式切换开关故障，更换 EV 模式切换开关。

⑥ 断开 EV 模式切换开关插头 IP65，拆卸前舱电器盒。

⑦ 测量前舱电器盒 UH-57 到 IP65-1 之间导线是否正常（图 8-4-3）：是→进行下一步；否→电源导线故障，维修故障导线。

测量 IP65-5 到 G201 接地点之间导线是否正常（图 8-4-4）：是→进行下一步；否→导线故障，维修故障导线。

⑧ 断开车身控制单元 BD28。

⑨ 测量 IP65-3 到 BD28-13 之间导线是否正常（图 8-4-5）：是→进行下一步；否→导线故障，维修故障导线。

⑩ 断开整车控制器插头 FB60A。

⑪ 测量 IP65-4 到 FB60A-19 之间导线是否正常（图 8-4-6）：是→进行下一步；否→导线故障，维修故障导线。

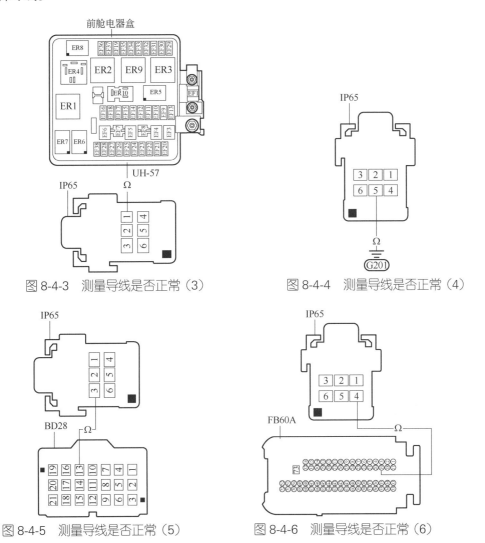

图 8-4-3　测量导线是否正常（3）　　　图 8-4-4　测量导线是否正常（4）

图 8-4-5　测量导线是否正常（5）　　　图 8-4-6　测量导线是否正常（6）

测量 IP65-2 到 FB60A-66 之间导线是否正常（参见图 8-4-6）：是→进行下一步；否→导线故障，维修故障导线。

⑫ 更换确认良好的整车控制器进行测试，如果症状及故障码消失，则更换新的整车控制器。

8.4.4　电动真空泵继电器故障诊断

电动真空泵继电器故障的故障码见表 8-4-4。诊断步骤如下。

表 8-4-4　电动真空泵继电器故障的故障码

DTC	DTC 定义	可能故障原因	维修处理方法
P258C11	电动真空泵继电器短路到地	电动真空泵继电器短路到地	检查电动真空泵继电器电路
P258D12	电动真空泵继电器短路到电源	电动真空泵继电器短路到电源	检查电动真空泵继电器电路
P258A13	电动真空泵继电器开路	电动真空泵继电器开路	检查电动真空泵继电器电路

① 连接车辆诊断仪清除故障码。

② 关闭点火开关，重新启动车辆进行测试。

③ 再次读取故障码，检查故障是否存在：是→进行下一步；否→偶发性故障，检查集成发电机及驱动电机控制器插头针脚是否松动、腐蚀。

④ 拆卸电动真空泵继电器，检查继电器是否正常：是→进行下一步；否→继电器故障，更换继电器。

⑤ 拔出电动真空泵继电器、断开整车控制器插头FB60A。

⑥ 测量 UH49 到 FB60A-67 之间导线是否正常（图 8-4-7）：是→进行下一步；否→导线故障，维修故障导线。

⑦ 更换确认良好的电动真空泵进行测试，如果症状及故障码仍存在，则更换整车控制器。

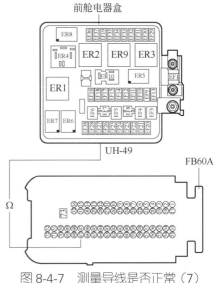

图 8-4-7　测量导线是否正常（7）

8.4.5　高压互锁线故障诊断

高压互锁线故障的故障码见表 8-4-5。诊断步骤如下。

表 8-4-5　高压互锁线故障的故障码

DTC	DTC 定义	可能故障原因	维修处理方法
P0A0C11	高压互锁线短路到地	高压互锁线短路到地	检查高压互锁线电路
P0A0D12	高压互锁线短路到电源	高压互锁线短路到电源	检查高压互锁线电路
P0A0A13	高压互锁线开路	高压互锁线开路	检查高压互锁线电路

① 连接车辆诊断仪清除故障码。

② 关闭点火开关，重新启动车辆进行测试。

③ 再次读取故障码，检查故障是否存在：是→进行下一步；否→偶发性故障，检查集成发电机及驱动电机控制器插头针脚是否松动、腐蚀。

④ 检查仪表板电器盒 F42（7.5A）熔丝是否正常：是→进行下一步；否→熔丝故障，更换熔丝。

⑤ 检查仪表板电器盒高压互锁继电器（R10）及高压互锁继电器（R11）是否正常：是→进行下一步；否→继电器故障，更换故障高压互锁继电器。

⑥ 断开手动维修开关，检查维修开关上的互锁销是否正常：是→进行下一步；否→手动维修开关故障，更换手动维修开关。

⑦ 检查所有高压互锁销是否正常：是→进行下一步；否→高压互锁销故障，更换高压互锁销。

⑧ 检查高压互锁与各个高压控制系统之间的线路是否正常：是→进行下一步；否→导线故障，维修故障导线。

⑨ 更换确认良好的整车控制器进行测试，如果症状及故障码消失，则更换新的整车控制器。

8.4.6　水泵控制继电器故障诊断

水泵控制继电器故障的故障码见表 8-4-6。诊断步骤如下。

表 8-4-6 水泵控制继电器故障的故障码

DTC	DTC 定义	可能故障原因	维修处理方法
P0CC311	水泵控制继电器短路到地	水泵控制继电器短路到地	检查水泵控制继电器电路
P0CC412	水泵控制继电器短路到电源	水泵控制继电器短路到电源	检查水泵控制继电器电路
P0CC113	水泵控制继电器开路	水泵控制继电器开路	检查水泵控制继电器电路

① 连接车辆诊断仪清除故障码。

② 关闭点火开关，重新启动车辆进行测试。

③ 再次读取故障码，检查故障是否存在：是→进行下一步；否→偶发性故障，检查集成发电机及驱动电机控制器插头针脚是否松动、腐蚀。

④ 拔出水泵继电器（ER10），检查继电器线圈、触点是否正常：是→进行下一步；否→继电器故障，更换水泵继电器（ER10）。

⑤ 拔出 HCU 继电器（ER5）及水泵继电器（ER10），拆卸前舱电器盒。

⑥ 测量前舱电器盒 UH-57 到 UH-54 之间导线是否导通（图 8-4-8）：是→进行下一步；否→导线故障，维修故障导线。

⑦ 断开整车控制单元插头 FB60B。

⑧ 测量前舱电器盒 UH-56 到 FB60B-54 之间导线是否导通（图 8-4-9）：是→进行下一步；否→导线故障，维修故障导线。

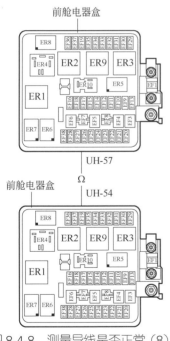

图 8-4-8　测量导线是否正常（8）

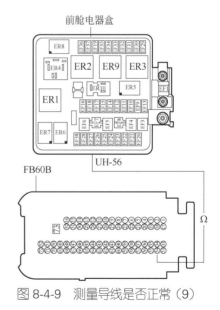

图 8-4-9　测量导线是否正常（9）

⑨ 更换确认良好的整车控制器进行测试，如果症状及故障码消失，则更换新的整车控制器。

8.4.7 电动空调转速控制线故障诊断

电动空调转速控制线故障的故障码见表 8-4-7。诊断步骤如下。

表 8-4-7 电动空调转速控制线故障的故障码

DTC	DTC 定义	可能故障原因	维修处理方法
P06A111	电动空调转速控制线短路到地	电动空调转速控制线短路到地	检查电动空调转速控制线电路
P06A212	电动空调转速控制线短路到电源	电动空调转速控制线短路到电源	检查电动空调转速控制线电路
P06A013	电动空调转速控制线开路	电动空调转速控制线开路	检查电动空调转速控制线电路
P140101	电动空调压缩机功率反馈线故障	电动空调压缩机功率反馈线短路到电源、短路到地或开路	检查电动空调压缩机功率反馈线电路
P14E011	电动空调压缩机逆变器输出线短路	电动空调压缩机逆变器输出线短路	检查电动空调压缩机逆变器相电压输出线电路
P14E113	电动空调压缩机逆变器输出线开路	电动空调压缩机逆变器输出线开路	检查电动空调压缩机逆变器相电压输出线电路
P14E298	电动空调压缩机过热（通信在发送三次后终止以保护电动空调压缩机逆变器元件）	电动空调压缩机逆变器过载或冷却系统异常或温度传感器故障	关掉电动空调压缩机，钥匙拧至 OFF，等待电动空调压缩机的温度降到较低水平，检查冷却系统。如果冷却系统是正常的，但当钥匙拧至 ON 而不打开空调时此故障仍存在，那么检查电动空调压缩机温度传感器
P14E31C	电动空调压缩机高压异常	电动空调压缩机输入高压线异常或电动空调压缩机电压传感器故障	从高压线上断开电动空调压缩机，检查高压线电压，如果高压线电压异常，则故障不在电动空调压缩机中，否则检查电动空调压缩机电压传感器电路和逆变器硬件以观察是否发生短路
P14E413	电动空调压缩机 STB 线断开	电动空调压缩机逆变器 STB 线开路	检查电动空调压缩机逆变器 STB 线
P14E501	电动空调压缩机逆变器异常	电流传感器、热敏电阻开路或短路	检查电动空调压缩机逆变器电流传感器、热敏电阻
P14E604	电动空调压缩机输出故障级别 1	电动空调压缩机逆变器过载	从高压线上断开电动空调压缩机，检查高压线电压，如果高压线电压异常，则故障不在电动空调压缩机中，否则检查电动空调压缩机电压传感器电路和逆变器硬件以观察是否发生短路
P14E701	电动空调压缩机输出故障级别 2	电动空调压缩机电机堵转	从高压线上断开电动空调压缩机，检查高压线电压，如果高压线电压异常，则故障不在电动空调压缩机中，否则检查电动空调压缩机电压传感器电路和逆变器硬件以观察是否发生短路
P14E803	电动空调压缩机通信异常	电动空调压缩机逆变器速度指令输入 PWM 线异常	检查电动空调压缩机逆变器速度指令输入 PWM 线
P14EA04	电动空调压缩机输出故障级别 3	电动空调压缩机电机堵转，或高压线短路	从高压线上断开电动空调压缩机，检查高压线电压，如果高压线电压异常，则故障不在电动空调压缩机中，否则检查电动空调压缩机电压传感器电路和逆变器硬件以观察是否发生短路
P14EB16	电动空调压缩机输入电压过低（限速）	电动空调压缩机输入电压过低或电动空调压缩机电压传感器故障	从高压线上断开电动空调压缩机，检查高压线电压，如果高压线电压过低，则故障不在电动空调压缩机中，否则检查电动空调压缩机电压传感器电路和逆变器硬件以观察是否发生短路

续表

DTC	DTC 定义	可能故障原因	维修处理方法
P14EC19	电动空调压缩机电流过大（限速）	电动空调压缩机逆变器或电机过载或短路，或电动空调压缩机电流传感器故障	关掉电动空调压缩机，钥匙拧至 OFF，等待一会儿，钥匙拧至 ON 而不打开空调时此故障仍存在，那么检查输入电流传感器
P14ED98	电动空调压缩机过热（报警）	电动空调压缩机逆变器过载或冷却系统异常或温度传感器故障	关掉电动空调压缩机，钥匙拧至 OFF，等待电动空调压缩机的温度降到较低水平，检查冷却系统。如果冷却系统是正常的，但当钥匙拧至 ON 而不打开空调时此故障仍存在，那么检查电动空调压缩机温度传感器
P14EE01	电动空调压缩机诊断线故障	电动空调压缩机诊断线短路到电源、短路到地或开路	检查电动空调压缩机诊断线

① 连接车辆诊断仪清除故障码。

② 关闭点火开关，重新启动车辆进行测试。

③ 再次读取故障码，检查故障是否存在：是→进行下一步；否→偶发性故障，检查集成发电机及驱动电机控制器插头针脚是否松动、腐蚀。

④ 确认空调压缩机润滑油型号是否正确：是→进行下一步；否→润滑油型号错误，清洗空调系统、更换润滑油，重新加注制冷剂。

⑤ 检查空调系统压力是否正常：是→进行下一步；否→维修空调制冷系统。

⑥ 断开整车控制器插头 FB60A 和空调压缩机插头 EN32A。

⑦ 测量 FB60A-48 到 EN32A-3、FB60A-41 到 EN32A-1、FB60A-45 到 EN32A-2 之间导线是否正常（图 8-4-10）：是→进行下一步；否→导线故障，维修故障导线。

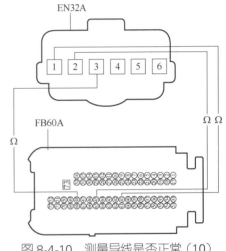

图 8-4-10 测量导线是否正常（10）

⑧ 使用车辆诊断仪查看电动压缩机温度传感器、电流传感器及电压传感器数据流是否正常：是→进行下一步；否→空调压缩机故障，更换空调压缩机。

⑨ 更换确认良好的空调压缩机进行测试，故障码及症状是否出现：是→进行下一步；否→空调压缩机故障，更换空调压缩机。

⑩ 更换确认良好的整车控制器进行测试，故障码及症状是否出现：是→从空调制冷系统其他方面找原因；否→整车控制器故障，更换整车控制器。

8.4.8 IPU 高压放电失败故障诊断

IPU 高压放电失败故障的故障码见表 8-4-8。诊断步骤如下。

表 8-4-8 IPU 高压放电失败故障的故障码

DTC	DTC 定义	可能故障原因	维修处理方法
P178000	IPU 高压放电失败	IPU 高压放电失败	检查高压电池继电器状态，高压电池继电器可能发生粘连

① 连接车辆诊断仪清除故障码。
② 关闭点火开关，重新启动车辆进行测试。
③ 再次读取故障码，检查故障是否存在：是→进行下一步；否→偶发性故障，检查集成发电机及驱动电机控制器插头针脚是否松动、腐蚀。
④ 连接车辆诊断仪读取 BMS 数据流，观察高压电池充放电是否正常：是→进行下一步；否→高压电池故障，更换高压电池箱。
⑤ 更换确认良好的整车控制器进行测试，如果症状及故障码消失，则更换新的整车控制器。

8.4.9　HCU 检测到发电机侧高压电压不正常故障诊断

HCU 检测到发电机侧高压电压不正常故障的故障码见表 8-4-9。诊断步骤如下。

表 8-4-9　HCU 检测到发电机侧高压电压不正常故障的故障码

DTC	DTC 定义	可能故障原因	维修处理方法
P0C7917	HCU 检测到发电机侧高压电压过高	过充电或电压传感器故障	从高压线上断开发电机，检查高压线电压，如果高压线电压异常，则故障不在发电机中，否则检查发电机电压传感器电路
P170016	HCU 检测到发电机侧高压电压过低	过放电或电池绝缘不佳或短路或电池坏掉或电压传感器故障	从高压线上断开发电机，检查高压线电压，如果高压线电压异常，则故障不在发电机中，否则检查发电机电压传感器电路和逆变器硬件以观察是否发生短路

① 连接车辆诊断仪清除故障码。
② 关闭点火开关，重新启动车辆进行测试。
③ 再次读取故障码，检查故障是否存在：是→进行下一步；否→偶发性故障，检查集成发电机及驱动电机控制器插头针脚是否松动、腐蚀。
④ 连接车辆诊断仪读取 BMS 数据流，观察发电机侧高压电压是否正常：是→进行下一步；否→高压电池故障，更换高压电池箱。
⑤ 更换确认良好的整车控制器进行测试，如果症状及故障码消失，则更换新的整车控制器。

8.4.10　发电机电机实际扭矩过大故障诊断

发电机电机实际扭矩过大故障的故障码见表 8-4-10。诊断步骤如下。

表 8-4-10　发电机电机实际扭矩过大故障的故障码

DTC	DTC 定义	可能故障原因	维修处理方法
P0A1929	发电机电机实际扭矩过大	发电机电机扭矩过载	检查发电机

① 连接车辆诊断仪清除故障码。
② 关闭点火开关，重新启动车辆进行测试。
③ 再次读取故障码，检查故障是否存在：是→进行下一步；否→偶发性故障，检查集成发电机及驱动电机控制器插头针脚是否松动、腐蚀。
④ 连接车辆诊断仪读取 BMS 数据流，观察发电机实际扭矩是否正常：是→进行下一步；否→发电机故障，更换发电机。
⑤ 更换确认良好的整车控制器进行测试，如果症状及故障码消失，则更换新的整车控制器。

8.4.11 发电机故障级别诊断

发电机故障的故障码见表 8-4-11。诊断步骤如下。

表 8-4-11 发电机故障的故障码

DTC	DTC 定义	可能故障原因	维修处理方法
P179096	发电机故障级别 1	发电机故障级别 1	检查发电机 DTC 设置状态
P179196	发电机故障级别 2	发电机故障级别 2	检查发电机 DTC 设置状态
P179296	发电机故障级别 3	发电机故障级别 3	检查发电机 DTC 设置状态

① 连接车辆诊断仪清除故障码。
② 关闭点火开关,重新启动车辆进行测试。
③ 再次读取故障码,检查故障是否存在:是→进行下一步;否→偶发性故障,检查集成发电机及驱动电机控制器插头针脚是否松动、腐蚀。
④ 连接车辆诊断仪读取 BMS 数据流,观察发电机实际扭矩是否正常:是→进行下一步;否→发电机故障,更换发电机。
⑤ 更换确认良好的整车控制器进行测试,如果症状及故障码消失,则更换新的整车控制器。

8.4.12 驱动电机电流过大故障诊断

驱动电机电流过大故障的故障码见表 8-4-12。诊断步骤如下。

表 8-4-12 驱动电机电流过大故障的故障码

DTC	DTC 定义	可能故障原因	维修处理方法
P0C0318	驱动电机充电电流过大	过充电或短路或电流传感器故障	钥匙拧至 OFF,然后拧至 ON 但不 Crank,数秒后若此故障仍存在,检查电流传感器
P0C0419	驱动电机放电电流过大	过放电或短路或电流传感器故障	钥匙拧至 OFF,然后拧至 ON 但不 Crank,数秒后若此故障仍存在,检查电流传感器和高压电路以观察是否发生短路

① 连接车辆诊断仪清除故障码。
② 关闭点火开关,重新启动车辆进行测试。
③ 再次读取故障码,检查故障是否存在:是→进行下一步;否→偶发性故障,检查集成发电机及驱动电机控制器插头针脚是否松动、腐蚀。
④ 连接车辆诊断仪读取 BMS 数据流,观察驱动电机充放电是否正常:是→进行下一步;否→驱动电机故障,更换发电机。
⑤ 更换确认良好的整车控制器进行测试,如果症状及故障码消失,则更换新的整车控制器。

8.5 FTM 故障诊断

DTC 检测步骤如下。

① 在进行下列步骤之前,确认蓄电池电压为正常工作电压。
② 关闭点火开关及所有用电器。
③ 将车辆诊断仪连接至车辆诊断接口上。
④ 将点火钥匙置于"ON"挡。
⑤ 用车辆诊断仪读取和清除 DTC。
⑥ 关闭点火开关及所有用电器,3~5s 后重新将点火钥匙置于"ON"挡。
⑦ 重新启动车辆进行路试,使车辆在各工况下运行。
⑧ 用车辆诊断仪读取 DTC。

如果检测到 DTC,则说明车辆有故障,请进行相应的诊断步骤;如果没有检测到 DTC,则说明先前检测到的故障为偶发性故障。

8.5.1 IGBT 过电流故障诊断

IGBT 过电流故障的故障码见表 8-5-1。诊断步骤如下。

表 8-5-1 IGBT 过电流故障的故障码

DTC	DTC 定义	可能故障原因	维修处理方法
P180219	IGBT 过电流(>1000A)或 IGBT 短路到地	● 电机控制参数异常 ● 绝缘不良	检查绝缘状况
P180619	IGBT 过电流	● 电机控制参数异常 ● 绝缘不良	● 重新上电 ● 检查绝缘状况
P183119	IGBT 过电流 -1 级故障报警	● 电机过载 ● 电机控制参数异常 ● 绝缘不良	● 重新上电 ● 检查绝缘状况
P183219	IGBT 过电流 -2 级故障报警	● 电机过载 ● 电机控制参数异常 ● 绝缘不良	● 重新上电 ● 检查绝缘状况

① 连接车辆诊断仪清除故障码。
② 关闭点火开关,重新启动车辆进行测试。
③ 再次读取故障码,检查故障是否存在:是→进行下一步;否→偶发性故障,检查集成发电机及驱动电机控制器插头针脚是否松动、腐蚀。
④ 检查 FTM 电机和集成发电机及驱动电机控制器散热是否正常:是→进行下一步;否→散热系统故障,维修散热系统。
⑤ 检查 FTM 电机是否进水:是→ FTM 电机故障,更换 FTM 电机;否→进行下一步。
⑥ 检查 FTM 电机高压线束是否绝缘不良:是→更换高压线束;否→进行下一步。
⑦ 检查集成发电机及驱动电机控制器到 FTM 电机之间导线是否正常;是→进行下一步;否→导线故障,维修故障导线。
⑧ 更换确认良好的 FTM 电机进行测试,如果症状及故障码消失,则更换新的 FTM 电机;若故障仍存在,则需更换集成发电机及驱动电机控制器。

8.5.2 高压直流过电流故障诊断

高压直流过电流故障的故障码见表 8-5-2。诊断步骤如下。

表 8-5-2　高压直流过电流故障的故障码

DTC	DTC 定义	可能故障原因	维修处理方法
P180719	高压直流过电流	• 高压输入端短路 • 绝缘不良	• 重新上电 • 检查绝缘状况
P180819	高压直流过电流 - 关闭 IPU	过载，过流，短路	检查高压电路是否短路
P180117	高压直流电压过压	• 发电功率异常 • 高压电池电压异常 • 传感器电路故障	• 检查 HCU 控制命令 • 检查电池状态
P180116	高压直流电压欠压	• 电池电压异常 • 电容老化	检查电池状态
P18181D	高压直流电流传感器故障	• 电流传感器故障 • 传感器电路故障	更换 ECU
P181B1C	高压直流电压传感器故障	• 电压传感器故障 • 传感器电路故障	更换 ECU

① 连接车辆诊断仪清除故障码。
② 关闭点火开关，重新启动车辆进行测试。
③ 再次读取故障码，检查故障是否存在：是→进行下一步；否→偶发性故障，检查集成发电机及驱动电机控制器插头针脚是否松动、腐蚀。
④ 检查电池组箱电压输出是否正常：是→进行下一步；否→电池组箱内部故障，维修电池组箱。
⑤ 检查电池组箱与 FTM 电机和集成发电机及驱动电机控制器之间导线是否正常。

8.5.3　电机过速故障诊断

电机过速故障的故障码见表 8-5-3。诊断步骤如下。

表 8-5-3　电机过速故障的故障码

DTC	DTC 定义	可能故障原因	维修处理方法
P18A070	电机过速 - 关闭 IPU	• 电机控制参数异常 • 车速过高 • 机械故障、电机空转	• 检查车速 • 检查电机机械连接状态
P183370	电机过速 -1 级报警	• 电机控制参数异常 • 车速过高 • 机械故障、电机空转	• 检查车速 • 检查电机机械连接状态
P183470	电机过速 -2 级报警	• 电机控制参数异常 • 车速过高 • 机械故障、电机空转	• 检查车速 • 检查电机机械连接状态

① 连接车辆诊断仪清除故障码。
② 关闭点火开关，重新启动车辆进行测试。
③ 再次读取故障码，检查故障是否存在：是→进行下一步；否→偶发性故障，检查集成发电机及驱动电机控制器插头针脚是否松动、腐蚀。
④ 检查车辆速度是否过高：是→检修车辆速度过高故障；否→进行下一步。

⑤ 检查电机机械连接状态是否正常：是→进行下一步；否→检修电机机械故障。

⑥ 更换确认良好的集成发电机及驱动电机控制器进行测试，如果症状及故障码消失，则更换集成发电机及驱动电机控制器。

8.5.4　12V 电池电压超出范围故障诊断

12V 电池电压超出范围故障的故障码见表 8-5-4。诊断步骤如下。

表 8-5-4　12V 电池电压超出范围故障的故障码

DTC	DTC 定义	可能故障原因	维修处理方法
P18051C	12V 电池电压超出范围	● 12V 电池老化 ● 12V 电池电压过低 ● 传感器电路故障	检查 12V 电池

① 连接车辆诊断仪清除故障码。

② 关闭点火开关，重新启动车辆进行测试。

③ 再次读取故障码，检查故障是否存在：是→进行下一步；否→偶发性故障，检查集成发电机及驱动电机控制器插头针脚是否松动、腐蚀。

④ 检查蓄电池电压是否正常：是→进行下一步；否→蓄电池故障，更换蓄电池。

⑤ 更换确认良好的集成发电机及驱动电机控制器进行测试，如果症状及故障码消失，则更换新的集成发电机及驱动电机控制器。

8.5.5　传感器供电电压超出范围故障诊断

传感器供电电压超出范围故障的故障码见表 8-5-5。诊断步骤如下。

表 8-5-5　传感器供电电压超出范围故障的故障码

DTC	DTC 定义	可能故障原因	维修处理方法
P18061C	传感器供电电压超出范围	● 电源供应故障 ● 传感器电路故障	● 检查供电系统 ● 检查电路

① 连接车辆诊断仪清除故障码。

② 关闭点火开关，重新启动车辆进行测试。

③ 再次读取故障码，检查故障是否存在：是→进行下一步；否→偶发性故障，检查集成发电机及驱动电机控制器插头针脚是否松动、腐蚀。

④ 检查集成发电机及驱动电机控制器电源熔丝 EF13（10A）是否正常：是→进行下一步；否→熔丝故障，更换故障熔丝。

⑤ 检查集成发电机及驱动电机控制器电源。

⑥ 检查集成发电机及驱动电机控制器到前舱电器盒之间导线和接地点是否正常：是→进行下一步；否→导线故障，维修故障导线。

⑦ 更换确认良好的集成发电机及驱动电机控制器进行测试，如果症状及故障码消失，则更换新的集成发电机及驱动电机控制器。

8.5.6　IGBT 温度传感器故障诊断

IGBT 温度传感器故障的故障码见表 8-5-6。诊断步骤如下。

表 8-5-6　IGBT 温度传感器故障的故障码

DTC	DTC 定义	可能故障原因	维修处理方法
P181012	两组 IGBT 温度传感器开路或短路到电源	● 温度传感器故障 ● 传感器电路故障	检查电机温度传感器及其接线
P181011	两组 IGBT 温度传感器短路到地	● 温度传感器故障 ● 传感器电路故障	检查电机温度传感器及其接线
P182112	IGBT 温度传感器 1 开路或短路到电源	● 温度传感器故障 ● 传感器电路故障	检查电机温度传感器及其接线
P182212	IGBT 温度传感器 2 开路或短路到电源	● 温度传感器故障 ● 传感器电路故障	检查电机温度传感器及其接线
P182111	IGBT 温度传感器 1 短路到地	● 温度传感器故障 ● 传感器电路故障	检查电机温度传感器及其接线
P182211	IGBT 温度传感器 2 短路到地	● 温度传感器故障 ● 传感器电路故障	检查电机温度传感器及其接线
P183900	两个 IGBT 温度传感器故障	● 温度传感器故障 ● 传感器电路故障	检查电机温度传感器及其接线

① 连接车辆诊断仪清除故障码。
② 关闭点火开关，重新启动车辆进行测试。
③ 再次读取故障码，检查故障是否存在：是→进行下一步；否→偶发性故障，检查集成发电机及驱动电机控制器插头针脚是否松动、腐蚀。
④ 检查集成发电机及驱动电机控制器到 FTM 电机之间导线是否导通：是→进行下一步；否→线路故障，维修导线故障。
⑤ 连接车辆诊断仪，读取驱动电机温度传感器数据流是否正常：是→进行下一步；否→电机温度传感器故障，更换电机。

8.5.7　三相电机温度传感器故障诊断

三相电机温度传感器故障的故障码见表 8-5-7。诊断步骤如下。

表 8-5-7　三相电机温度传感器故障的故障码

DTC	DTC 定义	可能故障原因	维修处理方法
P181112	U、V、W 相电机温度传感器开路或短路到电源	● 温度传感器故障 ● 传感器电路故障	检查电机温度传感器及其接线
P181111	U、V、W 相电机温度传感器短路到地	● 温度传感器故障 ● 传感器电路故障	检查电机温度传感器及其接线
P182312	U 相电机温度传感器开路或短路到电源	● 温度传感器故障 ● 传感器电路故障	检查电机温度传感器及其接线
P182412	V 相电机温度传感器开路或短路到电源	● 温度传感器故障 ● 传感器电路故障	检查电机温度传感器及其接线
P182512	W 相电机温度传感器开路或短路到电源	● 温度传感器故障 ● 传感器电路故障	检查电机温度传感器及其接线
P182311	U 相电机温度传感器短路到地	● 温度传感器故障 ● 传感器电路故障	检查电机温度传感器及其接线

DTC	DTC 定义	可能故障原因	维修处理方法
P182411	V 相电机温度传感器短路到地	● 温度传感器故障 ● 传感器电路故障	检查电机温度传感器及其接线
P183000	至少两相温度传感器故障	● 温度传感器故障 ● 传感器电路故障	检查电机温度传感器及其接线
P182511	W 相电机温度传感器短路到地	● 温度传感器故障 ● 传感器电路故障	检查电机温度传感器及其接线

① 连接车辆诊断仪清除故障码。

② 关闭点火开关，重新启动车辆进行测试。

③ 再次读取故障码，检查故障是否存在：是→进行下一步；否→偶发性故障，检查集成发电机及驱动电机控制器插头针脚是否松动、腐蚀。

④ 检查集成发电机及驱动电机控制器到 FTM 电机之间导线是否导通：是→进行下一步；否→线路故障，维修导线故障。

⑤ 连接车辆诊断仪，读取驱动电机温度传感器数据流是否正常：是→进行下一步；否→电机温度传感器故障，更换电机。

⑥ 更换确认良好的集成发电机及驱动电机控制器进行测试，如果症状及故障码消失，则更换新的集成发电机及驱动电机控制器。

8.5.8 相电流传感器故障诊断

相电流传感器故障的故障码见表 8-5-8。诊断步骤如下。

表 8-5-8 相电流传感器故障的故障码

DTC	DTC 定义	可能故障原因	维修处理方法
P181D38	U 相电流传感器故障	● 电流传感器故障 ● 传感器电路故障	更换 ECU
P181E38	V 相电流传感器故障	● 电流传感器故障 ● 传感器电路故障	更换 ECU
P182638	W 相电流传感器故障	电流传感器故障	更换 ECU
P182838	至少两相电流传感器故障	● 电流传感器故障 ● 传感器电路故障	更换 ECU

① 连接车辆诊断仪清除故障码。

② 关闭点火开关，重新启动车辆进行测试。

③ 再次读取故障码，检查故障是否存在：是→进行下一步；否→偶发性故障，检查集成发电机及驱动电机控制器插头针脚是否松动、腐蚀。

④ 检查集成发电机及驱动电机控制器到 FTM 电机之间导线是否导通：是→进行下一步；否→线路故障，维修导线故障。

⑤ 连接车辆诊断仪，读取驱动电机电流传感器数据流是否正常：是→进行下一步；否→电机电流传感器故障，更换电机。

⑥ 更换确认良好的集成发电机及驱动电机控制器进行测试，如果症状及故障码消失，则更换新的集成发电机及驱动电机控制器。

8.5.9 电机位置传感器故障诊断

电机位置传感器故障的故障码见表 8-5-9。诊断步骤如下。

表 8-5-9 电机位置传感器故障的故障码

DTC	DTC 定义	可能故障原因	维修处理方法
P182012	电机位置传感器故障	● 位置传感器接线故障 ● 传感器电路故障	检查电机位置传感器及其接线

① 连接车辆诊断仪清除故障码。
② 关闭点火开关,重新启动车辆进行测试。
③ 再次读取故障码,检查故障是否存在:是→进行下一步;否→偶发性故障,检查集成发电机及驱动电机控制器插头针脚是否松动、腐蚀。
④ 连接车辆诊断仪,读取 FTM 电机位置传感器数据流是否正常:是→进行下一步;否→FTM 位置传感器故障,更换 FTM 位置传感器。
⑤ 检查 FTM 位置传感器是否吸附过多异物:是→清洁 FTM 位置传感器;否→进行下一步。
⑥ 更换确认良好 FTM 电机进行测试,检查症状及故障码是否消失:是→FTM 电机故障,更换 FTM 电机;否→进行下一步。
⑦ 更换确认良好的 FTM 电机进行测试,如果症状及故障码仍存在,则更换集成发电机及驱动电机控制器。

8.5.10 逆变器过温故障诊断

逆变器过温故障的故障码见表 8-5-10。诊断步骤如下。

表 8-5-10 逆变器过温故障的故障码

DTC	DTC 定义	可能故障原因	维修处理方法
P18074B	逆变器过温 - 关闭 IPU	冷却系统故障	检查冷却系统
P18A14B	电机过温 - 关闭 IPU	冷却系统故障	检查冷却系统
P18294B	逆变器过温(断电)	冷却系统故障	检查冷却系统
P18354B	逆变器过热 -2 级报警	冷却系统故障	检查冷却系统
P18364B	电机过温 -2 级报警	冷却系统故障	检查冷却系统
P18274B	冷却系统故障	● 冷却液未加满 ● 冷却水泵故障	检查冷却液及冷却水泵

① 连接车辆诊断仪清除故障码。
② 关闭点火开关,重新启动车辆进行测试。
③ 再次读取故障码,检查故障是否存在:是→进行下一步;否→偶发性故障,检查集成发电机及驱动电机控制器插头针脚是否松动、腐蚀。
④ 检查 FTM 电机和集成发电机及驱动电机控制器散热是否正常:是→进行下一步;否→散热系统故障,维修散热系统。
⑤ 检查高压系统冷却液是否正常:是→进行下一步;否→添加高压系统冷却液。
⑥ 检查高压系统冷却水泵及相关管路是否正常:是→进行下一步;否→检修高压冷却系统。
⑦ 更换确认良好的集成发电机及驱动电机控制器进行测试,如果症状及故障码消失,则更

换新的集成发电机及驱动电机控制器。

8.6 空调系统

8.6.1 车内温度传感器与电池短路或开路

车内温度传感器与电池短路或开路故障的故障码见表 8-6-1。诊断步骤如下。

表 8-6-1 车内温度传感器与电池短路或开路故障的故障码

DTC	DTC 定义	可能故障原因	维修处理方法
B1C1015	车内温度传感器与电池短路或开路	车内温度传感器的回路开路或者与电池短路	● 检查传感器连接及线束 ● 更换空调控制器
B1C1011	车内温度传感器与地短路	车内温度传感器的回路与地短路	● 检查传感器连接及线束 ● 更换空调控制器

① 连接车辆诊断仪清除故障码。

② 关闭点火开关，重新打开点火开关。

③ 再次读取故障码，检查故障是否存在：是→进行下一步；否→偶发性故障，检查空调控制单元插头针脚或车内温度传感器插头针脚是否松动、腐蚀。

④ 断开空调控制单元插头 IP49 车内温度传感器插头 IP52。

⑤ 测量 IP49-14 到 IP52-2、IP49-2 到 IP52-1 之间导线是否导通（图 8-6-1）：是→进行下一步；否→导线故障，维修故障导线。

⑥ 连接空调控制单元插头 IP49。

⑦ 测量 IP52-1、IP52-2 与车身接地之间是否导通（图 8-6-2）：是→导线短路故障，维修故障导线；否→进行下一步。

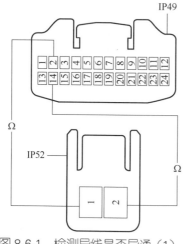

图 8-6-1 检测导线是否导通（1）

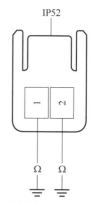

图 8-6-2 检测导线是否导通（2）

⑧ 更换确认良好的车内温度传感器进行测试，确认故障码是否存在：是→进行下一步；否→车内温度传感器故障，更换车内温度传感器。

⑨ 更换确认良好的空调控制单元进行测试，如果症状及故障码消失，则更换新的空调控制单元。

8.6.2 蒸发器温度传感器的回路开路或者与电池短路

蒸发器温度传感器的回路开路或者与电池短路故障的故障码见表 8-6-2。诊断步骤如下。

表 8-6-2　蒸发器温度传感器的回路开路或者与电池短路故障的故障码

DTC	DTC 定义	可能故障原因	维修处理方法
B1C1115	蒸发器温度传感器与电池短路或开路	蒸发器温度传感器的回路开路或与电池短路	● 检查传感器连接及线束 ● 更换空调控制器
B1C1111	蒸发器温度传感器与地短路	蒸发器温度传感器的回路与地短路	● 检查传感器连接及线束 ● 更换空调控制器

① 连接车辆诊断仪清除故障码。
② 关闭点火开关，重新打开点火开关。
③ 再次读取故障码，检查故障是否存在：是→进行下一步；否→偶发性故障，检查空调控制单元插头针脚或蒸发器温度传感器插头针脚是否松动、腐蚀。
④ 断开空调控制单元插头 IP49 和蒸发器温度传感器插头 IP58。
⑤ 测量 IP49-14 到 IP58-21、IP49-3 到 IP58-20 之间导线是否导通（图 8-6-3）：是→进行下一步；否→导线故障，维修故障导线。
⑥ 连接空调控制单元插头 IP49。
⑦ 测量 IP58-20、IP58-21 与车身接地之间是否导通（图 8-6-4）：是→导线短路故障，维修故障导线；否→进行下一步。

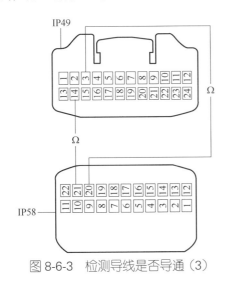 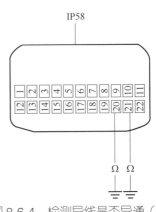

图 8-6-3　检测导线是否导通（3）　　　图 8-6-4　检测导线是否导通（4）

⑧ 更换确认良好的蒸发器温度传感器进行测试，确认故障码是否存在：是→进行下一步；否→蒸发器温度传感器故障，更换蒸发器温度传感器。
⑨ 更换确认良好的空调控制单元进行测试，如果症状及故障码消失，则更换新的空调控制单元。

8.6.3 电池电压低于阈值

电池电压低于阈值的故障码见表 8-6-3。诊断步骤如下。

表 8-6-3　电池电压低于阈值的故障码

DTC	DTC 定义	可能故障原因	维修处理方法
B1C0016	电池电压低于阈值	电池电压低于阈值	● 检查蓄电池及供电系统 ● 更换空调控制器
B1C0017	电池电压高于阈值	电池电压高于阈值	● 检查蓄电池及供电系统 ● 更换空调控制器

① 连接车辆诊断仪，清除故障码。

② 关闭点火开关，重新打开点火开关。

③ 再次读取故障码，检查故障是否存在：是→进行下一步；否→为偶发性故障，检查 HVAC 控制单元插头 IP49 是否松动、腐蚀。

④ 检查熔丝 F35（10A）、F22（10A）是否正常：是→进行下一步；否→更换熔丝。

⑤ 检查蓄电池两极端子的电压是否正常（图 8-6-5）：是→进行下一步；否→电压过高，须检查直流转换器，电压过低，须更换蓄电池。

⑥ 将点火开关置于"ON"挡。

⑦ 断开 HVAC 控制单元的插头 IP49。

⑧ 检查 IP49-12、IP49-24 端子与车身是否为蓄电池电压（图 8-6-6）：是→进行下一步；否→维修导线故障。

⑨ 检查 IP49-13 端子与车身接地时电阻值是否正常（图 8-6-7）：是→更换 HVAC 控制单元；否→维修导线故障。

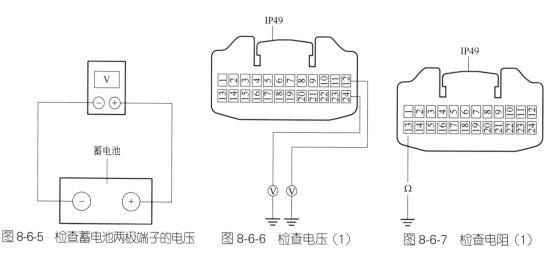

图 8-6-5　检查蓄电池两极端子的电压　　图 8-6-6　检查电压（1）　　图 8-6-7　检查电阻（1）

8.6.4 电动压缩机逆变器输出线异常

电动压缩机逆变器输出线异常的故障码见表 8-6-4。诊断步骤如下。

① 连接车辆诊断仪，清除故障码。

② 关闭点火开关，重新将点火钥匙置于"ON"挡。

③ 打开空调系统的各种运行模式。

④ 再次读取故障码，检查故障是否存在：是→进行下一步；否→偶发性故障，检查空调压缩机插头以及插头针脚是否松动、腐蚀。

⑤ 检查 EN32A-6 与接地点之间电压是否正常（图 8-6-8）：是→进行下一步；否→检查供电电路。

⑥ 检查 EN32A-5 与接地间的电阻是否正常（图 8-6-9）：是→进行下一步；否→检查接地电路。

⑦ 检查空调压缩机 EN32A-3 端子与 FB60A-48 端子间的线路是否正常（图 8-6-10）：是→进行下一步；否→检查线束连接器，若线束插头虚接，则更换线束。

⑧ 检查空调压缩机 EN32A-1 端子与 FB60A-41 端子间的阻值是否正常（图 8-6-10）：是→进行下一步；否→检查线束连接器，若线束插头虚接，则更换线束。

⑨ 检查 EN32A-1 与接地点间是否有稳定的脉冲信号（图 8-6-11）：是→进行下一步；否→更换空调压缩机进行尝试。

⑩ 检查 EN32A-3 与接地点是否有稳定的脉冲信号（图 8-6-12）：是→更换空调压缩机进行尝试；否→进行下一步。

⑪ 使用车辆检测仪，查看故障码中是否有其他控制系统的故障码：是→检查整车控制单元；否→更换空调压缩机。

⑫ 检查空调压缩机是否长时间工作造成工作异常：是→检查空调系统所使用到的传感器是否正常；否→更换空调压缩机。

表 8-6-4　电动压缩机逆变器输出线异常的故障码

DTC	DTC 定义	可能故障原因	维修处理方法
B1CB001	电动压缩机逆变器输出线异常	电动压缩机逆变器输出线异常	● 检查线束 ● 更换压缩机 ● 更换整车控制器 ● 更换空调控制器
B1CB298	电动压缩机逆变器过热异常	电动压缩机逆变器过热	● 检查冷循环各个部件 ● 更换压缩机 ● 更换整车控制器 ● 更换空调控制器
B1CB496	电动压缩机逆变器异常	电动压缩机内部部件异常	● 检查线束 ● 更换压缩机 ● 更换整车控制器 ● 更换空调控制器
B1CB597	电动压缩机输出异常 1	电动压缩机过负荷（通常发生在热负荷高且压缩机转速低的情况下）	● 检查线束 ● 更换压缩机 ● 更换整车控制器 ● 更换空调控制器
B1CB697	电动压缩机输出异常 2	电动压缩机异常（电机过电流或启动失败）次数达到规定值	● 检查线束 ● 更换压缩机 ● 更换整车控制器 ● 更换空调控制器
B1CB702	电动压缩机通信异常	电动压缩机通信异常	● 检查线束 ● 更换压缩机 ● 更换整车控制器 ● 更换空调控制器

续表

DTC	DTC 定义	可能故障原因	维修处理方法
B1CB800	电动压缩机低温报警	电动压缩机逆变器温度过低	• 检查线束 • 更换压缩机 • 更换整车控制器 • 更换空调控制器
B1CB901	电动压缩机输出异常 3	电动压缩机过电流或者启动失败	• 检查线束 • 更换压缩机 • 更换整车控制器 • 更换空调控制器
B1CBA01	电动压缩机逆变器过热报警	电动压缩机逆变器过热报警	• 检查线束 • 更换压缩机 • 更换整车控制器 • 更换空调控制器
B1CBB02	电动压缩机无效状态	电动压缩机无效状态	• 检查线束 • 更换压缩机 • 更换整车控制器 • 更换空调控制器

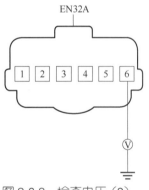

图 8-6-8 检查电压（2）

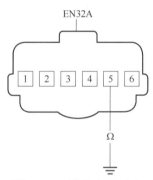

图 8-6-9 检查电阻（2）

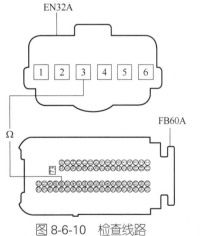

图 8-6-10 检查线路

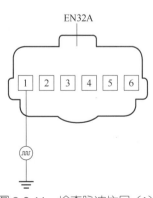

图 8-6-11 检查脉冲信号（1）

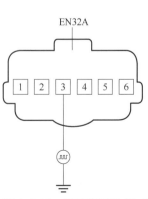

图 8-6-12 检查脉冲信号（2）

8.6.5 高电压异常

高电压异常的故障码见表 8-6-5。诊断步骤如下。

表 8-6-5　高电压异常的故障码

DTC	DTC 定义	可能故障原因	维修处理方法
B1CB11C	高电压异常	高电压超过 600V（参考值）	● 检查线束 ● 更换压缩机 ● 更换整车控制器 ● 更换空调控制器
B1CB31C	高电压过大、过小	高电压过大、过小	● 检查高压蓄电池输出电压 ● 更换压缩机 ● 更换整车控制器 ● 更换空调控制器

① 连接车辆诊断仪，清除故障码。
② 关闭点火开关，重新将点火钥匙置于"ON"挡。
③ 打开空调系统的各种运行模式。
④ 再次读取故障码，检查故障是否存在：是→进行下一步；否→为间歇性故障，拆下手动维修开关，检查空调压缩机插头以及插头针脚是否松动、腐蚀。
⑤ 拆下手动维修开关。
⑥ 检查空调压缩机高压插头是否锈蚀、虚接：是→更换空调压缩机；否→进行下一步。
⑦ 连接手动维修开关。
⑧ 连接车辆诊断仪，读取数据流，查看高压电池电压是否正常：是→更换空调压缩机；否→检查高压电池。

8.6.6 与 BCM 通信丢失

与 BCM 通信丢失的故障码见表 8-6-6。诊断步骤如下。

表 8-6-6　与 BCM 通信丢失的故障码

DTC	DTC 定义	可能故障原因	维修处理方法
U014087	与 BCM 通信丢失	BCM 到空调 ECU 之间的通信发生故障	● 检查 CAN 线束 ● 排查 BCM 节点问题
U007388	总线通信停止	空调 ECU 的通信发生故障	● 检查 CAN 线束 ● 更换空调控制器
U042281	从 BCM 收到无效信号	BCM 或与 BCM 相关的装置发生故障	● 检查 CAN 线束 ● 排查 BCM 节点问题
B1C6000	ECU CAN 收发器故障	CAN 收发器或 CAN 线故障	● 检查 CAN 线束 ● 更换空调控制器
U007480	Limp Home 故障	Limp Home 故障	● 检查 CAN 线束 ● 更换空调控制器
U042387	与 ICM 丢失通信	ICM 到空调 ECU 之间的通信发生故障	● 检查 CAN 线束 ● 排查 ICM 节点问题
U042381	从 ICM 收到无效信号	ICM 或与 ICM 相关的装置发生故障	● 检查 CAN 线束 ● 排查 BCM 节点问题

① 连接车辆诊断仪，清除故障码。

② 再次读取故障码，检查故障是否存在：是→进行下一步；否→偶发性故障，检查 HVAC 控制单元插头是否松动、腐蚀。

③ 断开 HVAC 控制单元的插头 IP49。

④ 用万用表检查 HVAC 控制单元插头的 IP49-9（CAN-H）端子、IP49-10（CAN-L）端子与其他系统的 CAN 数据线是否导通：是→进行下一步；否→维修导线故障。

⑤ 更换确认良好的 HVAC 控制单元测试，确认故障码是否存在：是→进行下一步；否→HVAC 控制单元故障，更换 HVAC 控制单元。

⑥ 更换确认良好的车身控制单元测试，如果故障码消失，则为车身控制单元故障，更换车身控制单元。

操作视频

第 9 章 奔驰电动汽车故障

9.1 驱动系统

驱动模块由电机、变速箱和高电压控制单元盒构成。电机位于车辆下部后轴上,与变速箱一起垂直于行驶方向安装(图 9-1-1)。为了防止电驱动过热,由一个风扇对电机进行冷却。高电压控制单元盒和其上安装的 7kW 充电器由一个低温冷却回路进行冷却。

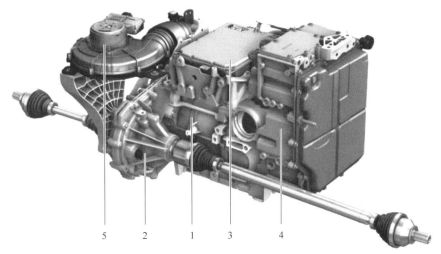

图 9-1-1　7 kW 驱动模块及其组件
1—电机；2—变速箱；3—高电压蓄电池充电器(W 充电器)控制单元；
4—高电压控制单元盒；5—电动车辆驱动电机风扇

(1) **变速箱**　变速箱由与驱动轮之间具有固定传动比的单级变速箱、集成式锥齿轮差速器和驻车锁构成。基于电机的特性,不需要任何离合器。在倒车时,电机的旋转方向颠倒。

(2) **电机**　将电能转换成机械能的电驱动机构在技术上设计成同步电机。此同步电机是一个三相交流电机,可用作电动机以及发电机。这时,在超速运转模式或制动模式下将机械旋转运动转换成电能并用来为高电压蓄电池充电。

(3) **高电压控制单元盒**　高电压控制单元盒位于发动机舱内,在电机上方。除了 DC/DC 转换器和用于监测充电过程的控制单元外,高电压控制单元盒还包括电机的功率电子装置。此功率电子装置利用三相交流电压促动同步机,并且监控产生的驱动扭矩以及温度。

22kW 高电压充电器(代码 908)可作为选装装备提供。该充电器不同于 7kW 高电压充电器,它同样集成在高电压控制单元盒中。

9.2 动力电池

高电压蓄电池安装在乘客舱下方，由 3 个配备最新一代锂离子电池的串联模块构成。高电压蓄电池可提供最高 403V 的输出电压。高电压输出端可通过由电驱动控制单元促动的电流接触器从高电压车载电气系统上断开。高电压蓄电池也通过高电压控制单元盒中的 DC/DC 转换器为 12V 车载电气系统供电。

在低温时，蓄电池加热器保证电驱动系统扩展的应用范围，从而保证蓄电池的最佳输出功率。蓄电池管理控制单元通过温度传感器探测高电压蓄电池的温度，并在需要时安排冷却或加热运行。为了遵守最大允许空气湿度，在高电压蓄电池中按行驶方向在后部中间安装了一个干燥剂瓶（图 9-2-1）。

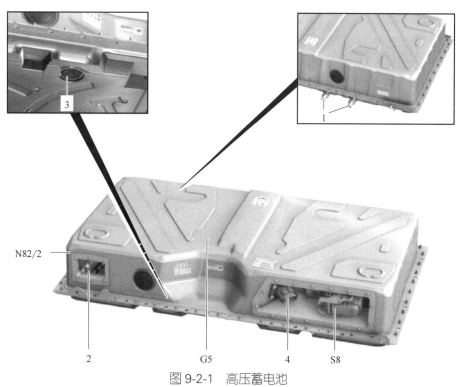

图 9-2-1　高压蓄电池

1—冷却液管路接口；2—12V 车载电气系统接口；3—干燥剂瓶；4—高电压车载电气系统接口；
S8—高电压蓄电池安全关断装置；G5—高电压蓄电池；N82/2—蓄电池管理系统控制单元

高电压蓄电池的允许工作温度为 -25 ～ 55℃。高电压蓄电池的使用寿命会因高温而缩短。因此，在正常运行条件下通过一个冷却液回路对高电压蓄电池进行冷却。在配备蓄电池冷却系统（代码 VO3）的车辆上，空调系统还可通过一个制冷剂冷却液热交换器（冷却装置）对高电压蓄电池的冷却液进行辅助冷却。

在低温时，高电压蓄电池的电流容量会急剧下降。因此，在温度低于 0℃时在高电压蓄电池的冷却液回路中通过一个 12V 正温度系数（PTC）加热器（高电压蓄电池加热器）在充电过程中对高电压蓄电池进行加热。

蓄电池管理控制单元通过温度传感器探测高电压蓄电池的温度，并在需要时安排冷却或供暖运行。

9.3 高压电控系统

高电压控制单元盒安装在发动机舱内右后部。它包含高电压组件的控制和功率电子装置及用于12V车载电气系统的转换器，集成在冷却液回路中。同时，它还为高电压用电器集中供电并借助高电压熔丝保护通往车载充电器、高压电正温度系数（PTC）加热器和电动制冷剂压缩机的相应导线截面。

为了保护高电压车载电气系统，根据安装的高电压充电器在高电压控制单元盒中安装了两个熔丝（22kW 充电器）或四个熔丝（7 kW 充电器）。这些熔丝能通过一个可旋接的盖子够到，在维修时可以更换（图 9-3-1）。

（1）功率电子装置控制单元 功率电子装置控制单元负责电动机的供电和控制。为使电动机运行，功率电子装置控制单元中集成的逆变器将高电压蓄电池的直流电压转换为三相交流电压。同时，功率电子装置采集电动机的转速、转子位置和温度等数据信息。如果电动机在超速运转模式中被用作发电机，则功率电子装置控制单元将通过感应产生的交流电压转换成直流电压，通过一个400V母线为高电压车载电气系统供电。

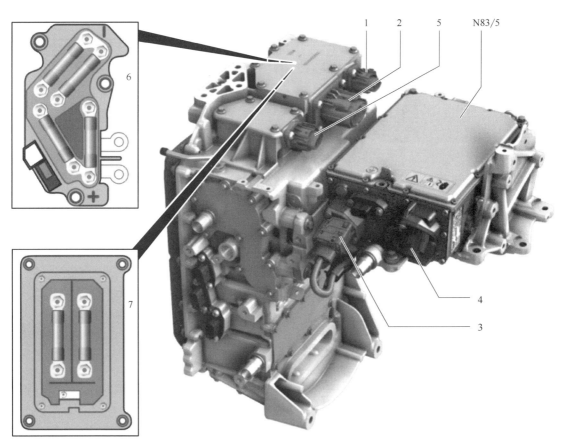

图 9-3-1 高电压控制单元盒与安装的充电器（7kW）

1—高压电正温度系数（PTC）加热器插接器；2—高电压蓄电池插接器；3—功率电子装置控制单元插接器；4—高电压充电器控制单元插接器；5—电动制冷剂压缩机插接器；6—带 4 个熔丝的熔丝盒（在 7kW 充电器时）；7—带 2 个熔丝的熔丝盒（在 22kW 充电器时）；N83/5—高电压蓄电池充电器（7kW 充电器）控制单元

（2）DC/DC 转换器控制单元　DC/DC 转换器控制单元将高电压蓄电池的直流电压转换成用于 12V 车载电气系统的 12V 直流电压。它直接给 12V 蓄电池充电，同时在装备内燃机的车辆上承担交流发电机（发电机）的功能。

（3）充电过程监测控制单元　充电过程监测控制单元只能与 7kW 充电器配套使用。在充电时，它促动充电器供电插座的 LED 指示灯，并通过 CP 触点与充电站通信。另外，该控制单元还监控连接的高电压组件和高电压控制单元盒的防松盖的互锁信号。

（4）高电压蓄电池充电器（22 kW 充电器）控制单元　如同大多数公共充电站和壁挂式充电盒所提供的功能那样，此充电器能够在 400V 充电站上实现三相充电。它就是通常所说的"逆变器充电器"。也就是说，电机逆变器的功率电子装置在蓄电池充电时也用于将交流电压转换成直流电压。必要的附加过滤单独实现。不存在电流隔离（图 9-3-2）。

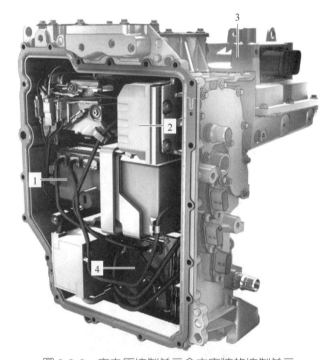

图 9-3-2　高电压控制单元盒中安装的控制单元
1—充电过程监测控制单元；2—直流/直流转换器控制单元；3—高电压控制单元盒；
4—带逆变器的功率电子装置控制单元

9.4　充电系统

（1）充电系统总成（图 9-4-1）　充电器供电插座（充电插座）位于右后 B 柱上，在一个翻盖下面。此插座带有一个可掀开的保护盖（图 9-4-2）。

（2）高压电充电器控制单元　高电压充电器控制单元将外部供电源的交流电转换成给高电压蓄电池充电的直流电。在将充电电缆的插头插入充电器供电插座时，高电压充电器控制单元通过充电控制器区域网络（CAN）总线唤醒参与充电过程的控制单元。它通过一个控制器区域网络（CAN）连接与电驱动控制单元通信。

在 Smart 电动版中，7kW 高压电充电器是标准装备。它紧邻在高电压控制单元盒旁安装。这个充电器集成在高电压控制单元中（图 9-4-3）。

车载充电器
在给高电压蓄电池充电时,它将外部电压源的交流电压转换成直流电压。这里图示的是7kW高电压充电器。22kW高电压充电器(SA)集成在高电压控制单元盒中

电机与齿轮箱
同步机被用作电驱动机构,它将电能转换成机械能

高电压控制单元盒
高电压控制单元盒包含高电压组件的控制和功率电子装置,以及用于12V车载电气系统的直流/直流转换器

高电压蓄电池
高电压蓄电池提供高电压直流电,用于驱动电机

12V蓄电池
12V蓄电池为12V车载电气系统供电

充电器供电插座
充电器供电插座带有一个可掀开的保护盖。根据不同版本(欧规、美国/加拿大)安装不同的规格。充电插座具有一个LED状态指示灯

图 9-4-1 充电系统总成

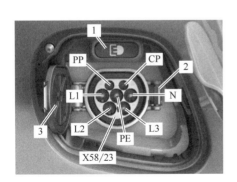

图 9-4-2 充电器供电插座

1—充电状态 LED 指示灯;2—保护盖解锁机构;3—充电器供电插座保护盖;CP—控制引导信号;L1—L1 相;L2—L2 相(仅22kW充电器);L3—L3 相(仅22kW充电器);N—零线;PE—保护性接地导体(Protective Earth);PP—接近信号;X58/23—充电器供电插座

图 9-4-3 高压电充电器控制单元

1—冷却液回路接口;2—充电插座高电压接口;3—高电压车载电气系统高电压接口;4—12V车载电气系统/控制器区域网络(CAN)插接器;N83/5—高电压蓄电池充电器(7kW 充电器)控制单元

9.5 空调系统

（1）**空调系统介绍** 空调系统如图 9-5-1 所示。

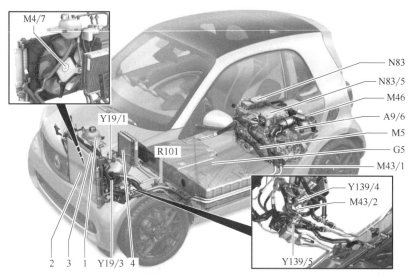

图 9-5-1 空调系统

A9/6—电动制冷剂压缩机；G5—高电压蓄电池；M4/7—风扇电机；M5—电动车辆驱动电机；M43/1—蓄电池冷却系统冷却液泵（进流）；M43/2—蓄电池冷却系统冷却液泵（回流）；M46—电动车辆驱动电机风扇；N83—高电压控制单元盒；N83/5—高电压蓄电池充电器（7kW 充电器）控制单元；R101—高电压蓄电池加热器；Y19/1—电动膨胀阀（车内）；Y19/3—电动膨胀阀（蓄电池）；Y139/4—高电压蓄电池和高电压控制单元盒冷却装置调节阀；Y139/5—高电压蓄电池冷却系统调节阀；1—膨胀容器；2—冷凝器；3—冷却器蒸发器；4—冷却装置

（2）**高压蓄电池冷却系统** 高电压蓄电池的最佳工作条件已与很小的温度范围相结合。需要时，蓄电池管理系统控制单元会通过高电压蓄电池冷却系统调节阀将高电压蓄电池冷却液回路从其余冷却回路上分离。

图 9-5-2 高电压蓄电池加热器

G5—高压蓄电池；R101—高电压蓄电池加热器

冷却装置只在配备蓄电池冷却系统的车辆上安装。它是一个制冷剂 - 冷却液热交换器，与空调系统的制冷剂回路和高电压蓄电池的冷却液回路相连接。用于车内冷却的冷却装置和蒸发器的控制阀由智能气候控制单元促动。

（3）**高电压蓄电池加热器** 高电压蓄电池加热器（图 9-5-2）原则上只在充电时，也就是当蓄电池的充电功率低于充电桩的功率时激活。

如果在尝试启动车辆时可用的驱动功率由于高电压蓄电池温度过低而低于某个阈值，则不允许启动。如果在这种情况下阈值（SOC）>50% 并且蓄电池温度 <0℃，则运行准备就绪（READY）显示闪烁并对高电压蓄电池进行加热（无充电电缆时也一样）。如果许用的驱动功率由于加热高电压蓄电池而上升到高于相应的阈值，则显示熄灭，驾驶员可以开始一次新的启动尝试。但是在紧接着的行驶过程中不再继续对高电压蓄电池进行加热，这时它通过运行获得自身加热。

高电压蓄电池加热器是冷却液回路的组成部分，由 12V 车载电气系统供电。促动通过电驱动控制单元实现。

第10章 奥迪电动汽车故障

10.1 驱动系统

10.1.1 驱动系统介绍

奥迪 E-tron 车上使用的驱动电机是异步电机。每个电机的主要部件有：带有 3 个呈 120° 布置铜绕组（U、V、W）的定子及转子（铝制笼形转子）。转子把转动传入齿轮箱。为了能达到一个较高的功率密度，静止不动的定子与转动着的转子之间的气隙就得非常小。电机与齿轮箱合成一个车桥驱动装置（图 10-1-1 和图 10-1-2）。

车桥驱动装置有两种不同类型，其区别体现在电机相对于车桥的布置上。前桥上采用平行轴式电机（APA250）来驱动车轮，后桥则采用同轴式电机（AKA320）来驱动车轮。前桥和后桥上每个交流驱动装置都有一根等电位线连着车身。

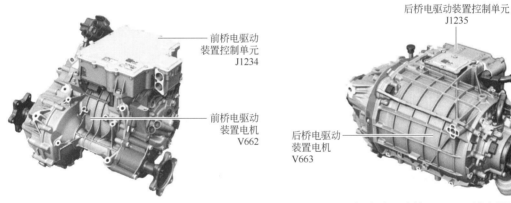

图 10-1-1　前部交流驱动装置 VX89（车桥驱动）　　图 10-1-2　后部交流驱动装置 VX90（车桥驱动）

（1）驱动电机结构　驱动电机结构如图 10-1-3 所示。

（2）驱动电机温度传感器　每个电机上有两个不同的温度传感器。在前桥电机上是前部交流驱动装置冷却液温度传感器 G1110 和前部驱动电机温度传感器 G1093。前部交流驱动装置冷却液温度传感器 G1110 用于监控流入的冷却液的温度。前部驱动电机温度传感器 G1093 用于测量定子温度，为了测量精确，G1093 是集成在定子绕组上且采用冗余的设计，就是说：尽管只需要一个传感器，但是在定子绕组上集成了 2 个传感器（图 10-1-4）。

一旦第一个定子温度传感器损坏了，那么另一个传感器仍可执行温度监控功能。只有当两个传感器都失效时，才应该更换电机。如果这两个传感器之一损坏了，则不会有故障记录。只有前部驱动电机温度传感器 G1093 会显示在测量值中。

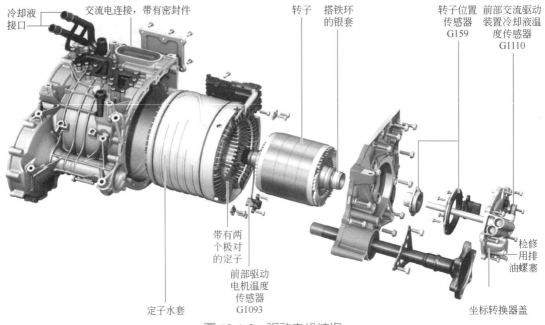

图 10-1-3　驱动电机结构

后桥上的结构与此相同。定子内有后部驱动电机温度传感器 G1096，冷却液温度由后部交流驱动装置冷却液温度传感器 G1111 来测量。

（3）驱动电机转子位置传感器 G159　驱动电机转子位置传感器 G159（图 10-1-5）是根据坐标转换原理来工作的，可以侦测到转子轴最小的位置变化。该传感器由两部分构成：坐标转换器盖上的不动的传感器和安装在转子轴上的靶轮。

功率电子装置根据转子位置信号计算出用于触发异步电机所需的转速信号。当前的转速值会显示在测量数据中。

图 10-1-4　驱动电机温度传感器

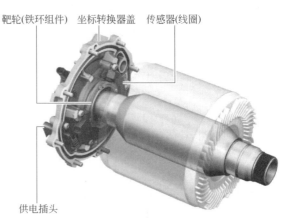

图 10-1-5　驱动电机转子位置传感器 G159

（4）驱动电机电驱动控制单元　驱动电机电驱动控制单元（图 10-1-6）（功率电子装置）的作用是为驱动电机提供所需的交流电流。每个电驱动装置上都安装有一个功率电子装置，前桥电驱动控制单元是 J1234，后桥电驱动控制单元是 J1235。

这两个控制单元的诊断地址是 0051 和 00CE。功率电子装置是通过固定螺栓直接拧在电机上的，是三相供电连接的。冷却液从功率电子装置经冷却液管接头流入电机。

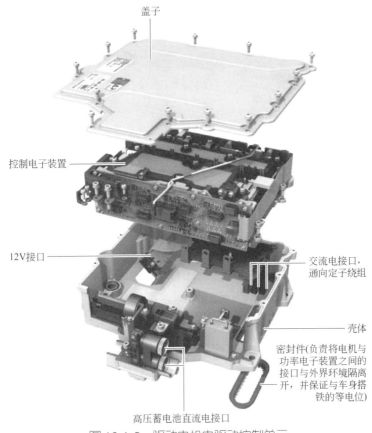

图 10-1-6　驱动电机电驱动控制单元

10.1.2　传动系统

（1）**传动装置介绍**　前桥和后桥上各装有一个电机，这两个电机通过各自的齿轮箱将驱动力矩传至地面（图 10-1-7 和图 10-1-8）。

在车辆行驶时，电机转速可高达约 15000r/min。齿轮箱结构必须非常紧凑，扭矩转换率要非常高（传动比约为 9∶1）。由于现在没有内燃机的噪声来掩饰齿轮箱噪声，因此齿轮箱工作时必须要声音很小，以满足车辆声学方面的要求。

在前桥上，力矩传递是通过以平行轴方式布置的输入轴和输出轴来实现的。在后桥上，则是通过同轴式结构来传递力矩的。由带有 2 个减速级的单速齿轮箱负责降低前桥和后桥上的转速，从而提高扭矩。在这两个齿轮箱中使用了新开发的行星齿轮式轻结构差速器，用于实现同一车桥上两个车轮之间的转速补偿。

齿轮箱是没有空转位置的，也就是说车轮与电机转子轴之间总是有动力传递的。

（2）**线控驻车锁**　奥迪 E-tron 上采用的是电动机械式驻车锁（图 10-1-9），该驻车锁集成在前桥驱动/齿轮箱内，由电动的驻车锁执行器 V682 来操纵。

这个驻车锁执行器操纵一个传统的驻车锁机构，就像自动变速器上常见的那样的。

使用电机以电动机械方式来让止动爪接合。有一个双级齿轮箱负责产生所需的传动比并可以自锁。用于操纵止动爪的机构也是可以自锁的。因此该系统是双稳定型设计，这样就能够保证驻车锁靠自己就能可靠地保留在 P-OFF 和 P-ON 位置（不需要其他外部影响）。

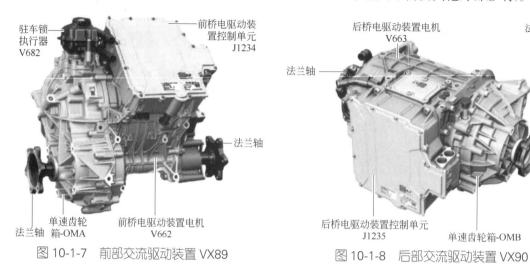

图 10-1-7　前部交流驱动装置 VX89　　　　图 10-1-8　后部交流驱动装置 VX90

驻车锁的位置是由驻车锁执行器控制单元根据驻车锁传感器来监控的。

（3）驻车锁机械机构　驻车锁可细分为三个模块：驻车锁执行器；驻车锁的机械操纵机构（图 10-1-10）；驻车锁（止动爪和驻车锁齿轮）。

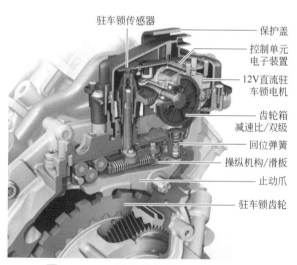

图 10-1-9　驻车锁　　　　图 10-1-10　驻车锁的机械操纵机构

（4）单速齿轮箱（OMA）

① 单速齿轮箱介绍　单速齿轮箱（OMA）（图 10-1-11）拥有双级减速比和新型行星齿轮式轻结构差速器。另外，它还配备有电动机械式驻车锁。

扭矩转换分为两级：第一个减速级是采用简单行星齿轮副从太阳轮轴传至行星齿轮和行星齿轮架；第二个减速级是借助圆柱齿轮机构把扭矩从行星齿轮架传至差速器。

行星齿轮式轻结构差速器的一个特点，就是它需要很小的轴向空间。

第一个减速比中的行星齿轮架可通过驻车锁来锁住。这样的话，驻车锁齿轮就与行星齿轮架就连接在一起。

单速齿轮箱（OMA）有自己的机油系统，采用浸润式和飞溅式润滑，并利用圆柱齿轮级的输送效应。机油导板和通过油道及轮廓的出色机油供给系统，能保证所有润滑点都得到充足的机油供给，且能让搅动损失尽可能小。热量通过车辆迎面风对流以及通过电机的水冷式轴承盖散发（图10-1-12）。

单速齿轮箱（OMA）是个完整的总成，它自己没有封闭的壳体，它与电机的壳体一起构成一个有自己机油系统的封闭的单元。

图 10-1-11　单速齿轮箱（OMA）

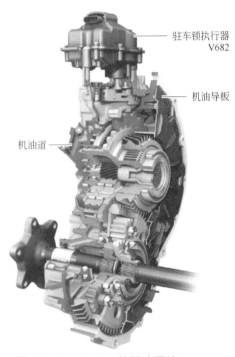

图 10-1-12　OMA 的机油系统

② 行星齿轮副和差速器　如图 10-1-13 所示。

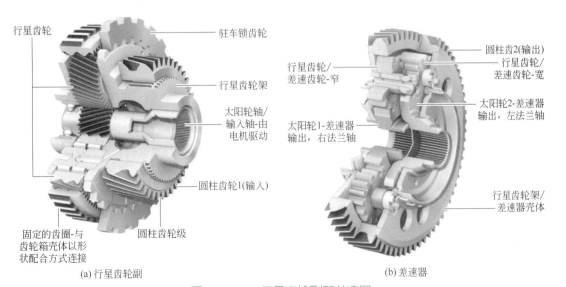

图 10-1-13　行星齿轮副和差速器

③ 单速齿轮箱（OMB） 单速齿轮箱（OMB）（图 10-1-14）拥有同轴结构双级减速比和行星齿轮式轻结构差速器，这个差速器与单速齿轮箱（OMA）基本相同。

这个双级扭矩转换（减速）是采用阶梯式行星齿轮副来实现的。第一个减速级采用阶梯行星齿轮副从太阳轮传至阶梯行星齿轮副的大圆柱齿轮。

第二个减速级是通过阶梯行星齿轮的小圆柱齿轮（它支承在固定不动的齿圈上并驱动行星齿轮架）来实现的。力矩通过行星齿轮架直接传至行星齿轮式轻结构差速器。

行星齿轮架分为两个平面：在第一个平面内与阶梯行星齿轮啮合，在第二个平面内与差速器的行星齿轮（宽和窄）啮合，并由此构成了差速器壳体。

图 10-1-14 单速齿轮箱（OMB）

单速齿轮箱（OMB）有自己的机油系统，采用浸润式和飞溅式润滑。又采用了同轴式结构，因此不需要专门的部件［就像单速齿轮箱（OMA）上的机油导板］去分配机油。热量通过车辆迎面风对流以及通过电机的水冷式轴承盖散发。

单速齿轮箱（OMB）是一个完整的总成，它自己没有封闭的壳体，它与电机的壳体一起构成一个有自己机油系统的封闭的单元。

10.2 动力电池

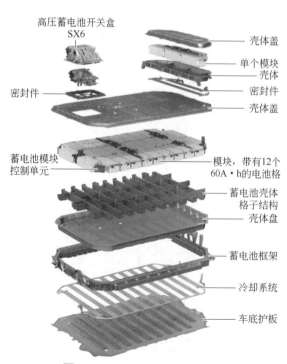

高压蓄电池 1 AX2 用螺栓固定在车辆中间，用于支承车身。36 个蓄电池模块分为两层，蓄电池壳体通过一根等电位线与车身相连（图 10-2-1 和表 10-2-1）。

表 10-2-1 技术数据

项目	参数
额定电压 /V	396
容量 /A·h	240
蓄电池单元格数目 /个	432（分为 36 个模块）
工作温度 /℃	-28 ~ 60
总能量 /kW·h	95
可用能量 /kW·h	83.6
充电功率 /kW	150
质量 /kg	699
大致尺寸（宽×高×长）/mm	1630×340×2280
冷却	液冷

图 10-2-1 高压蓄电池（AX2）

高压蓄电池开关盒 SX6 安装在高压蓄电池上。蓄电池模块控制单元安装在高压蓄电池内。蓄电池调节控制单元 J840 在右侧 A-柱上。

（1）**冷却系统**　蓄电池冷却是在冷却液循环系统中实施的。蓄电池模块通过导热体将热量传至蓄电池壳体。蓄电池壳体上有用导热胶粘接的散热器，冷却液就流经该散热器。高压蓄电池冷却液温度传感器 1 G898 和高压蓄电池冷却液温度传感器 2 G899 用于检测高压蓄电池上游和下游的冷却液温度。

高压蓄电池内部的冷却液靠高压蓄电池冷却液泵 V590 来实现循环。在温度低时，高压蓄电池在充电中可通过高压加热器（PTC）来加热。

（2）**高压蓄电池开关盒 SX6**　高压蓄电池开关盒 SX6 是用螺栓从上面拧在高压蓄电池上的，它包含下述部件（图 10-2-2）：电压测量和绝缘监测控制器；高压充电器熔丝；高压系统熔丝；高压蓄电池电流传感器 G848；高压蓄电池保护电阻 N662；高压蓄电池接触器 1（J1057HV）正极；高压蓄电池接触器 2J1058 HV 负极；高压蓄电池预加载接触器 J1044HV 正极；直流充电接触器 1 J1052（DC 正极带充电电流熔丝）；直流充电接触器 2 J1053（DC 负极）；高压蓄电池切断点火器 N563；高压蓄电池 AX4、高压加热器（PTC）Z115 和变压器 A19 的充电器 1 插头。

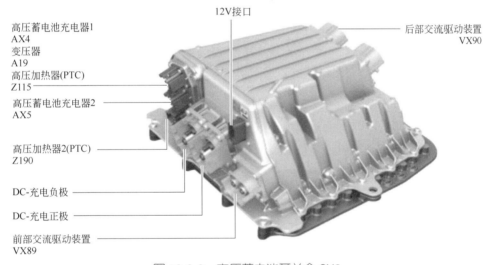

图 10-2-2　高压蓄电池开关盒 SX6

如果端子 15 接通了的话，高压蓄电池接触器 2 J1058 HV 负极和高压蓄电池预加载接触器 J1044 HV 正极就接上。随后一个微小电流就经保护电阻 N662 流向变压器和交流驱动装置的功率电子装置。一旦这些部件内的中间电路电容器充上了电，那么高压蓄电池接触器 1 J1057 HV 正极就接合，而高压蓄电池预加载接触器 J1044 HV 正极就脱开。高压蓄电池开关盒 SX6 通过一个子 CAN 总线来与蓄电池调节控制单元 J840 和蓄电池模块控制单元进行通信联系。只有当在直流充电桩上给高压蓄电池充电时，直流充电接触器才会接合。

如果满足下述条件，接触器就会脱开：端子 15 已关闭；安全气囊控制单元 J234 发送碰撞信号；安全气囊控制单元 J234 把碰撞信号通过单独导线发送给高压蓄电池点火器 N563；保养插头 TW 已断开；接触器端子 30c 的供电熔丝被拔下或者损坏。

（3）**高压蓄电池切断点火器 N563**　高压蓄电池开关盒 SX6 通过单独的导线与安全气囊控制单元 J234 相连。高压蓄电池点火器 N563 用于对碰撞信号进行电子分析，以保证接触器脱开。该点火器并非一个实体部件，在碰撞后不必更换。

（4）蓄电池模块 一个蓄电池模块由 12 个电池格构成。每 4 个电池格构成一个并联的组，容量为 240A·h。每 3 个这样的组是串联的，可为每个蓄电池模块提供 11V 电压（图 10-2-3）。电池格上方的两个温度传感器检测电池格的温度。蓄电池模块是用橙色导线连接在蓄电池模块控制单元上的。

模块的彼此连接如果是并联，那么电池格容量是相加的；如果是串联，那么电池格电压是相加的（图 10-2-4）。

并联：60A·h + 60A·h + 60A·h + 60A·h = 240A·h。

串联：3.67V + 3.67V + 3.67V = 11V。

图 10-2-3 蓄电池模块

图 10-2-4 蓄电池模块连接

图 10-2-5 蓄电池模块控制单元 J1208

（5）蓄电池模块控制单元 J1208（图 10-2-5） 在一个蓄电池模块控制单元上连接有三个蓄电池模块。

蓄电池模块控制单元的功能如下：测量 3 个蓄电池模块的电压（V）；测量蓄电池格的温度；平衡电池格组。

蓄电池模块控制单元通过子 CAN 总线与蓄电池调节控制单元 J840 高压蓄电池开关盒 SX6 进行通信。

（6）蓄电池调节控制单元 J840 蓄电池调节控制单元 J840 安装在车内的右侧 A-柱上，其功能如下：确定高压蓄电池的充电状态；确定并监控允许的充电电流和放电电流（在电动行驶时、在发电机模式时以及在能量回收时）以及蓄电池充电的电压和电流；估算高压开关盒 SX6 所测得的高压系统内的绝缘电阻；监控安全线 1；估算电池格电压及平衡；把要求高压蓄电池加热的指令发给温度管理控制单元 J1024；按温度管理控制单元 J1024 提供的参数来激活高压蓄电池冷却液泵 V590；在发生碰撞时促使接触器脱开。

该控制单元通过子 CAN 总线来与高压蓄电池 SX6 和蓄电池模块 J1208 进行通信，是连在混合动力 CAN 总线上的。在高压系统处于激活状态时，高压蓄电池开关盒 SX6 每隔 30s 就会进行一次绝缘检查。用当前蓄电池电压来测量高压导体和高压蓄电池 1 AX2 壳体之间的绝缘电阻。会检测到高压系统部件和导线上非常小的绝缘电阻。高压蓄电池充电插座内的 AC- 接口、高压蓄电池充电器内的 AC/DC 逆变器则不进行这种检查，因为高压系统充电插座有电流隔离作用。

开关盒会把绝缘电阻值发送给蓄电池调节控制单元 J840 以便分析。如果识别出的绝缘电阻非常小，那么该控制单元会通过混合动力 CAN 总线把一个信息发送给数据总线诊断接口 J533。J533 经组合仪表 CAN 总线来让组合仪表内控制单元 J285 工作，这样就可以把信息显示在组合仪表显示屏上给司机看。如果出现的是黄色的警告信息，那么司机可以开车继续行驶且可以再次激活驱动系统。如果这个绝缘电阻值过小，那么出现的就是红色警告信息，这时可以结束行驶，但无法再次激活驱动系统。

10.3 高压电控系统

变压器 A19 安装在车辆的右前部，采用冷却液循环来冷却（图 10-3-1）。该变压器负责将高压蓄电池 1 AX2 的 396V 直流电压转换成车载电网用的 12V 直流电压。传输是通过线圈感应（电流隔离）实现的。因此，高压系统与 12V 车载供电网之间，是没有导电连接的。

变压器 A19 通过开关盒 SX6 内的一个熔丝连接在高压蓄电池上。该变压器的功率高达 3kW。如果车辆长期停放不用且高压蓄电池有足够的电的话，那么会给 12V 蓄电池充电。说明：这个充电过程是会自动启动的。这时高压系统就处于激活状态，高压部件也都带电。

变压器 A19 通过一根等电位线与车身相连。中间电路电容器会主动或者被动放电。

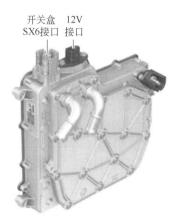

图 10-3-1　变压器 A19

10.4 充电系统

高压充电网配电器 SX4 如图 10-4-1 所示。在配备有第二个 AC-充电插座或者第二个高压蓄电池充电器的车上，充电插座和充电器是通过高压充电网配电器 SX4 连接的。

高压蓄电池充电器 1 AX4 、高压蓄电池充电器 2 AX5 这两个充电器安装在车辆前部，在前部电驱动装置电机的前上方。充电器 2 是选装的，充电功率为 22kW。

三个整流器将操纵单元或充电桩上的交流电压转成直流电压用于给高压蓄电池 1 AX2 充电。每个整流器的最大工作能力为 16A。充电电流分配取决于实际的充电电流。传输是通过线圈感应（电流隔离）实现的。因此，交流网与车上高压系统之间，是没有导电连接的。充电器连接在高压蓄电池开关盒 SX6 上。充电电流是通过开关盒内的一个熔丝输送到高压蓄电池的。采用冷却液循环来冷却。

充电器（图 10-4-2）通过一根等电位线与车身相连。中间电路电容器会被动放电。

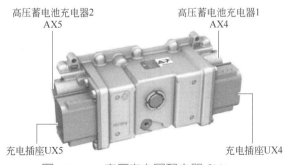

图 10-4-1　高压充电网配电器 SX4

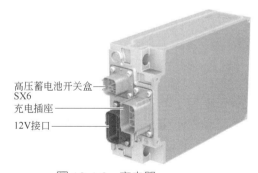

图 10-4-2　充电器

集成的高压蓄电池充电器控制单元 J1050 和高压蓄电池充电器控制单元 2 J1239 连接在混合动力 CAN 总线上。高压蓄电池充电器控制单元 J1050 是主控制器，高压蓄电池充电器控制单元 2 J1239 是从控制器。与奥迪 E-tron 充电系统或者充电桩的通信通过 CP 和 PE 接口用 PWM 信号或者动力线通信来进行。

在通过 CHAdeMO 或者 China-DC- 充电插座用直流电来充电时，是采用 CAN 总线来与充电桩通信的。在直流充电时，整流器则不工作。

充电和空调的时间设置存储在高压充电器控制单元 J1050 内。

10.5　空调系统

（1）**温度管理系统控制单元 J1024**　温度管理系统控制单元 J1024 通过各种传感器来测量温度管理系统 4 个循环管路的实际状态，在分析这些情况后会通过车上制冷剂循环管路和冷却循环管路上的执行元件来调整规定状态（图 10-5-1）。

传感器包括制冷剂压力和制冷剂温度传感器以及各种冷却液温度传感器。

执行元件包括电动空调压缩机、制冷剂截止阀、冷却液泵、冷却切换阀以及截止阀和散热器风扇。

这些读取的输入量被转换成用于操控执行元件的输出量。温度管理系统控制单元 J1024 根据这些输入参数并使用特定的算法，总是可以把车上的温度管理系统调节到一个最佳状态，并使得车辆处于能量使用最佳状态。

具体来讲，就是将制冷剂循环管路和冷却循环管路以各种方式相互连接，形成单独的或者组合式的循环管路。

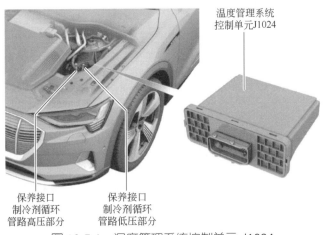

图 10-5-1　温度管理系统控制单元 J1024

（2）**热泵和高压蓄电池热交换器以及制冷剂循环阀总成**　在支座、支架以及底板上安装有下述部件，这些部件合成一个总成（图 10-5-2）：阀体，带有制冷剂截止阀 N640、N641、N642、N643；制冷剂循环止回阀；高压蓄电池热交换器；热泵工作模式热交换器，带有冷凝器；制冷剂膨胀阀 2 N637。

（3）**电动空调压缩机 V470**　电动空调压缩机 V470（图 10-5-3）安装在车辆前部。通过高压蓄电池开关盒 SX6 内的一个熔丝来供应高压电。集成的空调压缩机控制单元 J842 通过 LIN 总线来与温度管理控制单元 J1024 相连。空调压缩机通过一根等电位线与车身相连。中间电路电容器会被动放电。

说明：在驻车空调工作时，高压系统是激活的，高压部件是带电的；充电和空调时间设置存储在高压充电器控制单元 J1050 内。

（4）**高压加热器**　高压加热器（图 10-5-4）有两个：高压加热器（PTC）Z115、高压加热器2（PTC）Z190。高压加热器安装在车辆前部，通过高压蓄电池开关盒SX6内的一个熔丝来供应高压电。它们会加热冷却液，以便让车内热起来或者给高压蓄电池加热用。集成的控制单元J848 /J1238通过LIN总线来与温度管理控制单元J1024相连。高压加热器通过一根等电位线与车身相连。

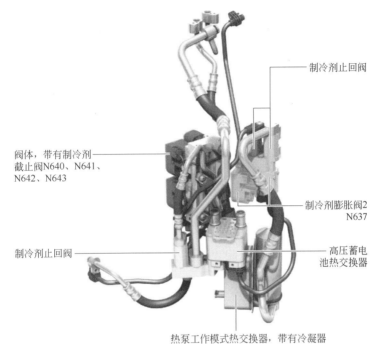

图 10-5-2　热泵和高压蓄电池热交换器以及制冷剂循环阀总成

图 10-5-3　电动空调压缩机 V470

图 10-5-4　高压加热器

第11章 雪佛兰电动汽车故障

11.1 控制系统

(1) P061A：控制模块扭矩系统电路性能故障诊断

① 故障码说明　P061A：控制模块扭矩系统电路性能。P061B：控制模块扭矩计算性能。

② 电路/系统说明　混合动力/电动车辆动力系统控制模块1负责车辆扭矩的管理。为了完成此功能，混合动力/电动车辆动力系统控制模块1将持续监测来自相关控制装置的已请求或实际已传递扭矩的各个方面。如果检测到扭矩管理故障，那么驱动功率将降低或消失。混合动力/电动车辆动力系统控制模块1是电源逆变器模块（通常称为驱动电机发电机电源逆变器模块）的内部模块，无法单独维修。此故障在电源逆变器模块内部处理，不涉及外部电路。

③ 运行故障码的条件　车辆开关处于"ON（打开）"位置；系统电压至少为9.5V。

④ 设置故障码的条件　该控制模块已检测到内部故障。

⑤ 设置故障码时采取的操作　P061A或P061B是A类故障码。电动车辆动力系统控制模块1请求混合动力/电动车辆动力系统控制模块2打开高电压接触器继电器，否则将不允许进行再生制动。

⑥ 清除故障码的条件　P061A和P061B是A类故障诊断码。

⑦ 电路/系统检验

a. 将车辆开关置于"ON（打开）"位置。

b. 确认未设置故障码P0562。

c. 如果设置了故障码，则排除该故障码故障。

d. 如果未设置故障码，则确认未设置P061A或P061B。

e. 如果设置了任何故障码，则更换T6电源逆变器模块。

f. 如果没有设置故障码，则全部正常。

(2) P0641：5V参考电压1电路故障诊断

① 故障码说明　P0641：5V参考电压1电路。P0697：5V参考电压3电路。P06A3：5V参考电压4电路。

② 故障诊断信息　见表11-1-1。

表 11-1-1　故障诊断信息（1）

电路	对搭铁短路	开路/电阻过大	对电压短路	信号性能
5V 参考电压 1	P0641	P0641	P0641	P0641
5V 参考电压 3	P0697	P0697	P0697	P0697
5V 参考电压 4	P06A3	P06A3	P06A3	P06A3

③ 电路/系统说明　发动机控制模块有四个 5V 参考电压电路。5V 参考电压电路 2 未使用。每个 5V 参考电压电路向所连接的传感器提供 5V 偏压。某个外部 5V 参考电压电路开路、对搭铁短路或对电压短路，都会对其连接的部件造成影响。

④ 运行故障诊断码的条件　在运行/启动电压大于 6.4V 时，故障码 P0641、P0697 和 P06A3 持续运行。

⑤ 设置故障诊断码的条件　发动机控制模块检测到 5V 参考电压 1、3 或 4 电路的电压不为 4.8～5.2V，并且持续 0.2s。

⑥ 设置故障码时采取的操作　P0641、P0697 和 P06A3 是 A 类故障码。扭矩性能降低。制动踏板释放时无爬行或坡道驻车力矩。

⑦ 电路/系统检验清除故障码的条件　P0641、P0697 和 P06A3 是 A 类故障码。

⑧ 诊断帮助
a. P0641：5V 参考电压 1 电路向空调制冷剂压力传感器提供 5V 电压。
b. P0697：5V 参考电压 3 电路向加速踏板位置传感器 2 提供 5V 电压。
c. P06A3：5V 参考电压 4 电路向加速踏板位置传感器 1 提供 5V 电压。

通过从相关 5V 参考电压电路上一次断开一个部件，同时在故障诊断仪上查看相应的"5－voltReference1，3，4CircuitStatus（5V 参考电压 1、3、4 电路状态）"参数，可能找出故障位置。断开故障源后，故障诊断仪的参数将从"Malfunction（故障）"变为"OK（正常）"。如果断开了所有的 5V 参考电压部件后仍指示故障，则故障可能位于线束中。

⑨ 电路/系统检验　确认下列故障诊断仪参数显示"OK（正常）"：5V 参考电压 1 电路状态；5V 参考电压 3 电路状态；5V 参考电压 4 电路状态。如果正常，确认下列故障诊断仪参数显示为 4.8～5.2V：5V 参考电压 1；5V 参考电压 3；5V 参考电压 4。如果不在 4.8～5.2V 之间，测试以下 5V 参考电压电路端子和搭铁之间的电压是否为 4.8～5.2V：加速踏板位置传感器 X1 端子 1；加速踏板位置传感器 X1 端子 6；空调制冷剂压力传感器 X1 端子 2。如果小于 4.8V，将车辆开关置于"OFF（关闭）"位置，断开 K20 发动机控制模块上的线束连接器。测试 5V 参考电压电路和搭铁之间的电阻是否为无穷大：如果电阻不为无穷大，则修理电路上的对搭铁短路故障；如果电阻为无穷大，则测试 5V 参考电压电路端对端的电阻是否小于 2Ω。

如果为 2Ω 或更大，则修理电路中的开路/电阻过大故障；如果小于 2Ω，则更换 K20 发动机控制模块；如果大于 5.2V：将点火开关置于"OFF（关闭）"位置，断开 K20 发动机控制模块上的线束连接器，再将车辆开关置于"ON（打开）"位置。

测试 5V 参考电压电路和搭铁之间的电压是否低于 1V：如果是 1V 或更高，则修理电路上的对电压短路故障；如果低于 1V，则更换 K20 发动机控制模块。

如果不在 4.8～5.2V 之间：更换相应的传感器。

如果在 4.8～5.2V 之间：全部正常。

(3) P06AF：扭矩管理系统性能——强行发动机停机故障诊断

① 故障码说明　P06AF：扭矩管理系统性能——强行发动机停机。

② 电路/系统说明　电动车辆动力系统控制模块 1 监测来自发动机控制模块的健康状态信息，以确认发动机控制模块正常工作。混合动力/电动车辆动力系统控制模块 1 为电源逆变器模块（通常称为驱动电机发电机电源逆变器模块）的一部分，无法单独维修。

③ 运行故障码的条件　系统电压高于 9.5V；车辆运行/启动/启用超过 0.1s。

④ 设置故障码的条件　电动车辆动力系统控制模块 1 未检测到来自发动机控制模块的健康状态信息。

⑤ 电路/系统检验
a. 将车辆开关置于"ON（打开）"位置。

b. 确认未设置发动机控制模块故障码 P0606。

　　c. 如果设置了故障码：对 T6 电源逆变器模块进行编程。在"运行故障诊断码的条件"下操作车辆，或在从"冻结故障状态 / 故障记录"数据中查到的条件下操作车辆。

　　d. 如果设置了该故障码，继续执行"电路 / 系统测试"。

　　e. 如果未设置故障码，则全部正常。

　⑥ 电路 / 系统测试

　　a. 将车辆开关置于"OFF（关闭）"位置，拆下 F103 电源逆变器模块总成电缆盖。

　　b. 断开 T6 电源逆变器模块处的 X1 线束连接器，并断开 K20 发动机控制模块处的 X1 线束。

　　c. 测试下列串行数据电路的端到端电阻是否小于 2Ω。

　　d. T6 电源逆变器模块 X1 连接器端子 10 至 K20 发动机控制模块 X1 连接器端子 43。

　　e. T6 电源逆变器模块 X1 连接器端子 11 至 K20 发动机控制模块 X1 连接器端子 29。

　　如果等于或大于 2Ω：修理电路中的开路 / 电阻过大故障。如果小于 2Ω：更换 K20 发动机控制模块。

　　f. 在"运行故障码的条件"下操作车辆，或在从"冻结故障状态 / 故障记录"数据中查到的条件下操作车辆。

　　如果设置了故障码，则更换 T6 电源逆变器模块；如果未设置故障码，则全部正常。

　（4）P06B1：传感器供电电压电路 1 电压过低故障诊断

　① 故障码说明　见表 11-1-2。

表 11-1-2　故障码说明（1）

故障码	传感器	说明
P06B1	传感器供电电压电路 1	电压过低
P06B2		电压过高
P06E7	传感器供电电压电路 3	电压过低
P06E8		电压过高

　② 电路 / 系统说明　电机控制模块共用一个内部 15V 参考电源，以运行驱动电机和变速器辅助油泵处理器。该故障可在电源逆变器模块（通常称为驱动电机发电机电源逆变器模块）内进行处理，且不会涉及外部电路。下列控制模块是电源逆变器模块的一部分，无法单独维修。

　③ 运行故障码的条件　车辆开关处于"ON（打开）"位置；系统电压介于 8 ~ 18V。

　④ 设置故障码的条件　P06B1 或 P06E7，参考电压低于 12V 并持续 1s；P06B2 或 P06E8，参考电压高于 18V 并持续 1s。

　⑤ 设置故障码时采取的操作　P06B1、P06B2、P06E7 和 P06E8 是 A 类故障诊断码。

　⑥ 清除故障码的条件　P06B1、P06B2、P06E7 和 P06E8 是 A 类故障诊断码。

　⑦ 电路 / 系统检验电路 / 系统检验

　　a. 将车辆开关置于"ON（打开）"位置。

　　b. 确保未设置故障码 P06B1、P06B2、P06E7 或 P06E8。

　　如果设置了任何故障码，则对 T6 电源逆变器模块进行编程；如果设置了该故障码，则更换 T6 电源逆变器模块；如果未设置故障码，则全部正常。

　（5）P0A1B：驱动电机控制模块性能故障诊断

　① 故障码说明　P0A1B：驱动电机控制模块性能。

　② 电路 / 系统说明　这是对驱动电机发电机电源逆变器模块的内部电机控制模块进行的故

障检测。此故障在驱动电机发电机电源逆变器模块内部处理，不涉及外部电路。电机控制模块是驱动电机发电机电源逆变器模块的一部分，无法单独维修。

③ 运行故障码的条件　车辆开关处于"ON（打开）"位置；系统电压高于9.5V。

④ 设置故障码的条件　该控制模块已检测到内部故障。

⑤ 设置故障码时采取的操作　P0A1B是A类故障诊断码；电动车辆动力系统控制模块1指令混合动力/电动车辆动力系统控制模块2打开高压接触器。

⑥ 清除故障码的条件　P0A1B是A类故障诊断码。

⑦ 电路/系统检验电路/系统检验

a. 将车辆开关置于"ON（打开）"位置。

b. 确认未设置故障码P0A1B。如果设置了任何故障码，则对T6电源逆变器模块进行编程；如果设置了该故障码，则更换T6电源逆变器模块；如果未设置故障码，则全部正常。

（6）P0A3F：驱动电机位置传感器电路故障诊断

① 故障码说明　见表11-1-3。

表11-1-3　故障码说明（2）

故障码	传感器	说明
P0A3F	驱动电机位置传感器	电路故障
P0A40		性能异常
P1B03		电路追踪丢失
P0C52	驱动电机位置传感器电路1	电压过低
P0C53		电压过高
P0C5C	驱动电机位置传感器电路2	电压过低
P0C5D		电压过高

② 故障诊断信息见表11-1-4。

表11-1-4　故障诊断信息（2）

电路	对搭铁短路	开路/电阻过大	对电压短路	信号性能
参考*-激励	P0A3F	P0A3F	P0A3F	P1B03，P0A40
信号*-正弦	P0C52	P0A3F	P0C53，P0A3F	P1B03，P0A40
信号*-余弦	P0C5C	P0A3F	P0C5D，P0A3F	P1B03，P0A40

③ 电路/系统说明　驱动电机位置传感器由电机控制模块监测。电机控制模块根据分解器式位置传感器的信号，监测驱动电机转子的角位置、转速和方向。位置传感器包含一个激励线圈、两个驱动线圈和一个不规则形状的金属转子。金属转子以机械方式固定在驱动电机的轴上。车辆启动时，电机控制模块输出一个7V交流电、12kHz的激励信号至激励线圈。激励线圈激励信号生成一个环绕两个驱动线圈和不规则形状转子的磁场。然后电机控制模块监测这两个驱动线圈电路的返回信号——正弦和余弦波形（通常称为正弦和余弦）。不规则金属转子的位置不同，使得驱动线圈磁导返回信号的尺寸和形状也不同。通过对比两个驱动线圈信号，电机控制模块能够确定驱动电机转子的精确位置、速度和方向。驱动电机位置传感器不能从驱动电机总成上拆下单独维修。

④ 运行故障码的条件　P0A3F、P0A40 或 P1B03，驱动电机正在运转；P0C52、P0C53、P0C5C 或 P0C5D，车辆开关处于"ON（打开）"位置。

⑤ 设置故障码的条件

P0C52、P0C5C：电路电压低于 0.5V。

P0C53、P0C5D：电路电压高于 4.5V。

P0A3F：正弦或余弦信号低于 2.3V。电机控制模块无法根据传感器信号确定电机的位置。

P0A40：正弦或余弦信号高于 4V。电机控制模块检测到衰减的电机位置传感器信号。

P1B03：电机控制模块无法根据传感器信号跟踪电机位置。

⑥ 设置故障码时采取的操作　DTCP0A3F、P0A40 和 P1B03 是 A 类故障码；DTCP0C52、P0C53、P0C5C 和 P0C5D 是 B 类故障诊断码。

⑦ 电路/系统检验清除故障码的条件　P0A3F、P0A40 和 P1B03 是 A 类故障码；P0C52、P0C53、P0C5C 和 P0C5D 是 B 类故障码。

⑧ 诊断帮助　驱动电机位置传感器电路的工作电流很小。这些电路容易出现受潮、腐蚀和端子损坏情况。探测端子和操作线束时，必须格外小心。端子接触不良可能导致间歇性运行故障。

如果驾驶员的描述反映出故障只在潮湿环境下（如雨天、雪天、洗车时）出现，则应检查传感器接线是否有进水迹象。

传感器电路回路是双绞线，每对都有箔屏蔽。变速器外的遮蔽电路搭铁至电源逆变器模块（通常称为驱动电机发电机电源逆变器模块）的双头螺栓。

驱动电机位置传感器线束电路也具有屏蔽。未正确搭铁的屏蔽电路会导致传感器信号不正确。

⑨ 电路/系统测试

a. 将车辆开关置于"OFF（关闭）"位置，断开变速器处的 X175 线束连接器。

b. 仅将 DT-48493 跨接线束安装至车辆线束侧。

c. 将车辆开关置于"ON（打开）"位置。

d. 测试以下信号电路端子和搭铁之间的电压是否为 0.8～1.4V：信号（余弦）电路端子 U；信号（余弦）电路端子 V；信号（正弦）电路端子 S；信号（正弦）电路端子 T。

如果小于 0.8V：车辆熄火，断开 T6 电源逆变器模块的 X1 线束连接器。测试信号电路和搭铁之间的电阻是否为无穷大。如果电阻不为无穷大，则修理电路上的对搭铁短路故障。如果电阻为无穷大，则测试信号电路端对端的电阻是否小于 2Ω。如果为 2Ω 或更大，则修理电路中的开路/电阻过大故障。如果小于 2Ω，则更换 T6 电源逆变器模块。

如果大于 1.4V：将车辆开关置于"OFF（关闭）"位置，断开 T6 电源逆变器模块的 X1 线束连接器，再将车辆开关置于"ON（打开）"位置。测试信号电路和搭铁之间的电压是否低于 1V。如果是 1V 或更高，则修理电路上的对电压短路故障。如果低于 1V，则更换 T6 电源逆变器模块。

如果在 0.8～1.4V 之间：测试以下参考电压电路端子和搭铁之间的电压是否为 6.5～7.5V：端子 P；端子 R。

如果小于 6.5V：车辆熄火，断开 T6 电源逆变器模块的 X1 线束连接器。测试参考电压电路和搭铁之间的电阻是否为无穷大。如果电阻不为无穷大，则修理电路上的对搭铁短路故障。如果电阻为无穷大，则测试参考电压电路端到端的电阻是否小于 2Ω。如果为 2Ω 或更大，则修理电路中的开路/电阻过大故障。如果小于 2Ω，则更换 T6 电源逆变器模块。

如果大于 7.5V：将车辆开关置于"OFF（关闭）"位置，断开 T6 电源逆变器模块的 X1 线束连接器，再将车辆开关置于"ON（打开）"位置。测试参考电压电路和搭铁之间的电压是否低于 1V。如果是 1V 或更高，则修理电路上的对电压短路故障。如果低于 1V，则更换 T6 电源逆变器模块。

如果在 6.5～7.5V 之间，则全部正常。

⑩ 部件测试　将车辆开关置于"ON（打开）"位置；确认未设置故障码 P1AF0、P1B44、P1E1E、P1E22、P1B0B 或 P1B0C。如果没有设置故障诊断码：

a. 将车辆开关置于"OFF（关闭）"位置，断开变速器处的 X175 线束连接器；

b. 仅将 DT-48493 跨接线束安装至变速器侧；

c. 测试参考电压电路端子 P 和参考电压电路端子 R 之间的电阻是否为 5～20Ω。

如果小于 5Ω：断开 M15A 驱动电机 1 处的 X1 线束连接器。测试参考电压电路端子 P 和参考电压电路端子 R 之间的电阻是否为无穷大。如果不为无穷大，则更换变速器线束总成。如果为无穷大，则更换 B228A 驱动电机 1 位置传感器。

如果大于 20Ω：断开 M15A 驱动电机 1 处的 X1 线束连接器。测试参考电压电路端到端的电阻是否小于 2Ω。如果等于或大于 2Ω，则更换变速器线束总成。如果小于 2Ω，则更换 B228A 驱动电机 1 位置传感器。

如果在 5～20Ω 之间：测试信号（余弦）电路端子 U 和信号（余弦）电路端子 V 之间的电阻是否为 15～30Ω。

如果小于 15Ω：断开 M15A 驱动电机 1 处的 X1 线束连接器。测试信号（余弦）电路端子 U 和信号（余弦）电路端子 V 之间的电阻是否为无穷大。如果不为无穷大，则更换变速器线束总成。如果为无穷大，则更换 B228A 驱动电机 1 位置传感器。

如果大于 30Ω：断开 M15A 驱动电机 1 处的 X1 线束连接器。测试信号电路端到端的电阻是否小于 2Ω。如果等于或大于 2Ω，则更换变速器线束总成。如果小于 2Ω，则更换 B228A 驱动电机 1 位置传感器。

如果在 15～30Ω 之间：测试信号（正弦）电路端子 S 和信号（正弦）电路端子 T 之间的电阻是否为 15～30Ω。

如果小于 15Ω：断开 M15A 驱动电机 1 处的 X1 线束连接器。测试信号（正弦）电路端子 S 和信号（正弦）电路端子 T 之间的电阻是否为无穷大。如果不为无穷大，则更换变速器线束总成。如果为无穷大，则更换 B228A 驱动电机 1 位置传感器。

如果大于 30Ω：断开 M15A 驱动电机 1 处的 X1 线束连接器。测试信号电路端到端的电阻是否小于 2Ω。如果等于或大于 2Ω，则更换变速器线束总成。如果小于 2Ω，则更换 B228A 驱动电机 1 位置传感器。

如果在 15～30Ω 之间：测试以下端子和搭铁之间的电阻是否大于 10000Ω：参考端子 P；参考端子 R；信号（余弦）电路端子 U；信号（余弦）电路端子 V；信号（正弦）电路端子 S；信号（正弦）电路端子 T。

如果小于 10000Ω：断开 M15A 驱动电机 1 处的 X1 线束连接器。测试相应端子和搭铁之间的电阻是否不为无穷大。如果不为无穷大，则更换变速器线束总成。如果为无穷大，则更换 B228A 驱动电机 1 位置传感器。

如果等于或大于 10000Ω：测试以下端子之间的电阻是否为无穷大：端子 P 和 U；端子 P 和 S；端子 U 和 S。

如果电阻小于无穷大：断开 M15A 驱动电机 1 处的 X1 线束连接器，测试相应端子之间的电阻是否不为无穷大。如果不为无穷大，则更换变速器线束总成；如果为无穷大，则更换 B228A 驱动电机 1 位置传感器。

(7) P0A5E：驱动电机 1 U 相电流过低故障诊断

① 故障码说明　P0A5E：驱动电机 1U 相电流过低。P0A61：驱动电机 1V 相电流过低。P0A64：驱动电机 1 W 相电流过低。

② 电路 / 系统说明　这是电源逆变器模块（通常称为驱动电机发电机电源逆变器模块）的

一个内部故障检测。此故障在驱动电机发电机电源逆变器模块内部处理，不涉及外部电路。下列控制模块是电源逆变器模块的一部分，无法单独维修：电动车辆动力系统控制模块1；驱动电机控制模块；变速器辅助油泵控制模块。

③ 运行故障码的条件　当混合动力唤醒电路启用时，控制模块运行一个程序，以检测内部故障。

④ 设置故障码的条件　该控制模块已检测到故障。

⑤ 设置故障码时采取的操作　P0A5E、P0A61和P0A64是A类故障诊断码。电源逆变器模块请求混合动力/电动车辆动力系统控制模块2打开高电压接触器继电器。

⑥ 清除故障码的条件　P0A5E、P0A61和P0A64是A类故障诊断码。

⑦ 电路/系统检验电路/系统检验

a. 将车辆开关置于"ON（打开）"位置。

b. 确认未设置故障码P0A5E、P0A61和P0A64。

如果设置了任何故障码，对T6电源逆变器模块进行编程。

如果设置了该故障码，则更换T6电源逆变器模块。

如果未设置故障码，全部正常。

(8) P0A78：驱动电机逆变器性能故障诊断

① 故障码说明　P0A78：驱动电机逆变器性能。

② 电路/系统说明　电源逆变器模块（通常称为驱动电机发电机电源逆变器模块）含有驱动电机控制模块。电机控制模块根据电动车辆动力系统控制模块1的指令运行驱动电机。电机控制模块通过顺序启动被称为绝缘门双极晶体管的高电流开关晶体管，控制驱动电机的转速、方向和输出扭矩。每个绝缘门双极晶体管总成的故障情况都受到监测。电机控制模块是电源逆变器模块的一部分，无法单独维修。

③ 运行故障码的条件　高电压接触器继电器已闭合。高压高于100V。

④ 设置故障码的条件　电机控制模块检测到流经绝缘门双极晶体管开关部分的电流过大。

⑤ 设置故障码时采取的操作　P0A78是A类故障诊断码。电动车辆动力系统控制模块1请求混合动力/电动车辆动力系统控制模块2打开高电压接触器继电器。

⑥ 清除故障诊断码的条件　P0A78是A类故障诊断码。

⑦ 电路/系统检验电路/系统检验　将车辆开关置于"ON（打开）"位置。确认未设置故障码P0A78。如果设置了故障码，则清除该故障码，车辆熄火2min，使所有控制模块停止运行。在"运行故障码的条件"下操作车辆，或在从"冻结故障状态/故障记录"数据中查到的条件下操作车辆。

如果设置了该故障码，则继续执行"电路/系统测试"。如果未设置故障码，则全部正常。

⑧ 电路/系统测试

a. 执行"高压解除"程序，以便对T6电源逆变器模块或T12变速器进行维修。

b. 将三相电缆总成从T6电源逆变器模块上拆下。

c. 测试下列各交流电路端子和M15驱动电机各相搭铁之间的电阻是否为无穷大：X5端子3，U相；X5端子2，V相；X5端子1，W相。

如果电阻小于无穷大：从变速器上断开三相电缆总成，测试交流电路端子和搭铁之间以及交流电路端子和铝电缆安装架之间的电阻是否为无穷大。如果不为无穷大，则更换三相电缆总成；如果电阻为无穷大，则更换M15驱动电机；如果所有交流电路的电阻为无穷大，更换T6电源逆变器模块。在"运行故障码的条件"下操作车辆，或在从"冻结故障状态/故障记录"数据中查到的条件下操作车辆。如果设置了故障码，则更换M15驱动电机；如果未设置故障码，则全部正常。

(9) P0AEE：驱动电机逆变器温度传感器 1 性能故障诊断

① 故障码说明　见表 11-1-5。

表 11-1-5　故障码说明（3）

故障码	传感器	说明
P0AEE	驱动电机逆变器温度传感器 1	性能异常
P0AEF		电路电压过低
P0AF0		电路电压过高
P0BD2	驱动电机逆变器温度传感器 3	性能异常
P0BD3		电路电压过低
P0BD4		电路电压过高
P0BDC	驱动电机逆变器温度传感器 5	性能异常
P0BDD		电路电压过低
P0BDE		电路电压过高

② 电路 / 系统说明　这是电源逆变器模块（通常称为驱动电机发电机电源逆变器模块）的一个内部故障检测。此故障在驱动电机发电机电源逆变器模块内部处理，不涉及外部电路。下列控制模块是电源逆变器模块的一部分，无法单独维修：混合动力 / 电动车辆动力系统控制模块 1；驱动电机控制模块；变速器辅助油泵控制模块。

③ 运行故障码的条件　P0AEE、P0BD2 和 P0BDC，未设置 P0AEF、P0AF0、P0BD3、P0BD4、P0BDD 和 P0BDE。点火开关置于"ON（打开）"位置，蓄电池组调节或充电后已过去 2h 以上。变速器油和混合动力 / 电动车辆动力系统控制模块 1 温度传感器平均温度高于 20℃。
P0AEF、P0BD3 和 P0BDD，将点火开关置于"ON（打开）"位置。P0AF0、P0BD4 和 P0BDE，将点火开关置于"ON（打开）"位置。点火开关置于"ON（打开）"位置，驱动电机必须在大于 20N·m 转矩下总计运行 1.5min 后，该故障码将运行。

④ 设置故障码的条件　P0AEE、P0BD2 和 P0BDC，单个逆变器相温度传感器和所有逆变器相温度的平均值相差 20℃。上述情况持续 100ms。P0AEF、P0BD3 和 P0BDD，逆变器相温度传感器的温度值大于 130℃并持续 3s。P0AF0、P0BD4 和 P0BDE，逆变器相温度传感器的温度值小于 -58℃并持续 3s。

⑤ 设置故障码时采取的操作　P0AEF、P0AF0、P0BD3、P0BD4、P0BDD 和 P0BDE 是 A 类故障诊断码。P0AEE、P0BD2 和 P0BDC 是 B 类故障诊断码。如果所有三个传感器都有故障，则将限制向电机供电。

⑥ 清除故障码的条件　P0AEF、P0AF0、P0BD3、P0BD4、P0BDD 和 P0BDE 是 A 类故障诊断码。P0AEE、P0BD2 和 P0BDC 是 B 类故障诊断码。

⑦ 电路 / 系统检验电路 / 系统检验　将车辆开关置于"ON（打开）"位置。确认未设置 DTCP0AEE、P0AEF、P0AF0、P0BD2、P0BD3、P0BD4、P0BDC、P0BDD 或 P0BDE。如果设置了任何故障码，则对 T6 电源逆变器模块进行编程。如果设置了该故障码，则更换 T6 电源逆变器模块。如果未设置故障码，则全部正常。

(10) P0BE6：驱动电机 U 相电流传感器性能故障诊断

① 故障码说明　见表 11-1-6。

表 11-1-6 故障码说明（4）

故障码	传感器	说明
P0BE6	驱动电机 U 相电流传感器	性能异常
P0BE7		电路电压过低
P0BE8		电路电压过高
P0BEA	驱动电机 V 相电流传感器	性能异常
P0BEB		电路电压过低
P0BEC		电路电压过高
P0BEE	驱动电机 W 相电流传感器	性能异常
P0BEF		电路电压过低
P0BE0		电路电压过高

② 电路 / 系统说明　这是电源逆变器模块（通常称为驱动电机发电机电源逆变器模块）的一个内部故障检测。此故障在驱动电机发电机电源逆变器模块内部处理，不涉及外部电路。

③ 运行故障码的条件　当混合动力唤醒电路启用时，控制模块运行一个程序，以检测内部故障。

④ 设置故障码的条件　该控制模块已检测到内部故障。

⑤ 设置故障码时采取的操作　DTCP0BE6、P0BE7、P0BE8、P0BEA、P0BEB、P0BEC、P0BEE、P0BEF 和 P0BF0 是 A 类故障诊断码。电动车辆动力系统控制模块 1 请求混合动力 / 电动车辆动力系统控制模块 2 打开高电压接触器继电器。

⑥ 电路 / 系统检验　将车辆开关置于"ON（打开）"位置。确认未设置 DTCP0BE6、P0BE7、P0BE8、P0BEA、P0BEB、P0BEC、P0BEE、P0BEF 或 P0BF0。如果设置了任何故障码，则对 T6 电源逆变器模块进行编程。如果设置了该故障码，则更换 T6 电源逆变器模块。如果未设置故障码，则全部正常。

11.2　动力电池系统

（1）P0A0C：高电压系统互锁电路电压过低故障诊断

① 故障码说明　P0A0C：高电压系统互锁电路电压过低。P0A0D：高电压系统互锁电路电压过高。

② 电路 / 系统说明　高电压互锁电路用于检验高电压部件的完好性。高电压互锁电路用于确定高电压部件是否正在被尝试访问。这些高电压部件断开会导致高电压互锁电路开路。混合动力 / 电动车辆动力系统控制模块 2 向 5V 高电压互锁电路回路提供大约 12mA 的电流。混合动力 / 电动车辆动力系统控制模块 2 监测高电压互锁 5V 信号电路电流和高电压互锁低电平参考电压电路电流，以检测电路故障。当混合动力 / 电动车辆动力系统控制模块 2 检测到高电压互锁电路电流损失时，指令高电压接触器断开。

③ 运行故障码的条件

a. P0A0C　12V 蓄电池电压高于 10.2V。电动车辆动力系统控制模块 2 向高电压互锁电路指令 5V 电压。

b. P0A0D　12V 蓄电池电压高于 10.2V。电动车辆动力系统控制模块 2 向高电压互锁信号电路指令 0V 电压。或 12V 蓄电池电压高于 10.2V。电动车辆动力系统控制模块 2 向高电压互锁信号电路指令 5V 电压。

④ 设置故障码的条件

a. P0A0C　混合动力/电动车辆动力系统控制模块 2 检测到高电压互锁电路 5V 低电平参考电压低于指令的 5V 信号电压的 30%。

b. P0A0D　混合动力/电动车辆动力系统控制模块 2 检测到高电压互锁电路 5V 低电平参考电压高于指令的 0V 信号电压的 24%。或混合动力/电动车辆动力系统控制模块 2 检测到高电压互锁电路 5V 低电平参考电压高于指令的 5V 信号电压的 44%。

⑤ 设置故障码时采取的操作　P0A0C 和 P0A0D 是 A 类故障诊断码。当车速小于 5km/h 时，混合动力/电动车辆动力系统控制模块 2 断开高电压接触器。

⑥ 电路/系统检验

a. 车辆处于维修模式。

b. 观察混合动力/电动车辆动力系统控制模块 2 "HighVoltage Interlock Circuit Status（高电压互锁电路状态）"参数。确认该参数指示"Pass（通过）"。该参数指示"Fail（失败）"。该参数指示"Pass（通过）"。

c. 全部正常。

⑦ 电路/系统检验电路/系统测试　车辆熄火，断开 12V 蓄电池。断开 S15 手动维修断开装置。确认 S15 手动维修断开装置的端子 1 和端子 2 未弯折或断裂，且完好。如果未显示"OK（正常）"，则更换 S15 手动维修断开装置。测试 S15 手动维修断开装置的端子 1 和端子 2 之间的电阻是否小于 10Ω。如果等于或高于 10Ω，则更换 S15 手动维修断开装置。

如果小于 10Ω：断开 K114B 电动车辆动力系统控制模块 2 的 X1 线束连接器。测试以下端子和搭铁之间的电阻是否为无穷大：端子 45；端子 47。如果电阻小于无穷大，则修理对搭铁短路故障。

如果电阻为无穷大：测试 K114B 电动车辆动力系统控制模块 2 处的 5V 低电平参考电压电路端子 45 和 X21 手动维修断开装置处的端子 2 之间的电阻是否小于 10Ω。

如果等于或高于 10Ω：修理电路中的开路/电阻过大故障。

如果小于 10Ω：测试 K114B 混合动力/电动车辆动力系统控制模块 2 处的 5V 低电平参考电压电路端子 47 和 X21 手动维修断开装置处的端子 1 之间的电阻是否为 35～45Ω。

如果不在规定范围内：断开 A4 电动车辆蓄电池组的 X358 线束连接器。K114B 电动车辆动力系统控制模块 2 处的 5V 信号电路端子 47 和 X203 线束连接器端子 1 之间的电阻是否小于 10Ω。如果为 10Ω 或更大，则修理电路中的开路/电阻过大。如果小于 10Ω，则更换 A4 电动车辆蓄电池组。

如果在规定范围内：连接 12V 蓄电池。车辆处于维修模式。测试以下端子和搭铁之间的电压是否低于 1V：端子 45；端子 47。

如果等于或高于 1V：则修理电路中的对电压短路故障。

如果小于 1V：更换 K114B 电动车辆动力系统控制模块 2。

(2) P0A7F：混合动力/电动车辆蓄电池组故障诊断

① 故障码说明　P0A7F：混合动力/电动车辆蓄电池组。

② 电路/系统说明　混合动力/电动车辆动力系统控制模块 2 计算高压蓄电池组的性能，并确定高压蓄电池组的寿命终止时间。

③ 运行故障码的条件　将车辆开关置于"ON（打开）"位置。系统电压至少为 10.2V。混合动力蓄电池温度高于 0℃。混合动力蓄电池温度低于 40℃。混合动力蓄电池充电状态在 10.8%～99% 之间。当混合动力/电动车辆动力系统控制模块 2 计算出实际的蓄电池功率已超过

了功率限值乘以持续秒数，并且大于 50% 时。

未设置以下故障码：P0A9C、P0A9D、P0A9E、P0ABB、P0ABC、P0ABD、P0AC1、P0AC2、P0AC6、P0AC7、P0AC8、P0ACB、P0ACC、P0ACD、P0AE9、P0AEA、P0AEB、P0AF8、P0BC3、P0BC4、P0BC5、P0C34、P0C35、P0C36、P0C7D、P0C7E、P0C7F、P0C82、P0C83、P0C84、P0C89、P0C8A、P0C8B、P0C8E、P0C8F、P0C90、P0C93、P0C94、P0C95、P0C98、P0C99、P0C9A、P0CA9、P0CAA、P0CAB、P0CAE、P0CAF、P0CB0、P0CB3、P0CB4、P0CB5、P0CB8、P0CB9、P0CBA、P1A07P1E8E、P1E8F、P1E90、P1E91、P1E93、P1E94、P1E95、P1E96、P1E97、P1E99、P1E9A、P1E9B、P1E9C、P1E9D、P1E9F、P1EA0、P1EA1、P1EA2、P1EA3、P1EA5、P1EB1、P1EB2、P1EB3、P1EB4、P1EB5、P1EBA、P1EBB、U0111、U185A、U2401、U2603、U2604、U2605 或 U2606。

④ 设置故障码的条件　蓄电池电压和电流处于变化状态。市区行车需要超过 10min。当混合动力/电动车辆动力系统控制模块 2 计算出功率限值低于寿命终止功率阈值时，设置故障码时采取的操作。

⑤ 清除故障码的条件　P0A7F 是 B 类故障诊断码。

⑥ 电路/系统检验诊断帮助　断开 12V 蓄电池前，拆下手动维修断开装置可能导致设置故障码 P0A7F。

⑦ 电路/系统检验　确认未设置其他故障诊断码。

a. 如果设置了 P0A7F，则清除该故障码。

b. 车辆熄火，断开 12V 蓄电池。

c. 等候 30s。重新连接 12V 蓄电池。

d. 根据"运行故障码的条件"重新检查并操作车辆。在市区道路上运行车辆 10min 以上。

e. 确认未再次设置故障码 P0A7F。

f. 如果再次设置了故障码 P0A7F，则更换 A4 混合动力/电动车辆蓄电池组。如果未再次设置故障码 P0A7F，则全部正常。

(3) P0AA6：混合动力/电动车辆蓄电池电压系统绝缘损失故障诊断

① 故障码说明　P0AA6：混合动力/电动车辆蓄电池电压系统绝缘损失。P1AE6：蓄电池能量控制模块混合动力/电动车辆蓄电池电压绝缘传感器电路。P0DAA：蓄电池充电电压系统绝缘损失。

② 电路/系统说明　车辆具备高压隔离监测功能。蓄电池能量控制模块高压隔离监测电路的目的是测试高压正极和负极直流（DC）总线与底盘搭铁之间的电阻。蓄电池能量控制模块隔离监测系统按照以下方式测量高压系统和底盘搭铁之间的电阻。蓄电池能量控制模块向高压系统发送一个交流信号，并监测其振幅。振幅减小返回信号表示底盘搭铁存在电阻损失。该隔离监测方法有时被称为主动隔离监测。混合动力控制模块 2 请求蓄电池能量控制模块执行该测试。测量值报告给混合动力控制模块 2，由其确定是否存在隔离故障。

当所有接触器（主正极接触器、主负极接触器、多功能接触器、预充电接触器、充电器正极接触器和充电器负极接触器）断开时，将运行 P0AA6 混合动力蓄电池电压系统绝缘损失的隔离检查，该检查监测驱动电机蓄电池系统的隔离。在接触器打开 10s 后混合动力控制模块 2 唤醒并运行期间，该检查仅运行一次。该监测通常会在一段行程后车辆熄火时运行。如果混合动力控制模块 2 唤醒与主接触器闭合之间的时间足够长，P0AA6 混合动力蓄电池电压系统绝缘损失隔离检查也可能会在车辆首次启动时运行。

当主接触器、预充电接触器和多功能接触器断开，且充电器接触器闭合时，将运行 P0DAA 蓄电池充电电压系统绝缘损失的隔离检查，该检查将监测充电器系统和驱动电机蓄电池系统的隔离。该检查在混合动力控制模块 2 唤醒期间运行一次，并且要求主接触器和多功能接触器断开、充电器接触器闭合 10s。

蓄电池能量控制模块运行此传感器电路的内部自检。该测试失败后，将设置故障码 P1AE6。

③ 运行故障码的条件

a. P0AA6　混合动力控制模块 2 和蓄电池能量控制模块被唤醒并进行通信。主正极和负极接触器切换为断开 10s。

b. P1AE6　12V 蓄电池电压高于 11V。混合动力控制模块 2 和蓄电池能量控制模块被唤醒并进行通信。混合动力控制模块 2 请求蓄电池能量控制模块运行隔离测试。车辆熄火后，主接触器切换为断开。

c. P0DAA　车辆处于仅充电模式 10s。

④ 设置故障码的条件

a. P0AA6　未设置故障码 P0AA6，蓄电池能量控制模块检测到主动隔离电阻小于 325kΩ。最后 10 次车辆启动和熄火循环中，有 5 次失败。或设置了故障码 P0AA6，蓄电池能量控制模块检测到主动隔离电阻小于 400kΩ。最后 10 次车辆启动和熄火循环中，有 5 次失败。

b. P1AE6　蓄电池能量控制模块未检测到交流信号反馈，表明主动绝缘感应电路存在故障。

c. P0DAA　未设置故障码 P0DAA，充电模式期间，蓄电池能量控制模块在 10s 后检测到主动隔离电阻小于 325kΩ。最后 10 次车辆启动和熄火循环中，有 5 次失败。或设置了故障码 P0DAA，充电模式期间，蓄电池能量控制模块在 10s 后检测到主动隔离电阻小于 400kΩ。最后 10 次车辆启动和熄火循环中，有 5 次失败。

⑤ 清除故障码的条件　P0AA6、P1AE6 和 P0DAA 是 A 类故障诊断码。P0AA6 和 P0DAA 需要一个最小电阻为 400kΩ 的车辆启动和熄火循环。

⑥ 电路 / 系统检验

a. 确认车辆混合动力 / 电动车辆蓄电池冷却系统已满。

b. 车辆处于维修模式。

c. 确认未设置故障码 P0A7E、P0AA1、P0AD9、P0ADD、P0AE2、P0AE4、P0C32、P0D0A、P0D11、P1EBC、P1EBD、P1EBE、P1EBF、P1EC0、P1EC3 或 P1EC5。

d. 观察故障诊断仪混合动力控制模块 2 "Isolation Test Resistance（隔离测试电阻）"参数。读数应显示大于 500kΩ。

该参数小于 500kΩ：确认未设置故障码 P0AA6、P1AE6 或 P0DAA；如果设置了故障码 P0AA6 或 P1AE6，则更换 A4 混合动力 / 电动车辆蓄电池组；如果未设置故障码 P0DAA，则参见"电路 / 系统测试"。

该参数大于 500kΩ：全部正常。

⑦ 电路 / 系统检验电路 / 系统测试　车辆熄火，解除高电压。当隔离万用表设置为隔离测试设置挡后，测试下列线束连接器端子和底盘搭铁之间的电阻是否大于 400kΩ：端子 BX5；端子 AX5。

如果小于 400kΩ：断开 T18 蓄电池充电器的 X4 连接器。测试电路端子和底盘搭铁之间的电阻是否大于 400kΩ。如果小于 400kΩ，则更换 300V 直流电缆，并测试或更换 T24 蓄电池充电器和直流熔丝。如果大于 400kΩ，则更换 T18 蓄电池充电器。

如果大于 400kΩ：更换 A4 混合动力 / 电动车辆蓄电池组。

(4) P0ABB：混合动力 / 电动车辆蓄电池电压传感器性能故障诊断

① 故障码说明　P0ABB：混合动力 / 电动车辆蓄电池电压传感器性能。P0ABC：混合动力 / 电动车辆蓄电池电压传感器电路电压过低。P0ABD：混合动力 / 电动车辆蓄电池电压传感器电路电压过高。

② 电路/系统说明　混合动力/电动车辆动力系统控制模块 2 从蓄电池能量控制模块处监测各电池电压读数。蓄电池能量控制模块监测 112 个电池组的电压。电压感知线路连接至每个电池组，且这些感知线路端接于电池单元顶部表面的连接器。混合动力/电动车辆蓄电池接口控制模块对电压读数进行编码，并通过蓄电池控制线束将其发送至蓄电池能量控制模块。各电池单元上有两个混合动力/电动车辆蓄电池接口控制模块。混合动力/电动车辆蓄电池接口控制模块、蓄电池控制线束和蓄电池能量控制模块均为可维修部件。

③ 运行故障码的条件

a. P0ABB　混合动力/电动车辆动力系统控制模块 2 和蓄电池能量控制模块被唤醒并进行通信。

b. P0ABC 和 P0ABD　混合动力/电动车辆动力系统控制模块 2 和蓄电池能量控制模块被唤醒并进行通信。12V 蓄电池的电压等于或大于 9V。

④ 设置故障码的条件

a. P0ABB　混合动力/电动车辆动力系统控制模块 2 检测到平均电池组电压乘以 112 与主接触器蓄电池侧的测量电压之间的差值大于 10V。

b. P0ABC　蓄电池能量控制模块检测到主接触器蓄电池侧的端子电压低于 67.2V。

c. P0ABD　蓄电池能量控制模块检测到主接触器蓄电池侧的端子电压高于 460V。

⑤ 设置故障码时采取的操作　P0ABB、P0ABC 和 P0ABD 是 A 类故障诊断码。

⑥ 清除故障码的条件　P0ABB、P0ABC 和 P0ABD 是 A 类故障诊断码。

⑦ 电路/系统检验诊断帮助　混合动力/电动车辆蓄电池组高电压手动维修断开装置脱离、安装不正确或手动维修断开熔丝熔断将导致设置故障码 P0ABB 和/或 P0ABC。

⑧ 电路/系统检验　车辆处于维修模式。观察并记录蓄电池能量控制模块故障诊断仪 "Hybrid Battery Pack Terminal 1 Voltage（混合动力蓄电池组端子 1 电压）"参数和混合动力/电动车辆动力系统控制模块 2 "Hybrid Battery Pack Voltage（混合动力蓄电池组电压）"参数。读数应在 224～403V 之间，且彼此相差应在 10V 以内。参数未在规定范围内，或彼此相差未在 10V 以内，则检测电路。参数在规定范围内，并且彼此相差在 10V 以内，则全部正常。

⑨ 电路/系统测试

a. 故障码：P0ABB。将车辆开关置于"OFF（关闭）"位置，解除 A4 混合动力/电动车辆蓄电池组的高电压。将 A4 混合动力/电动车辆蓄电池组从车辆上拆下。断开 K16 蓄电池能量控制模块处的 X3 线束连接器。测试以下端子之间的电阻是否小于 10Ω：KR34B 混合动力/电动车辆蓄电池正极接触器处的 X1 和 K16 蓄电池能量控制模块的端子 1X3；KR34B 混合动力/电动车辆蓄电池正极接触器处的 X2 和 K16 蓄电池能量控制模块的端子 10X3。

如果大于 10Ω：修理电路中的开路/电阻过大故障。如果等于或小于 10Ω：安装 S15 手动维修断开装置。测试 B+C5J 和搭铁 C5A 之间的电压是否为 224～403V。确认读数在规定范围内，并且在蓄电池能量控制模块的故障诊断仪"Hybrid Battery Pack Terminal 1 Voltage（混合动力蓄电池组端子 1 电压）"参数的 10V 以内。如果在规定范围内，但不在该参数的 10V 以内，则更换 K16 蓄电池能量控制模块。如果在规定范围内，并且在该参数的 10V 以内，则更换 K114B 混合动力/电动车辆动力系统控制模块 2。

b. 故障码：P0ABC 或 P0ABD。将车辆开关置于"OFF（关闭）"位置，解除 A4 混合动力/电动车辆蓄电池组的高电压。将 A4 混合动力/电动车辆蓄电池组从车辆上拆下。断开 K16 蓄电池能量控制模块处的 X3 线束连接器。测试以下端子之间的电阻是否小于 10Ω：KR34B 混合动力/电动车辆蓄电池正极接触器处的 X1 和 K16 蓄电池能量控制模块的端子 1X3；KR34B 混合动力/电动车辆蓄电池正极接触器处的 X2 和 K16 蓄电池能量控制模块的端子 10X3。

如果大于 10Ω：修理电路中的开路/电阻过大故障。如果等于或小于 10Ω：更换 K16 蓄电池能量控制模块。

(5) P0AC0：混合动力/电动车辆蓄电池电流传感器性能故障诊断

① 故障码说明

P0AC0：混合动力/电动车辆蓄电池电流传感器性能异常。

P0AC1：混合动力/电动车辆蓄电池电流传感器电路电压过低。

P0AC2：混合动力/电动车辆蓄电池电流传感器电路电压过高。

P1EBA：混合动力/电动车辆蓄电池电流传感器超过读入极限。

② 电路/系统说明　混合动力/电动车辆蓄电池电流传感器安装在混合动力/电动车辆蓄电池组内。通向正极接触器继电器的正极高压电缆将经过混合动力/电动车辆蓄电池组电流传感器。混合动力/电动车辆蓄电池组电流传感器检测到流入和流出混合动力/电动车辆蓄电池的电流。蓄电池能量控制模块提供并监测至混合动力/电动车辆蓄电池组电流传感器的5V参考信号。混合动力/电动车辆蓄电池组电流传感器向蓄电池能量控制模块返回一个0～5V之间的信号。混合动力/电动车辆蓄电池组电流传感器信号与流入和流出混合动力/电动车辆蓄电池组的电流成比例。混合动力/电动车辆蓄电池组电流传感器的信号电压高于2.5V表示混合动力/电动车辆蓄电池正在充电，信号电压低于2.5V表示正在放电。混合动力/电动车辆蓄电池电流传感器测量到从-470～280A的电流。

③ 运行故障码的条件

a. P0AC0　12V蓄电池的电压等于或大于9V。蓄电池能量控制模块被唤醒且进行通信。

未设置故障码P0AC1、P0AC2、P1EBA或U2621。

b. P0AC1或P0AC2　12V蓄电池的电压等于或大于9V。蓄电池能量控制模块被唤醒且进行通信。未设置故障码U2621。

④ 设置故障码的条件

a. P0AC0　电池能量控制模块检测到两个混合动力/电动车辆蓄电池组电流读数之间的差值大于60A。

b. P0AC1　电池能量控制模块检测到混合动力/电动车辆蓄电池组电流小于-700A。

c. P0AC2　电池能量控制模块检测到混合动力/电动车辆蓄电池组电流大于500A。

⑤ 设置故障码时采取的操作　P0AC0、P0AC1、P0AC2和P1EBA是A类故障码。驾驶员信息中心（DIC）显示"Service Hybrid System（维修混合动力系统）"警告信息。如果设置了这些故障码中的任意一个，则车辆将以降低功率模式运行。接触器可能会在任何时间断开。

⑥ 清除故障诊断码的条件　P0AC0、P0AC1、P0AC2和P1EBA是A类故障诊断码。

⑦ 电路/系统检验电路/系统检验　车辆处于维修模式。观察故障诊断仪上的"Hybrid/EV Battery Pack Current Sensor（混合动力/电动车辆蓄电池组电流传感器）"参数。读数应在-23～23A之间，且随着混合动力/电动车辆蓄电池组的电流消耗量而改变。如果不在规定范围内，则检测电路；如果在规定范围内，则全部正常。

⑧ 电路/系统测试　将车辆开关置于"OFF（关闭）"位置，解除A4混合动力/电动车辆蓄电池组的高电压。将A4混合动力/电动车辆蓄电池组从车辆上拆下。连接EL-50211低压跨接线束延长线。断开B30混合动力/电动车辆蓄电池组电流传感器的线束连接器。测试低电平参考电压电路端子C和搭铁之间的电阻是否小于10Ω。

如果大于10Ω：将车辆开关置于"OFF（关闭）"位置，断开K16蓄电池能量控制模块处的X2线束连接器。测试低电平参考电压端对端的电阻是否小于2Ω。如果为2Ω或更大，则修理电路中的开路/电阻过大。如果小于2Ω，则更换K16蓄电池能量控制模块。如果等于或小于10Ω：连接12V蓄电池。将车辆置于维修模式，测试5V参考电压电路端子B和搭铁之间电压是否为

4.8～5.5V。

如果小于 4.8V：将车辆开关置于"OFF（关闭）"位置，断开 K16 蓄电池能量控制模块处的 X2 线束连接器。测试 5V 参考电压电路端子和搭铁之间的电阻是否为无穷大。如果电阻不为无穷大，则修理电路上的对搭铁短路故障。测试 5V 参考电压电路端对端的电阻是否小于 2Ω。如果为 2Ω 或更大，则修理电路中的开路/电阻过大。如果小于 2Ω，则更换 K16 蓄电池能量控制模块。

如果大于 5.2V：将车辆开关置于"OFF（关闭）"位置，断开 K16 蓄电池能量控制模块的 X2 线束连接器，再将车辆置于维修模式。测试 5V 参考电压电路和搭铁之间的电压是否低于 1V。如果是 1V 或更高，则修理电路上的对电压短路故障。如果低于 1V，则更换 K16 蓄电池能量控制模块。

如果在 4.8～5.2V 之间：确认故障诊断仪"Hybrid/EV Battery Pack Current Sensor（混合动力/电动车辆蓄电池组电流传感器）"参数小于 -0.5A。

如果大于 -0.5A：将车辆开关置于"OFF（关闭）"位置，断开 K16 蓄电池能量控制模块的 X2 线束连接器，再将车辆置于维修模式。测试信号电路端子 D 和搭铁之间的电压是否低于 1V。如果是 1V 或更高，则修理电路上的对电压短路故障。如果低于 1V，则更换 K16 蓄电池能量控制模块。

如果小于 -0.5A：在信号电路端子 D 和 5V 参考电压电路端子 B 之间安装一根带 3A 熔丝的跨接线。确认故障诊断仪上的"Hybrid/EV Battery Pack Current Sensor（混合动力/电动车辆蓄电池组电流传感器）"参数大于 0.5A。

如果小于 -0.5A：将车辆开关置于"OFF（关闭）"位置，断开 K16 蓄电池能量控制模块处的 X2 线束连接器。测试信号电路和搭铁之间的电阻是否为无穷大。如果电阻不为无穷大，则修理电路上的对搭铁短路故障。测试信号电路端对端的电阻是否小于 2Ω。如果为 2Ω 或更大，则修理电路中的开路/电阻过大。如果小于 2Ω，则更换 K16 蓄电池能量控制模块。

如果大于 -0.5A：更换 B30 混合动力/电动车辆蓄电池组电流传感器。

（6）P0AF8：混合动力/电动车辆系统电压故障诊断

① 故障码说明　P0AF8：混合动力/电动车辆系统电压。

② 电路/系统说明　混合动力蓄电池包含 336 个电池。3 个并联焊接的电池称为一个电池组。混合动力蓄电池总成中共有 112 个电池组。这些电池组以电气连接方式串联连接。每个电池组的额定电压为 3.3V，系统额定直流电压为 369V。每个电池单元中有 28 个电池组。蓄电池组共同组成 4 个同等的电池单元。4 个电池单元是不可单独维修部件。

混合动力/电动车辆蓄电池能量控制模块通过 8 个混合动力/电动车辆蓄电池接口控制模块监测 112 个蓄电池电池组的电压。电压感知电路连接至每个电池组，且这些感知电路端接于电池单元顶部表面的连接器。混合动力/电动车辆蓄电池接口控制模块对电压读数进行编码，并通过蓄电池控制线束将其发送至蓄电池能量控制模块。各电池单元上有两个混合动力/电动车辆蓄电池接口控制模块。每个混合动力/电动车辆蓄电池接口控制模块配备有一个用于对 14 个电池总和或对电池单元总共 28 个电池的一半进行监测的传感器。混合动力/电动车辆蓄电池接口控制模块和混合动力/电动车辆蓄电池能量控制模块均为可维修部件。

混合动力/电动车辆蓄电池能量控制模块将诊断自身系统，并确定故障发生的时间。诊断和系统状态在混合动力/电动车辆蓄电池能量控制模块至混合动力/电动车辆动力系统控制模块 2 之间通过串行数据进行通信。混合动力/电动车辆动力系统控制模块 2 是故障码（DTC）信息的主控制器。

③ 运行故障码的条件　混合动力/电动车辆蓄电池主接触器闭合。未设置以下所有故障码：P0ABB、P0ABC、P0ABD、P1A07、P1AE8、P1AE9、P1AEA、P1AEB、P1AEC、P1AED、

P1E28 或 U1817。或混合动力 / 电动车辆蓄电池主接触器断开。充电器接触器闭合。多功能接触器闭合。未设置以下所有故障码：P0ABB、P0ABC、P0ABD、P0D4E、P0D4F、P0D5C、P16C5、P1A07、P1EEB、P1EEC、P1ECE 或 U1838。

④ 设置故障码的条件　混合动力 / 电动车辆蓄电池组电压和混合动力 / 电动车辆动力系统控制模块 1 总线电压之间的差值大于 12V。或混合动力 / 电动车辆蓄电池组电压和充电器模块总线电压之间的差值大于 12V。

⑤ 设置故障码时采取的操作　P0AF8 是 A 类故障码。

⑥ 清除故障码的条件　P0AF8 是 A 类故障诊断码。必须执行"清除安全的高电压故障诊断码"重设功能，防止重新设置该故障码。

⑦ 电路 / 系统检验诊断帮助　充电器熔丝熔断可能会导致设置故障码 P0AF8。如果在车辆启动或车辆处于维修模式时接触器卡在断开位置，则将设置 DTCP1EBD、DP1EBE 或 P1EC0、DTCP0AF8。

⑧ 电路 / 系统检验　确认未设置其他故障码。清除 P0AF8 并执行"清除安全的高电压故障诊断码"重设功能。将车辆开关置于"ON（打开）"位置。观察混合动力 / 电动车辆动力系统控制模块 1 高压电路参数、混合动力 / 电动车辆动力系统控制模块 2 "Battery Charger High Output（蓄电池充电器高输出）"参数和蓄电池能量控制模块 "Hybrid Battery Pack Terminal 1 Voltage（混合动力蓄电池组端子 1 电压）"参数。各读数之间的差值应在 12V 以内，且未重设故障码 P0AF8。

如果读数之间的差值在 12V 以内，且未重设故障码 P0AF8：将车辆开关置于"OFF（关闭）"位置。将充电模式设置为"Immediate（即时）"插入一根性能良好的充电线。确认车辆处于充电模式。观察混合动力 / 电动车辆动力系统控制模块 1 高压电路参数、混合动力 / 电动车辆动力系统控制模块 2 "Battery Charger High Output（蓄电池充电器高输出）"参数和蓄电池能量控制模块 "Hybrid Battery Pack Terminal 1 Voltage（混合动力蓄电池组端子 1 电压）"参数。各读数之间的差值应在 12V 以内，且未重设故障码 P0AF8。

如果读数之间的差值在 12V 以内，且未重设故障码 P0AF8，则全部正常。

⑨ 电路 / 系统测试

a. 蓄电池充电器总线的诊断：车辆熄火，解除高电压。断开 A4 混合动力 / 电动车辆蓄电池组的 X5 线束连接器。测试以下端子之间的电阻是否为无穷大：高压直流负极端子 BX5 线束连接器和车辆底盘搭铁；高压直流正极端子 AX5 线束连接器和车辆底盘搭铁；A4 混合动力 / 电动车辆蓄电池组的高压直流正极端子 AX5 线束连接器和 A4 混合动力 / 电动车辆蓄电池组的高压直流负极端子 BX5 线束连接器。

如果电阻小于无穷大：更换高压直流电缆。使用故障诊断仪完成维修后，必须执行"清除安全的高电压故障码"重设功能。断开 T18 蓄电池充电器的 X4 线束连接器。测试以下端子之间的电阻是否小于 10Ω：T18 蓄电池充电器的高压直流负极端子 BX4 线束连接器和 A4 混合动力 / 电动车辆蓄电池组的高压直流负极端子 BX5 线束连接器；T18 蓄电池充电器的高压直流正极端子 AX4 线束连接器和 A4 混合动力 / 电动车辆蓄电池组的高压直流负极端子 AX5 线束连接器。

如果大于 10Ω：更换高压直流电缆。使用故障诊断仪完成维修后，必须执行"清除安全的高电压故障码"重设功能。

如果小于 10Ω：更换 T18 蓄电池充电器。确认在运行故障码的条件下操作车辆时未设置 P0AF8。

如果再次设置了故障码 P0AF8：更换 A4 混合动力 / 电动车辆蓄电池组。

如果未再次设置故障码 P0AF8：全部正常。

b. 蓄电池主总线的诊断：车辆熄火，解除高电压。断开 A4 混合动力 / 电动车辆蓄电池组的

X1 线束连接器。测试以下端子之间的电阻是否为无穷大：A4 混合动力 / 电动车辆蓄电池组的高压直流负极端子 BX1 线束连接器至车辆底盘搭铁；A4 混合动力 / 电动车辆蓄电池组的高压直流正极端子 AX1 线束连接器至车辆底盘搭铁；A4 混合动力 / 电动车辆蓄电池组的高压直流正极端子 AX1 线束连接器和 A4 混合动力 / 电动车辆蓄电池组的高压直流负极端子 BX1 线束连接器。

如果电阻小于无穷大：更换高压直流电缆。使用故障诊断仪完成维修后，必须执行"清除安全的高电压故障码"重设功能。

如果电阻为无穷大：断开 T6 电源逆变器模块的 X1 线束连接器。测试以下端子之间的电阻是否小于 10Ω：A4 混合动力 / 电动车辆蓄电池组的高压直流负极端子 BX3 线束连接器和 T6 电源逆变器模块的高压直流负极端子 BX3 线束连接器；A4 混合动力 / 电动车辆蓄电池组的高压直流正极端子 AX3 线束连接器和 T6 电源逆变器模块的高压直流负极端子 AX3 线束连接器。

如果大于 10Ω：更换高压直流电缆。使用故障诊断仪完成维修后，必须执行"清除安全的高电压故障码"重设功能。

如果小于 10Ω：更换 T6 电源逆变器模块。确认在运行故障码的条件下操作车辆时未设置 P0AF8。如果再次设置了 P0AF8，则更换 A4 混合动力 / 电动车辆蓄电池组。如果未再次设置 P0AF8，则全部正常。

（7）P0AFA：混合动力 / 电动车辆蓄电池系统电压过低故障诊断

① 故障码说明　P0AFA：混合动力 / 电动车辆蓄电池系统电压过低。P0AFB：混合动力 / 电动车辆蓄电池系统电压过高。

② 电路 / 系统说明　混合动力 / 电动车辆蓄电池能量控制模块将诊断自身系统，并确定故障发生的时间。诊断和系统状态在混合动力 / 电动车辆蓄电池能量控制模块至混合动力 / 电动车辆动力系统控制模块 2 之间通过串行数据进行通信。混合动力 / 电动车辆动力系统控制模块 2 是故障码（DTC）信息的主控制器。蓄电池能量控制模块监测高压主接触器蓄电池侧的混合动力 / 电动车辆蓄电池电压。

③ 运行故障码的条件　蓄电池能量控制模块被唤醒且进行通信。

④ 设置故障码的条件

a. P0AFA　混合动力蓄电池组电压低于 180V 或混合动力蓄电池中的最小混合动力蓄电池电池组电压低于 1.6V。

b. P0AFB　混合动力蓄电池组电压高于 425V 或混合动力蓄电池中的最大混合动力蓄电池电池组电压高于 3.8V。

⑤ 设置故障码时采取的操作　P0AFA 和 P0AFB 是 A 类故障诊断码。如果设置了这些故障码中的任意一个，则车辆将以降低功率模式运行。一旦车辆熄火，将阻碍接触器闭合。

⑥ 清除故障码的条件　P0AFA 和 P0AFB 是 A 类故障诊断码。清除故障码以前，必须使用故障诊断仪执行"清除安全的高电压故障码"重设功能。

⑦ 电路 / 系统检验诊断帮助　混合动力 / 电动车辆蓄电池组高电压手动维修断开装置安装不正确或手动维修断熔丝熔断将导致设置故障码 P0AFA。

⑧ 电路 / 系统检验

a. 车辆处于维修模式。

b. 确认未设置其他故障码。

c. 确认故障诊断仪"Hybrid Battery Pack Terminal 1 Voltage（混合动力蓄电池组端子 1 电压）"参数在 180～425V 之间。

d. 观察故障诊断仪上的"Hybrid Battery 1-112（混合动力蓄电池 1-112）"电压参数。每个读数均应在 1.6～3.8V 之间，且所有读数彼此相差应在 0.06V 以内。

⑨ 电路 / 系统测试　高压解除程序包括以下步骤。

a. 确定如何解除高压。
b. 确定如何测试是否存在高压。
c. 确定高电压始终存在的条件且必须使用人身安全设备（PPE）并遵循正确的程序。
d. 无论在室内还是室外，距离车辆 15m 内，应佩戴带侧护套的安全眼镜。
e. 经认证的最新等级"0"绝缘手套，额定电压为 1000V，具有皮革保护层。
f. 使用手套前需进行目视检查和功能检查。
g. 在高压蓄电池总成处进行工作时，要始终佩戴具有皮革保护层的绝缘手套，无论该系统通电与否。

混合动力蓄电池组电压的诊断如下。

a. 将车辆开关置于"OFF（关闭）"位置，解除 A4 混合动力/电动车辆蓄电池组的高电压。
b. 将 A4 混合动力/电动车辆蓄电池组从车辆上拆下。
c. 安装一个性能良好的 S15 手动维修断开装置。
d. 测试 A28 混合动力/电动车辆蓄电池接触器总成的搭铁 C5A 和 B+C5J 之间的电压是否为 180～425V。

如果不在规定范围内，则更换 A4 混合动力/电动车辆蓄电池组。

如果在规定范围内：断开 S15 手动维修断开装置；断开 K16 蓄电池能量控制模块处的 X3 线束连接器；测试 A28 混合动力/电动车辆蓄电池接触器总成的下列端子之间的电阻是否小于 10Ω，搭铁 C5A 和端子 4X3，B+C5J 和端子 7X3。

如果大于 10Ω：更换 A28 混合动力/电动车辆蓄电池接触器总成。使用故障诊断仪完成维修后，必须执行"清除安全的高电压故障码"重设功能。

如果小于 10Ω：更换 K16 蓄电池能量控制模块。使用故障诊断仪完成维修后，必须执行"清除安全的高电压故障码"重设功能。

混合动力蓄电池 1–112 电池组的诊断如下。

a. 将车辆开关置于"OFF（关闭）"位置，解除 A4 混合动力/电动车辆蓄电池组的高电压。
b. 将 A4 混合动力/电动车辆蓄电池组从车辆上拆下。

注意：不可让 EL-48571-25 连接至橙色混合动力/电动车辆蓄电池接口控制模块线束的时间超过 1h，或让橙色混合动力/电动车辆蓄电池接口控制模块线束断开的时间超过 1h。

如果让 EL-48571-25 连接至橙色混合动力/电动车辆蓄电池接口控制模块线束的时间超过 1h，或让橙色混合动力/电动车辆蓄电池接口控制模块线束断开的时间超过 1h，将使混合动力/电动车辆电池单元产生不可恢复的不平衡性。

使用示意图确定正确的混合动力/电动车辆蓄电池接口控制模块和电池单元。

ⓐ 断开相应的混合动力/电动车辆蓄电池接口控制模块线束连接器。
ⓑ 连接 EL-48571-25 高压蓄电池引线盒。
ⓒ 将数字式万用表的探针插入 EL-48571-25 的测试孔。
ⓓ 通过在各开关位置中循环使用 EL-48571-25，测量并记录各电池组的电压。
ⓔ 每个电池组的电压读数应在 1.6～3.8V 之间。

如果不在规定范围内：更换 A4 混合动力/电动车辆蓄电池组。使用故障诊断仪完成维修后，必须执行"清除安全的高电压故障码"重设功能。

ⓕ 每个电池组的电压读数相差应在 0.06V 以内。

如果电池组之间的电压差值大于 0.06V：更换 A4 混合动力/电动车辆蓄电池组。使用故障诊断仪完成维修后，必须执行"清除安全的高电压故障码"重设功能。

如果电池组之间的电压差值小于 0.06V：更换对应的 K112 混合动力/电动车辆蓄电池接口控制模块。使用故障诊断仪完成维修后，必须执行"清除安全的高电压故障码"重设功能。

(8) P0C77：混合动力/电动车辆蓄电池系统预充电时间过短故障诊断

① 故障码说明　P0C77：混合动力/电动车辆蓄电池系统预充电时间过短。P0C78：混合动力/电动车辆蓄电池系统预充电时间过短长。

② 电路/系统说明　混合动力/电动车辆蓄电池能量控制模块将诊断自身系统，并确定故障发生的时间。诊断和系统状态在混合动力/电动车辆蓄电池能量控制模块至混合动力/电动车辆动力系统控制模块2之间通过串行数据进行通信。混合动力/电动车辆动力系统控制模块2是故障码（DTC）信息的主控制器。蓄电池能量控制模块监测高压主接触器蓄电池侧的混合动力/电动车辆蓄电池电压。

③ 运行故障码的条件

a. P0C77　主接触器处于预充电模式。蓄电池电流传感器未出现故障。高电压总线电压传感器未出现故障。预充电开始前，高电压总线电压低于40V。

b. P0C78　蓄电池电压传感器未出现故障。高电压总线电压传感器未出现故障。或在等待总线电压达到蓄电池电压的95%时，蓄电池电流低于蓄电池电压除以27.63，并持续87.5ms以上。

④ 设置故障码的条件

a. P0C77　蓄电池电压除以总线电压的值在50ms的时间内大于蓄电池电压的95%。

b. P0C78　总线电压在700ms内未达到蓄电池电压的95%。

⑤ 设置故障码时采取的操作　P0C77和P0C78是B类故障诊断码。接触器将断开。

⑥ 清除故障码的条件　P0C77和P0C78是B类故障诊断码。

⑦ 诊断帮助　预充电的时间可能受以下条件影响。

a. 混合动力/电动车辆蓄电池负极或混合动力/电动车辆蓄电池多功能接触器卡滞在断开位置可能会导致预充电时间过长。

b. 混合动力/电动车辆蓄电池预充电接触器卡滞在闭合位置可能会导致预充电时间过长。

c. 驱动系统总线短路，使主总线无法达到目标电压，可能会导致预充电时间过长。

d. 混合动力/电动车辆蓄电池正极高电压接触器卡滞可能会导致预充电时间过短。

⑧ 电路/系统检验电路/系统检验

a. 车辆处于维修模式。

b. 确认未设置故障码P0AA1、P0AD9、P0ADD、P0AE2、P0AE4、P0AFA、P0D0A、P0D11、P1EBC-P1EBF、P1EC0或P1EC3-P1EC5。

c. 将车辆开关置于"OFF（关闭）"位置，所有车辆系统关闭。可能需要2min才能让所有车辆系统断电。

d. 点亮驻车灯。

e. 使用故障诊断仪指令混合动力/电动车辆蓄电池接触器全部断开。

f. 断开S15手动维修断开装置。

g. 使用故障诊断仪指令蓄电池负极接触器断开和闭合，同时倾听接触器是否断开和闭合。确认蓄电池充电系统负极接触器断开和闭合。

h. 使用故障诊断仪指令蓄电池充电系统正极接触器断开和闭合，同时倾听接触器是否断开和闭合。确认听到蓄电池充电系统正极接触器断开和闭合。

i. 使用故障诊断仪指令混合动力/电动车辆蓄电池多功能接触器断开和闭合，同时倾听接触器是否断开和闭合。确认听到混合动力/电动车辆蓄电池多功能接触器断开和闭合。

j. 使用故障诊断仪指令混合动力/电动车辆蓄电池预充电接触器断开和闭合，同时倾听接触器是否断开和闭合。确认听到混合动力/电动车辆蓄电池预充电接触器断开和闭合。

k. 使用故障诊断仪指令混合动力/电动车辆蓄电池接触器全部断开。

l. 关闭驻车灯。连接S15手动维修断开装置。车辆处于维修模式。

m. 使用故障诊断仪，确认混合动力/电动车辆动力系统控制模块 1 "High Voltage Circuit（高压电路）"参数和混合动力/电动车辆动力系统控制模块 2 "Hybrid Battery Pack Voltage（混合动力蓄电池组电压）"参数在 180～425V 之间，并且彼此相差应在 10V 以内。

n. 将车辆熄火，使用故障诊断仪，确认混合动力/电动车辆动力系统控制模块 1 "High Voltage Circuit（高压电路）"是否低于 3V，并且混合动力/电动车辆动力系统控制模块 2 "Hybrid Battery Pack Voltage（混合动力蓄电池组电压）"参数在 180～425V 之间。

⑨ 电路/系统测试

a. 车辆熄火，解除高电压。

b. 断开 A4 混合动力/电动车辆蓄电池组的 X3 线束连接器。

c. 断开 T6 电源逆变器模块的 X3 线束连接器。

d. 使用 EL-50772 隔离万用表，测试以下各点之间的电阻是否大于 750kΩ。

A4 混合动力/电动车辆蓄电池组的端子 2X3 线束连接器和车辆底盘搭铁。

A4 混合动力/电动车辆蓄电池组的端子 1X3 线束连接器和车辆底盘搭铁。

A4 混合动力/电动车辆蓄电池组的端子 2X3 和端子 1X3 线束连接器。

如果小于 750kΩ：更换 360V 直流电缆。

如果大于 750kΩ：测试以下各点之间的电阻是否小于 10Ω：端子 2X3 和端子 2X3；端子 1X3 和端子 1X3。

如果大于 10Ω：更换 360V 直流电缆。

如果小于 10Ω：断开 A4 混合动力/电动车辆蓄电池组的 X1 线束连接器。测试搭铁电路端子 7X1 和搭铁之间的电阻是否小于 10Ω。

如果大于 10Ω：修理电路中的开路/电阻过大故障。

如果小于 10Ω：断开 A4 混合动力/电动车辆蓄电池组的 X2 线束连接器。测试搭铁电路端子 2X2 和搭铁之间的电阻是否小于 10Ω。

如果大于 10Ω：修理电路中的开路/电阻过大故障。

如果小于 10Ω：连接 12V 蓄电池。车辆处于维修模式。确认 B+ 电路端子 9X1 和搭铁之间的测试灯点亮。

如果测试灯未点亮：将车辆开关置于"OFF（关闭）"位置。测试 B+ 电路和搭铁之间的电阻是否为无穷大。

如果电阻不为无穷大：修理电路上的对搭铁短路故障。

如果电阻为无穷大：测试 B+ 电路端对端的电阻是否小于 2Ω。

如果为 2Ω 或更大：修理电路中的开路/电阻过大。

如果小于 2Ω：更换 K114B 混合动力/电动车辆动力系统控制模块 2。

如果测试灯点亮：车辆熄火，断开 X1 和 X2 线束连接器。将车辆开关置于"OFF（关闭）"位置，所有车辆系统关闭。可能需要 2min 才能让所有车辆系统断电。连接 S15 手动维修断开装置。点亮驻车灯。使用故障诊断仪指令混合动力/电动车辆蓄电池接触器全部断开。断开 S15 手动维修断开装置。指令混合动力/电动车辆蓄电池组预充电接触器闭合。断开 A4 混合动力/电动车辆蓄电池组的 X1 线束连接器。在控制电路端子 9X1 和搭铁之间连接一个测试灯。使用故障诊断仪指令混合动力/电动车辆蓄电池组预充电接触器断开和闭合。在指令状态之间切换时，测试灯应相应地点亮和熄灭。

如果测试灯始终点亮：车辆处于维修模式。测试控制电路和搭铁之间的电压是否低于 1V。如果是 1V 或更高，则修理电路上的对电压短路故障。如果低于 1V，则更换 K114B 混合动力/电动车辆动力系统控制模块 2。

如果测试灯始终熄灭：将车辆开关置于"OFF（关闭）"位置。

关闭驻车灯：测试控制电路和搭铁之间的电阻是否为无穷大。

如果电阻不为无穷大：修理电路上的对搭铁短路故障。

如果电阻为无穷大：测试控制电路端对端的电阻是否小于2Ω。如果为2Ω或更大，则修理电路中的开路/电阻过大。如果小于2Ω，则更换K114B混合动力/电动车辆动力系统控制模块2。

如果测试灯点亮并熄灭：重新连接X1线束连接器。指令混合动力/电动车辆蓄电池负极触器闭合。断开X1线束连接器。在控制电路端子7X1和搭铁之间连接一个测试灯。使用故障诊断仪指令混合动力/电动车辆蓄电池负极接触器断开和闭合。在指令状态之间切换时，测试灯应相应地点亮和熄灭。

如果测试灯始终点亮：车辆处于维修模式。测试控制电路和搭铁之间的电压是否低于1V。如果是1V或更高，则修理电路上的对电压短路故障。如果低于1V，则更换K114B混合动力/电动车辆动力系统控制模块2。

如果测试灯始终熄灭：将车辆开关置于"OFF（关闭）"位置。关闭驻车灯。测试控制电路和搭铁之间的电阻是否为无穷大。如果电阻不为无穷大，则修理电路上的对搭铁短路故障。

如果电阻为无穷大：测试控制电路端对端的电阻是否小于2Ω。如果为2Ω或更大，则修理电路中的开路/电阻过大。如果小于2Ω，则更换K114B混合动力/电动车辆动力系统控制模块2。

如果测试灯点亮并熄灭：重新连接X1线束连接器。指令混合动力/电动车辆蓄电池正极触器闭合。断开X1线束连接器。在控制电路端子10X1和搭铁之间连接一个测试灯。使用故障诊断仪指令混合动力/电动车辆蓄电池正极接触器断开和闭合。在指令状态之间切换时，测试灯应相应地点亮和熄灭。

如果测试灯始终点亮：车辆处于维修模式。测试控制电路和搭铁之间的电压是否低于1V。如果是1V或更高，则修理电路上的对电压短路故障。如果低于1V，则更换K114B混合动力/电动车辆动力系统控制模块2。

如果测试灯始终熄灭：将车辆开关置于"OFF（关闭）"位置。关闭驻车灯。测试控制电路和搭铁之间的电阻是否为无穷大。如果电阻不为无穷大，则修理电路上的对搭铁短路故障。

如果电阻为无穷大：测试控制电路端对端的电阻是否小于2Ω。如果为2Ω或更大，则修理电路中的开路/电阻过大。如果小于2Ω，则更换K114B混合动力/电动车辆动力系统控制模块2。

如果测试灯点亮并熄灭：重新连接X1线束连接器。指令混合动力/电动车辆蓄电池多功能触器闭合。断开X1线束连接器。在控制电路端子6X1和搭铁之间连接一个测试灯。使用故障诊断仪指令混合动力/电动车辆蓄电池多功能接触器断开和闭合。在指令状态之间切换时，测试灯应相应地点亮和熄灭。

如果测试灯始终点亮：车辆处于维修模式。测试控制电路和搭铁之间的电压是否低于1V。如果是1V或更高，则修理电路上的对电压短路故障。如果低于1V，则更换K114B混合动力/电动车辆动力系统控制模块2。

如果测试灯始终熄灭：将车辆开关置于"OFF（关闭）"位置。关闭驻车灯。测试控制电路和搭铁之间的电阻是否为无穷大。如果电阻不为无穷大，则修理电路上的对搭铁短路故障。如果电阻为无穷大，则测试控制电路端对端的电阻是否小于2Ω。如果为2Ω或更大，则修理电路中的开路/电阻过大。如果小于2Ω，则更换K114B混合动力/电动车辆动力系统控制模块2。

如果测试灯点亮并熄灭：更换A28混合动力/电动车辆蓄电池接触器总成。

(9) P1E92：混合动力/源电动车蓄电池接口控制模块1电池平衡电路故障诊断

① 故障码说明　见表11-2-1。

表 11-2-1 故障码说明（5）

故障码	模块	说明
P1E92	混合动力 / 源电动车蓄电池接口控制模块 1	电池平衡电路故障
P1E98	混合动力 / 源电动车蓄电池接口控制模块 2	
P1E9E	混合动力 / 源电动车蓄电池接口控制模块 3	
P1EA4	混合动力 / 源电动车蓄电池接口控制模块 4	
P1FC9	混合动力 / 源电动车蓄电池接口控制模块 5	
P1FCA	混合动力 / 源电动车蓄电池接口控制模块 6	
P1FCB	混合动力 / 源电动车蓄电池接口控制模块 7	
P1FCC	混合动力 / 源电动车蓄电池接口控制模块 8	

② 电路 / 系统说明　为了保持电池组的相同充电状态，混合动力 / 电动车辆动力系统控制模块 2 将监测电池组的电压，并确定需要释放能量的电池组，从而使蓄电池组维持在相同的充电状态，这被称为电池平衡。电池组并联了一个电阻器，混合动力 / 电动车辆蓄电池接口控制模块内的电阻器串联了一个晶体管开关。混合动力 / 电动车辆动力系统控制模块 2 向混合动力 / 电动车辆蓄电池能量控制模块发送一个指令，通过混合动力 / 电动车辆蓄电池接口控制模块进行电池平衡控制。

③ 运行故障诊断码的条件　混合动力 / 电动车辆蓄电池能量控制模块被唤醒并进行通信。高电压故障电路诊断未运行。电池平衡电路高于 3.0V。未设置以下故障码：P1E8E、P1E94、P1E9A、P1EA0、P1FBD、P1FBE、P1FBF、P1FC0、U2603、U2604、U2605、U2606、U2617、U2618、U2619 或 U2620。

④ 设置故障码的条件　混合动力 / 电动车辆蓄电池接口控制模块检测到内部电池平衡开关故障。

⑤ 设置故障码时采取的操作　P1E92、P1E98、P1E9E、P1EA4、P1FC9、P1FCA、P1FCB 和 P1FCC 是 A 类故障诊断码。电池平衡禁用。

⑥ 电路 / 系统检验　确认未设置其他故障码。确认设置了故障码 P1E92、P1E98、P1E9E、P1EA4、P1FC9、P1FCA、P1FCB 或 P1FCC，更换对应的 K112 混合动力 / 电动车辆蓄电池接口控制模块。如果没有设置故障码，则全部正常。

（10）P1FF4：系统隔离 / 接触器故障 - 混合动力 / 电动车辆蓄电池系统接触器断开故障诊断

① 故障码说明　P1FF4：系统隔离 / 接触器故障 - 混合动力 / 电动车辆蓄电池系统接触器断开。

② 电路 / 系统说明　如果混合动力 / 电动车辆动力系统控制模块 1 检测到被动绝缘损失、辅助充气式约束系统传感器不工作或混合动力 / 电动车辆动力系统控制模块 1 及辅助充气式约束系统模块失去通信，则混合动力 / 电动车辆动力系统控制模块 2 将设置故障诊断码 P1FF4。

③ 运行故障码的条件　将车辆开关置于"ON（打开）"位置。12V 蓄电池电压高于 9V。

④ 设置故障码的条件

a. 混合动力 / 电动车辆动力系统控制模块 1 检测到一个"被动"隔离故障；混合动力 / 电动车辆动力系统控制模块 1 中设置 P1AF0、P1AF2 或 P1E22；辅助充气式约束系统模块的侧翻、安全气囊或惯性传感器未工作。

b. 混合动力 / 电动车辆动力系统控制模块 1 检测到一个"被动"隔离故障；混合动力 / 电动车辆动力系统控制模块 1 中设置 P1AF0、P1AF2 或 P1E22；设置了 DTCU184E。

c. 混合动力 / 电动车辆动力系统控制模块 2 与混合动力 / 电动车辆动力系统控制模块 1 失去

通信；设置了 DTCU184E。

d. 混合动力/电动车辆动力系统控制模块 2 与混合动力/电动车辆动力系统控制模块 1 失去通信；辅助充气式约束系统模块的侧翻、安全气囊或惯性传感器未工作。

⑤ 设置故障码时采取的操作

故障码 P1FF4 是 A 类故障诊断码。将阻碍所有接触器闭合。

⑥ 清除故障码的条件

故障码 P1FF4 是 A 类故障诊断码。清除故障码以前，必须使用故障诊断仪执行"清除安全的高电压故障码"重设功能。

⑦ 电路/系统检验电路/系统检验

a. 确认未设置其他故障码。

b. 执行"清除固定的高电压故障代码"，熄火，关闭车窗和车门，锁止车门，关闭车内一切电器设备，等待 5min。

c. 确认未再次设置 P1FF4，并且未设置其他故障码。

d. 如果设置了故障码 P1FF4，则确认 K36 充气式约束系统感应和诊断模块使用正确的校准软件进行编程。

e. 如果未安装正确的软件，则对 K36 充气式约束系统感应和诊断模块进行编程。

f. 执行"高电压系统检查"和"高电压主总线隔离损失"。

g. 执行"清除固定的高电压故障码"，熄火，关闭车窗和车门，锁止车门，关闭车内一切电器设备，等待 5min。

h. 确认未再次设置 P1FF4，并且未设置其他故障码。

如果设置了故障码 P1FF4，则更换 K114B 混合动力/电动车辆动力系统控制模块 2。

如果未设置故障码，则全部正常。

11.3 充电系统

（1）P0CCC：充电口盖位置传感器电路故障诊断

① 故障码说明 见表 11-3-1。

表 11-3-1 故障码说明（6）

故障码	传感器	说明
P0CCC	充电口盖位置传感器	电路故障
P0CCE		电路电压过低
P0CCF		电路电压过高

② 电路/系统说明 混合动力/电动车辆控制模块 2 通过一个上拉电阻向充电口盖位置传感器电路提供一个 5V 信号。充电口盖位置传感器电路的另一端连接至充电口盖位置开关处。混合动力/电动车辆控制模块 2 监测充电口盖位置传感器电路的电压。正常运行时，混合动力/电动车辆控制模块 2 向仪表板组合仪表的驾驶员信息中心发送一条串行数据信息，以显示"Charge Door Open（充电口盖打开）"信息。

③ 运行故障码的条件 混合动力/电动车辆控制模块 2 必须处于唤醒状态。

④ 启动故障码的条件

a. P0CCC 混合动力/电动车辆控制模块 2 检测到充电口盖位置传感器信号电路的电压值处

于预期的高低压值之间。

b. P0CCE 混合动力/电动车辆控制模块 2 检测到充电口位置传感器电路对搭铁短路。

c. P0CCF 混合动力/电动车辆控制模块 2 检测到充电口位置传感器电路对电压短路或开路/电阻过大。

⑤ 故障码启动时应采取的操作 当充电口盖打开或科微开时,"Charge Door Open(充电口盖开启)"信息将不点亮。

⑥ 电路/系统检验 车辆处于维修模式。打开和关闭充电口盖时,确认故障诊断仪的"Charge Port Door(充电口盖)"参数在"Open(打开)"和"Closed(关闭)"之间变化,如果参数改变,则全部正常。

⑦ 电路/系统检验电路/系统测试 车辆熄火,断开 B197 充电口盖位置开关的线束连接器。可能需要 2min 才能让所有车辆系统断电。测试搭铁电路端子 C 和搭铁之间电阻是否小于 10Ω。

如果等于或大于 10Ω:车辆熄火。测试搭铁电路端对端的电阻是否小于 2Ω。如果等于或大于 2Ω,则修理电路中的开路/电阻过大。如果小于 2Ω,则修理搭铁连接中的开路/电阻过大。

如果小于 10Ω:车辆处于维修模式,测试 5V 电压参考电路端子 A 和搭铁之间的电压是否为 4.8~5.2V。

如果低于 4.8V:车辆熄火,断开 K114B 混合动力/电动车辆控制模块 2 上的线束连接器。测试 5V 参考电压电路和搭铁之间的电阻是否为无穷大。如果电阻不为无穷大,则修理电路上的对搭铁短路故障。

如果电阻为无穷大:测试 5V 参考电压电路的端到端电阻是否小于 2Ω。如果等于或大于 2Ω,则修理电路中的开路/电阻过大。如果电阻小于 2Ω,则更换 K114B 混合动力/电动车辆控制模块 2。

如果高于 5.2V:车辆熄火,断开 K114B 混合动力/电动车辆控制模块 2 上的线束连接器,车辆处于维修模式。测试 5V 参考电压电路和搭铁之间的电压是否小于 1V。如果等于或大于 1V,则修理电路上的对电压短路。如果低于 1V,则更换 K114B 混合动力/电动车辆控制模块 2。

如果在 4.8~5.2V 之间:测试或更换 B197 充电口盖位置开关。

⑧ 部件测试 车辆熄火,断开 B197 充电口盖位置开关的线束连接器。开关处于打开位置时,测试信号端子 A 和搭铁端子 C 之间的电阻是否为 180~190Ω。

如果等于或大于 191Ω:更换 B197 充电口盖位置开关。

如果为 179Ω 或更小:更换 B197 充电口盖位置开关。如果为 180~190Ω:开关处于关闭位置时,测试信号端子 A 和搭铁端子 C 之间的电阻是否为 2040~2065Ω。

如果等于或大于 2066Ω:更换 B197 充电口盖位置开关。

如果为 2039Ω 或更小:更换 B197 充电口盖位置开关。如果为 2040~2065Ω:全部正常。

(2) P0CF4:控制电路性能故障诊断

① 故障码说明 P0CF4:控制电路性能。P0CF5:控制电路电压过低。P0CF6:控制电路电压过高。

② 电路/系统说明 混合动力/电动车辆动力系统控制模块 2 监测驱动电机蓄电池充电器电缆的一个领示信号。混合动力/电动车辆动力系统控制模块 2 利用该信号管理驱动电机蓄电池充电器电缆和混合动力/电动车辆动力系统控制模块 2 之间的充电进程。

在正常的充电情况下,控制领示信号由驱动电机蓄电池充电器电缆产生。当驱动电机蓄电池充电器电缆断开时,此诊断运行,以确认车辆侧电路的完整性。诊断信号由混合动力/电动车辆动力系统控制模块 2 内部发出。

③ 运行故障码的条件

a. DTCP0CF4。车辆 12V 蓄电池系统电压需要在 9V 以上。驱动电机蓄电池充电器电缆断开,且充电端口门关闭。车辆处于维修模式。车辆需要在大于 25km/h 的车速下行驶 10s 以上。

b. P0CF5　车辆 12V 蓄电池系统电压需要在 9V 以上。驱动电机蓄电池充电器电缆断开，且充电端口门关闭。车辆需要在大于 25km/h 的车速下行驶 10s 以上。

c. P0CF6　车辆 12V 蓄电池系统电压需要在 9V 以上。驱动电机蓄电池充电器电缆断开，且充电端口门关闭。车辆处于维修模式。车辆需要在大于 25km/h 的车速下行驶 10s 以上。

④ 设置故障码的条件

a. P0CF4　控制电路未满足内部范围要求长达 1s。仅可设置在混合动力/电动车辆动力系统控制模块 2 内部。这是混合动力/电动车辆动力系统控制模块 2 的内部电路电压且不可测量。

b. P0CF5　控制电路电压除以系统电压值小于 0.03 且持续 1s。这是混合动力/电动车辆动力系统控制模块 2 的内部电路电压且不可测量。

c. P0CF6　控制电路电压除以系统电压值大于 0.58 且持续 1s。这是混合动力/电动车辆动力系统控制模块 2 的内部电路电压且不可测量。

⑤ 设置故障码时采取的操作　P0CF4 ~ P0CF6 是 A 类故障诊断码。停用高压蓄电池充电。

⑥ 电路/系统测试

a. 车辆熄火，解除高电压。

b. 断开 K114B 混合动力/电动车辆动力系统控制模块 2 的 X2 线束连接器。

c. 测试 X98 混合动力/电动车辆蓄电池充电器插座的控制领示信号电路端子 B 和 X98 混合动力蓄电池充电器插座端子 A、C ~ G 之间的电阻是否为无穷大。

如果电阻小于无穷大：断开 X98 混合动力/电动车辆蓄电池充电器插座的线束连接器。测试该线束连接器的控制领示信号电路端子 B 和 X98 混合动力蓄电池充电器插座线束连接器端子 A、C ~ G 之间的电阻是否为无穷大。如果电阻不为无穷大，则修理电路之间的短路故障。如果电阻为无穷大，则更换 X98 混合动力/电动车辆蓄电池充电器插座。

如果电阻为无穷大：更换 K114B 混合动力/电动车辆动力系统控制模块 2。

(3) P0CF7：直流充电检测电路电压过低故障诊断

① 故障码说明　P0CF7：直流充电检测电路电压过低。P0CFA：直流充电检测电路电压过高。

② 电路/系统说明　网关模块的主要作用是对快速充电站和混合动力/电动车辆动力系统控制模块 2 在充电过程中的信号进行转换，使得车辆可以进行快速充电。接口分为两部分，一部分和混合动力/电动车辆动力系统控制模块 2 接口，另一部分和快速充电站接口。

③ 运行故障码的条件

a. P0CF7　车辆 12V 蓄电池系统电压高于 9V。

b. P0CFA　车辆 12V 蓄电池系统电压高于 9V。

④ 电路/系统测试

a. 将车辆开关置于"OFF（关闭）"位置，断开 K56 网关模块处的 X1 线束连接器。

b. 测试端子 X149 和搭铁之间的电阻是否为无穷大：如果不为无穷大，修理电路上的对搭铁短路故障；如果为无穷大，测试 X149 和直流充电口端子 7 之间电阻是否小于 10Ω。

如果大于 10Ω，修理电路中的开路/电阻过大故障；如果小于 10Ω，更换 K56 网关模块。

(4) P0CF9：控制引导充电开关性能故障诊断

① 故障码说明　P0CF9：控制引导充电开关性能。P0D01：控制引导充电通风开关性能。

② 电路/系统说明　混合动力/电动车辆动力系统控制模块 2 有两个用来调试控制领示信号的内部开关。第一个内部开关调试控制领示信号，向驱动电机蓄电池充电器电缆指示车辆是否准备好充电。第二个内部开关调试控制领示信号，向部分驱动电机蓄电池充电器电缆（当前未使用）指示是否需要室内通风。

③ 运行故障码的条件　车辆 12V 蓄电池系统电压需要在 9V 以上。驱动电机蓄电池充电器电缆断开，且充电端口门关闭。车辆处于维修模式。DTCP0CF4～P0CF6 的诊断必须在运行之前通过。

④ 设置故障码的条件　混合动力 / 电动车辆动力系统控制模块 2 测量到控制领示信号电压超出范围持续 10s。这是混合动力 / 电动车辆动力系统控制模块 2 的内部电路电压且不可测量。

⑤ 电路 / 系统检验　车辆处于维修模式时，确认未设置故障码 P0CF9 或 P0D01。

如果设置了任何一个故障诊断码：更换 K114B 混合动力 / 电动车辆动力系统控制模块 2。如果没有设置故障诊断码，则全部正常。

(5) P0D1F：控制模块日期 / 时间同步性能故障诊断

① 故障码说明　P0D1F：控制模块日期 / 时间同步性能。

② 电路 / 系统说明　混合动力 / 电动车辆动力系统控制模块 2 监测通过安吉星模块从全球定位系统接收到的日期和时间数据。时间信息用来确保模块的内部时间与客户的当地时间同步。"Time of Day Charging（日间充电时间）"功能使用内部时钟来跟踪时间并对延迟的充电模式进行警报。如果在行驶周期内接收到此全球定位系统时间数据，则认为系统同步。

③ 运行故障码的条件　车辆需要从熄火转至维修模式才开始诊断。

④ 设置故障码的条件　车辆行驶连续 5 个行驶周期，行程超过 15km，且数据和时间不可从安吉星模块获得。

⑤ 设置故障码时采取的操作　P0D1F 是 C 类故障诊断码。在导航屏上显示"默认充电模式：Immediately（即时）"。蓄电池充电器"Time of Day Charging（日间充电时间）"选项不可用，且充电模式设置为"Immediate（即时）"。

⑥ 电路 / 系统检验

a. 车辆处于维修模式时，确认未设置安吉星故障诊断码。

b. 确认故障诊断仪"Telematics Communication Interface Control Module/DataDisplay/GPSData/Second（远程通信接口控制模块 / 数据显示 / 全球定位系统数据 / 秒钟）"参数逐渐增加。

如果秒数增加：更换 K114B 混合动力 / 电动车辆动力系统控制模块 2。

(6) P0D21：蓄电池充电器输出电压过低故障诊断

① 故障码说明　P0D21：蓄电池充电器输出电压过低。P0D22：蓄电池充电器输出电流性能。P0D23：蓄电池充电器输出短路。

② 电路 / 系统说明　混合动力 / 电动车辆动力系统控制模块 2 监测蓄电池充电器的高压输出和电流输出并确保它们在正确范围内。蓄电池充电器以恒定电流模式或恒定电压模式运行。所使用的模式决定了将运行的诊断。蓄电池充电器在充电周期开始和结束的时候运行恒定电压模式，在大部分充电周期过程中运行恒定电流模式。

混合动力 / 电动车辆动力系统控制模块 2 和蓄电池充电器控制模块监测蓄电池充电器的高电压输出和电流输出，并确保其处在正确范围内，且充电总线中没有阻性短路。

③ 设置故障码的条件

a. P0D21　蓄电池充电器高压输出电压低于 150V，或预期充电器总线电压除以蓄电池充电器总线电压的值小于 0.75V。

b. P0D22　混合动力 / 电动车辆动力系统控制模块 2 测量到蓄电池充电总线电流不在指令电流的可接受范围内。

c. P0D23　蓄电池充电器高电压输出电流大于 0.35A。

④ 诊断帮助　如果设置了故障码 P0D21，导致设置该故障码的故障可能会使充电器熔丝熔断。

⑤ 电路 / 系统检验

a. 车辆处于维修模式，确认未设置其他混合动力/电动车辆蓄电池相关故障码。

b. 车辆熄火，解除 T18 蓄电池充电器的高电压。

c. 断开 A4 混合动力/电动车辆蓄电池组的 X5 连接器。

d. 测试以下 300V 电路端子端到端的电阻是否小于 10Ω：T18 蓄电池充电器端子 AX4 和 A4 混合动力/电动车辆蓄电池组 AX5；T18 蓄电池充电器端子 BX4 和 A4 混合动力/电动车辆蓄电池组 BX5。

如果大于规定范围：确认充电器大电流熔断器未熔断。若已熔断，则更换充电器大电流熔断器，并更换 300V 直流电缆。

如果在规定范围内：重新连接 T18 蓄电池充电器的 X4 连接器。使用 EL-50772 隔离万用表，测试下列电路端子和搭铁之间的电阻是否大于 1MΩ：A4 混合动力/电动车辆蓄电池组端子 A+300V X5；A4 混合动力/电动车辆蓄电池组端子 B-300V X5。

如果小于规定范围：断开 T18 蓄电池充电器的 X4 连接器。使用 EL-50772 隔离万用表，测试该电路的电路端子和搭铁之间的电阻是否大于 1MΩ。如果低于此规定范围，则确认充电器大电流熔断器未熔断。若已熔断，则更换充电器大电流熔断器，并更换 300V 直流电缆。如果不在规定范围内，则更换 T18 蓄电池充电器。如果在规定范围内：测试 A4 混合动力/电动车辆蓄电池组端子 A 和端子 BX5 之间的电阻是否大于 1MΩ。

如果小于规定范围：断开 T18 蓄电池充电器的 X4 连接器。测试 A4 混合动力/电动车辆蓄电池组端子 A 和端子 BX5 之间的电阻是否大于 1MΩ。如果低于此规定范围，则确认充电器大电流熔断器未熔断。若已熔断，则更换充电器大电流熔断器，并更换 300V 直流电缆。如果在此规定范围内，则确认充电器大电流熔断器未熔断。若已熔断，则更换充电器大电流熔断器，并更换 T18 蓄电池充电器。

如果在规定范围内：拆下大电流熔断器盖。确认充电器大电流熔断器未熔断。

若大电流熔断器熔断，确认大电流熔断器日期代码；若大电流熔断器未熔断，更换 T18 蓄电池充电器。确认在运行故障码的条件下操作车辆时未设置 P0D21、P0D22 或 P0D23。如果设置了故障码，则更换 K114B 混合动力控制模块 2。如果没有设置故障码，则全部正常。

大电流熔断器日期代码比 U38 早：更换 14V 电源模块和充电器大电流熔断器。确认在运行故障码的条件下操作车辆时未设置 P0D21、P0D22 或 P0D23。如果设置了故障码，则更换 K114B 混合动力控制模块 2。如果没有设置故障码，则全部正常。

大电流熔断器日期代码为 U38 或之后的代码：更换充电器大电流熔断器和 T18 蓄电池充电器。确认在运行故障诊断码的条件下操作车辆时未设置故障码 P0D21、P0D22 或 P0D23。如果设置了故障码，则更换 K114B 混合动力控制模块 2。如果没有设置故障码，则全部正常。

（7）P0D26：蓄电池充电器系统预充电时间过长故障诊断

① 故障码说明　P0D26：蓄电池充电器系统预充电时间过长。

② 电路/系统说明　在将蓄电池充电器连接至混合动力/电动车辆蓄电池组以前，需要升高蓄电池充电器输出的电压水平以匹配混合动力/电动车辆蓄电池组电压，这称为蓄电池充电器的预充电。预充电过程中，充电接触器闭合，但多功能接触器断开。此外，驱动电机蓄电池充电器电缆应插入混合动力蓄电池充电器插座且需启用车辆公用电源。混合动力/电动车辆动力系统控制模块 2 监测到达正确预充电电压所需的时间。

③ 运行故障码的条件　车辆 12V 蓄电池系统电压需要在 9V 以上。蓄电池充电器必须从断开转至连接。驱动电机蓄电池充电器电缆必须连接且车辆接收电源。多功能接触器必须指令为断开。

④ 设置故障码的条件　混合动力/电动车辆动力系统控制模块 2 确定蓄电池充电器在 10s 内未到达预充电电压。

⑤ 电路/系统测试

a. 确认未设置故障码 P1EC5。

b. 确认未设置其他蓄电池充电器故障码。如果设置了任何一个故障码，则先对其进行诊断。如果设置了故障码 P0D26，则更换 T18 蓄电池充电器。

(8) P0D2A：蓄电池充电器输入电流过大故障诊断

① 故障码说明　P0D2A：蓄电池充电器输入电流过大。

② 电路/系统说明　混合动力/电动车辆动力系统控制模块 2 监测蓄电池充电器交流电流并确认该电流未超过正常限制值。

③ 运行故障码的条件　车辆 12V 蓄电池系统电压需要在 9V 以上。不允许出现任何高压或电流传感器故障。驱动电机蓄电池充电器电缆必须连接且车辆接收电源。

④ 设置故障码的条件　120V 交流电源，超过 13A 并持续 1s。240V 交流电源，超过 17A 并持续 1s。

⑤ 电路/系统检验　确认未设置故障码 P0D2A。如果设置了故障码，则解除 T18 蓄电池充电器的高电压。

(9) P0D2B：控制领示指示灯控制电路故障诊断

① 设置故障码的条件　LED 指令为熄灭，混合动力/电动车辆动力系统控制模块 2 检测到对蓄电池短路。LED 指令为点亮，混合动力/电动车辆动力系统控制模块 2 检测到对搭铁短路或开路/电阻过大。

② 电路/系统测试

a. 将车辆熄火，断开 P36 蓄电池充电状态指示灯上的线束连接器。

b. 测试低电平参考电压端子 C 和搭铁之间的电阻是否小于 10Ω。如果大于或等于 10Ω：修理电路中的开路/电阻过大故障。如果小于或等于 10Ω：在信号端子 A 和搭铁之间安装一盏测试灯。确认测试灯未点亮。

如果测试灯点亮：断开 K114B 混合动力/电动车辆动力系统控制模块 2 的 X2 线束连接器。测试信号电路端子和搭铁之间的电压是否低于 1V。如果等于或高于 1V，则修理电路上的对电压短路故障。如果低于 1V，则更换 K114B 混合动力/电动车辆动力系统控制模块 2。如果测试灯未点亮：连接驱动电机蓄电池充电器电缆。确认指示灯在驱动电机蓄电池充电器电缆连接后的 5s 内点亮。

如果测试灯未点亮：断开 K114B 混合动力/电动车辆动力系统控制模块 2 的 X2 线束连接器。测试信号电路和搭铁之间的电阻是否为无穷大。如果电阻不为无穷大，则修理电路上的对搭铁短路故障。如果电阻为无穷大：测试信号电路端到端的电阻是否小于 2Ω。如果为 2Ω 或更大，则修理电路中的开路/电阻过大。如果小于 2Ω，则更换 K114B 混合动力/电动车辆动力系统控制模块 2。

如果测试灯点亮：断开驱动电机蓄电池充电器电缆至少 10s。在信号端子 B 和搭铁之间安装一盏测试灯。确认测试灯未点亮。

如果测试灯点亮：断开 K114B 混合动力/电动车辆动力系统控制模块 2 的 X2 线束连接器。测试信号电路端子和搭铁之间的电压是否低于 1V。如果等于或高于 1V，则修理电路上的对电压短路故障。如果低于 1V，则更换 K114B 混合动力/电动车辆动力系统控制模块 2。

如果测试灯未点亮：连接驱动电机蓄电池充电器电缆。确认指示灯在驱动电机蓄电池充电器电缆连接后的 25s 内点亮。

如果测试灯未点亮：断开 K114B 混合动力/电动车辆动力系统控制模块 2 的 X2 线束连接器。测试信号电路和搭铁之间的电阻是否为无穷大。

如果电阻不为无穷大，则修理电路上的对搭铁短路故障。

如果电阻为无穷大：测试信号电路端到端的电阻是否小于2Ω。如果为2Ω或更大，则修理电路中的开路/电阻过大。如果小于2Ω，则更换K114B混合动力/电动车辆动力系统控制模块2。如果测试灯点亮，则更换P36蓄电池充电状态指示灯。

（10）插入式充电指示灯故障诊断

① 故障码说明　插入式充电指示灯故障。

② 电路/系统说明　充电状态（包括延迟）会通过充电状态指示灯和蜂鸣器传达给用户。车辆充电状态指示灯位于仪表板顶部中央，包含由混合动力控制模块2控制的一个绿色LED（充电状态指示灯）和一个黄色LED（充电领示指示灯），以及由车身控制模块控制的另一个绿色LED（充电完成指示灯）。当车辆在自动控制模式下充电时，指示灯将点亮为稳态绿色。如果充电延时且稍后进行，则该指示灯将呈绿色快速闪烁。当充电结束后，该指示灯将呈绿色并缓慢闪烁。稳态黄色指示灯表明车辆不可接受充电。如果没有指示灯点亮，则说明电动车辆电源设备未正常工作或连接。

③ 电路/系统测试

a. 将车辆熄火，断开P36蓄电池充电状态指示灯上的线束连接器。

b. 测试低电平参考电压端子C和搭铁之间的电阻是否小于10Ω。如果大于或等于10Ω，则修理电路中的开路/电阻过大故障。如果小于10Ω：在信号端子A和搭铁之间安装一盏测试灯。确认测试灯未点亮。

如果测试灯点亮：断开K114B混合动力/电动车辆动力系统控制模块2的X2线束连接器。测试信号电路端子和搭铁之间的电压是否低于1V。如果等于或高于1V，则修理电路上的对电压短路故障。如果低于1V，则更换K114B混合动力/电动车辆动力系统控制模块2。

如果测试灯未点亮：连接驱动电机蓄电池充电器电缆。确认指示灯是否在驱动电机蓄电池充电器电缆连接后的5s内点亮。

如果测试灯未点亮：断开K114B混合动力/电动车辆动力系统控制模块2的X2线束连接器。测试信号电路和搭铁之间的电阻是否为无穷大。如果电阻不为无穷大，则修理电路上的对搭铁短路故障。如果电阻为无穷大，则测试信号电路端到端的电阻是否小于2Ω。如果为2Ω或更大，则修理电路中的开路/电阻过大。如果小于2Ω，则更换K114B混合动力/电动车辆动力系统控制模块2。

如果测试灯点亮：断开驱动电机蓄电池充电器电缆至少10s。在信号端子B和搭铁之间安装一盏测试灯。确认测试灯未点亮。

如果测试灯点亮：断开K114B混合动力/电动车辆动力系统控制模块2的X2线束连接器。测试信号电路端子和搭铁之间的电压是否低于1V。如果等于或高于1V，则修理电路上的对电压短路故障。如果低于1V，则更换K114B混合动力/电动车辆动力系统控制模块2。

如果测试灯未点亮：连接驱动电机蓄电池充电器电缆。确认指示灯在驱动电机蓄电池充电器电缆连接后的25s内点亮。

如果测试灯未点亮：断开K114B混合动力/电动车辆动力系统控制模块2的X2线束连接器。测试信号电路和搭铁之间的电阻是否为无穷大。如果电阻不为无穷大，则修理电路上的对搭铁短路故障。如果电阻为无穷大：测试信号电路端到端的电阻是否小于2Ω。如果为2Ω或更大，则修理电路中的开路/电阻过大。如果小于2Ω，则更换K114B混合动力/电动车辆动力系统控制模块2。

如果测试灯点亮：在信号端子D和搭铁之间安装一盏测试灯。使用故障诊断仪，指令车身控制模块充电完成指示灯点亮和熄灭。在指令状态之间切换时，测试灯应相应地点亮和熄灭。

如果测试灯始终点亮：测试控制电路端子和搭铁之间的电压是否低于1V。如果等于或高于1V，则修理电路上的对电压短路故障。如果低于1V，则更换K9车身控制模块。

如果测试灯始终熄灭：测试控制电路和搭铁之间的电阻是否为无穷大。如果电阻不为无穷大，则修理电路上的对搭铁短路故障。

如果电阻为无穷大：测试控制电路端到端的电阻是否小于 2Ω。如果为 2Ω 或更大，则修理电路中的开路 / 电阻过大。如果小于 2Ω，则更换 K9 车身控制模块。

测试灯点亮并熄灭：更换 P36 蓄电池充电状态指示灯。

11.4 空调系统

电路 / 系统说明　空调压缩机的功能是在空调制冷剂回路中提供制冷剂流，以帮助降低车厢温度，在除霜模式下帮助降低空气湿度并帮助维持蓄电池温度。空调压缩机使用三相交流电高电压电机来运行，而不使用更典型的皮带轮。它具有一个板载逆变器，从"高电压蓄电池"接收"高电压"直流电并转换为电机所需的交流电。当发生以下任一事件时，空调压缩机将被启动。

a. 用户按下空调按钮。

b. AUTO（自动）模式下的暖风、通风与空调控制请求电动空调压缩机运行，以帮助冷却车厢或在除霜模式下进行除湿。

"高电压蓄电池热系统"请求空调压缩机开启，以帮助维修蓄电池温度故障。

"混合动力 / 电动车辆动力系统控制模块 2"利用来自空调制冷剂压力变送器、空调制冷剂热敏电阻、管道温度传感器、环境空气温度传感器、车厢温度传感器、蒸发器温度传感器、蓄电池单元温度传感器、蓄电池冷却液温度传感器和蓄电池冷却液泵的值来确定压缩机的运行转速。该转速请求信息通过 GM 局域网信息从"混合动力 / 电动车辆动力系统控制模块 2"发送至空调压缩机控制模块。

（1）P1ECA：空调压缩机电机瞬时电压过高

① 故障码说明

P1ECA：空调压缩机电机瞬时电压过高。P1EC9：空调压缩机电机瞬时电流过大。

② 电路 / 系统测试

a. 确认未设置故障码 P1ECA 或 P1EC9。

如果故障码已设置，则确认空调压缩机控制模块和混合动力 / 电动车辆动力系统控制模块 2 具有最新软件并在必要时重新编程模块。

b. 在运行故障码的条件下操作车辆。如果设置了故障码，则更换 G1 空调压缩机。

（2）P1F0A：空调压缩机电机转速性能

① 故障码说明　见表 11-4-1。

表 11-4-1　故障码说明（7）

故障码	电机	说明
P1F0A	空调压缩机电机	转速性能异常
P1F0B		启动电流性能异常
P1F0C	电动空调压缩机控制模块空调压缩机电机电流反馈电路	电压过低
P1F0D		电压过高

② 电路 / 系统测试

a. 车辆处于"维修模式"。

b. 确认故障码 P0F0A ～ P1F0D 未设置。

如果设置了任一故障诊断码：用最新的软件校准，对 K118 电子空调压缩机和 K114B 混合动力/电动车辆动力系统控制模块 2 进行编程；如果未设置故障码，则更换受影响的控制模块。

(3) 空调压缩机电机电流过大

① 故障码说明　见表 11-4-2。

表 11-4-2　故障码说明（8）

故障码	传感器	说明
P0D69	空调压缩机电机电压传感器	性能异常
P0D6A		电路电压过高
P0D6B		电路电压过低
P0D6F	空调压缩机电机	电流过大
P0D71	电动空调压缩机控制模块温度传感器	性能异常
P0D72		电路电压过高
P0D73		电路电压过低
P0D76	电动空调压缩机控制模块输出驱动器温度传感器	性能异常
P0D77		电路电压过高
P0D78		电路电压过高
P0D7A	空调压缩机电机 U 相	电流过小
P0D7B		电流过大
P0D7C	空调压缩机电机 V 相	电流过小
P0D7D		电流过大
P0D7E	空调压缩机电机 W 相	电流过小
P0D7F		电流过大

② 电路/系统检验

a. 车辆处于"维修模式"。

b. 确认故障码 P0D69 ～ P0D7F 未设置。

如果设置了任一故障码：用最新的软件校准，对 G1 空调压缩机控制模块和 K114 混合动力/电动车辆动力系统控制模块 2 进行编程；如果未设置故障码，则更换受影响的控制模块。

操作视频

第12章 长城电动汽车故障

12.1 驱动系统

(1) 驱动电机不工作 (表 12-1-1)

表 12-1-1 驱动电机不工作

故障现象	故障原因	排除方法
驱动电机不工作	车辆没上电,驱动电机无法工作	❶ 将点火开关置于"ON"挡 ❷ 检测电池包高压输出端是否电
	电量是否满足要求	检查动力电池包是否有电,若电量较低,则进行充电
	高压线束断路或连接松动	❶ 检测电机接电机控制器高压线束总成是否短路或松动 ❷ 检测配电箱接电机控制器高压线束总成是否短路或松动
	电机控制器故障	检测电机控制器是否发生故障
	驱动电机烧毁	若以上情况均正常,则驱动电机总成损坏,需要更换,禁止私自拆开

(2) 电机控制器不能驱动电机 (表 12-1-2)

表 12-1-2 电机控制器不能驱动电机

故障现象	故障原因	排除方法
电机控制器不能驱动电机	电机控制器损坏	更换电机控制器
	外部故障导致	按照 DTC 定位具体故障

(3) DC/DC 不能实现对蓄电池的充电功能 (表 12-1-3)

表 12-1-3 DC/DC 不能实现对蓄电池的充电功能

故障现象	故障原因	排除方法
DC/DC 不能实现对蓄电池的充电功能	DC/DC 损坏	更换电机控制器
	外部故障导致	按照 DTC 定位具体故障

(4) 主动短路不合理故障（表 12-1-4）

表 12-1-4　主动短路不合理故障

故障码	P1C0001（主动短路不合理故障）
故障码报码条件	短路条件下定子电流小于 100A 或母线电压大于 435V
排查方法	❶ 冷车 10min ❷ 重起车辆，检查故障码是否消除：是：故障排除。否：更换电机控制器总成

(5) 转子角无效时检测转子转速是否在规定范围内（表 12-1-5）

表 12-1-5　转子角无效时检测转子转速是否在规定范围内

故障码	P150100（转子角无效时检测转子转速是否在规定范围内）
故障码报码条件	短路条件下定子电流小于 100A 或母线电压大于 435V
排查方法	❶ 冷车 10min ❷ 重启车辆，检查故障码是否消除：是：故障排除。否：更换电机控制器总成

12.2　动力电池

(1) 单体电压过高（表 12-2-1）

表 12-2-1　单体电压过高

故障码	P101101 ～ P101104（单体电压过高）
故障码报码条件	单体电压＞ 4.15V
排查方法	❶ 静置车辆 10min ❷ 用诊断仪读取是否有 P101101 ～ P101104 故障码 是：转第 ❸ 步。否：排除其他故障 ❸ 故障码是否为 P101101、P101102 是：转第 ❹ 步。否：转第 ❺ 步 ❹ 行驶车辆，直至单体电压≤ 4.1V，转第 ❼ 步 ❺ 使用万用表检测电芯电压是否＞ 4.25V 是：请求整车厂技术支持。否：转第 ❻ 步 ❻ 更换对应的 BMS 从控板，接通动力电池包的所有连线，钥匙打到 ON 挡，用诊断仪检测，看该单体电压是否仍然≥ 4.25V 是：线束故障，请求车厂技术支持。否：转第 ❼ 步 ❼ 重启车辆，清除故障码

(2) 单体电压过低（表 12-2-2）

表 12-2-2　单体电压过低

故障码	P101001 ～ P101004（单体电压过低）
故障码报码条件	当动力电池包温度＞ -5℃时，电池最低单体电压≤ 2.8V；当动力电池包温度≤ -5℃时，电池最低单体电压≤ 2.5V

排查方法	❶ 静置车辆 10min ❷ 用诊断仪读取是否有 P101001～P101004 故障码 是：转第 ❸ 步。否：排除其他故障 ❸ 故障码是否为 P101001～P101003 是：转第 ❹ 步。否：请求整车厂技术支持 ❹ 使用慢充方式给动力电池包充电，检测最小单体电压是否大于等于 3V 是：把动力电池包充满。否：转第 ❺ 步 ❺ 用诊断仪检测最低温度是否大于等于 -5℃，充电时间是否大于等于 1h 是：转第 ❻ 步。否：转第 ❹ 步 ❻ 用万用表测量故障电芯两端的电压是否大于等于 3V 是：转第 ❼ 步。否：请求整车厂技术支持 ❼ 确保 BMS 从控板接插件、故障模组接插件正确插接，单独给动力电池包上 12V 低压电，用诊断仪检测最小单体电压是否大于等于 3V 是：转第 ❽ 步。否：更换 BMS 从控板，转第 ❽ 步 ❽ 重启车辆，清除故障码

（3）电池系统温度过高（表 12-2-3）

表 12-2-3　电池系统温度过高

故障码	P103101～P103103（电池系统温度过高）
故障码报码条件	电池系统最高温度 ≥ 50℃
排查方法	❶ 整车下电静置 10min ❷ 用诊断仪读取是否有 P103101～P103103 故障码 是：转第 ❸ 步。否：排除其他故障 ❸ 把车辆静置于阴凉通风处，直至动力电池包最低温度 ≤ 40℃，转第 ❹ 步 ❹ 使车辆行驶一段时间，用诊断仪检测动力电池包温度数值是否为 211（温度传感器开路故障）、212（温度传感器短路故障）或者动力电池包温度是否迅速升高 是：温度传感器故障，请求整车厂技术支持。否：转第 ❺ 步 ❺ 重启车辆，清除故障码

（4）电池系统温度过低（表 12-2-4）

表 12-2-4　电池系统温度过低

故障码	P103003（电池系统温度过低）
故障码报码条件	电池系统最低温度 < -30℃
排查方法	❶ 把整车下电静置 10min ❷ 用诊断仪读取是否有 P103003 故障码 是：转第 ❸ 步。否：排除其他故障 ❸ 使用慢充方式对动力电池包进行充电，用诊断仪检测动力电池包温升是否异常 是：转第 ❹ 步。否：继续以慢充方式对动力电池包进行充电，直至最低温度 ≥ 3℃ ❹ 确保 BMS 从控板接插件、温度异常模组采集线接插件连接良好，转第 ❺ 步 ❺ 更换异常模组对应的 BMS 从控板，对动力电池包上 12V 低压电，用诊断仪检测模组温度是否异常 是：温度传感器损坏，请求车厂技术支持。否：原 BMS 从控板损坏，更换 BMS 从控板，转第 ❻ 步 ❻ 重启车辆，清除故障码

(5) 电池系统温度不均衡（表 12-2-5）

表 12-2-5　电池系统温度不均衡

故障码	P103201～P103203（电池系统温度不均衡）
故障码报码条件	最高温度 - 最低温度 ≥ 10℃
排查方法	❶ 静置车辆 10min ❷ 用诊断仪读取是否有 P103201～P103203 故障码 是：转第 ❸ 步。否：排除其他故障 ❸ 故障码是否为 P103201、P103202 是：不做任何处理。否：转第 ❹ 步 ❹ 静置车辆，直至动力电池包温差 ≤ 7℃，转第 ❺ 步 ❺ 使车辆行驶 5min，检测动力电池包温差是否迅速升高 是：请求整车厂技术支持。否：转第 ❻ 步 ❻ 重启车辆，清除故障码

(6) 单体电压不均衡（表 12-2-6）

表 12-2-6　单体电压不均衡

故障码	P101201～P101203（单体电压不均衡）
故障码报码条件	单体电压压差 ≥ 300mV
排查方法	❶ 静置车辆 10min ❷ 用诊断仪读取是否 P101201～P101203 故障码 是：转第 ❸ 步。否：排除其他故障 ❸ 使用慢充方式把动力电池包充满，用诊断仪检测单体电压压差是否缩小 是：转第 ❹ 步。否：请求整车厂技术支持 ❹ 把动力电池包完全放电，然后充满电，检测放电过程中是否有单体电池电压异常 是：请求整车厂技术支持。否：转第 ❺ 步 ❺ 慢充完毕后，用诊断仪检测单体电压压差是否 < 150mV 是：转第 ❻ 步。否：请求整车厂技术支持 ❻ 重启车辆，清除故障码

(7) AC 系统绝缘故障（表 12-2-7）

表 12-2-7　AC 系统绝缘故障

故障码	P106301～P106302AC（系统绝缘故障）
故障码报码条件	AC 系统绝缘电阻 ≤ 400kΩ
排查方法	❶ 静置车辆 10min ❷ 用诊断仪读取是否有 P106301、P106302 故障码 是：转第 ❸ 步。否：排除其他故障 ❸ 驱动电机绝缘故障，请求整车厂技术支持，转第 ❹ 步 ❹ 重启车辆，清除故障码

(8) DC 系统绝缘故障（表 12-2-8）

表 12-2-8　DC 系统绝缘故障

故障码	P106201～P106202（DC 系统绝缘故障）
故障码报码条件	DC 系统绝缘电阻 ≤ 400kΩ

排查方法	❶ 静置车辆 10min ❷ 用诊断仪读取是否有 P106201、P106202 故障码 　是：转第 ❸ 步。否：排除其他故障 ❸ 动力电池包和驱动电机之间的 DC 部件绝缘故障，请求整车厂技术支持，转第 ❹ 步 ❹ 重启车辆，清除故障码

（9）电池老化（SOH 低）（表 12-2-9）

表 12-2-9　电池老化（SOH 低）

故障码	P107101 ～ P107103 [电池老化（SOH 低）]
故障码报码条件	SOH ≤ 80%
排查方法	❶ 静置车辆 10min ❷ 用诊断仪读取是否有 P107101 ～ P107103 故障码 　是：模组寿命低于规定水平，请求整车厂支持，转第 ❸ 步。否：排除其他故障 ❸ 重启车辆，清除故障码

（10）单体电压检测故障（表 12-2-10）

表 12-2-10　单体电压检测故障

故障码	P101400（单体电压检测故障）
故障码报码条件	单体电压检测线路故障
排查方法	❶ 静置车辆 10min ❷ 用诊断仪读取是否有 P101400 故障码 　是：转第 ❸ 步。否：排除其他故障 ❸ 用万用表测量对应的单体电池电压是否正常 　是：转第 ❹ 步。否：请求整车厂技术支持 ❹ 更换 BMS 从控板，用诊断仪检测单体电压是否正常 　是：更换 BMS 从控板，转第 ❼ 步。否：转第 ❺ 步 ❺ 检查 BMS 从控板、模组接插件是否松动 　是：正确连接 BMS 从控板、模组接插件，转第 ❻ 步。否：请求整车厂技术支持 ❻ 清除故障码，用诊断仪读取是否有 P101400 故障码 　是：请求整车厂技术支持。否：转第 ❼ 步 ❼ 重启车辆，清除故障码

（11）模组温度检测故障（表 12-2-11）

表 12-2-11　模组温度检测故障

故障码	P103401 ～ P103412（模组温度检测故障）
故障码报码条件	模组温度检测线路故障
排查方法	❶ 静置车辆 10min ❷ 用诊断仪读取是否有 P103401 ～ P103412 故障码 　是：转第 ❸ 步。否：排除其他故障 ❸ 检查 BMS 主控板、从控板接插件是否松动 　是：正确连接 BMS 主控板、从控板接插件，转第 ❺ 步。否：转第 ❹ 步 ❹ 更换 BMS 从控板，用诊断仪检测模组的温度是否正常 　是：更换 BMS 从控板，转第 ❺ 步。否：请求整车厂技术支持 ❺ 重启车辆，清除故障码

（12）加热膜温度检测故障（表 12-2-12）

表 12-2-12　加热膜温度检测故障

故障码	P104401 ~ P104402（加热膜温度检测故障）
故障码报码条件	加热膜温度检测线路故障
排查方法	❶ 静置车辆 10min ❷ 用诊断仪读取是否有 P104401 ~ P104402 故障码 　是：转第 ❸ 步。否：排除其他故障 ❸ 检查 BMS 主控板、从控板接插件是否松动 　是：正确连接 BMS 主控板、从控板接插件，转第 ❺ 步。否：转第 ❹ 步 ❹ 更换 BMS 从控板，用诊断仪检测模组的温度是否正常 　是：更换 BMS 从控板，转第 ❺ 步。否：请求整车厂技术支持 ❺ 重启车辆，清除故障码

（13）1 号从版均衡电路故障、2 号从版均衡电路故障（表 12-2-13）

表 12-2-13　1 号从版均衡电路故障、2 号从版均衡电路故障

故障码	P10150A、P10150B（1 号从版均衡电路故障、2 号从版均衡电路故障）
故障码报码条件	均衡电路故障
排查方法	❶ 静置车辆 10min ❷ 用诊断仪读取是否有 P10150A、P10150B 故障码 　是：转第 ❸ 步。否：排除其他故障 ❸ 更换 BMS 从控板，清除故障码，用诊断仪检测是否仍有故障码 　是：请求整车厂技术支持。否：更换 BMS 从控板，故障排除

（14）碰撞检测电路故障（表 12-2-14）

表 12-2-14　碰撞检测电路故障

故障码	P100AAA（碰撞检测电路故障）
故障码报码条件	碰撞检测信号端电压 ≥ 2.6V 或 < 2.5V
排查方法	❶ 静置车辆 10min ❷ 用诊断仪读取是否有 P100AAA 故障码 　是：转第 ❸ 步。否：排除其他故障 ❸ 单独给动力电池包上低压电，使用万用表测量碰撞检测线端的电压是否为 2.5 ~ 2.6V 　是：整车端碰撞电路故障。否：请求整车厂技术支持

12.3　高压电控系统

（1）低压输出电流初始值零值确认（表 12-3-1）

表 12-3-1　低压输出电流初始值零值确认

故障码	P110500（低压输出电流初始值零值确认）
故障码报码条件	低压端电流初始测量值的绝对值大于 10A
排查方法	❶ 冷车 10min ❷ 重启车辆，检查故障码是否消除 　是：故障排除。否：更换电机控制器总成

(2）低压输出电流 AD 值范围检测（表 12-3-2）

表 12-3-2　低压输出电流 AD 值范围检测

故障码	P110600（低压输出电流 AD 值范围检测）
故障码报码条件	DC/DC 输出电流测量 AD 值大于最大阈值
排查方法	❶ 冷车 10min ❷ 重启车辆，检查故障码是否消除 是：故障排除。否：更换电机控制器总成

(3）低压输出电流 AD 值范围检测（表 12-3-3）

表 12-3-3　低压输出电流 AD 值范围检测

故障码	P110700（低压输出电流 AD 值范围检测）
故障码报码条件	DC/DC 输出电流测量 AD 值小于最小阈值
排查方法	❶ 冷车 10min ❷ 重启车辆，检查故障码是否消除 是：故障排除。否：更换电机控制器总成

(4）低压端过流检测（表 12-3-4）

表 12-3-4　低压端过流检测

故障码	P110A00（低压端过流检测）
故障码报码条件	低压端电流绝对值大于 10A
排查方法	❶ 冷车 10min ❷ 重启车辆，检查故障码是否消除 是：故障排除。否：更换电机控制器总成

(5）DC/DC 内部故障（表 12-3-5）

表 12-3-5　DC/DC 内部故障

故障码	P111300（DC/DC 内部故障）
故障码报码条件	DC/DC 报错但无明确故障报出
排查方法	❶ 冷车 10min ❷ 重启车辆，检查故障码是否消除 是：故障排除。否：更换电机控制器总成

(6）高压端电流传感器零漂故障（表 12-3-6）

表 12-3-6　高压端电流传感器零漂故障

故障码	P111400（高压端电流传感器零漂故障）
故障码报码条件	高压侧输入电流初始值的绝对值超过 1A
排查方法	❶ 冷车 10min ❷ 重启车辆，检查故障码是否消除 是：故障排除。否：更换电机控制器总成

(7) 高压输入端电流 AD 值范围检测（表 12-3-7）

表 12-3-7　高压输入端电流 AD 值范围检测

故障码	P111500（高压输入端电流 AD 值范围检测）
故障码报码条件	非能量传递过程中，DC/DC 输入电流测量 AD 值大于阈值
排查方法	❶ 冷车 10min ❷ 重启车辆，检查故障码是否消除 是：故障排除。否：更换电机控制器总成

(8) 高压端过流故障（表 12-3-8）

表 12-3-8　高压端过流故障

故障码	P111900（高压端过流故障）
故障码报码条件	实际高压端电流与电流调节限值的差超过阈值
排查方法	❶ 冷车 10min ❷ 重启车辆，检查故障码是否消除 是：故障排除。否：更换电机控制器总成

(9) DC/DC Peak 硬件过流（表 12-3-9）

表 12-3-9　DC/DC Peak 硬件过流

故障码	P111A00（DC/DC Peak 硬件过流）
故障码报码条件	DC/DC 硬件检测输出端过流次数超过 5 次
排查方法	❶ 冷车 10min ❷ 重启车辆，检查故障码是否消除 是：故障排除。否：更换电机控制器总成

(10) 严重故障确认故障次数超限（表 12-3-10）

表 12-3-10　严重故障确认故障次数超限

故障码	P111C00（严重故障确认故障次数超限）
故障码报码条件	故障确认次数超过 3 次
排查方法	❶ 冷车 10min ❷ 重启车辆，检查故障码是否消除 是：故障排除。否：更换电机控制器总成

(11) B+/B− 连接检查（表 12-3-11）

表 12-3-11　B+/B− 连接检查

故障码	P111E00（B+/B− 连接检查）
故障码报码条件	Buck 模式下，底层报出硬件过压信号，同时 UT30 电压低于 16.5V
排查方法	❶ 冷车 10min ❷ 重启车辆，检查故障码是否消除 是：故障排除。否：更换电机控制器总成

(12) 非能量传递状态输入输出电流超限故障 (表 12-3-12)

表 12-3-12　非能量传递状态输入输出电流超限故障

故障码	P111F00 (非能量传递状态输入输出电流超限故障)
故障码报码条件	非 Buck 模式下输入输出电流超限 (输入电流 >1A 或输出电流 >10A)
排查方法	❶ 冷车 10min ❷ 重启车辆，检查故障码是否消除 是：故障排除。否：更换电机控制器总成

(13) DBC 过温检测 (表 12-3-13)

表 12-3-13　DBC 过温检测

故障码	P112B00 (DBC 过温检测)
故障码报码条件	DBC 温度大于阈值
排查方法	❶ 冷车 10min ❷ 重启车辆，检查故障码是否消除 是：故障排除。否：更换电机控制器总成

(14) 模式转换超时 (表 12-3-14)

表 12-3-14　模式转换超时

故障码	P112B00 (DBC 过温检测)
故障码报码条件	DBC 温度大于阈值
排查方法	❶ 冷车 10min ❷ 重启车辆，检查故障码是否消除 是：故障排除。否：更换电机控制器总成

(15) PCB 温度检测 AD 值范围检测 (表 12-3-15)

表 12-3-15　PCB 温度检测 AD 值范围检测

故障码	P113000 (PCB 温度检测 AD 值范围检测)
故障码报码条件	PCB 温度测量 AD 值大于阈值
排查方法	❶ 冷车 10min ❷ 重启车辆，检查故障码是否消除 是：故障排除。否：更换电机控制器总成

(16) PCB 过温检测 (表 12-3-16)

表 12-3-16　PCB 过温检测

故障码	P113400 (PCB 过温检测)
故障码报码条件	PCB 温度大于阈值
排查方法	❶ 冷车 10min ❷ 重启车辆，检查故障码是否消除 是：故障排除。否：更换电机控制器总成

(17) 低压端输出与蓄电池连接断开故障 (表 12-3-17)

表 12-3-17　低压端输出与蓄电池连接断开故障

故障码	P113600（低压端输出与蓄电池连接断开故障）
故障码报码条件	KL30 电压与低压端电压差的绝对值大于 1.5V
排查方法	❶ 冷车 10min ❷ 重新连接低压输出与蓄电池，转第 ❸ 步 ❸ 重启车辆，检查故障码是否消除 是：故障排除。否：更换电机控制器总成

(18) 驱动板供电欠压故障 (表 12-3-18)

表 12-3-18　驱动板供电欠压故障

故障码	P115200（驱动板供电欠压故障）
故障码报码条件	驱动电压大于 16V 或小于 14V
排查方法	❶ 冷车 10min ❷ 重启车辆，检查故障码是否消除 是：故障排除。否：更换电机控制器总成

(19) IGBT 驱动芯片电源故障 (表 12-3-19)

表 12-3-19　IGBT 驱动芯片电源故障

故障码	P06B013（IGBT 驱动芯片电源故障）
故障码报码条件	IGBT 驱动芯片（有高低压两个电源供电）内部检测其供电电源电压，高压电源电压低于 11V，或者低压电源电压低压 3.8V
排查方法	❶ 冷车 10min ❷ 重启车辆，检查故障码是否消除 是：故障排除。否：更换电机控制器总成

(20) IGBT 上桥臂短路故障 (表 12-3-20)

表 12-3-20　IGBT 上桥臂短路故障

故障码	P1C0619（IGBT 上桥臂短路故障）
故障码报码条件	当上桥臂异常导通时，上桥臂外围电路给相应的电容充电，电容端电压与内部比较电路的参考电压进行比较，比较电路输出信号翻转
排查方法	❶ 冷车 10min ❷ 重启车辆，检查故障码是否消除 是：故障排除。否：更换电机控制器总成

(21) U 相电流过大故障 (表 12-3-21)

表 12-3-21　U 相电流过大故障

故障码	P0BE800（U 相电流过大故障）
故障码报码条件	U 相电流幅值大于 850A

排查方法	❶ 冷车 10min ❷ 重启车辆，检查故障码是否消除 是：故障排除。否：更换电机控制器总成

（22）U 相电流过小故障（表 12-3-22）

表 12-3-22　U 相电流过小故障

故障码	P0BE700（U 相电流过小故障）
故障码报码条件	U 相电流幅值小于 -850A
排查方法	❶ 冷车 10min ❷ 重启车辆，检查故障码是否消除 是：故障排除。否：更换电机控制器总成

（23）U 相电流中心线偏移量不合理故障（表 12-3-23）

表 12-3-23　U 相电流中心线偏移量不合理故障

故障码	P180000（U 相电流中心线偏移量不合理故障）
故障码报码条件	U 相电流的中心线偏移量大于 30A
排查方法	❶ 冷车 10min ❷ 重启车辆，检查故障码是否消除 是：故障排除。否：更换电机控制器总成

（24）三相电流之和不合理故障（表 12-3-24）

表 12-3-24　三相电流之和不合理故障

故障码	P0BFD00(三相电流之和不合理故障)
故障码报码条件	三相电流之和大于 30A
排查方法	❶ 冷车 10min ❷ 重启车辆，检查故障码是否消除 是：故障排除。否：更换电机控制器总成

（25）V 相电流幅值不合理故障（表 12-3-25）

表 12-3-25　V 相电流幅值不合理故障

故障码	P0BE900（V 相电流幅值不合理故障）
故障码报码条件	V 相电流幅值与另外两相电流差值大于 40A
排查方法	❶ 冷车 10min ❷ 重启车辆，检查故障码是否消除 是：故障排除。否：更换电机控制器总成

(26) V 相电流过大故障（表 12-3-26）

表 12-3-26　V 相电流过大故障

故障码	P0BEC00（V 相电流过大故障）
故障码报码条件	V 相电流幅值大于 850A
排查方法	❶ 冷车 10min ❷ 重启车辆，检查故障码是否消除 是：故障排除。否：更换电机控制器总成

(27) V 相电流过小故障（表 12-3-27）

表 12-3-27　V 相电流过小故障

故障码	P0BEB00（V 相电流过小故障）
故障码报码条件	V 相电流幅值小于 -850A
排查方法	❶ 冷车 10min ❷ 重启车辆，检查故障码是否消除 是：故障排除。否：更换电机控制器总成

(28) V 相电流中心线偏移量不合理故障（表 12-3-28）

表 12-3-28　V 相电流中心线偏移量不合理故障

故障码	P180100（V 相电流中心线偏移量不合理故障）
故障码报码条件	V 相电流的中心线偏移量大于 30A
排查方法	❶ 冷车 10min ❷ 重启车辆，检查故障码是否消除 是：故障排除。否：更换电机控制器总成

(29) W 相电流幅值不合理故障（表 12-3-29）

表 12-3-29　W 相电流幅值不合理故障

故障码	P0BED00（W 相电流幅值不合理故障）
故障码报码条件	W 相电流幅值与另外两相电流差值大于 40A
排查方法	❶ 冷车 10min ❷ 重启车辆，检查故障码是否消除 是：故障排除。否：更换电机控制器总成

(30) W 相电流过大故障（表 12-3-30）

表 12-3-30　W 相电流过大故障

故障码	P0BF000（W 相电流过大故障）
故障码报码条件	W 相电流幅值大于 850A
排查方法	❶ 冷车 10min ❷ 重启车辆，检查故障码是否消除 是：故障排除。否：更换电机控制器总成

(31) W 相电流过小故障（表 12-3-31）

表 12-3-31　W 相电流过小故障

故障码	P0BEF00（W 相电流过小故障）
故障码报码条件	W 相电流幅值小于 -850A
排查方法	❶ 冷车 10min ❷ 重启车辆，检查故障码是否消除 是：故障排除。否：更换电机控制器总成

(32) W 相电流中心线偏移量不合理故障（表 12-3-32）

表 12-3-32　W 相电流中心线偏移量不合理故障

故障码	P180200（W 相电流中心线偏移量不合理故障）
故障码报码条件	W 相电流的中心线偏移量大于 30A
排查方法	❶ 冷车 10min ❷ 重启车辆，检查故障码是否消除 是：故障排除。否：更换电机控制器总成

(33) 12V 电压传感器值大于设定值（表 12-3-33）

表 12-3-33　12V 电压传感器值大于设定值

故障码	P0A8E00（12V 电压传感器值大于设定值）
故障码报码条件	蓄电池电压传感器值大于 26V
排查方法	❶ 冷车 10min ❷ 重启车辆，检查故障码是否消除 是：故障排除。否：更换电机控制器总成

(34) 12V 电压传感器值小于设定值（表 12-3-34）

表 12-3-34　12V 电压传感器值小于设定值

故障码	P0A8D00（12V 电压传感器值小于设定值）
故障码报码条件	蓄电池电压传感器值小于 6.5V
排查方法	❶ 冷车 10min ❷ 重启车辆，检查故障码是否消除 是：故障排除。否：更换电机控制器总成

12.4　充电系统

(1) CAN 总线关闭（表 12-4-1）

表 12-4-1　CAN 总线关闭

故障码	U007300（CAN 总线关闭）

续表

故障码报码条件	CAN 总线关闭
故障可能原因	❶ CAN 总线短路 ❷ CAN 总线干扰严重
排查方法	❶ 静置车辆，停止对车辆充电 ❷ 用诊断仪读取车载充电机是否有故障码 是：转第 ❸ 步。否：排除其他故障码 ❸ 检查 CAN 总线是否短路或受到干扰 是：排除短路或干扰，转第 ❹ 步。否：故障排除，系统正常 ❹ 清除故障码，重启车辆并检测，查看故障是否消除 是：故障排除，系统正常。否：更换车载充电机

（2）与电池管理系统通信丢失（表 12-4-2）

表 12-4-2　与电池管理系统通信丢失

故障码	U017187（与电池管理系统通信丢失）
故障码报码条件	与电池管理系统通讯丢失
故障可能原因	❶ CAN 总线被干扰 ❷ 电池管理系统未发送数据 ❸ 车载充电机内部模块故障 ❹ CAN 总线连接不正常
排查方法	❶ 静置车辆，停止对车辆充电 ❷ 用诊断仪读取车载充电机是否有故障码 是：转第 ❸ 步。否：排除其他故障码 ❸ 诊断仪查看车载充电机是否和电池管理系统没有通信 是：转第 ❹ 步。否：转第 ❺ 步 ❹ 检查 CAN 总线连接是否松动、电池管理系统发送的数据是否错误 是：排除故障，系统正常。否：转第 ❺ 步 ❺ 清除故障码，重启车辆并检测，查看故障是否消除 是：故障排除，系统正常。否：更换车载充电机

（3）ECU 供电电压超过下限（表 12-4-3）

表 12-4-3　ECU 供电电压超过下限

故障码	U100016（ECU 供电电压超过下限）
故障码报码条件	ECU 供电电压低于 9V
故障可能原因	❶ 蓄电池电压低 ❷ 低压接插件松动
排查方法	❶ 静置车辆，停止对车辆充电 ❷ 用诊断仪读取车载充电机是否有故障码 是：转第 ❸ 步。否：排除其他故障码 ❸ 检查蓄电池电压是否低于 9V、检测低压接插件是否松动 是：给蓄电池充电，使其电压大于 9V，转第 ❹ 步。否：故障排除，系统正常 ❹ 清除故障码，重启车辆并检测，查看故障是否消除 是：故障排除，系统正常。否：更换车载充电机

(4) ECU 供电电压超过上限（表 12-4-4）

表 12-4-4　ECU 供电电压超过上限

故障码	U100017（ECU 供电电压超过上限）
故障码报码条件	ECU 供电电压高于 16V
故障可能原因	蓄电池电压过高
排查方法	❶ 静置车辆，停止对车辆充电 ❷ 用诊断仪读取车载充电机是否有故障码 　是：转第 ❸ 步。否：排除其他故障码 ❸ 检查蓄电池是否电压大于 16V 　是：使蓄电池电压低于 16V，转第 ❹ 步。否：故障排除，系统正常 ❹ 清除故障码，重启车辆并检测，查看故障是否消除 　是：故障排除，系统正常。否：更换车载充电机

(5) 内部母线电压过高（表 12-4-5）

表 12-4-5　内部母线电压过高

故障码	P100001（内部母线电压过高）
故障码报码条件	车载充电机内部母线电压过高，内部母线电压大于 475V
故障可能原因	❶ 交流输入电压高 ❷ 车载充电机检测故障
排查方法	❶ 静置车辆，停止对车辆充电 ❷ 用诊断仪读取车载充电机是否有故障码 　是：转第 ❸ 步。否：排除其他故障码 ❸ 检查交流输入电压是否大于 475V 　是：使用小于 475V 交流电输入，转第 ❹ 步。否：故障排除，系统正常 ❹ 清除故障码，重启车辆并检测，查看故障是否消除 　是：故障排除。否：更换车载充电机

(6) 内部母线电压过低（表 12-4-6）

表 12-4-6　内部母线电压过低

故障码	P100002（内部母线电压过低）
故障码报码条件	内部母线电压低于 90V
故障可能原因	❶ 交流输入电压低 ❷ 车载充电机检测故障
排查方法	❶ 静置车辆，停止对车辆充电 ❷ 用诊断仪读取车载充电机是否有故障码 　是：转第 ❸ 步。否：排除其他故障码 ❸ 检查交流输入电压是否小于 90V 　是：使用大于 90V 的交流电输入，转第 ❹ 步。否：故障排除，系统正常 ❹ 清除故障码，重启车辆并检测，查看故障是否消除 　是：故障排除。否：更换车载充电机

(7) 交流电感电流过高（表 12-4-7）

表 12-4-7　交流电感电流过高

故障码	P100004（交流电感电流过高）
故障码报码条件	交流电感电流过高，单 PFC 电感电流大于 15A
故障可能原因	电网质量差
排查方法	❶ 静置车辆，停止对车辆充电 ❷ 用诊断仪读取车载充电机是否有故障码 　是：转第 ❸ 步。否：排除其他故障码 ❸ 排查电网质量是否较差 　是：使用质量好的电网，转第 ❹ 步。否：故障排除，系统正常 ❹ 清除故障码，重启车辆并检测，查看故障是否消除 　是：故障排除。否：更换车载充电机

(8) 车载充电机内部预充电完成后预充电继电器状态不正确（表 12-4-8）

表 12-4-8　车载充电机内部预充电完成后预充电继电器状态不正确

故障码	P100005（车载充电机内部预充电完成后预充电继电器状态不正确）
故障码报码条件	车载充电机内部预充电完成后预充电继电器状态不正确
故障可能原因	交流预充电继电器故障
排查方法	❶ 静置车辆，停止对车辆充电 ❷ 用诊断仪读取车载充电机是否有故障码 　是：转第 ❸ 步。否：排除其他故障码 ❸ 清除故障码，重启车辆并检测，查看故障是否消除 　是：故障排除，系统正常。否：更换车载充电机

(9) 系统板检测温度过高导致停机（表 12-4-9）

表 12-4-9　系统板检测温度过高导致停机

故障码	P100201（系统板检测温度过高导致停机）
故障码报码条件	系统板检测温度高于 120℃
故障可能原因	❶ 外界环境温度过高 ❷ 冷却水温过高 ❸ 温度传感器故障
排查方法	❶ 静置车辆，停止对车辆充电 ❷ 用诊断仪读取车载充电机是否有故障码 　是：转第 ❸ 步。否：排除其他故障码 ❸ 依次检查外界环境温度、冷却水温度是否低于 80℃ 　是：降低环境和冷却水温度，转第 ❹ 步。否：故障排除，系统正常 ❹ 清除故障码，重启车辆并检测，查看故障是否消除 　是：故障排除，系统正常。否：更换车载充电机

(10) 功率板检测温度过高导致停机（表 12-4-10）

表 12-4-10　功率板检测温度过高导致停机

故障码	P100202（功率板检测温度过高导致停机）
故障码报码条件	功率板检测温度大于 120℃
故障可能原因	❶ 外界环境温度过高 ❷ 冷却水温过高 ❸ 温度传感器故障
排查方法	❶ 静置车辆，停止对车辆充电 ❷ 用诊断仪读取车载充电机是否有故障码 是：转第 ❸ 步。否：排除其他故障码 ❸ 依次检查外界环境温度、冷却水温度是否低于 80℃ 是：降低环境和冷却水温度，转第 ❹ 步。否：故障排除，系统正常 ❹ 清除故障码，重启车辆并检测，查看故障是否消除 是：故障排除，系统正常。否：更换车载充电机

(11) PFC 电感检测温度过高导致停机（表 12-4-11）

表 12-4-11　PFC 电感检测温度过高导致停机

故障码	P100203（PFC 电感检测温度过高导致停机）
故障码报码条件	PFC 电感检测温度高于 100℃
故障可能原因	❶ 外界环境温度过高 ❷ 冷却水温过高 ❸ 温度传感器故障
排查方法	❶ 静置车辆，停止对车辆充电 ❷ 用诊断仪读取车载充电机是否有故障码 是：转第 ❸ 步。否：排除其他故障码 ❸ 依次检查外界环境温度、冷却水温度是否低于 80℃ 是：降低环境和冷却水温度，转第 ❹ 步。否：故障排除，系统正常 ❹ 清除故障码，重启车辆并检测，查看故障是否消除 是：故障排除，系统正常。否：更换车载充电机

(12) DC/DC 电感检测温度过高导致停机（表 12-4-12）

表 12-4-12　DC/DC 电感检测温度过高导致停机

故障码	P100204（DC/DC 电感检测温度过高导致停机）
故障码报码条件	DC/DC 电感检测温度高于 100℃
故障可能原因	❶ 外界环境温度过高 ❷ 冷却水温过高 ❸ 温度传感器故障
排查方法	❶ 静置车辆，停止对车辆充电 ❷ 用诊断仪读取车载充电机是否有故障码 是：转第 ❸ 步。否：排除其他故障码 ❸ 依次检查外界环境温度、冷却水温度是否低于 80℃ 是：降低环境和冷却水温度，转第 ❹ 步。否：故障排除，系统正常 ❹ 清除故障码，重启车辆并检测，查看故障是否消除 是：故障排除，系统正常。否：更换车载充电机

(13) 车载充电机直流输出电压过压（表 12-4-13）

表 12-4-13　车载充电机直流输出电压过压

故障码	U210002（车载充电机直流输出电压过压）
故障码报码条件	车载充电机直流输出电压大于 450V
故障可能原因	❶ 电池负载电压确实过高 ❷ 接插件松动
排查方法	❶ 静置车辆，停止对车辆充电 ❷ 用诊断仪读取车载充电机是否有故障码 　是：转第 ❸ 步。否：排除其他故障码 ❸ 诊断仪读取 CAN 数据，查看输出电压是否过低 　是：转第 ❹ 步。否：转第 ❺ 步 ❹ 检查是否动力电池包负载过高、插件松动 　是：排除动力电池包负载电压过高、插件松动，转第 ❺ 步。否：故障排除，系统正常 ❺ 清除故障码，重启车辆并检测，查看故障是否消除 　是：故障排除，系统正常。否：更换车载充电机

(14) 车载充电机直流输出电流过流（表 12-4-14）

表 12-4-14　车载充电机直流输出电流过流

故障码	U210003（车载充电机直流输出电流过流）
故障码报码条件	车载充电机直流输出电流大于 15A
故障可能原因	❶ 负载电流确实过高 ❷ 电流传感器故障
排查方法	❶ 静置车辆，停止对车辆充电 ❷ 用诊断仪读取车载充电机是否有故障码 　是：转第 ❸ 步。否：排除其他故障码 ❸ 诊断仪读取 CAN 数据，查看输出电流是否过流 　是：排除故障，系统正常。否：转第 ❹ 步 ❹ 清除故障码，重启车辆并检测，查看故障是否消除 　是：故障排除，系统正常。否：更换车载充电机

(15) 车载充电机交流输入电压过高（表 12-4-15）

表 12-4-15　车载充电机交流输入电压过高

故障码	U210101（车载充电机交流输入电压过高）
故障码报码条件	车载充电机交流输入电压超过 300V
故障可能原因	❶ 交流输入电网电压高 ❷ 电压传感器故障
排查方法	❶ 静置车辆，停止对车辆充电 ❷ 用诊断仪读取车载充电机是否有故障码 　是：转第 ❸ 步。否：排除其他故障码 ❸ 诊断仪读取 CAN 数据，查看输入电压是否过高 　是：排除交流输入电压故障。否：转第 ❹ 步 ❹ 清除故障码，重启车辆并检测，查看故障是否消除 　是：故障排除，系统正常。否：更换车载充电机

12.5 空调系统

12.5.1 鼓风机调速模块检查

(1) 检查鼓风机调速模块

根据表 12-5-1 和图 12-5-1 中的值测量电阻。

表 12-5-1 标准数据（1）

检测仪连接	规定状态
D-R	(200±20) Ω
G-S	(2880±288) Ω
D-S	>1MΩ

如果测量值不符合规定，则更换鼓风机调速电阻。

(2) 检查鼓风机总成

将蓄电池的正极（+）引线连接至端子 2，负极（-）引线连接至端子 1（图 12-5-2），然后检查并确认电动机工作平稳。

如果工作情况不符合规定，则更换鼓风机电动机。

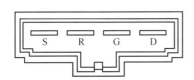

图 12-5-1 鼓风机调速模块插接器

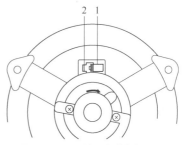

图 12-5-2 鼓风机插接器

(3) 检查继电器是否导通

根据表 12-5-2 和图 12-5-3 中条件，检测电路是否导通。

表 12-5-2 标准数据（2）

条件	检测仪连接	规定状态
常态	87-30	断路
在端子 85 和端子 86 之间施加 B+	87-30	导通

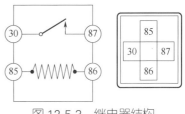

图 12-5-3 继电器结构

12.5.2 冷暖执行器组件

将蓄电池电压施加到冷暖执行器上，并检查冷暖执行器的工作情况（表 12-5-3 和图 12-5-4）。

表 12-5-3　测量条件（1）

测量条件	规定状态
蓄电池正极（+）端子 4	平稳切换到制热
蓄电池正极（-）端子 5	
蓄电池正极（+）端子 5	平稳切换到制冷
蓄电池正极（-）端子 4	

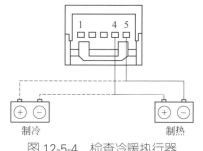

图 12-5-4　检查冷暖执行器

如果结果不符合规定，则更换冷暖执行器组件。

12.5.3　内外循环执行器组件

将蓄电池电压施加到内外循环执行器上，并检查内外循环执行器的工作情况（表 12-5-4 和图 12-5-5）。

表 12-5-4　测量条件（2）

测量条件	规定状态
蓄电池正极（+）端子 1	平稳切换到外循环
蓄电池正极（-）端子 5	
蓄电池正极（+）端子 5	平稳切换到内循环
蓄电池正极（-）端子 1	

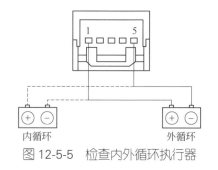

图 12-5-5　检查内外循环执行器

如果结果不符合规定，则更换内外循环执行器组件。

12.5.4　模式执行器组件

将蓄电池电压施加到模式执行器上，并检查模式执行器的工作情况（表 12-5-5 和图 12-5-6）。

表 12-5-5　测量条件（3）

测量条件	规定状态
蓄电池正极（+）端子 4	平稳切换到除霜模式
蓄电池正极（-）端子 5	
蓄电池正极（+）端子 5	平稳切换到吹面模式
蓄电池正极（-）端子 4	

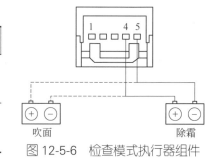

图 12-5-6　检查模式执行器组件

如果结果不符合规定，则更换模式执行器组件。

第 13 章 东风启辰电动汽车故障

13.1 驱动系统

(1) 驱动电机 A 控制模块 (表 13-1-1)

表 13-1-1 驱动电机 A 控制模块

故障码	检测项目	故障码检测条件	故障部位
P0A1B	驱动电机 A 控制模块	检测到牵引电机逆变器(电机控制器)故障	牵引电机逆变器

(2) 驱动电机 A 温度传感器 (表 13-1-2)

表 13-1-2 驱动电机 A 温度传感器

故障码	检测项目	故障码检测条件	故障部位
P0A2C	驱动电机 A 温度传感器电路低	牵引电机温度传感器信号中断 2s 或以上	❶ 线束或接头(各电路开路或短路) ❷ 牵引电机 ❸ 牵引电机逆变器

(3) 驱动电机 A 超过温度 (表 13-1-3)

表 13-1-3 驱动电机 A 超过温度

故障码	检测项目	故障码检测条件	故障部位
P0A2F	驱动电机 A 超过温度	牵引电机温度高于可用温度持续 2s 或更长时间	❶ 牵引电机逆变器 ❷ 牵引电机 ❸ 高压冷却系统

(4) 驱动电机 A 位置传感器 (表 13-1-4)

表 13-1-4 驱动电机 A 位置传感器

故障码	检测项目	故障码检测条件	故障部位
P0A3F	驱动电机 A 位置传感器电路	牵引电机分解器检测电路异常	❶ 线束或接头(各电路开路或短路) ❷ 牵引电机 ❸ 牵引电机逆变器

(5) 驱动电机 A 超速（表 13-1-5）

表 13-1-5　驱动电机 A 超速

故障码	检测项目	故障码检测条件	故障部位
P0A44	驱动电机 A 位置传感器电路超速	牵引电机分解器的电机转速检测值过高	❶ 线束或接头（各电路开路或短路） ❷ 牵引电机 ❸ 牵引电机逆变器

(6) 驱动电机 A 逆变器（表 13-1-6）

表 13-1-6　驱动电机 A 逆变器

故障码	检测项目	故障码检测条件	故障部位
P0A78	驱动电机 A 逆变器性能	检测到牵引电机逆变器（电机控制器）故障	牵引电机逆变器

(7) 14V 电源电压（表 13-1-7）

表 13-1-7　14V 电源电压

故障码	检测项目	故障码检测条件	故障部位
P0A8D	14V 电源模块系统电压低	12V 蓄电池的电压降至 8V 以下	❶ 线束、熔丝或接头（各电路开路或短路） ❷ 牵引电机逆变器 ❸ M/C 继电器

(8) 驱动电机 A 的 U 相电流传感器（表 13-1-8）

表 13-1-8　驱动电机 A 的 U 相电流传感器

故障码	检测项目	故障码检测条件	故障部位
P0BE5	驱动电机 A 的 U 相电流传感器电路	牵引电机 U 相的电流传感器（内部传感器 1 和 2）的检测值不相同	牵引电机逆变器

(9) 驱动电机 A 的 U 相电流传感器（表 13-1-9）

表 13-1-9　驱动电机 A 的 U 相电流传感器

故障码	检测项目	故障码检测条件	故障部位
P0BE6	驱动电机 A 的 U 相电流传感器电路范围/性能	牵引电机 U 相电流传感器检测到的值异常	牵引电机逆变器

(10) 驱动电机 A 的 V 相电流传感器（表 13-1-10）

表 13-1-10　驱动电机 A 的 V 相电流传感器

故障码	检测项目	故障码检测条件	故障部位
P0BE9	驱动电机 A 的 V 相电流传感器电路	牵引电机 V 相的电流传感器（内部传感器 1 和 2）的检测值不相同	牵引电机逆变器

(11) 驱动电机 A 的 V 相电流传感器（表 13-1-11）

表 13-1-11　驱动电机 A 的 V 相电流传感器

故障码	检测项目	故障码检测条件	故障部位
P0BEA	驱动电机 A 的 V 相电流传感器电路范围/性能	牵引电机 V 相电流传感器检测到的值异常	牵引电机逆变器

(12) 驱动电机 A 逆变器电压（表 13-1-12）

表 13-1-12　驱动电机 A 逆变器电压

故障码	检测项目	故障码检测条件	故障部位
P0C79	驱动电机 A 逆变器电压过高	高压值是指以下任一情况 ❶ 约大于或等于 500V ❷ 超过牵引电机逆变器可操作电压范围持续 100ms 或以上	❶ 牵引电机逆变器 ❷ 高压线束或接头 ❸ 锂离子电池 ❹ 除牵引电机逆变器外的高压零件

(13) 驱动电机 A 逆变器电流控制（表 13-1-13）

表 13-1-13　驱动电机 A 逆变器电流控制

故障码	检测项目	故障码检测条件	故障部位
P3240	驱动电机 A 逆变器性能/电机电流控制错误	因异常电流流入牵引电机而产生的牵引电机逆变器输出电压异常	❶ 牵引电机逆变器 ❷ 牵引电机 ❸ 高压线束或接头 ❹ 锂离子电池

(14) 驱动电机 A 逆变器电流控制（表 13-1-14）

表 13-1-14　驱动电机 A 逆变器电流控制

故障码	检测项目	故障码检测条件	故障部位
P3241	驱动电机 A 逆变器性能/AC 错误检测	如果牵引电机的 1 相中没有电流	❶ 牵引电机逆变器 ❷ 牵引电机

(15) 驱动电机 A 的 U 相电流传感器（表 13-1-15）

表 13-1-15　驱动电机 A 的 U 相电流传感器

故障码	检测项目	故障码检测条件	故障部位
P3242	驱动电机 A 的 U 相电流传感器电路	牵引电机 U 相电流传感器 2 的异常检测值	牵引电机逆变器

(16) 驱动电机 A 的 V 相电流传感器（表 13-1-16）

表 13-1-16　驱动电机 A 的 V 相电流传感器

故障码	检测项目	故障码检测条件	故障部位
P3243	驱动电机 A 的 V 相电流传感器电路	牵引电机 V 相电流传感器 2 的异常检测值	牵引电机逆变器

（17）驱动电机 A 逆变器（表 13-1-17）

表 13-1-17　驱动电机 A 逆变器

故障码	检测项目	故障码检测条件	故障部位
P3244	驱动电机 A 逆变器电压传感器性能	锂离子电池控制器的高压检测值与牵引电机逆变器的高压检测值相差很大，这种状况持续了 10s 以上	❶ 牵引电机逆变器 ❷ 高压线束或接头 ❸ 锂离子电池 ❹ 除牵引电机逆变器外的高压零件

（18）驱动电机 A 逆变器电压（表 13-1-18）

表 13-1-18　驱动电机 A 逆变器电压

故障码	检测项目	故障码检测条件	故障部位
P324A	驱动电机 A 逆变器充电错误	启动 EV 系统时，预充电不启动持续 10s 或更长时间	❶ 牵引电机逆变器 ❷ 高压线束或接头 ❸ 锂离子电池 ❹ 除牵引电机逆变器外的高压零件

（19）驱动电机 A 逆变器 IGBT（表 13-1-19）

表 13-1-19　驱动电机 A 逆变器 IGBT

故障码	检测项目	故障码检测条件	故障部位
P324D	驱动电机 A 逆变器 IGBT 过载（电流过大/温度过高）	牵引电机逆变器检测到以下任一情况 ❶ IGBT 过流 ❷ IGBT 超过可用温度	❶ 牵引电机逆变器 ❷ 牵引电机 ❸ 高压冷却系统

（20）驱动电机 A 位置（表 13-1-20）

表 13-1-20　驱动电机 A 位置

故障码	检测项目	故障码检测条件	故障部位
P325C	驱动电机 A 位置值未记录	当牵引电机逆变器存储的校正值为初始值时	牵引电机分解器偏置未被写入牵引电机逆变器中

13.2　动力电池

（1）高压系统互锁故障（表 13-2-1）

表 13-2-1　高压系统互锁故障

故障码	检测项目	故障码检测条件	故障部位
P0A0D	高压系统互锁错误	锂离子电池控制器的自诊断程序检测到 CPU 中有故障	锂离子电池控制器

(2)蓄电池能量控制模块（表 13-2-2）

表 13-2-2　蓄电池能量控制模块

故障码	检测项目	故障码检测条件	故障部位
P0A1F	蓄电池电量控制模块	锂离子电池控制器的自诊断程序检测到 CPU 中有故障	锂离子电池控制器

(3)分电池控制器 LIN（表 13-2-3）

表 13-2-3　分电池控制器 LIN

故障码	检测项目	故障码检测条件	故障部位
P3030	分电池控制 LIN	锂离子电池控制器中的通信功能出现故障	锂离子电池控制器模块线束或接头

(4)分电池控制器 ASIC 电压（表 13-2-4）

表 13-2-4　分电池控制器 ASIC 电压

故障码	检测项目	故障码检测条件	故障部位
P3055～3059	分电池控制 ASIC13～17 电压	锂离子电池控制器内的 A/D 转换器出现故障	锂离子电池控制器模块线束或接头
P305A～305F	分电池控制 ASIC18～23 电压		

(5)分电池电压（表 13-2-5）

表 13-2-5　分电池电压

故障码	检测项目	故障码检测条件	故障部位
P3061	分电池电压	锂离子电池控制器中的开路诊断检测电路出现故障	锂离子电池控制器

(6)旁通开关（表 13-2-6）

表 13-2-6　旁通开关

故障码	检测项目	故障码检测条件	故障部位
P3062	旁路开关	检测到锂离子电池控制器中的旁路开关出现故障	锂离子电池控制器模块线束或接头

(7)分电池控制 ASIC（表 13-2-7）

表 13-2-7　分电池控制 ASIC

故障码	检测项目	故障码检测条件	故障部位
P3064	分电池控制器 ASIC	锂离子电池控制器中的通信功能出现故障	锂离子电池控制器

（8）分电池控制器 ASIC 打开（表 13-2-8）

表 13-2-8　分电池控制器 ASIC 打开

故障码	检测项目	故障码检测条件	故障部位
P3097～3099	分电池控制 ASIC13～15 开路	锂离子电池控制器的自诊断程序检测到分电池电压检测线路开	锂离子电池控制器线束或接头
P309A～309F	分电池控制 ASIC16～21 开路		
P30A0～30A2	分电池控制 ASIC22～24 开路		

（9）DLC 诊断 PDM（电源分配模块）（表 13-2-9）

表 13-2-9　DLC 诊断 PDM（电源分配模块）

故障码	检测项目	故障码检测条件	故障部位
P30E4	DLC 诊断 PDM（电源分配模块）	连续 2s 或以上未从 PDM（电源分配模块）中接收到 CAN 通信信号时	❶ CAN 通信线路 ❷ 锂离子电池控制器 ❸ PDM（电源分配模块）

（10）过电流（表 13-2-10）

表 13-2-10　过电流

故障码	检测项目	故障码检测条件	故障部位
P30FC	过电流	从当前值估计的整个蓄电池组的温度非常高时	❶ 蓄电池电流传感器 ❷ 其他系统故障

（11）通信错误（表 13-2-11）

表 13-2-11　通信错误

故障码	检测项目	故障码检测条件	故障部位
P318D	通信错误	持续没有接收到 CAN 通信信号时	❶ CAN 通信线路 ❷ 锂离子电池控制器 VCM

（12）分电池过电压（表 13-2-12）

表 13-2-12　分电池过电压

故障码	检测项目	故障码检测条件	故障部位
P3302～3309	分电池过电压模块 1～8	当分电池电压超过允许工作电压范围时	❶ 由于牵引电机逆变器/VCM 故障导致过充电 ❷ 模块 ❸ 锂离子电池控制器 ❹ 总线 ❺ 线束或接头
P330A～330F	分电池过电压模块 9～14		
P3310～3319	分电池过电压模块 15～24		
P331A～331F	分电池过电压模块 25～30		
P3320～3329	分电池过电压模块 31～40		
P332A～332F	分电池过电压模块 41～46		
P3330、3331	分电池过电压模块 47、48		

（13）蓄电池内部电阻诊断（表 13-2-13）

表 13-2-13　蓄电池内部电阻诊断

故障码	检测项目	故障码检测条件	故障部位
P318D	通信错误	当持续没有接收到 CAN 通信信号时	❶ CAN 通信线路 ❷ 锂离子电池控制器 ❸ VCM

（14）电流传感器（表 13-2-14）

表 13-2-14　电流传感器

故障码	检测项目	故障码检测条件	故障部位
P33D5	电流传感器	蓄电池电流传感器信号电压的参数偏差（过高或过低）	❶ 锂离子电池控制器 ❷ 电流传感器 ❸ 系统主继电器 ❹ 线束或接头

（15）温度传感器（表 13-2-15）

表 13-2-15　温度传感器

故障码	检测项目	故障码检测条件	故障部位
P33D7	温度传感器	蓄电池温度传感器 1 信号电压过高或过低	❶ 蓄电池温度传感器 ❷ 锂离子电池控制器 ❸ 线束或接头
P33D9		蓄电池温度传感器 2 信号电压过高或过低	
P33DD		蓄电池温度传感器 4 信号电压过高或过低	

（16）电池电压绝缘传感器（表 13-2-16）

表 13-2-16　电池电压绝缘传感器

故障码	检测项目	故障码检测条件	故障部位
P33DF	蓄电池电压绝缘传感器	车载绝缘电阻监控系统的信号电压过高	锂离子电池控制器

（17）蓄电池组过温度（表 13-2-17）

表 13-2-17　蓄电池组过温度

故障码	检测项目	故障码检测条件	故障部位
P33E2	蓄电池组温度过高	当蓄电池（蓄电池组）温度过高时	由于牵引电机逆变器/VCM 故障导致过充电

（18）分电池控制器（表 13-2-18）

表 13-2-18　分电池控制器

故障码	检测项目	故障码检测条件	故障部位
P33E6	分电池控制器	在电源开关打开以及无负荷的情况下，最高电压和最低电压之间的差值超过允许范围	❶ 锂离子电池控制器 ❷ 模块

(19) QC 异常电流（表 13-2-19）

表 13-2-19　QC 异常电流

故障码	检测项目	故障码检测条件	故障部位
U100C	QC 异常电流 1	锂离子电池电压超过被判断为过电压的电压值，并保持该电压 2s 以上	快速充电器

13.3　高压电控系统

(1) 冷却液温度传感器（表 13-3-1）

表 13-3-1　冷却液温度传感器

故障码	检测项目	故障码检测条件	故障部位
P0A00	冷却液温度传感器（电机电子设备冷却液温度传感器电路）	❶ VCM 检测到冷却液温度传感器电压保持低于 0.1V 持续 2.5s ❷ VCM 检测到冷却液温度传感器电压保持高于 4.9V 持续 2.5s	❶ 线束或接头（传感器电路开路或短路） ❷ 冷却液温度传感器

(2) 高压接头互锁检测电路（表 13-3-2）

表 13-3-2　高压接头互锁检测电路

故障码	检测项目	故障码检测条件	故障部位
P0A0B	高压系统互锁错误（高压系统互锁电路性能）	VCM 检测到麦克风继电器接通前一刻高压线束接头互锁电路电压保持超高位持续 0.5s 以上	❶ 线束或接头 ❷ VCM ❸ PDM（电源分配模块）

(3) 12V 蓄电池电源（表 13-3-3）

表 13-3-3　12V 蓄电池电源

故障码	检测项目	故障码检测条件	故障部位
P0A8D	14V 电源（14V 电源模块系统电压低）	VCM 检测到在就绪状态下 12V 蓄电池电源的电压保持低于 10V 持续 10s	❶ 线束或接头（传感器电路开路或短路） ❷ DC/DC 转换器 ❸ IPDM E/R

(4) DC/DC 转换器（表 13-3-4）

表 13-3-4　DC/DC 转换器

故障码	检测项目	故障码检测条件	故障部位
P0A94	DC/DC 转换器（DC/DC 转换器性能）	驾驶就绪期间，下列状态持续 2.5s 或更长时间：VCM 电源电压低于 12.48V 且 VCM 检测到 DC/DC 转换器中有故障	❶ DC/DC 转换器 ❷ VCM

(5) 系统主继电器（表 13-3-5）

表 13-3-5　系统主继电器

故障码	检测项目	故障码检测条件	故障部位
P0AA0	混合动力电池正极接点（混合动力电池正极接头电路）	❶ 启动 EV 系统时牵引电机逆变器输入电压为 240V 或以上超过 9s 以上 ❷ 启动 EV 系统时牵引电机逆变器输入电压为 190V 或以上超过 1min	❶ 线束或接头 ❷ 蓄电池 J/B ❸ 电动压缩机 ❹ PTC 加热器 ❺ 牵引电机逆变器 ❻ 高压线束

(6) 系统主继电器 +（表 13-3-6）

表 13-3-6　系统主继电器 +

故障码	检测项目	故障码检测条件	故障部位
P0AA1	混合动力电池正极接点（混合动力电池正极接头电路卡在关闭位置）	牵引电机逆变器的电压为 160V 或以上，并且启动诊断后即使经过一段特定时间，电压也不会下降 100V 以上	❶ 线束或接头 ❷ 蓄电池 J/B ❸ 电动压缩机 ❹ PTC 加热器 ❺ 牵引电机逆变器 ❻ 高压线束

(7) 系统主继电器 −（表 13-3-7）

表 13-3-7　系统主继电器 −

故障码	检测项目	故障码检测条件	故障部位
P0AA4	混合动力电池负极接点（混合动力电池负极接头电路卡在关闭位置）	从就绪状态到停止状态或充电状态期间，牵引监控器逆变器的电压为 100V 或以上	❶ 线束或接头 ❷ 蓄电池 J/B ❸ 电动压缩机 ❹ PTC 加热器 ❺ 牵引电机逆变器 ❻ 高压线束

(8) 高压电系统绝缘（表 13-3-8）

表 13-3-8　高压电系统绝缘

故障码	检测项目	故障码检测条件	故障部位
P0AA6	混合动力电池电压系统绝缘（混合动力电池电压系统绝缘故障）	VCM 检测到根据从锂离子电池发送的 IR 传感器信号计算的绝缘电阻为 380kΩ 或以下	❶ 高压线束或接头 ❷ 电动压缩机 ❸ PTC 加热器 ❹ 牵引电机 ❺ PDM（电源分配模块） ❻ 锂离子电池

(9) 蓄电池电流传感器（表 13-3-9）

表 13-3-9 蓄电池电流传感器

障代码	检测项目	故障码检测条件	故障部位
P1550	蓄电池电流传感器	驾驶就绪或充电期间，蓄电池电流传感器的输出电压保持在规定范围内	❶ 线束或接头（蓄电池电流传感器电路开路或短路） ❷ 蓄电池电流传感器
P1551	蓄电池电流传感器	传感器向 VCM 发送过低的电压	
P1552	蓄电池电流传感器	传感器给 VCM 发送一个非常高的电压	

（10）蓄电池温度传感器（表 13-3-10）

表 13-3-10 蓄电池温度传感器

故障码	检测项目	故障码检测条件	故障部位
P1556	蓄电池温度传感器	蓄电池温度传感器发出的电压信号持续 5s 以上保持或低于 0.1V	❶ 线束或接头［蓄电池电流传感器（蓄电池温度传感器）电路短路］ ❷ 蓄电池电流传感器（蓄电池温度传感器）
P1557	蓄电池温度传感器	蓄电池温度传感器发出的电压信号持续 5s 以上保持或高于 4.84V	

（11）锂离子电池（表 13-3-11）

表 13-3-11 锂离子电池

故障码	检测项目	故障码检测条件	故障部位
P3102	无效蓄电池（电池无效）	检测到无效锂离子电池 ID	❶ 锂离子电池或锂离子电池控制器的不正确更换 ❷ 锂离子电池 ❸ 锂离子电池控制器

（12）高压电路（表 13-3-12）

表 13-3-12 高压电路

故障码	检测项目	故障码检测条件	故障部位
P311C	高压系统	保持所有下列条件 0.2s • 锂离子电池电流：大于等于 5.5A • 牵引电机逆变器输入电压：小于或等于 24V • 无法预充电 保持所有下列条件 0.5s • 锂离子电池电流：低于 5.5A • 牵引电机逆变器输入电压：小于或等于 24V • 无法预充电 保持所有下列条件 0.5s • 锂离子电池电压和牵引电机逆变器的输入电压相差 100 V 或以上 • 无法预充电	❶ 高压电路 ❷ 锂离子电池 J/B ❸ 牵引电机逆变器 ❹ PDM（电源分配模块） ❺ 电动压缩机 ❻ PTC 加热器

(13) EV 系统重启故障（表 13-3-13）

表 13-3-13　EV 系统重启故障

故障码	检测项目	故障码检测条件	故障部位
P312B	重启错误	重启时在 VCM 自切断完成前，无法启动牵引电机逆变器和 PDM（电源分配模块）持续 30s 以上	❶ 线束或接头 ❷ 牵引电机逆变器 ❸ PDM（电源分配模块） ❹ VCM

(14) 牵引电机逆变器电容器放电故障（表 13-3-14）

表 13-3-14　牵引电机逆变器电容器放电故障

故障码	检测项目	故障码检测条件	故障部位
P312C P3130	逆变器放电错误	驾驶就绪或充电停止期间，牵引电机逆变器电压为 54V 或以上达 14s	❶ 牵引电机逆变器 ❷ VCM

(15) 充电关闭故障（表 13-3-15）

表 13-3-15　充电关闭故障

故障码	检测项目	故障码检测条件	故障部位
P312F	充电 OFF 错误	停机期间，从充电开始，经过 10s，且不满足下列条件 ● 蓄电池电流为 5.5 A 或以下 ● 牵引电机逆变器准备放电 ● 快速充电继电器 OFF	❶ 线束或接头 ❷ LBC ❸ 牵引电机逆变器 ❹ 空调自动放大器 ❺ PDM（电源分配模块） ❻ VCM

(16) 系统关闭故障（表 13-3-16）

表 13-3-16　系统关闭故障

故障码	检测项目	故障码检测条件	故障部位
P3131	系统切断超时	停机前，满足所有以下条件 31min 以上 ● VCM 没有接收 EV 系统启动请求信号 ● 任一 EV 系统 CAN 通信单元均未停止	❶ 线束或接头 ❷ LBC ❸ 牵引电机逆变器 ❹ PDM（电源分配模块） ❺ 电动换挡控制模块（内置在 VCM 中） ❻ 空调自动放大器 ❼ TCU ❽ VCM

(17) 电机速度（表 13-3-17）

表 13-3-17　电机速度

故障码	检测项目	故障码检测条件	故障部位
P316A	电机转度	VCM 从牵引电机逆变器上接收到电机转速无效值	牵引电机逆变器

(18) PDM（电源分配模块）（表 13-3-18）

表 13-3-18　PDM（电源分配模块）

故障码	检测项目	故障码检测条件	故障部位
P316F	PD 模块系统（电源分配模块系统）	PDM（电源分配模块）的充电功率低于 0.1kW	❶ 线束或接头 ❷ PDM（电源分配模块） ❸ VCM

(19) 牵引电机逆变器电容器（表 13-3-19）

表 13-3-19　牵引电机逆变器电容器

故障码	检测项目	故障码检测条件	故障部位
P3176	逆变器电容器	在驾驶就绪或开始充电前，不能执行预充电达 5s 或以上	❶ 高压线束 ❷ LBC ❸ PDM（电源分配模块） ❹ 牵引电机逆变器 ❺ VCM

(20) ECU 启动故障（表 13-3-20）

表 13-3-20　ECU 启动故障

故障码	检测项目	故障码检测条件	故障部位
P3178	ECU 启用错误	当 EV 系统启动时，锂离子电池或牵引电机逆变器不允许 EV 系统启动	❶ 线束或接头 ❷ 锂离子电池系统 ❸ 牵引电机系统

(21) 牵引电机逆变器（表 13-3-21）

表 13-3-21　牵引电机逆变器

故障码	检测项目	故障码检测条件	故障部位
P317D	电机系统	❶ 从牵引电机逆变器至 VCM 的估计扭矩值在特定时间保持大于/小于从 VCM 至牵引电机逆变器的扭矩指令值 ❷ 基于从 VCM 至牵引电机逆变器的扭矩值计算的估计耗电量基于高电压蓄电池电压和电流计算的实际耗电量之间的差异为 54 kW 或以上	❶ 牵引电机逆变器 ❷ VCM

13.4　充电系统

(1) 控制模块（CAN）（表 13-4-1）

表 13-4-1　控制模块（CAN）

故障码	检测项目	故障码检测条件	故障部位
U1010	控制单元（CAN）（内部电气故障）	在 CAN 控制单元的自测试中，当 PDM（电源分配模块）处于写入值和读取值一度不匹配或尝试两次以上仍不匹配，且之后即使尝试 100 次也不匹配的情况下	PDM（电源分配模块）

(2) 快速充电接头（表13-4-2）

表13-4-2 快速充电接头

故障码	检测项目	故障码检测条件	故障部位
B2801	快速充电启用信号错误（信号无效）	当接收到从快速充电器发送的快速充电开始/停止1信号时，检测到快速充电接头断开	❶ 线束和接头（快速充电接口电路开路或短路） ❷ 快速充电器 ❸ 快速充电接口 ❹ PDM（电源分配模块）
	快速充电启用信号错误（信号卡在高位）	由于快速充电期间信号线截止电路卡在ON位置，检测到接头连接确认信号，持续3s或更长时间	PDM（电源分配模块）

(3) 快速充电（表13-4-3）

表13-4-3 快速充电

故障码	检测项目	故障码检测条件	故障部位
B2802	快速充电绝缘信号错误（信号卡在高位）	未接收到快速充电开始时从快速充电器发出的快速充电开始/停止2信号	❶ 线束和接头（快速充电器通信线路开路或短路） ❷ 快速充电器 ❸ 快速充电接口 ❹ PDM（电源分配模块）
	快速充电绝缘信号错误（信号卡在低位）	快速充电开始时从快速充电器发出的快速充电开始/停止2信号接收时间不正确	

(4) 快速充电继电器（表13-4-4）

表13-4-4 快速充电继电器

故障码	检测项目	故障码检测条件	故障部位
B2814	快速充电继电器（信号卡在高位）	当快速充电继电器接通时，快速充电继电器驱动电路中的端子电压为4.69V或更高，持续3s或更长时间 当快速充电继电器接通时，从快速充电传感器输入的高压电路电压为60V或更高，持续1s或更长时间	❶ 线束和接头［PDM（电源分配模块）接地电路开路］ ❷ PDM（电源分配模块）

(5) 快速充电电压传感器（表13-4-5）

表13-4-5 快速充电电压传感器

故障码	检测项目	故障码检测条件	故障部位
B2830	快速充电电压传感器（部件内部故障）	快速充电启动前，充电期间从快速充电电压传感器发出的高压电路电压为60V或更高，持续0.3s或更长时间 快速充电期间，从快速充电电压传感器发出的高压电路电压低于60V，持续10s或更长时间 快速充电启动前，当主继电器断开时，从快速充电电压传感器发出的高压电路电压为60V或更高，持续1s或更长时间 快速充电启动后，在由快速充电器执行的绝缘检查期间，从快速充电电压传感器发出的高压电路电压为30V或更高，持续1s或更长时间	PDM（电源分配模块）快速充电器

(6) PDM（电源分配模块）（表 13-4-6）

两个温度传感器集成在 PDM（电源分配模块）中，用于监控充电电路温度和控制电路板温度。PDM（电源分配模块）还通过对比较各传感器的信号检测传感器准确性故障。

表 13-4-6　PDM（电源分配模块）

故障码	检测项目	故障码检测条件	故障部位
B2850	PD 模块温度传感器（信号卡在低位）	常规充电期间，PDM（电源分配模块）内的温度传感器信号电压过低，持续 30s 或更长时间	PDM（电源分配模块）

(7) F/S 充电继电器（表 13-4-7）

表 13-4-7　F/S 充电继电器

故障码	检测项目	故障码检测条件	故障部位
B2880	F/S 充电继电器（信号卡在低位）	快速充电期间，快速充电继电器控制电路的电压低于 4.21V 左右，持续 3s	❶ 线束和接头 ❷ 快速充电继电器 ❸ PDM（电源分配模块） ❹ F/S 充电继电器 ❺ F/S 继电器
	F/S 充电继电器（信号卡在高位）	快速充电期间，快速充电继电器控制电路的电压为 4.69V 或更高，持续 3s	❶ 线束和接头 ❷ PDM（电源分配模块） ❸ F/S 充电继电器 ❹ F/S 继电器

(8) DC/DC 转换器（表 13-4-8）

表 13-4-8　DC/DC 转换器

故障码	检测项目	故障码检测条件	故障部位
B2890	DC/DC 转换器（电路电压低于阈值）	快速或常规充电期间，或驾驶期间，PDM（电源分配模块）内的 12VDC/DC 转换器输出电压过低，持续 3s 或更长时间，或输出电压过低，持续不到 3s，此现象发生 20 次	❶ 12V 蓄电池 ❷ 线束和接头 ❸ PDM（电源分配模块）
	DC/DC 转换器（电气故障）	快速或常规充电期间，或驾驶期间，输入至 PDM（电源分配模块）内的 12VDC/DC 转换器的电压无规律变化，持续 3s 或更长时间，或输入不到 3s，此现象发生 20 次	❶ 线束和接头 ❷ PDM（线束和接头 电源分配模块）
	DC/DC 转换器（部件内部故障）	发生一个 I2C 通信故障（12VDC/DC 控制部分）	PDM（电源分配模块）
	DC/DC 转换器（部件或系统温度过高）	快速或常规充电期间，或驾驶期间，PDM（电源分配模块）内的 12VDC/DC 转换器的温度过高，持续 3s 或更长时间，或温度过高持续不到 3s，此现象发生 20 次	（1）高压冷却系统 ❶ 冷却风扇（VCM） ❷ 冷却液液位 （2）PDM（电源分配模块）
	DC/DC 转换器（电路电压高于阈值）	在快速/常规充电或行驶期间，安装在 PDM（电源分配模块）内的 12VDC/DC 转换器的输出电压极高时	❶ 12V 蓄电池 ❷ 线束和接头 ❸ PDM（电源分配模块）

(9) 常规充电接口 (表 13-4-9)

表 13-4-9 常规充电接口

故障码	检测项目	故障码检测条件	故障部位
B29A0	常规充电接口接合错误（信号卡在高位）	充电开始时或充电期间，EVSE 连接检测信号电压约为 4.8V 或以上，或约为 1.0V 或以下，持续 3s 或更长时间 常规充电期间，EVSE 连接检测信号电压约为 3.3V 或以上，持续 3s 或更长时间	❶ 线束和接头（常规充电接口电路开路或短路） ❷ 常规充电接口 ❸ EVSE ❹ PDM（电源分配模块）
	常规充电接口接合错误（信号无效）	常规充电期间，EVSE 连接检测信号电压为 3.7～4.8V，持续 100s 或更长时间	❶ 线束和接头（常规充电接口电路开路或短路） ❷ 常规充电接口

(10) 不能进行直接 (表 13-4-10)

表 13-4-10 不能进行直接

症状	检查项目	解决方案
不能进行直充	没有来自插座的电源	确认没有电源故障。确保断路器接通。如果使用了带有计时器的插座，则只在定时器设定的时间内有电源
	插座插头未正确连接	确认插座插头连接正确
	充电接头未正确连接	确认充电接头连接正确
	电源开关在 ON 位置	充电前，将电源开关置于 OFF 位置
	常规充电接头和快速充电接头均要连接	断开常规充电接头或快速充电接头 注：常规充电和快速充电不能同时进行
	设置了定时充电	按下直充开关
	锂离子电池已充满	无动作 注：如果锂离子电池已充满，则不能进行充电；如果锂离子电池已充满，则充电自动停止
	由于充电量设为 80% 且锂离子电池已经充到 80% 以上，故不能开始充电	确定定时充电中的充电比例（%）设置。将充电比例（%）更改为所需充电设置
	锂离子电池的温度太高或太低而无法充电	确认组合仪表中的锂离子电池温度 注：如果仪表指示锂离子电池太热（红色区域）或太冷（蓝色区域），则不能进行充电
	12V 蓄电池电量耗尽	对 12V 蓄电池进行充电
	车辆、EVSE 或快速充电器故障	● 检查 PDM（电源分配模块）自诊断结果 ● 通过更改车辆和 EVSE 的组合来进行检查
	使用东风日产正品 EVSE 时，插座侧上的接地作业不符合东风日产建议的作业	当连接至出现此现象的插座时，检查控制盒上的指示灯照明情况。如果"READY"（驾驶就绪）指示灯闪烁，则让维修技师检查插座侧上的接地作业情况

（11）不能进行定时充电（表 13-4-11）

表 13-4-11　不能进行定时充电

症状	检查项目	解决方案
不能进行定时充电	没有来自插座的电源	确认没有电源故障。确保断路器接通。如果使用了带有计时器的插座，则只在定时器设定的时间内有电源
	插座插头未正确连接	确认插座插头连接正确
	充电接头未正确连接	确认充电接头连接正确
	电源开关在 ON 位置	充电前，将电源开关置于 OFF 位置
	常规充电接头和快速充电接头均要连接	断开常规充电接头或快速充电接头 注：常规充电和快速充电不能同时进行
	锂离子电池已充满	无动作 注：如果锂离子电池已充满，则不能进行充电；如果锂离子电池已充满，则充电自动停止
	锂离子电池的温度太高或太低而无法充电	确认组合仪表中的锂离子电池温度 注：如果仪表指示锂离子电池太热（红色区域）或太冷（蓝色区域），则不能进行充电
	12V 蓄电池电量耗尽	对 12V 蓄电池进行充电
	车辆、EVSE 或快速充电器故障	● 检查 PDM（电源分配模块）自诊断结果 ● 通过更改车辆和 EVSE 的组合来进行检查
	EVSE 没有连接	连接 EVSE
	由于设定了定时充电开始时间和结束时间，且当前时间还没到设定开始的时间，不能开始充电	确认定时器设定的开始充电时间。将定时充电设置更改为期望的充电时间
	由于只设定了定时充电开始时间，且当前时间已过了设定开始时间，故无法开始充电	确认定时器设定的开始充电时间。将定时充电设置更改为期望的充电时间
	由于只设定了定时充电结束时间，且当前时间已过了设定结束时间，故无法开始充电	确认定时器设定的开始充电时间。将定时充电设置更改为期望的充电时间
	由于充电量设为 80% 且锂离子电池已经充到 80% 以上，故不能开始充电	确定定时充电中的充电比例（%）设置。将充电比例（%）更改为所需充电设置
	时钟上的时间是错误的	确认定时充电屏幕上显示的日期和时间与导航显示屏上显示的时钟一致 注：如果断开了 12V 蓄电池端子，则必须更新时间设置。必须是用 GPS 信号来调整定时器设置时钟
	直充开关已按下	检查直充开关
	没有设置定时充电	设置定时充电时间表

(12) 常规充电充到一半时停止 (表 13-4-12)

表 13-4-12　常规充电充到一半时停止

症状	检查项目	解决方案
常规充电充到一半时停止	没有来自插座的电源	确认没有电源故障。确保断路器接通。如果使用了带有计时器的插座，则只在定时器设定的时间内有电源
	EVSE 已断开	检查 EVSE 有无断开
	释放开关已按下	松开释放开关 注：如果按下充电接头按钮很长一段时间，充电将停止
	已到定时充电结束时间	进行常规充电（直充） 注：当设置了定时充电且达到充电结束时间，即使锂离子电池还没有充满，充电也将停止
	锂离子电池的温度太高或太低而无法充电	确认组合仪表中的锂离子电池温度 注：如果仪表指示锂离子电池太热（红色区域）或太冷（蓝色区域），则不能进行充电
	车辆、EVSE 或快速充电器故障	● 检查 PDM（电源分配模块）自诊断结果 ● 通过更改车辆和 EVSE 的组合来进行检查

(13) 常规充电时间过长 (表 13-4-13)

表 13-4-13　常规充电时间过长

症状	检查项目	解决方案
常规充电时间过长	因插座磨损或其他问题，导致 EVSE 插头接触不充分（EVSE 充电电流受限）	● 检查使用的插座和 EVSE 插头 ● 通过改变插座和 EVSE 的组合来进行检查 注：接触不充分使 EVSE 充电电流受限并导致充电停止。可从 CONSULT 上的"充电器/PD 模块"的工作支持项目中的"充电电流受限历史记录"检查充电电流历史记录

(14) 快速充电充到一半时停止 (表 13-4-14)

表 13-4-14　快速充电充到一半时停止

症状	检查项目	解决方案
快速充电充到一半时停止	常规充电接头和快速充电接头均要连接	断开常规充电接头或快速充电接头 注：常规充电和快速充电不能同时进行
	锂离子电池的温度太高或太低而无法充电	确认组合仪表中的锂离子电池温度 注：如果仪表指示锂离子电池太热（红色区域）或太冷（蓝色区域），则不能进行充电
	车辆、EVSE 或快速充电器故障	● 检查 PDM（电源分配模块）自诊断结果 ● 通过更改车辆和 EVSE 的组合来进行检查
	充电被快速充电定时器停止	再次进行快速充电（根据需要） 注：充电将会停止，取决于快速充电器的定时功能设置
		再次进行快速充电（根据需要） 注：充电将会停止，取决于车辆的定时器
	充电将在 90% 容量时停止	再次进行快速充电（根据需要） 注：在锂离子电池剩余电量低于一半时开始充电，当电量达到 90% 时充电停止
	快速充电器的电源断开	检查快速充电器的电源是否断开

13.5 空调系统

(1) 电动压缩机 (表 13-5-1)

表 13-5-1　电动压缩机

故障码	检测项目	故障码检测条件	故障部位
B2780	电动压缩机	当 ROM 和 RAM 区域数据检测到错误时当 AD 值（将模拟值转换为数字值的电路）中检测到错误时	电动压缩机
B2783	压缩机排放温度过热	当从电动压缩机排出的估计制冷剂温度在 130℃ 或以上时	● 电动压缩机（排放压力增加） ● 冷却风扇 ● 制冷剂泄漏 ● 制冷剂不足
B2784	压缩机排放温度限制	当从电动压缩机排出的估计制冷剂温度在 110℃ 或以上时	
B2785	压缩机永久磁铁过热	● 当在启动电动压缩机后 1s 内 IPM 温度为 125℃或以上时 ● 当在启动电动压缩机后 1s 内 IPM 温度为 88℃或以上时	● 电动压缩机（排放压力增加） ● 冷却风扇 ● 制冷剂泄漏 ● 制冷剂不足
B2786	压缩机永久磁铁排放温度限制	当 IPM 温度为 83℃ 或更高时	
B2787	压缩机电压饱和	当电机电压为逆变器输出电压的 140% 或以上时	● 锂离子电池 ● 电动压缩机（排放压力增加） ● 冷却风扇 ● 过量加注制冷剂
B2788	压缩机过电流	以下情况下电动压缩机未工作时 ● 启动后的 90s 内 ● 电机电流为 35.1A 或以上时 ● 5s 间隔内 3 次	● 电动压缩机（排放压力增加，逆变器内部短路，卡住压缩机） ● 冷却风扇
B2789	压缩机过负荷	当将 13.5 A 或以上的电流输入电动压缩机时	● 电动压缩机（排放压力增加） ● 冷却风扇
B278A	压缩机低电压	当高压系统输入电压低于 230V 时	● 电动压缩机 ● 锂离子电池 ● PDM（电源分配模块） ● 高压线束或接头（电动压缩机高压电路开路或短路时）
B278B	压缩机高电压	当高压系统输入电压高于 420V 时	
B2791	压缩机低速高负荷	当低转速期间电动压缩机的驱动负荷达到最大值时	● 电动压缩机 ● 冷却风扇 ● 锂离子电池 ● PDM（电源分配模）

(2) 进气风门电机 (表 13-5-2)

表 13-5-2　进气风门电机

故障码	检测项目	故障码检测条件	故障部位
B27A0	进气风门电机	进气风门电机的 PBR 开启角度为 50% 或以上（进气风门电机的 PBR 反馈信号电压为 2.5V 或以上）	• 进气风门电机 • 进气风门电机系统安装条件 • 空调自动放大器 • 线束或接头（电机电路开路或短路）
B27A1	进气风门电机	进气风门电机的 PBR 开启角度为 30% 或以下（进气风门电机的 PBR 反馈信号电压为 1.5V 或以下）	

(3) 空气混合风门电机 (表 13-5-3)

表 13-5-3　空气混合风门电机

故障码	检测项目	故障码检测条件	故障部位
B27A2	空气混合风门电机	空气混合风门电机驱动信号端子 1 短路或开路	• 空气混合风门电机 • 空调自动放大器 • 线束或接头（电机电路开路或短路）
B27A3		空气混合风门电机驱动信号端子 2 短路或开路	
B27A4		空气混合风门电机驱动信号端子 3 短路或开路	
B27A5		空气混合风门电机驱动信号端子 4 短路或开路	

(4) 加热器出风口空气温度传感器 (表 13-5-4)

表 13-5-4　加热器出风口空气温度传感器

故障码	检测项目	故障码检测条件	故障部位
B27C2	PTC 车外气温传感器	PTC 加热器通风口空气温度传感器识别温度太低（低于 -42℃）	• PTC 加热器通风口空气温度传感器 • 空调自动放大器 • 线束或接头（传感器电路开路或短路）
B27C3	PTC 车外气温传感器	PTC 加热器通风口空气温度传感器识别温度太高（高于 200℃）	

(5) A/C 单元箱体温度传感器 (表 13-5-5)

表 13-5-5　A/C 单元箱体温度传感器

故障码	检测项目	故障码检测条件	故障部位
B27C4	A/C 单元箱体温度传感器	空调单元箱体温度传感器识别温度太低（低于 -42℃）	• A/C 单元箱体温度传感器 • 空调自动放大器 • 线束或接头（传感器电路开路或短路）
B27C5	A/C 单元箱体温度传感器	A/C 单元箱体温度传感器识别温度太高（高于 200℃）	
B27C5	A/C 单元箱体温度传感器	A/C 单元箱体温度传感器识别温度太高（高于 200℃）	

第 14 章 奇瑞电动汽车故障

14.1 驱动系统

(1) 电机扭矩校验失败 (表 14-1-1)

表 14-1-1 电机扭矩校验失败

故障码	P0A52
检测项目	电机扭矩校验失败
解决方法	电机不响应 VCU 扭矩请求，检测电驱动系统，更换 MCU

(2) 电机模式校验时报 (表 14-1-2)

表 14-1-2 电机模式校验时报

故障码	P0A53
检测项目	电机模式校验时报
解决方法	电机不响应 VCU 模式请求，检测电驱动系统，更换 MCU

(3) MCU 严重故障 (表 14-1-3)

表 14-1-3 MCU 严重故障

故障码	P2A52
检测项目	MCU 严重故障
解决方法	该故障由电机的其他故障导致，排除电机其他故障后更换 MCU

(4) 电机位置传感器故障 (表 14-1-4)

表 14-1-4 电机位置传感器故障

故障码	P1A63
检测项目	电机位置传感器故障
解决方法	首先使用整车钥匙上电复位 3 次，如果不能清除该故障，可先排查电机端信号插件接触是否可靠，检测该线束中的旋变线束信号有无问题，有问题则更换电机，再排查电机控制器低压信号插件接触是否可靠，检测该线束中的旋变线束信号有无问题，如果排查后还不能清除故障，请更换电机控制器总成

(5) 相电流过流故障（表 14-1-5）

表 14-1-5　相电流过流故障

故障码	P1A64
检测项目	相电流过流故障
解决方法	首先使用整车钥匙上电复位 3 次，如果不能清除该故障，请更换电机控制器总成

(6) MCU 逆变器故障（表 14-1-6）

表 14-1-6　MCU 逆变器故障

故障码	P1A65
检测项目	MCU 逆变器故障
解决方法	首先使用整车钥匙上电复位 3 次，如果不能清除该故障，请更换电机控制器总成

(7) 直流母线过流故障（表 14-1-7）

表 14-1-7　直流母线过流故障

故障码	P1A66
检测项目	直流母线过流故障
解决方法	首先使用整车钥匙上电复位 3 次，如果不能清除该故障，断开电机控制器高压转接插件看故障能否清除，如果不能清除故障，排查电机总成是否有短路情况，如有请更换电机，如无请更换电机控制器总成

(8) 直流母线过压故障（表 14-1-8）

表 14-1-8　直流母线过压故障

故障码	P1A67
检测项目	直流母线过压故障
解决方法	首先使用整车钥匙上电复位 3 次，如果不能清除该故障，排查高压电池端输出电压是否正常；如正常请更换电机控制器总成

(9) MCU 控制器过温故障（表 14-1-9）

表 14-1-9　MCU 控制器过温故障

故障码	P1A69
检测项目	MCU 控制器过温故障
解决方法	整车行驶中频繁报出 MCU 控制器过温故障，请先检查冷却系统是否正常工作，如正常请更换电机控制器总成

(10) 电机超速故障（表 14-1-10）

表 14-1-10　电机超速故障

故障码	P1A6A
检测项目	电机超速故障
解决方法	首先进行上电复位，可能电机负载断开，检查电机负载机械连接，若正常，检查位置传感器线束是否正常；如果正常，请更换电机控制器，如果不行，请更换电机

(11) 电机位置角度故障（表 14-1-11）

表 14-1-11　电机位置角度故障

故障码	P2A48
检测项目	电机位置角度故障
解决方法	首先使用整车钥匙上电复位 3 次，如果不能清除该故障，请按以下步骤排查故障原因 步骤 1：在整车钥匙下电情况下检查电机位置传感器插件是否接触不良，重新插接一下，钥匙上电并且转动车轮后检查故障是否有发生，如无故障重现，则排除故障；如不能排除故障，则参照步骤 2 步骤 2：在整车钥匙下电情况下检查电机接线是否出现接触不良，排查之后钥匙上电并且在整车"READY"后检查故障是否有发生，如无故障重现，则排除故障；如不能排除故障，则参照步骤 3 步骤 3：以上步骤 1、2 不能排除故障后，则参照线束端插件管脚信号定义表中 EXTP_R1 与 EXTP_R2、EXTP_S1 与 EXTP_S3、EXTP_S2 与 EXTP_S4 每组回路的阻值是否与温度传感器对应参数表中定义的名称的阻值一致，如不一致则确定故障原因，更换电机；如一致则排查电机与 MCU 相连接线束是否有断线或 MCU 端插件插针有退针情况，具体参照整车线束方面排查 步骤 4：以上步骤 1～3 不能排除故障后，请更换 MCU 控制器

(12) MCU 传感器自检故障（表 14-1-12）

表 14-1-12　MCU 传感器自检故障

故障码	P2A51
检测项目	MCU 传感器自检故障
解决方法	使用整车钥匙上电复位 3 次，如果不能清除该故障，请更换控制器

(13) 电机缺相故障（表 14-1-13）

表 14-1-13　电机缺相故障

故障码	P2A49
检测项目	电机缺相故障
解决方法	使用整车钥匙上电复位 3 次，如果不能清除该故障，请更换电机

(14) MCU 低压电源输入故障（表 14-1-14）

表 14-1-14　MCU 低压电源输入故障

故障码	P2A50

检测项目	MCU 低压电源输入故障
解决方法	首先使用整车钥匙上电复位 3 次，如果不能清除该故障，请按以下步骤排查故障原因 步骤 1：在整车钥匙下电情况下，用万用表测量蓄电池电压是否低于 10V，如果低于 10V 则故障原因确定；如蓄电池电压高于 12V，则参照步骤 2 步骤 2：在整车钥匙上电瞬间的同时，用万用表测试蓄电池电压是否低于 10V，如低于 10V，则故障原因确定；如蓄电池电压高于 10V，则更换 MCU 控制器

（15）电机系统 CAN 通信接收失败（表 14-1-15）

表 14-1-15　电机系统 CAN 通信接收失败

故障码	P0A92
检测项目	电机系统 CAN 通信接收失败
解决方法	首先使用整车钥匙上电复位 3 次，如果不能清除该故障，可先排查电机控制器低压信号插件接触是否可靠，再检测该线束中的电源信号和 CAN 终端电阻有无问题；如果排查后还不能清除故障，请更换电机控制器总成

14.2　动力电池

（1）整车放电环路互锁异常（表 14-2-1）

表 14-2-1　整车放电环路互锁异常

故障码	P1B87
检测项目	整车放电环路互锁异常
故障现象	❶ 整车不能"Ready" ❷ 行车过程中断电
故障原因	❶ 放电相关高压插件松动或拔出 ❷ VMS 故障 ❸ MSD 故障 ❹ 电池包内部故障 ❺ 整车线束故障

（2）整车充电环路互锁异常（表 14-2-2）

表 14-2-2　整车充电环路互锁异常

故障码	P1B88
检测项目	整车放电环路互锁异常
故障现象	整车充电环路互锁异常
故障原因	❶ 充电相关高压插件松动或拔出 ❷ 电缆上控制盒故障 ❸ 整车线束故障 ❹ 电池包内部故障

(3) 电池包风扇 1 异常（表 14-2-3）

表 14-2-3　电池包风扇 1 异常

故障码	P0A81
检测项目	电池包风扇 1 异常
故障现象	电池维护灯点亮
故障原因	❶ 风扇内部故障 ❷ 风扇接触器故障 ❸ 整车线束问题 ❹ 电池包内部故障

(4) BMS 供电电源高（表 14-2-4）

表 14-2-4　BMS 供电电源高

故障码	P0A8E
检测项目	BMS 供电电源高
故障现象	充电时风扇不转
故障原因	❶ 车载低压电池电压低 ❷ 整车线束故障 ❸ 电池包内部故障

(5) BMS 供电电源低（表 14-2-5）

表 14-2-5　BMS 供电电源低

故障码	P0A8D
检测项目	BMS 供电电源低
故障现象	充电不能进行或中止
故障原因	❶ 车载低压电池电压高 ❷ 整车线束故障 ❸ 电池包内部故障 ❹ DC/DC 异常

(6) 高压熔丝故障（表 14-2-6）

表 14-2-6　高压熔丝故障

故障码	P0A95
检测项目	高压熔丝故障
故障现象	(1) 高压放电熔丝故障 ❶ 不能行车 ❷ 仪表上电压 <10V (2) 慢充熔丝故障：不能充电
故障原因	充 / 放电电流过大

（7）非充电状态电池单体低温故障（表 14-2-7）

表 14-2-7　非充电状态电池单体低温故障

故障码	P1B8A
检测项目	高压熔丝故障
故障现象	外部环境温度过低
故障原因	❶ 车辆不能"Ready" ❷ 车辆不能充电

（8）非充电状态电池单体高温故障（表 14-2-8）

表 14-2-8　非充电状态电池单体高温故障

故障码	P1B8B
检测项目	非充电状态电池单体高温故障
故障现象	❶ 车辆不能"Ready" ❷ 行车中断
故障原因	❶ 外部环境温度过高 ❷ 大电流引起电池过热

（9）正极接触器粘连故障（表 14-2-9）

表 14-2-9　正极接触器粘连故障

故障码	P0AA1
检测项目	正极接触器粘连故障
故障现象	车辆不能"Ready"
故障原因	大电流使接触器粘连，更换正极接触器

（10）负极接触器粘连故障（表 14-2-10）

表 14-2-10　负极接触器粘连故障

故障码	P0AA4
检测项目	负极接触器粘连故障
故障现象	车辆不能"Ready"
故障原因	大电流使接触器粘连

（11）电池包总压采样回路故障（表 14-2-11）

表 14-2-11　电池包总压采样回路故障

故障码	P1B8E
检测项目	电池包总压采样回路故障
故障现象	电池维护灯亮
故障原因	震动/线未连接

(12) 电池包总压严重过低故障（表 14-2-12）

表 14-2-12　电池包总压严重过低故障

故障码	P1B8F
检测项目	电池包总压严重过低故障
故障现象	❶ 车辆不能"Ready" ❷ 车辆行驶断开
故障原因	❶ 过放电 ❷ 电池包内部故障

(13) 电池包总压严重过高故障（表 14-2-13）

表 14-2-13　电池包总压严重过高故障

故障码	P1B90
检测项目	电池包总压严重过高故障
故障现象	❶ 故障报警 ❷ 禁止高压回路接触器闭合
故障原因	❶ 过充电 ❷ 电池包内部故障

(14) 电流采样异常（表 14-2-14）

表 14-2-14　电流采样异常

故障码	P0ABF
检测项目	电流采样异常
故障现象	限制充放电功率
故障原因	❶ 电流传感器内部故障 ❷ 电流采样回路故障

(15) 车载充电状态电池单体低温故障（表 14-2-15）

表 14-2-15　车载充电状态电池单体低温故障

故障码	P1B92
检测项目	车载充电状态电池单体低温故障
故障现象	停止车载充电并开始给电池加热
故障原因	外部环境温度过低

(16) 电池包预充接触器控制线开路（表 14-2-16）

表 14-2-16　电池包预充接触器控制线开路

故障码	P1B95
检测项目	电池包预充接触器控制线开路

续表

故障现象	❶ 车辆不能"Ready" ❷ 车辆行驶断开
故障原因	接触器控制线圈断线

（17）电池包预充接触器控制线短路到地（表 14-2-17）

表 14-2-17　电池包预充接触器控制线短路到地

故障码	P1B97
检测项目	电池包预充接触器控制线短路到地
故障现象	❶ 车辆不能"Ready"` ❷ 车辆行驶断开
故障原因	接触器控制线圈对地短路

（18）电池单体电压严重过高故障（表 14-2-18）

表 14-2-18　电池单体电压严重过高故障

故障码	P1B00
检测项目	电池单体电压严重过高故障
故障现象	❶ 上报故障信息 ❷ 禁止对电池进行充/放电
故障原因	❶ 过充 ❷ 电池包内部故障

（19）电池单体电压采集线断线（表 14-2-19）

表 14-2-19　电池单体电压采集线断线

故障码	P1B02
检测项目	电池单体电压采集线断线
故障现象	❶ 车辆不能"Ready" ❷ 车辆行驶断开 ❸ 不能充电
故障原因	单体电压采样线断线

（20）电池单体温升过快故障（表 14-2-20）

表 14-2-20　电池单体温升过快故障

故障码	P1B04
检测项目	电池单体温升过快故障
故障现象	❶ 车辆不能"Ready" ❷ 车辆行驶断开 ❸ 不能充电
故障原因	❶ 电池内部短路或过流 ❷ 电池包内部其他故障

(21) 总线过流故障 (表 14-2-21)

表 14-2-21　总线过流故障

故障码	P1B05
检测项目	总线过流故障
故障现象	限制充放电功率
故障原因	❶ 电池包内部高压短路或过流 ❷ 电池包内部其他故障

(22) 放电回路严重漏电 (表 14-2-22)

表 14-2-22　放电回路严重漏电

故障码	P1B07
检测项目	放电回路严重漏电
故障现象	❶ 车辆不能"Ready" ❷ 车辆行驶断开
故障原因	电池包绝缘异常，或者其他高压部件绝缘异常

(23) 电池包快充接触器控制开关过流、过温保护 (表 14-2-23)

表 14-2-23　电池包快充接触器控制开关过流、过温保护

故障码	P1B1E
检测项目	电池包快充接触器控制开关过流、过温保护
故障现象	不能快充
故障原因	接触器控制线圈对地短路

(24) 电池包慢充接触器控制线短路到地 (表 14-2-24)

表 14-2-24　电池包慢充接触器控制线短路到地

故障码	P1B1F
检测项目	电池包快充接触器控制开关过流、过温保护
故障现象	不能慢充
故障原因	接触器控制线圈对地短路

(25) 电池包慢充接触器控制用线开路 (表 14-2-25)

表 14-2-25　电池包慢充接触器控制用线开路

故障码	P1B20
检测项目	电池包慢充接触器控制用线开路
故障现象	不能慢充
故障原因	接触器控制线圈断线

14.3 高压电控系统

(1) DC/DC 充电故障（表 14-3-1）

表 14-3-1　DC/DC 充电故障

故障码	P1A5B
检测项目	DC/DC 充电故障
解决方法	首先进行上电复位，如果不能清除故障灯，更换 DC/DC 控制器总成

(2) DC/DC 失去通信故障（表 14-3-2）

表 14-3-2　DC/DC 失去通信故障

故障码	U0299
检测项目	DC/DC 失去通信故障
解决方法	首先使用整车钥匙上电复位 3 次，如果不能清除该故障，可先排查 DC/DC 低压信号插件接触是否可靠，再检测该线束中的电源信号和 CAN 终端电阻有无问题，如果排查后还不能清除故障，请更换 DC/DC 控制器总成

(3) DC/DC 驱动故障（表 14-3-3）

表 14-3-3　DC/DC 驱动故障

故障码	P0A50
检测项目	DC/DC 驱动故障
解决方法	首先使用整车钥匙上电复位 3 次，复位过程中应注意下电后要等高压电池放电完毕再重新上电。如果不能清除该故障，请更换 DC/DC 控制器

(4) MCU 互锁故障（表 14-3-4）

表 14-3-4　MCU 互锁故障

故障码	P0A44
检测项目	MCU 互锁故障
解决方法	首先使用整车钥匙上电复位 3 次，如果不能清除该故障，请更换电机控制器总成

(5) MCU 自检故障（表 14-3-5）

表 14-3-5　MCU 自检故障

故障码	P2A47
检测项目	MCU 自检故障
解决方法	首先使用整车钥匙上电复位 3 次，如果不能清除该故障，请更换控制器

(6) 直流母线欠压故障（表 14-3-6）

表 14-3-6　直流母线欠压故障

故障码	P1A70
检测项目	直流母线欠压故障
解决方法	首先使用整车钥匙上电复位 3 次，如果不能清除该故障，请更换电机控制器总成

(7) MCU 模式故障（表 14-3-7）

表 14-3-7　MCU 模式故障

故障码	P1A6F
检测项目	MCU 模式故障
解决方法	首先进行上电复位，如果不能清除故障灯，请更换控制器

(8) MCU 系统安全故障（表 14-3-8）

表 14-3-8　MCU 系统安全故障

故障码	P1A6E
检测项目	MCU 系统安全故障
解决方法	首先使用整车钥匙上电复位 3 次，如果不能清除该故障，请更换电机控制器总成

(9) MCU 控制器供电电压故障（表 14-3-9）

表 14-3-9　MCU 控制器供电电压故障

故障码	P1A6D
检测项目	MCU 控制器供电电压故障
解决方法	首先使用整车钥匙上电复位 3 次，如果不能清除该故障，可先排查电机控制器低压信号插件接触是否可靠，再检测该线束中的电源信号，如果排查后还不能清除故障，请更换电机控制器总成

(10) 驱动供电电压故障（表 14-3-10）

表 14-3-10　驱动供电电压故障

故障码	P1A6C
检测项目	驱动供电电压故障
解决方法	首先使用整车钥匙上电复位 3 次，如果不能清除该故障，请更换电机控制器总成

(11) MCU 内部传感器供电电压故障（表 14-3-11）

表 14-3-11　MCU 内部传感器供电电压故障

故障码	P1A6B
检测项目	MCU 内部传感器供电电压故障
解决方法	首先使用整车钥匙上电复位 3 次，如果不能清除该故障，请更换电机控制器总成

14.4 充电系统

(1) 充电机交流电输入过压故障（表 14-4-1）

表 14-4-1　充电机交流电输入过压故障

故障码	P1F00
检测项目	充电机交流电输入过压故障
故障现象	充电异常或停止充电
故障原因	电网电压异常或充电桩故障

(2) 充电机交流电输入欠压故障（表 14-4-2）

表 14-4-2　充电机交流电输入欠压故障

故障码	P1F01
检测项目	充电机交流电输入欠压故障
故障现象	充电异常或停止充电
故障原因	电网电压异常或充电桩故障

(3) 充电机交流电输入掉电故障（表 14-4-3）

表 14-4-3　充电机交流电输入掉电故障

故障码	P1F02
检测项目	充电机交流电输入掉电故障
故障现象	充电异常或停止充电
故障原因	电网电压异常或充电桩故障

(4) 充电机 PFC 欠压故障（表 14-4-4）

表 14-4-4　充电机 PFC 欠压故障

故障码	P1F03
检测项目	充电机 PFC 欠压故障
故障现象	充电异常或停止充电
故障原因	充电机故障，拔枪后 10s 重新插枪确认状态

(5) 充电机 PFC 过压故障（表 14-4-5）

表 14-4-5　充电机 PFC 过压故障

故障码	P1F04
检测项目	充电机 PFC 过压故障
故障现象	充电异常或停止充电
故障原因	充电机故障，拔枪后 10s 重新插枪确认状态

(6) 充电机过温故障 (表14-4-6)

表 14-4-6　充电机过温故障

故障码	P1F05
检测项目	充电机过温故障
故障现象	充电异常或停止充电
故障原因	冷却系统、VCU、DC/DC 或充电机故障

(7) 充电机环境低温故障 (表14-4-7)

表 14-4-7　充电机环境低温故障

故障码	P1F06
检测项目	充电机环境低温故障
故障现象	充电异常或停止充电
故障原因	环温低或者充电机故障

(8) 充电机高压输出过压故障 (表14-4-8)

表 14-4-8　充电机高压输出过压故障

故障码	P1F07
检测项目	充电机高压输出过压故障
故障现象	充电异常或停止充电
故障原因	高压线束、电池或充电机故障

(9) 充电机高压输出短路故障 (表14-4-9)

表 14-4-9　充电机高压输出短路故障

故障码	P1F0A
检测项目	充电机高压输出短路故障
故障现象	充电异常或停止充电
故障原因	高压线束、电池或充电机故障

(10) 电池未接故障 (表14-4-10)

表 14-4-10　电池未接故障

故障码	P1F0B
检测项目	电池未接故障
故障现象	充电异常或停止充电
故障原因	高压线束、电池故障

(11) 充电机低压输出软件过压故障（表 14-4-11）

表 14-4-11　充电机低压输出软件过压故障

故障码	P1F0F
检测项目	充电机低压输出软件过压故障
故障现象	充电异常或停止充电
故障原因	低压线束、充电机故障

(12) 温度采样异常（表 14-4-12）

表 14-4-12　温度采样异常

故障码	P1F10
检测项目	温度采样异常
故障现象	充电异常或停止充电
故障原因	低压线束、传感器或充电机故障

(13) 充电机低压输出欠压故障（表 14-4-13）

表 14-4-13　充电机低压输出欠压故障

故障码	P1F11
检测项目	充电机低压输出欠压故障
故障现象	充电异常或停止充电
故障原因	低压线束、充电机故障

(14) 充电机 CP 占空比故障（表 14-4-14）

表 14-4-14　充电机 CP 占空比故障

故障码	P1F14
检测项目	充电机 CP 占空比故障
故障现象	充电异常或停止充电
故障原因	充电桩或低压线束故障

(15) 充电机 CC 故障（表 14-4-15）

表 14-4-15　充电机 CC 故障

故障码	P1F15
检测项目	充电机 CC 故障
故障现象	充电异常或停止充电
故障原因	充电枪、低压线束、高压线束、电池或充电机故障

(16) 充电机电子锁故障（表 14-4-16）

表 14-4-16　充电机电子锁故障

故障码	P1F16
检测项目	充电机电子锁故障
故障现象	充电异常或停止充电
故障原因	电子锁、低压线束或充电机故障

(17) 辅助电源欠压（表 14-4-17）

表 14-4-17　辅助电源欠压

故障码	P1F18
检测项目	辅助电源欠压
故障现象	充电异常或停止充电
故障原因	小电池、低压线束或充电机故障

14.5　空调系统

(1) 空调系统故障症状（表 14-5-1）

表 14-5-1　空调系统故障症状

症状	可疑部位	推荐维修方法
空调不制冷	鼓风机熔丝（损坏）	更换鼓风机熔丝
	鼓风机继电器（损坏）	更换鼓风机继电器
	鼓风机调速模块（损坏）	更换鼓风机调速模块
	鼓风机电机（损坏）	更换鼓风机电机
	混合风门操纵机构（卡滞或损坏）	更换混合风门操纵机构
	混合风门控制旋钮（卡滞或损坏）	更换混合风门控制旋钮
	PTC 继电器损坏	更换 PTC 继电器
	线束或连接器（断路或短路）	更换线束或连接器
	系统内存在泄漏	检查泄漏点并密封
	制冷剂（加注过量）	排出部分制冷剂
	空调压力传感器（损坏）	更换空调压力传感器
	蒸发器温度传感器（损坏）	更换蒸发器温度传感器
	A/C 开关（损坏）	更换 A/C 开关
	压缩机总成熔丝（损坏）	更换压缩机总成熔丝
	压缩机高低压插接件脱落或未插紧	重新将接插件
	压缩机总成（损坏）	更换压缩机总成

续表

症状	可疑部位	推荐维修方法
空调不制冷	冷凝器总成（堵塞或损坏）	更换冷凝器总成
	膨胀阀（堵塞或结霜）	更换膨胀阀
	蒸发器芯总成（堵塞或损坏）	更换蒸发器芯总成
	线束或连接器（断路或短路）	更换线束或连接器
空调间歇性制冷	系统中有水分	排出水分
	制冷剂（加注过量）	排出部分制冷剂
	冷却风扇叶片（变形）	更换冷却风扇叶片
	冷冻油（过少）	加注冷冻油
操作期间，低压侧的压力在正常和真空之间切换	制冷剂中湿气（过大）	排出制冷剂中水分
低压侧和高压侧的压力均低，制冷性能不足	空调系统（泄漏）	检查泄漏点并密封
	制冷剂（不足）	加注制冷剂
低压侧和高压侧的压力均低，冷凝器至空调装置的管路结霜	冷凝器（脏污或堵塞）	更换冷凝器
低压侧出现真空，高压侧压力太低，在冷凝器或膨胀阀两侧管路上均能看到结霜现象	制冷剂中湿气（过大）	排出制冷剂中水分
	膨胀阀（脏污或堵塞）	更换膨胀阀
	空调管路（泄漏）	更换空调管路
	冷凝器（脏污或堵塞）	更换冷凝器
低压侧和高压侧压力太高	膨胀阀（故障）	更换膨胀阀
	冷冻油（过量）	排出部分冷冻油
低压侧正常或稍微低，且高压侧压力太高	冷凝器表面（脏污）	清洁冷凝器表面
	冷却风扇（不工作）	更换冷却风扇
	制冷剂（加注过量）	排出部分制冷剂
	制冷剂中有空气	排出制冷剂中空气
	压缩机总成（故障）	更换压缩机总成
低压侧压力太低，且高压侧压力太高	空调高压管路（堵塞）	更换空调高压管路
	膨胀阀（故障）	更换膨胀阀

(2) 车上检查

① 常规检查

a. 检查空调管路各接头处是否存在油污或沾有灰尘。如果出现此情况，则可能存在泄漏。

b. 检查冷凝器表面是否脏污，散热片是否变形。

c. 检查压缩机总成正常工作时是否有刺耳噪声。

d. 用手感觉比较压缩机总成的进气管路和排气管路之间应该有明显的温差，正常情况下，低压管路较凉，高压管路较热。用手感觉比较冷凝器进入管和排出管的温度，正常情况下，进入管比排出管温度高。用手感觉比较膨胀阀进出管路的温差，正常情况下，膨胀阀进入管较热，排出管较凉，两者之间有明显的温差。

② 用压力表组件检查制冷剂压力

连接歧管压力表组件。满足下列条件后，读取压力表压力。

测试条件如下。

a. 内外循环开关置于车外循环位置。

b. 温度控制旋钮调至最冷。

c. 鼓风机速度控制开关置于最高挡。

d. 打开空调开关。

e. 观察压力表上的压力值。

（3）压缩机总成噪声检查

检查空调系统相关噪声时，首先必须了解出现噪声的条件。这些条件包括：天气、车速和其他特殊条件。

空调工作期间噪声加大经常会引起误导。例如：听起来像是轴承出现故障的声音可能是由松动的螺栓、安装支架或松动的压缩机总成引起的。

如果压缩机总成自身发出异常噪声，则应更换空调压缩机总成。

① 选择一个测试所需的安静场所。

② 尽可能多地再现客户反馈信息。

③ 打开和关闭空调数次以清晰识别压缩机总成噪声。

④ 检查制冷剂管路是否布线错误、破损或可能导致不正常噪声的干扰。同时检查制冷剂管路是否打结或弯曲，否则会限制制冷剂流动，从而产生噪声。

⑤ 松开所有的压缩机总成紧固螺栓并重新紧固。

⑥ 如果空调吸气管路中的液体制冷剂缓涌时发出噪声，则更换冷凝器并检查冷冻油油位和制冷剂加注情况。

⑦ 如果更换冷凝器后仍存在缓涌状态，则更换空调压缩机总成。

（4）泄漏检查

① 检查制冷剂是否泄漏。

重新加注制冷剂后，使用漏气检测仪检查制冷剂气体是否泄漏。

在下列条件下执行操作。

a. 正常运转压缩机。

b. 确保通风良好（漏气检测仪可能对不是制冷剂的挥发性气体做出反应）。

c. 重复测试2～3次。

d. 确保制冷系统里仍留有制冷剂。

② 使用漏气检测仪靠近空调管路接口，检查空调管路是否泄漏。如果漏气检测仪发出响声，则表明存在泄漏部位。必要时，维修或更换泄漏的空调管路。

③ 断开空调压力传感器连接器，采用相同方法检测空调压力传感器处是否存在泄漏。必要时，更换空调压力传感器。

④ 将漏气检测仪插入蒸发箱总成中，采用相同方法检测蒸发器是否存在泄漏。必要时，清洁或更换蒸发器芯总成。

⑤ 采用相同方法检测冷凝器是否存在泄漏。必要时，清洁或更换冷凝器总成。

（5）电动空调系统搭铁点检查

搭铁点对电路的正常工作非常重要。搭铁点常常暴露在潮气、污垢或其他腐蚀性环境中。腐蚀（生锈）可能会导致负载电阻增大。此种情况会改变电路的工作方式。

电路对搭铁是否正常非常敏感。搭铁松动或腐蚀会严重影响控制电路。检查搭铁点的操作如下。
① 拆下搭铁螺栓或螺母。
② 检查所有接触面是否存在无光泽、污垢、生锈等情况。
③ 必要时进行清洁，确保接触良好。
④ 重新牢固安装搭铁螺栓或螺母。
⑤ 检查是否存在干扰搭铁电路的新增附件。
⑥ 如果将多根线压入一个搭铁端子，应检查压入的是否正确。确保所有线束清洁，牢固紧固并提供良好的搭铁路径。

(6) 电动空调系统供电和电路检查
① 检查与电动空调系统相关的熔丝和继电器。
a. 检查前舱熔丝，若熔丝熔断，则检修熔断原因，更换保险。
b. 检查仪表板熔丝和鼓风机继电器。
ⓐ 点火开关OFF。
ⓑ 检查前舱熔丝盒、仪表熔丝盒熔丝和继电器。若熔丝熔断，则检修熔断原因，更换熔丝。若怀疑继电器故障，则试更换继电器。
② 检查面板供电。
a. 点火开关OFF。
b. 拆卸空调面板，找到线束上的面板A插件（风挡开关）（图14-5-1），B插件（中控成面板）（图14-5-2）。
c. 检查风挡开关。
ⓐ 万用表检查A6端子对地电阻。正常值：＜1Ω。

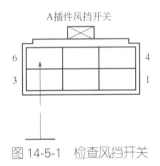

图14-5-1　检查风挡开关

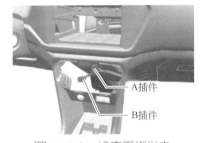

图14-5-2　检查面板供电

ⓑ 借助跳线、灯泡试灯和12V蓄电池，如图14-5-3所示连接，检查A6端子的搭铁情况。正常情况下，灯泡应当明亮。
d. 检查B插件供电（图14-5-4）。万用表检查B16端子对地电阻。正常值：＜1Ω。测试12#、13#端子的供电（表14-5-2）。

表14-5-2　测试条件

测试条件	测试端子	要求
点火开关ACC或ON	12# 对地	蓄电池电压
点火开关OFF	12# 对地	0V
点火开关ON，开小灯	13# 对地	蓄电池电压
点火开关OFF，关小灯	13# 对地	0V

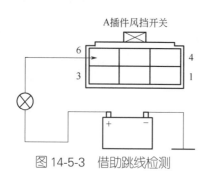

图 14-5-3　借助跳线检测

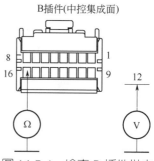

图 14-5-4　检查 B 插件供电

（7）电动空调系统调速模块搭铁的检查

① 点火开关 OFF。

② 拔下调速模块线束插件（图 14-5-5）。

③ 用万用表测试空调线束调速模块线束插件 3# 端子，正常值：< 1Ω。否则检修该端子线束和搭铁点 G206（图 14-5-6）。

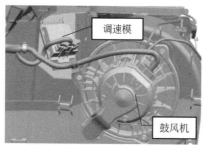

图 14-5-5　拔下调速模块线束插件

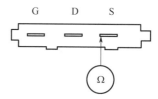

图 14-5-6　检测空调线束

④ 借助跳线、灯泡试灯和 12V 蓄电池，如图 14-5-7 所示连接，检查 3# 端子的搭铁情况。正常情况下，灯泡应当明亮，否则检修该端子线束和搭铁点 G206。

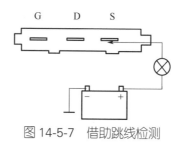

图 14-5-7　借助跳线检测

第15章 蔚来电动汽车故障

15.1 驱动系统

(1) 驱动电机过速故障（表15-1-1）

表15-1-1 驱动电机过速故障

故障编号	故障名称	故障码诊断条件	可能导致故障的原因
A2	驱动电机过速故障	驱动电机转速超过7000r/min	❶ 低负载或空载 ❷ 电机 ❸ 电机控制器

(2) 驱动电机过流故障（表15-1-2）

表15-1-2 驱动电机过流故障

故障编号	故障名称	故障码诊断条件	可能导致故障的原因
A3	驱动电机过流故障	电机相电流超过350A	❶ 电机 ❷ 电机控制器

(3) 高压过压故障（表15-1-3）

表15-1-3 高压过压故障

故障编号	故障名称	故障码诊断条件	可能导致故障的原因
A4	高压过压故障	检测输入电压超过420V	❶ 动力电池能量回收时，主继电器断开 ❷ 电机控制器

(4) 高压欠压故障（表15-1-4）

表15-1-4 高压欠压故障

故障编号	故障名称	故障码诊断条件	可能导致故障的原因
A5	高压欠压故障	检测输入电压低于210V	❶ 动力电池 ❷ 电机控制器

(5) 驱动电机过温故障 (表 15-1-5)

表 15-1-5　驱动电机过温故障

故障编号	故障名称	故障码诊断条件	可能导致故障的原因
A6	驱动电机过温	驱动电机温度超过 180℃	❶ 水泵 ❷ 冷却管路堵塞 ❸ 冷却液不足 ❹ 电机 ❺ 电机控制器

(6) 电机控制器过温故障 (表 15-1-6)

表 15-1-6　电机控制器过温故障

故障编号	故障名称	故障码诊断条件	可能导致故障的原因
A7	电机控制器过温故障	电机控制器温度超过 105℃	❶ 水泵 ❷ 冷却管路堵塞 ❸ 冷却液不足 ❹ 电机 ❺ 电机控制器

(7) 低压供电欠压 (表 15-1-7)

表 15-1-7　低压供电欠压

故障编号	故障名称	故障码诊断条件	可能导致故障的原因
A8	低压供电欠压	低压供电低于 9V	❶ 蓄电池 ❷ DC/DC ❸ 电机控制器

(8) IGBT 故障 (表 15-1-8)

表 15-1-8　IGBT 故障

故障编号	故障名称	故障码诊断条件	可能导致故障的原因
A9	IGBT 故障	驱动芯片报过压/过流	❶ 外部线束 ❷ DC/DC ❸ 电机控制器

(9) 驱动电机旋转变压器故障 (表 15-1-9)

表 15-1-9　驱动电机旋转变压器故障

故障编号	故障名称	故障码诊断条件	可能导致故障的原因
AA	驱动电机旋转变压器	旋变解码芯片报故障	❶ 外部线束 ❷ DC/DC ❸ 电机 ❹ 电机控制器

(10) CAN 通信故障（表 15-1-10）

表 15-1-10　CAN 通信故障

故障编号	故障名称	故障码诊断条件	可能导致故障的原因
B2	CAN 通信故障	控制器 1.2s 接收不到 VCU 的信号	❶ 外部线束 ❷ 整车控制器 ❸ 电机控制器

(11) IGBT 过温故障（表 15-1-11）

表 15-1-11　IGBT 过温故障

故障编号	故障名称	故障码诊断条件	可能导致故障的原因
B3	IGBT 过温故障	IGBT 温度超过 115℃	❶ 水泵 ❷ 冷却管路堵塞 ❸ 冷却液不足 ❹ 电机控制器

(12) W 相电流传感器电路故障（表 15-1-12）

表 15-1-12　W 相电流传感器电路故障

故障编号	故障名称	故障码诊断条件	可能导致故障的原因
E8	W 相电流传感器电路故障	电路检测故障	❶ 外部线束 ❷ DC/DC ❸ 电机控制器

(13) V 相电流传感器电路故障（表 15-1-13）

表 15-1-13　V 相电流传感器电路故障

故障编号	故障名称	故障码诊断条件	可能导致故障的原因
E9	V 相电流传感器电路故障	电路检测故障	❶ 外部线束 ❷ DC/DC ❸ 电机控制器

(14) U 相电流传感器电路故障（表 15-1-14）

表 15-1-14　U 相电流传感器电路故障

故障编号	故障名称	故障码诊断条件	可能导致故障的原因
EA	U 相电流传感器电路故障	电路检测故障	❶ 外部线束 ❷ DC/DC ❸ 电机控制器

(15) W 相电流传感器自检故障（表 15-1-15）

表 15-1-15　W 相电流传感器自检故障

故障编号	故障名称	故障码诊断条件	可能导致故障的原因
EB	W 相电流传感器自检故障	零漂过大	❶ 外部线束 ❷ DC/DC ❸ 电机控制器

(16) V 相电流传感器自检故障（表 15-1-16）

表 15-1-16　V 相电流传感器自检故障

故障编号	故障名称	故障码诊断条件	可能导致故障的原因
EC	V 相电流传感器自检故障	零漂过大	❶ 外部线束 ❷ DC/DC ❸ 电机控制器

(17) U 相电流传感器自检故障（表 15-1-17）

表 15-1-17　U 相电流传感器自检故障

故障编号	故障名称	故障码诊断条件	可能导致故障的原因
ED	U 相电流传感器自检故障	零漂过大	❶ 外部线束 ❷ DC/DC ❸ 电机控制器

(18) 驱动低压电源故障（表 15-1-18）

表 15-1-18　驱动低压电源故障

故障编号	故障名称	故障码诊断条件	可能导致故障的原因
F3	驱动低压电源故障	驱动芯片电源电压低于 15V	❶ 外部线束 ❷ DC/DC ❸ 电机控制器

(19) 驱动电机输入缺相（表 15-1-19）

表 15-1-19　驱动电机输入缺相

故障编号	故障名称	故障码诊断条件	可能导致故障的原因
F4	驱动电机输入缺相	驱动电机至少一相不输出	❶ 高压三相线 ❷ 电机 ❸ 电机控制器

(20) 驱动电机过速警告（表 15-1-20）

表 15-1-20　驱动电机过速警告

故障编号	故障名称	故障码诊断条件	可能导致故障的原因
51	驱动电机过速警告	驱动电机转速超过 7000r/min	❶ 低负载或空载 ❷ 电机 ❸ 电机控制器

（21）驱动电机过流警告（表 15-1-21）

表 15-1-21　驱动电机过流警告

故障编号	故障名称	故障码诊断条件	可能导致故障的原因
52	驱动电机过流警告	电机相电流超过 430A	❶ 电机 ❷ 电机控制器

（22）高压过压警告（表 15-1-22）

表 15-1-22　高压过压警告

故障编号	故障名称	故障码诊断条件	可能导致故障的原因
53	高压过压警告	检测输入电压超过 400V	❶ 动力电池能量回收时，主继电器断开 ❷ 电机控制器

（23）高压欠压警告（表 15-1-23）

表 15-1-23　高压欠压警告

故障编号	故障名称	故障码诊断条件	可能导致故障的原因
54	高压欠压警告	检测输入电压低于 240V	❶ 动力电池 ❷ 电机控制器

（24）驱动电机过温警告（表 15-1-24）

表 15-1-24　驱动电机过温警告

故障编号	故障名称	故障码诊断条件	可能导致故障的原因
55	驱动电机过温警告	驱动电机温度超过 160℃	❶ 水泵 ❷ 冷却管路堵塞 ❸ 冷却液不足 ❹ 电机 ❺ 电机控制器

（25）电机控制器过温警告（表 15-1-25）

表 15-1-25　电机控制器过温警告

故障编号	故障名称	故障码诊断条件	可能导致故障的原因
56	电机控制器过温警告	电机控制器温度超过 85℃	❶ 水泵 ❷ 冷却管路堵塞 ❸ 冷却液不足 ❹ 电机控制器

（26）IGBT 过温警告（表 15-1-26）

表 15-1-26　IGBT 过温警告

故障编号	故障名称	故障码诊断条件	可能导致故障的原因
59	IGBT 过温警告	IGBT 温度超过 95℃	❶ 水泵 ❷ 冷却管路堵塞 ❸ 冷却液不足 ❹ 电机控制器

(27) 堵转状态（表 15-1-27）

表 15-1-27　堵转状态

故障编号	故障名称	故障码诊断条件	可能导致故障的原因
2F	堵转状态	电机处于堵转状态	❶ 极低速大扭矩输出 ❷ 外部线束 ❸ DC/DC ❹ 电机控制器

(28) 电压检测电路故障（表 15-1-28）

表 15-1-28　电压检测电路故障

故障编号	故障名称	故障码诊断条件	可能导致故障的原因
30	电压检测电路故障	控制板电压检测超出范围	❶ 外部线束 ❷ DC/DC ❸ 电机控制器

(29) 数据存储异常（表 15-1-29）

表 15-1-29　数据存储异常

故障编号	故障名称	故障码诊断条件	可能导致故障的原因
31	数据存储异常	EEPROM 数据不能被读写	❶ 外部线束 ❷ DC/DC ❸ 电机控制器

(30) IGBT 温度检测电路故障（表 15-1-30）

表 15-1-30　IGBT 温度检测电路故障

故障编号	故障名称	故障码诊断条件	可能导致故障的原因
32	IGBT 温度检测电路故障	开路或短路	❶ 外部线束 ❷ DC/DC ❸ 电机控制器

15.2　动力电池

(1) 绝缘故障（表 15-2-1）

表 15-2-1　绝缘故障

故障编号	故障名称	故障码诊断条件	可能导致故障的原因
P315D	绝缘故障	整车高压系统与整车低压地之间的绝缘电阻值较低	❶ 整车高压线束 ❷ 动力电池 ❸ 电池控制器（LBC）
P31B2	严重绝缘故障	整车高压系统与整车低压地之间的绝缘电阻值非常低	❶ 整车高压线束 ❷ 动力电池 ❸ 电池控制器（LBC）

(2)电池单体电压过高(表 15-2-2)

表 15-2-2　电池单体电压过高

故障编号	故障名称	故障码诊断条件	可能导致故障的原因
P31AE	电池单体电压过高	单体电压超过允许工作电压范围	❶ VCU ❷ 电池单体 ❸ 电池控制器（LBC） ❹ 高压铜排 ❺ 线束或接插件

(3)单体电压过低(表 15-2-3)

表 15-2-3　单体电压过低

故障编号	故障名称	故障码诊断条件	可能导致故障的原因
P31AD	单体电压过低	单体电压低于允许工作电压范围	❶ 电池单体 ❷ 电池控制器（LBC） ❸ 用户使用习惯

(4)电池温度过低(表 15-2-4)

表 15-2-4　电池温度过低

故障编号	故障名称	故障码诊断条件	可能导致故障的原因
P31AB	电池温度过低	动力电池温度过低	❶ 天气寒冷 ❷ 长时间搁置 ❸ 温度传感器失效

(5)电池温度过高(表 15-2-5)

表 15-2-5　电池温度过高

故障编号	故障名称	故障码诊断条件	可能导致故障的原因
P31AA	电池温度过高	动力电池温度非常高	❶ 驱动电机或 VCU ❷ 电池单体 ❸ 风扇 ❹ 温度传感器 ❺ 环境温度 ❻ 大电流放电 ❼ 电池控制器（LBC）

(6)电池放电过流故障(表 15-2-6)

表 15-2-6　电池放电过流故障

故障编号	故障名称	故障码诊断条件	可能导致故障的原因
P31A9	电池放电过流故障	动力电池放电电流超过正常工作范围	❶ 电流传感器 ❷ 整车高压线束 ❸ 电池控制器（LBC）

(7) 电池充电过流故障 (表 15-2-7)

表 15-2-7　电池充电过流故障

故障编号	故障名称	故障码诊断条件	可能导致故障的原因
P31A8	电池充电过流故障	充电过程中或放电制动能量回收时，进入动力电池电流过大	❶ 电池单体 ❷ 电流传感器 ❸ 电池控制器（LBC）

(8) 电池总电压过低故障 (表 15-2-8)

表 15-2-8　电池总电压过低故障

故障编号	故障名称	故障码诊断条件	可能导致故障的原因
P31A7	电池总电压过低故障	总压过低，超出正常电压范围	❶ 电池控制器（LBC） ❷ 用户使用习惯

(9) 电池总电压过高故障 (表 15-2-9)

表 15-2-9　电池总电压过高故障

故障编号	故障名称	故障码诊断条件	可能导致故障的原因
P31A6	电池总电压过高故障	充电过程中，总压过高，超出正常范围	❶ VCU ❷ 电池控制器（LBC）

(10) 电池单体电压严重过低故障 (表 15-2-10)

表 15-2-10　电池单体电压严重过低故障

故障编号	故障名称	故障码诊断条件	可能导致故障的原因
P31A3	电池单体电压严重过低	电池单体电压相当低，达到电池损坏阈值	❶ 长时间搁置 ❷ 电池单体 ❸ 电池控制器（LBC） ❹ VCU

(11) 均衡关闭标志 (表 15-2-11)

表 15-2-11　均衡关闭标志

故障编号	故障名称	故障码诊断条件	可能导致故障的原因
P317A	充电电压异常故障	充电过程中电流恒定时有单体电压下降	电池单体

(12) 热失稳故障 (表 15-2-12)

表 15-2-12　热失稳故障

故障编号	故障名称	故障码诊断条件	可能导致故障的原因
P3178	热失稳故障	电池控制器（LBC）检测到热失稳故障	电池单体
P3179	热失稳二级故障	电池控制器（LBC）检测到热失稳二级故障	电池单体

(13) 12V 供电过高 (表 15-2-13)

表 15-2-13　12V 供电过高

故障编号	故障名称	故障码诊断条件	可能导致故障的原因
P3177	12V 供电过高	12V 铅酸电池电压高于 18V	DC/DC

(14) 12V 供电过低 (表 15-2-14)

表 15-2-14　12V 供电过低

故障编号	故障名称	故障码诊断条件	可能导致故障的原因
P3176	12V 供电过低	12V 铅酸电池电压低于 9V	❶ 12V 蓄电池 ❷ 连接线束、接插件 ❸ DC/DC ❹ 电池控制器（LBC）

(15) 总压模块故障 (表 15-2-15)

表 15-2-15　总压模块故障

故障编号	故障名称	故障码诊断条件	可能导致故障的原因
P3170	总压模块故障	总压检测模块通信故障	电池控制器（LBC）

(16) 高压互锁故障 (表 15-2-16)

表 15-2-16　高压互锁故障

故障编号	故障名称	故障码诊断条件	可能导致故障的原因
P316E	高压互锁故障	检测不到维修开关上的高压互锁信号	❶ 维修开关 ❷ 线束 ❸ 电池控制器（LBC）

(17) 电池温度不均衡故障 (表 15-2-17)

表 15-2-17　电池温度不均衡故障

故障编号	故障名称	故障码诊断条件	可能导致故障的原因
P3160	电池温度不均衡	❶ 电池控制器（LBC）检测到动力电池 ❷ 温度不均衡	❶ 温度传感器 ❷ 风扇 ❸ 用户使用习惯

(18) 均衡回路故障 (表 15-2-18)

表 15-2-18　均衡回路故障

故障编号	故障名称	故障码诊断条件	可能导致故障的原因
P3151	均衡回路故障	均衡控制电路失效	电池控制器（LBC）

(19) 绝缘检测回路开路故障（表 15-2-19）

表 15-2-19　绝缘检测回路开路故障

故障编号	故障名称	故障码诊断条件	可能导致故障的原因
P3150	绝缘检测回路开路故障	绝缘检测回路测量的总电压小于电池组总压的 50%	电池控制器（LBC）

(20) 电池单体静态压差过大（表 15-2-20）

表 15-2-20　电池单体静态压差过大

故障编号	故障名称	故障码诊断条件	可能导致故障的原因
P3147	电池单体静态压差过大	电池控制器（LBC）检测到电池单体静态电压过大	❶ 电池控制器（LBC） ❷ 高压连接铜排 ❸ 电池单体 ❹ 电压采样线束

(21) 电池单体动态压差过大（表 15-2-21）

表 15-2-21　电池单体动态压差过大

故障编号	故障名称	故障码诊断条件	可能导致故障的原因
P3146	电池单体动态压差过大	电池控制器（LBC）检测到电池单体动态电压过大	❶ 电池控制器（LBC） ❷ 高压连接铜排 ❸ 电池单体 ❹ 电压采样线束

(22) 风扇电流过大故障（表 15-2-22）

表 15-2-22　风扇电流过大故障

故障编号	故障名称	故障码诊断条件	可能导致故障的原因
P3144	风扇电流过大	电池控制器（LBC）检测到风扇工作电流过大	❶ 电池控制器（LBC） ❷ 风扇控制线束 ❸ 风扇

(23) PTC 温度过高故障（表 15-2-23）

表 15-2-23　PTC 温度过高故障

故障编号	故障名称	故障码诊断条件	可能导致故障的原因
P3140	PTC 温度过高故障	电池控制器（LBC）检测到加热器工作温度过高	❶ 温度传感器 ❷ 加热器 ❸ 电池控制器（LBC）

(24) PTC 误关闭故障（表 15-2-24）

表 15-2-24　PTC 误关闭故障

故障编号	故障名称	故障码诊断条件	可能导致故障的原因
P313F	PTC 误关闭	VCU 发送开启加热器指令，电池控制器（LBC）反馈加热器状态为关闭	❶ 电池控制器（LBC） ❷ 加热器控制高、低压线束 ❸ 加热器控制低压接插件 ❹ 加热器继电器 ❺ 加热器

(25) PTC 误开启故障（表 15-2-25）

表 15-2-25　PTC 误开启故障

故障编号	故障名称	故障码诊断条件	可能导致故障的原因
P313E	PTC 误开启	VCU 发送关闭加热器指令，电池控制器（LBC）反馈加热器状态为开启	❶ 电池控制器（LBC） ❷ 加热器控制高压线缆 ❸ 加热器控制低压 ❹ 加热器继电器

(26) 单体电压与总压不匹配故障（表 15-2-26）

表 15-2-26　单体电压与总压不匹配故障

故障编号	故障名称	故障码诊断条件	可能导致故障的原因
P3137	单体电压与总压不匹配故障	电池控制器（LBC）检测到单体电压值与总压存在明显偏差	电池控制器（LBC）

(27) 温度采集失真故障（表 15-2-27）

表 15-2-27　温度采集失真故障

故障编号	故障名称	故障码诊断条件	可能导致故障的原因
P3135	温度采集失真故障	电池控制器（LBC）检测到温度传感器异常	❶ 线束或接插件 ❷ 温度传感器 ❸ 电池控制器（LBC）

(28) 单体电压采集线松动故障（表 15-2-28）

表 15-2-28　单体电压采集线松动故障

故障编号	故障名称	故障码诊断条件	可能导致故障的原因
P3134	单体电压采集线松动故障	电池控制器（LBC）电池单体采集线接触不良	❶ 电池控制器（LBC） ❷ 电压采集线束

(29) 单体电压检测故障——AD 转换故障（表 15-2-29）

表 15-2-29　单体电压检测故障——AD 转换故障

故障编号	故障名称	故障码诊断条件	可能导致故障的原因
P3133	单体电压检测故障——AD 转换故障	电池控制器（LBC）单体电压检测到 AD 转换过程中发生故障	电池控制器（LBC）

(30) 单体电压检测故障——IIC 通信故障（表 15-2-30）

表 15-2-30　单体电压检测故障——IIC 通信故障

故障编号	故障名称	故障码诊断条件	可能导致故障的原因
P3132	单体电压检测故障——IIC 通信故障	电池控制器（LBC）采集单体电压通信故障	电池控制器（LBC）

(31) 总压检测短接 VCC 故障（表 15-2-31）

表 15-2-31　总压检测短接 VCC 故障

故障编号	故障名称	故障码诊断条件	可能导致故障的原因
P3130	总压检测短接 VCC 故障	电池控制器（LBC）采集总压检测电压值比正常值偏高	电池控制器（LBC）

(32) 温度传感器短接 GND 故障（表 15-2-32）

表 15-2-32　温度传感器短接 GND 故障

故障编号	故障名称	故障码诊断条件	可能导致故障的原因
P312C	温度传感器短接 GND 故障	电池控制器（LBC）检测到电池温度比正常值偏低	❶ 线束或接插件 ❷ 温度传感器 ❸ 电池控制器（LBC）

(33) 温度传感器短接 VCC 故障（表 15-2-33）

表 15-2-33　温度传感器短接 VCC 故障

故障编号	故障名称	故障码诊断条件	可能导致故障的原因
P312B	温度传感器短接 VCC 故障	电池控制器（LBC）检测到电池温度比正常值偏高	❶ 线束或接插件 ❷ 温度传感器 ❸ 电池控制器（LBC）

(34) 电流传感器双通道不相符故障（表 15-2-34）

表 15-2-34　电流传感器双通道不相符故障

故障编号	故障名称	故障码诊断条件	可能导致故障的原因
P312A	电流传感器双通道不相符故障	电流传感器两路检测到通道测量值偏差过大	❶ 线束或接插件 ❷ 电流传感器 ❸ 电池控制器（LBC）

(35) 电流传感器短接 GND 故障 (表 15-2-35)

表 15-2-35 电流传感器短接 GND 故障

故障编号	故障名称	故障码诊断条件	可能导致故障的原因
P3129	电流传感器短接 GND 故障	电流传感器检测到电流值比正常值偏低	❶ 线束或接插件 ❷ 电流传感器 ❸ 电池控制器（LBC）

(36) 电流传感器信号短接 VCC 故障 (表 15-2-36)

表 15-2-36 电流传感器信号短接 VCC 故障

故障编号	故障名称	故障码诊断条件	可能导致故障的原因
P3128	电流传感器信号短接 VCC 故障	电流传感器检测到电流值比正常值偏高	❶ 线束或接插件 ❷ 电流传感器 ❸ 电池控制器（LBC）

(37) 电池温度跳变故障 (表 15-2-37)

表 15-2-37 电池温度跳变故障

故障编号	故障名称	故障码诊断条件	可能导致故障的原因
P3121	电池温度跳变故障	动力电池温度变化范围过大	❶ 驱动电机或 VCU ❷ 电池单体 ❸ 风扇 ❹ 温度传感器 ❺ 环境温度 ❻ 大电流放电 ❼ 电池控制器（LBC）

15.3 高压电控系统

(1) 高压配电系统 (表 15-3-1)

表 15-3-1 高压配电系统

症状	检查项目	可能故障零部件
绝缘故障	❶ 整车高压系统零部件绝缘电阻 ❷ 电池控制器 ❸ 整车控制器	❶ 所有高压零部件 ❷ 电池控制器 ❸ 整车控制器
回路不导通	❶ 高压回路熔丝 ❷ 高压接插件	❶ 高压接线盒 ❷ 高压主电缆 ❸ PTC 高压电缆
回路短路	整车高压系统零部件	所有高压零部件

(2) VCU 芯片供电故障（表 15-3-2）

表 15-3-2　VCU 芯片供电故障

故障编号	故障名称	故障码诊断条件	可能导致故障的原因
P0642	VCU 芯片供电故障	VCU 诊断到芯片供电电压低于 4.6V	VCU 硬件
P0643		VCU 诊断到芯片供电电压高于 5.6V	VCU 硬件

(3) 电池控制器报文丢失故障（表 15-3-3）

表 15-3-3　电池控制器报文丢失故障

故障编号	故障名称	故障码诊断条件	可能导致故障的原因
P300C	电池控制器报文丢失故障	电池控制器初始化成功后，对整车控制器发送的报文丢失	❶ LBC ❷ VCU
P300D			
P300E			

(4) 电机控制器报文丢失故障（表 15-3-4）

表 15-3-4　电机控制器报文丢失故障

故障编号	故障名称	故障码诊断条件	可能导致故障的原因
P300F	电机控制器报文丢失故障	电池控制器初始化成功后，对整车控制器发送的报文丢失	❶ PCU ❷ VCU

(5) 车载充电机控制器报文丢失故障（表 15-3-5）

表 15-3-5　车载充电机控制器报文丢失故障

故障编号	故障名称	故障码诊断条件	可能导致故障的原因
P301F	车载充电机控制器报文丢失故障	车载充电机控制器初始化成功后，对整车控制器发送的报文丢失	❶ 车载充电机 ❷ VCU

(6) 充电桩报文丢失故障（表 15-3-6）

表 15-3-6　充电桩报文丢失故障

故障编号	故障名称	故障码诊断条件	可能导致故障的原因
P3020	充电桩报文丢失故障	充电桩初始化成功后，对整车控制器发送的报文丢失	❶ 充电桩 ❷ VCU

(7) M/C 继电器故障（表 15-3-7）

表 15-3-7　M/C 继电器故障

故障编号	故障名称	故障码诊断条件	可能导致故障的原因
P3014	M/C 继电器故障	钥匙置于"ON"挡后，VCU 检测到 LBC 和 PCU 没有向 CAN 总线发送报文	❶ 线束或接插件 ❷ 熔丝 ❸ M/C 继电器

(8) 高压互锁故障（表 15-3-8）

表 15-3-8　高压互锁故障

故障编号	故障名称	故障码诊断条件	可能导致故障的原因
P3011	高压互锁故障	在 MC 继电器吸合之后，VCU 诊断高压互锁信号为低电平持续 2.5s	❶ 线束或接插件 ❷ 高压线束或接插件

(9) 电机高压回路故障（表 15-3-9）

表 15-3-9　电机高压回路故障

故障编号	故障名称	故障码诊断条件	可能导致故障的原因
P301A	电机高压回路故障	当钥匙置于"ON"挡时，电机控制器反馈电压异常	❶ 高压线束或接插件 ❷ 高压接线盒 ❸ PCU

(10) 空调压缩机高压回路故障（表 15-3-10）

表 15-3-10　空调压缩机高压回路故障

故障编号	故障名称	故障码诊断条件	可能导致故障的原因
P301B	空调压缩机高压回路故障	当钥匙置于"ON"挡时，空调压缩机控制器反馈电压异常	❶ 高压线束或接插件 ❷ 高压接线盒 ❸ 空调压缩机控制器

15.4　充电系统

(1) 220V 交流输入过压故障（表 15-4-1）

表 15-4-1　220V 交流输入过压故障

故障编号	故障名称	故障码诊断条件	可能导致故障的原因
P3301	220V 交流输入过压故障	充电时，车载充电机检测到交流电压高于（273±8）V	❶ 220V 交流电波动 ❷ 车载充电机硬件故障

(2) 220V 交流输入欠压故障（表 15-4-2）

表 15-4-2　220V 交流输入欠压故障

故障编号	故障名称	故障码诊断条件	可能导致故障的原因
P3302	220V 交流输入欠压故障	充电时，车载充电机检测到输入电压低于（80±4）V	❶ 220V 交流电波动 ❷ 车载充电机硬件故障

(3) 车载充电机输出过压故障(表15-4-3)

表15-4-3 车载充电机输出过压故障

故障编号	故障名称	故障码诊断条件	可能导致故障的原因
P3303	车载充电机输出过压故障	充电时,车载充电机检测到输出电压大于405V	❶ 动力电池过压 ❷ 车载充电机硬件故障

(4) 车载充电机输出欠压故障(表15-4-4)

表15-4-4 车载充电机输出欠压故障

故障编号	故障名称	故障码诊断条件	可能导致故障的原因
P3304	车载充电机输出欠压故障	充电时,车载充电机检测到输出电压低于200V(DC)	❶ 动力电池欠压 ❷ 车载充电机硬件故障

(5) 车载充电机PFC过压故障(表15-4-5)

表15-4-5 车载充电机PFC过压故障

故障编号	故障名称	故障码诊断条件	可能导致故障的原因
P3304	车载充电机PFC过压故障	充电时,车载充电机检测到PFC输出电压大于410V(DC)	车载充电机硬件故障

(6) 车载充电机PFC欠压故障(表15-4-6)

表15-4-6 车载充电机PFC欠压故障

故障编号	故障名称	故障码诊断条件	可能导致故障的原因
P3306	车载充电机PFC欠压故障	充电时,车载充电机检测到PFC输出电压低于350V(DC)	车载充电机硬件故障

(7) 车载充电机过温故障(表15-4-7)

表15-4-7 车载充电机过温故障

故障编号	故障名称	故障码诊断条件	可能导致故障的原因
P3307	车载充电机过温故障	充电时,车载充电机检测到自身温度大于105℃	车载充电机硬件故障

(8) 车载充电机输出过流故障(表15-4-8)

表15-4-8 车载充电机输出过流故障

故障编号	故障名称	故障码诊断条件	可能导致故障的原因
P3308	车载充电机输出过流故障	充电时,车载充电机检测到100ms内输出平均电流大于7A	❶ 电网波动 ❷ 车载充电机硬件故障

(9) 车载充电机温度传感器故障（表 15-4-9）

表 15-4-9　车载充电机温度传感器故障

故障编号	故障名称	故障码诊断条件	可能导致故障的原因
P3309	车载充电机温度传感器故障	充电时，车载充电机故障码为 P3309	车载充电机温度传感器短路、断路

(10) 接收不到 VCU 报文故障（表 15-4-10）

表 15-4-10　接收不到 VCU 报文故障

故障编号	故障名称	故障码诊断条件	可能导致故障的原因
P330a	接收不到 VCU 报文故障	有唤醒信号时，充电机 1min 内接收不到 VCU 报文	❶ 接插件接触不良 ❷ VCU 故障 ❸ 车载充电机故障

(11) VCU 电流指令异常故障（表 15-4-11）

表 15-4-11　VCU 电流指令异常故障

故障编号	故障名称	故障码诊断条件	可能导致故障的原因
P330b	VCU 电流指令异常故障	充电时，VCU 电流指令大于 10A	VCU 故障

(12) VCU 电压指令异常故障（表 15-4-12）

表 15-4-12　VCU 电压指令异常故障

故障编号	故障名称	故障码诊断条件	可能导致故障的原因
P330c	VCU 电压指令异常故障	充电时，VCU 电压指令大于 400V	VCU 故障

(13) CC 回路电阻异常故障（表 15-4-13）

表 15-4-13　CC 回路电阻异常故障

故障编号	故障名称	故障码诊断条件	可能导致故障的原因
P330d	CC 回路电阻异常故障	车载充电机上电时或者正常工作时，1min 内检测不到 CC 电阻或 CC 电阻异常	❶ CC 回路接触不良 ❷ 充电插头电阻异常 ❸ 充电机故障

(14) CP 回路占空比异常故障（表 15-4-14）

表 15-4-14　CP 回路占空比异常故障

故障编号	故障名称	故障码诊断条件	可能导致故障的原因
P330e	CP 回路占空比异常故障	车载充电机上电时或者正常工作时，持续 1min 检测到 CP 占空比＜8% 或＞90%	❶ CP 回路接触不良 ❷ 充电桩故障 ❸ 充电机故障

(15) 高压互锁故障（表 15-4-15）

表 15-4-15　高压互锁故障

故障编号	故障名称	故障码诊断条件	可能导致故障的原因
P330f	高压互锁故障	车载充电机上电时或者正常工作时，高压互锁回路断路	❶ 高压插件接触不良 ❷ 车载充电机故障

(16) 立即充电无法执行（表 15-4-16）

表 15-4-16　立即充电无法执行

症状	检查项目	解决方案
立即充电无法执行	外部充电电源无输出	确认外部电源是否有输出。如果外部电源带有定时装置，在定时范围内外部电源才会有输出
	充电插头连接不正确	确认充电插头连接正确
	充电接插件连接不到位	确认充电接插件连接到位
	车辆处于上电状态	充电前，确认车辆钥匙处于"LOCK"状态
	交流充电与直流充电均连接	连接交流充电与直流充电中一种即可 注：交流充电与直流充电不能同时进行
	定时开关被设置	按下定时开关
	动力电池满电	无动作 注：如果动力电池已经满电，充电不会进行。如果动力电池已经充满，充电自动停止
	电池温度过高	确认电池温度低于65℃
	12V 铅酸蓄电池馈电	给 12V 铅酸蓄电池充电
	电动车故障	检查 VCU 故障码

(17) 定时充电无法执行（表 15-4-17）

表 15-4-17　定时充电无法执行

症状	检查项目	解决方案
定时充电无法执行	外部充电电源无输出	确认外部电源是否有输出。如果外部电源带有定时装置，在定时范围内外部电源才会有输出
	充电插头连接不正确	确认充电插头连接正确
	充电接插件连接不到位	确认充电接插件连接到位
	车辆处于上电状态	充电前，确认车辆钥匙处于"LOCK"状态
	交流充电与直流充电均连接	连接交流充电与直流充电中一种即可 注：交流充电与直流充电不能同时进行
	动力电池满电	无动作 注：如果动力电池已经满电，充电不会进行；如果动力电池已经充满，充电自动停止
	电池温度过高	确认电池温度低于65℃

续表

症状	检查项目	解决方案
定时充电无法执行	12V 铅酸蓄电池馈电	给 12V 铅酸蓄电池充电
	电动车故障	检查 VCU 故障码
	设置的充电开始时间在充电结束时间之后	设置正确的充电开始与结束时间
	设置的充电开始时间在当前时间之前	设置充电开始时间在当前时间之后
	设置的充电结束时间在当前时间之前	设置充电结束时间在当前时间之后
	计时器上的日期和时间错误	确认计时器上的日期和时间正确
	没有设置定时充电	按计划设置定时充电

（18）远程充电无法执行（表 15-4-18）

表 15-4-18　远程充电无法执行

症状	检查项目	解决方案
远程充电无法执行	外部充电电源无输出	确认外部电源是否有输出。如果外部电源带有定时装置，在定时范围内外部电源才会有输出
	充电插头连接不正确	确认充电插头连接正确
	充电接插件连接不到位	确认充电接插件连接到位
	车辆处于上电状态	充电前，确认车辆钥匙处于"LOCK"状态
	动力电池满电	无动作 注：如果动力电池已经满电，充电不会进行；如果动力电池已经充满，充电自动停止
	动力电池温度过高	确认电池温度低于 65℃
	12V 铅酸蓄电池馈电	给 12V 铅酸蓄电池充电
	电动车故障	检查 VCU 故障码
	电动车接收不到充电信号	确认你所在的位置有信号 确认电动车所在的位置有信号

（19）充电中断（表 15-4-19）

表 15-4-19　充电中断

症状	检查项目	解决方案
充电中断	外部电源无输出	确认外部电源是否有输出。确认断路器是闭合的。如果外部电源带有定时装置，在定时范围内外部电源才会有输出
	达到定时充电结束时间	执行普通充电 注：当定时充电被设置，达到定时充电结束时间时，即使电池没有充满充电也将结束
	动力电池温度过高	确认电池温度低于 65℃
	电动车故障	检查 VCU 故障码

（20）直流充电无法执行（表 15-4-20）

表 15-4-20　直流充电无法执行

症状	检查项目	解决方案
直流充电无法执行	充电接插件连接不到位	确认充电接插件连接到位
	车辆处于上电状态	充电前，确认车辆钥匙处于"LOCK"状态
	动力电池温度过高	确认电池温度低于 65℃
	动力电池满电	无动作 注：如果动力电池已经满电，则充电不会进行。如果动力电池已经充满，则充电自动停止
	12V 铅酸蓄电池馈电	给 12V 铅酸蓄电池充电
	电动车故障	检查 VCU 故障码

（21）直流充电中断（表 15-4-21）

表 15-4-21　直流充电中断

症状	检查项目	解决方案
直流充电中断	交流充电与直流充电均连接	连接交流充电与直流充电中一种即可 注：交流充电与直流充电不能同时进行
	动力电池温度过高	确认电池温度低于 65℃
	电动车故障	检查 VCU 故障码

15.5　空调系统

（1）制冷系统故障（图 15-5-1）

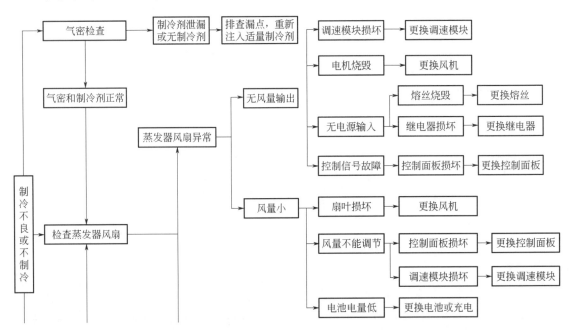

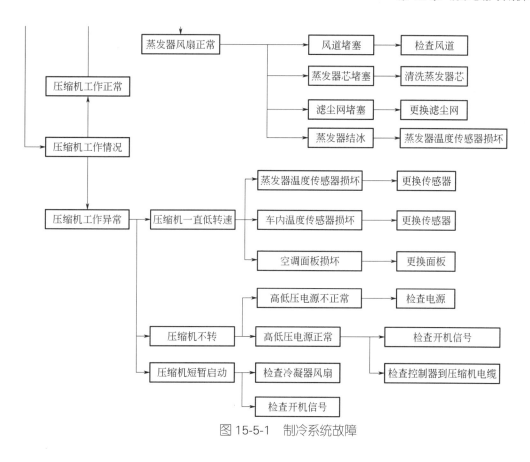

图 15-5-1 制冷系统故障

(2) 制热系统故障(图 15-5-2)

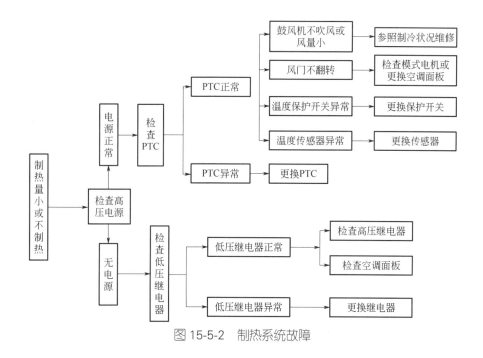

图 15-5-2 制热系统故障

(3) 压缩机腔体温度过高 (表 15-5-1)

表 15-5-1　压缩机腔体温度过高

故障编号	类别	发生条件	故障处理
1	压缩机腔体温度过高	IPM 温度大于或等于 80℃	压缩机停止工作

① 诊断流程　将压缩机控制器 CAN 信号接入计算机系统；开启压缩机并观察计算机系统能否检测到故障码 1；如果检测到故障码 1，则执行"处理流程"；若没有检测到故障码 1，则诊断完成。

② 处理流程　更换压缩机；重新开启压缩机，验证功能是否正常；若问题仍存在，请检查高压电源输入回路。

(4) 压缩机腔体温度达到一定限值 (表 15-5-2)

表 15-5-2　压缩机腔体温度达到一定限值

故障编号	名称	发生条件	故障处理
2	压缩机腔体温度达到一定限值	IPM 温度大于或等于 70℃	压缩机限功率运转

① 诊断流程　将压缩机控制器 CAN 信号接入计算机系统；开启压缩机并观察计算机系统能否检测到故障码 2；如果检测到故障码 2，则执行"处理流程"；若没有检测到故障码 2，则诊断完成。

② 处理流程　检查压缩机工作是否正常；检查冷凝器风扇工作是否正常；重新开启压缩机，验证功能是否正常；若问题仍存在，请检查高压电源输入回路。

(5) 压缩机过流 (表 15-5-3)

表 15-5-3　压缩机过流

故障编号	名称	发生条件	故障处理
3	压缩机过流	输入电流大于 7A	压缩机停止工作

① 诊断流程　将压缩机控制器 CAN 信号接入计算机系统；开启压缩机并观察计算机系统能否检测到故障码 3；如果检测到故障码 3，则执行"处理流程"；若没有检测到故障码 3，则诊断完成。

② 处理流程　更换压缩机；重新开启压缩机，验证功能是否正常；若问题仍存在，请检查高压电源输入回路。

(6) 压缩机过载 (表 15-5-4)

表 15-5-4　压缩机过载

故障编号	名称	发生条件	故障处理
4	压缩机过载	输出功率大于 2000W 降频 / 2200W 关机	❶ 压缩机功率大于 2000W、小于 2200W 时，压缩机降功率工作 ❷ 压缩机功率大于 2200W 时，压缩机停止工作

① 诊断流程　将压缩机控制器 CAN 信号接入计算机系统；开启压缩机并观察计算机系统能否检测到故障码 4；如果检测到故障码 4，则执行"处理流程"；若没有检测到故障码 4，则诊断完成。

② 处理流程　更换压缩机；重新开启压缩机，验证功能是否正常；若问题仍存在，请检查高压电源输入回路。

（7）输入欠压（表 15-5-5）

表 15-5-5　输入欠压

故障编号	类别	发生条件	故障处理
5	输入直流欠压	输入电压小于 200V	压缩机停止工作

① 诊断流程　将压缩机控制器 CAN 信号接入计算机系统；开启压缩机并观察计算机系统能否检测到故障码 5；如果检测到故障码 5，则执行"处理流程"；若没有检测到故障码 5，则诊断完成。

② 处理流程　检查整车上电电压；检查整车高压回路是否正常；重新开启压缩机，验证功能是否正常；若问题仍存在，请检查压缩机功能是否满足要求。

（8）输入过压（表 15-5-6）

表 15-5-6　输入过压

故障编号	类别	发生条件	故障处理
6	输入直流过压	输入电压大于 400V	压缩机停止工作

① 诊断流程　将压缩机控制器 CAN 信号接入计算机系统；开启压缩机并观察计算机系统能否检测到故障码 6；如果检测到故障码 6，则执行"处理流程"；若没有检测到故障码 6，则诊断完成。

② 处理流程　检查整车上电电压；重新开启压缩机，验证功能是否正常；若问题仍存在，请检查压缩机功能是否满足要求。

（9）压缩机无法接收面板信号（表 15-5-7）

表 15-5-7　压缩机无法接收面板信号

故障编号	类别	发生条件	故障处理
7	压缩机无法接收面板信号	压缩机控制器在 5s 或更长时间内未接收到通信信号	通信故障 5s，压缩机停止工作

① 诊断流程　将压缩机控制器 CAN 信号接入计算机系统；开启压缩机并观察计算机系统能否检测到故障码 7；如果检测到故障码 7，则执行"处理流程"；若没有检测到故障码 7，则诊断完成。

② 处理流程　更换压缩机；重新开启压缩机，验证功能是否正常；若问题仍存在，请检查高压电源输入回路。

（10）压缩机无法接收整车信号（表 15-5-8）

表 15-5-8　压缩机无法接收整车信号

故障编号	类别	发生条件	故障处理
8	压缩机无法接收整车信号	压缩机控制器在 5s 或更长时间内未接收到通信信号	通信故障 5s，压缩机停止工作

① 诊断流程　将压缩机控制器 CAN 信号接入计算机系统；开启压缩机并观察计算机系统能否检测到故障码 8；如果检测到故障码 8，则执行"处理流程"；若没有检测到故障码 8，则诊断完成。

② 处理流程　更换压缩机；重新开启压缩机，验证功能是否正常；若问题仍存在，请检查高压电源输入回路。

（11）蒸发器温度传感器短路（表 15-5-9）

表 15-5-9　蒸发器温度传感器短路

故障编号	类别	发生条件	故障处理
9	蒸发器温度传感器短路	蒸发传感器端电压为 5.0V	默认温度为 10℃

① 诊断流程　将空调控制器 CAN 信号接入计算机系统；开启空调并观察计算机系统能否检测到故障码 9；如果检测到故障码 9，则执行"处理流程"；若没有检测到故障码 9，则诊断完成。

② 处理流程　更换蒸发器温度传感器；重新开启空调，验证功能是否正常；若问题仍存在，请检查空调功能是否满足要求。

（12）蒸发器温度传感器断路（表 15-5-10）

表 15-5-10　蒸发器温度传感器断路

故障编号	类别	发生条件	故障处理
10	蒸发器温度传感器断路	蒸发传感器端电压为 0V	默认温度为 10℃

① 诊断流程　将空调控制器 CAN 信号接入计算机系统；开启空调并观察计算机系统能否检测到故障码 10；如果检测到故障码 10，则执行"处理流程"；若没有检测到故障码 10，则诊断完成。

② 处理流程　更换蒸发器温度传感器；重新开启空调，验证功能是否正常；若问题仍存在，请检查空调功能是否满足要求。

第 16 章 江淮电动汽车故障

以江淮 iEV6 为例进行介绍。

16.1 电机及电机控制器

（1）功能描述及工作原理

驱动电机是一个紧凑、重量轻、高功率输出、高效率的永磁同步电机（PMSM），永磁铁被镶入转子中，旋转磁场和定子线圈共同作用产生扭矩；电机旋变被同轴安装在电机上，用来检测转子旋转的角度。此旋转角度被发送到电机控制模块；电机温度传感器检测电机定子内部的温度，此温度信息被发送给电机控制模块。

电机控制器是一个将电池的直流电转换为交流电，并驱动电机的设备。由于在交流转换成直流的过程中，交流频率和电压可以改变，因此控制参数可以有很高的自由度。驱动电机参数及扭矩与转速特性如表 16-1-1 所示。

表 16-1-1　驱动电机参数及扭矩与转速特性

名称	IEV5 参数	IEV6S 参数
最大扭矩 /N·m	215	270
最大输出功率 /kW	50	85
最高速度 /（r/min）	7200	9000
冷却形式	液冷	液冷

（2）线束定义

永磁同步电动机及其驱动系统与外部的电气接口共包括高压电部分、低压部分和通信口接口三个高压部分与整车连接的高压直流部分：P——电机控制器直流正端；N——电机控制器直流负端。

电机驱动器与永磁同步电动机连接的三相交流电部分：A（U）——电机 A 相；B（V）——电机 B 相；C（W）——电机 C 相。

低压部分：控制器前侧配置 2 个低压接插件——23Pin 接插件和 14Pin 接插件，23Pin 接插件主要完成 PCU、DC/DC 与整车之间的通信及控制。14Pin 接插件中有 6Pin 主要完成 PCU 与电机之间的通信，PCU 可以根据此接线端与电机的旋变连接，实现电机位置及转速的测量和计算，从而实现对电机的精确控制；2Pin 用于检测电机实时温度，防止电机在过温下工作，造成电机毁坏；4Pin 与 PCU 主控芯片连接，用于软件的改写、烧录，操作方便。

(3) 原理描述

当三相交流电被通入定子线圈中时,即产生旋转的磁场,这个旋转的磁场牵引转子内部的永磁体,产生和旋转磁场同步的旋转扭矩。

使用旋转变压器检测转子的位置和电流传感器检测线圈的电流,从而控制驱动电机的扭矩输出(图 16-1-1)。

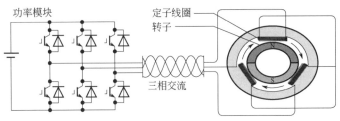

图 16-1-1　原理描述(1)

PCU 将动力电池的直流电转换成电机可用的交流电,电机完成扭矩输出。

VCU 基于加速踏板位置信号、挡位信号和车速信号计算车辆的目标扭矩,并通过 CAN 通信发送扭矩需求指令给 PCU(图 16-1-2)。

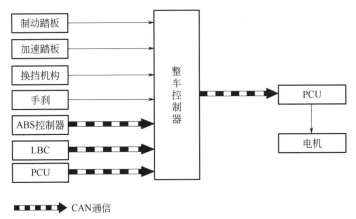

图 16-1-2　原理描述(2)

在电机扭矩请求信号由 VCU 通过整车 CAN 发送过来的基础上,电机控制器控制电机。

电机控制器将电池的直流电转换为交流电,并同时采集电机位置信号和三相电流检测信号,精确地驱动电机(图 16-1-3)。

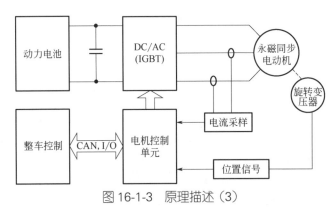

图 16-1-3　原理描述(3)

在减速阶段,电机作为发电机应用。它可以完成由车轮旋转的动能到电能的转换,给电池充电。

如果有故障发生,系统将进入安全失效模式(Fail-Safe)。

当电机控制器或电机温度上升时,为了保护系统,电机控制器会临时进入保护状态。当温度恢复正常时,保护自动解除(图16-1-4和表16-1-2)。

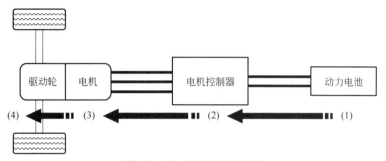

图 16-1-4　原理描述(4)

表 16-1-2　图 16-1-4 注释

(4)	(3)	(2)	(1)
来自电机的扭矩被作为动力输出	为了产生驱动扭矩,来自电机控制器的交流电被转换为磁能和磁场	电机控制器依靠功率器件IGBT将电池的直流电转换为交流电	电池直流电输入电机控制器

电动状态下,为了产生驱动力,VCU 根据目标扭矩信号要求电机控制器传送交流电给电机,以达到驱动车辆的运行。

在制动能量回收阶段,根据 VCU 通过整车 CAN 发送的再生扭矩请求,电机控制器控制电机作为发电机的功能,由车轮旋转产生动能转换为电能,此电能为电池充电(图16-1-5和表16-1-3)。

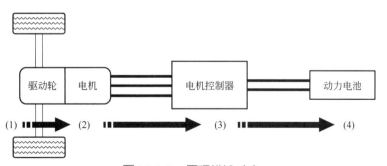

图 16-1-5　原理描述(5)

表 16-1-3　图 16-1-5 注释

(1)	(2)	(3)	(4)
由车轮旋转的动能变换成电机作为发电机产生的	电机的旋转产生交流电	电机控制器依靠功率器件IGBT将电机的交流电转换为直流电	由电机控制器产生的直流电被充给电池

(4) 控制器整体结构 如图 16-1-6 所示。

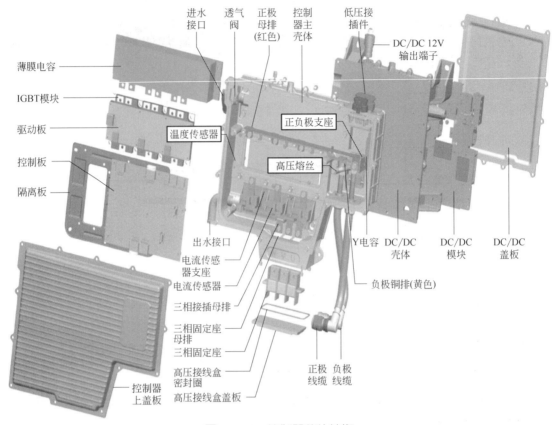

图 16-1-6 控制器整体结构

(5) DC/DC 检测及维修

① DC/DC 含义：新能源汽车车载直流变换器。

② DC/DC 作用：DC/DC 总成是将新能源汽车内高压电池的高压直流源转换为 13.8V（即 12V 低压系统），给整车所有 12V 低压系统供电（VCU、车内灯、仪表盘等），且可以对 12V 铅酸蓄电池充电。

③ DC/DC 特点：本公司 DC/DC 具有输出电压稳定、转换效率高、安全可靠、抗震能力强等特点，并具有输出短路、输入过欠压、输出过欠压、过温等保护功能（图 16-1-7）。接头如图 16-1-8 所示。

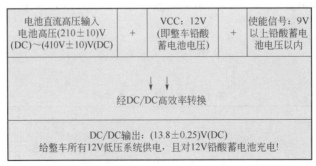

图 16-1-7 DC/DC 工作流程

图 16-1-8 接头

(6) 驱动电机结构 如图 16-1-9 所示。

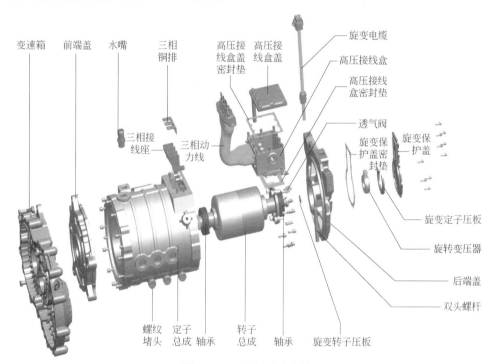

图 16-1-9 驱动电机结构

(7) DC/DC 故障

① 故障现象 车辆无法上电,DC/DC 故障灯常亮。

② 故障判断方法 检测 DC/DC 输出电压,电压 13.5V 以上;钥匙打到 Start,仪表上显示 "Ready",表明车辆有高压输入。拔下 23Pin 针脚,测量使能信号(第 10 针脚)是否有 12V 电压。

③ 故障处理措施 更换 DC/DC 总成。

DC/DC 与电机控制器集成在一起,DC/DC 在电机控制器下方。

DC/DC 输入正极用 30A 熔丝与控制器输入正极连接共用,输入负极连接在一起共地。

DC/DC 信号线束连接在电机控制器内部,与电机控制器外部 23 针其中 5 根针连通 DC/DC 输出正极与整车铅酸蓄电池(即 12V 小电池)正极连接。

DC/DC 负极与整车接地连接。

(8) 行驶异响

① 故障现象　行驶中电机有异响。

② 故障判断方法　车辆行驶中，或者将车辆举起后空转，仔细听一下电机运转是否出现异响（高频略刺耳的声音属正常电磁产生），然后根据所检查异响的频率确定异响是出现在电机或者减速器上。

③ 故障处理措施　更换减速器或更换驱动电机。

(9) IGBT 故障

① 故障现象　车辆报 IGBT 故障。

② 故障判断方法　确定为控制器内部故障导致。检查控制器内部线束有无退针或断开。检查控制板有无明显烧蚀或焊接不良。IGBT（图 16-1-10）本身故障。

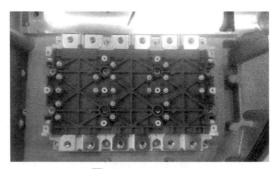

图 16-1-10　IGBT

③ 故障处理措施　更换线束。更换控制板。更换控制器总成。

(10) 驱动电机过速故障

① 故障现象　车辆无法行驶、诊断软件报驱动电机过速故障。

② 故障判断方法　驱动电机转速超过 10000r/min。拔下低压 14Pin 接插件，检测旋变线的阻值。

③ 故障处理措施　电机旋变。控制板旋变解码芯片。

(11) 车辆行驶中限功率

① 故障现象　车辆行驶一段时间，进入限功率模式。

② 故障判断方法　检查冷却液位置，冷却液位置是否在 F～L 之间。水泵是否工作。控制器内部水道是否堵塞。

③ 故障处理措施　添加冷却液。检查水泵本身及低压线路。分解 DC/DC 处理水道。

(12) 低压电源模块故障

① 故障现象　车辆无法行驶、驱动低压电源模块故障。

② 故障判断方法　检查蓄电池电压及正负极连接处。检查 DC/DC 有无输出电压。测量控制器 23Pin 的第 1、第 2 针脚有无 12V 电压。

③ 故障处理措施　处理蓄电池问题。更换 DC/DC 总成。更换控制板。

16.2　动力电池

(1) 动力电池组成　如图 16-2-1 所示。

(2) 电池组主要组成部件

① 电芯、电池单体、模组（图 16-2-2）。

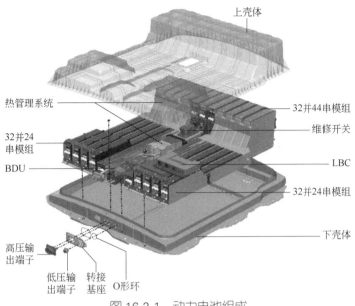

图 16-2-1 动力电池组成

每一电池单体（图 16-2-2）由 32 节电芯并联组成，同一模组的单体与单体之间通过集流板连接，模组与模组之间通过软连接正负极串联，软连接是通过 3mm 的螺栓紧固，并涂上导电膏（图 16-2-3）。

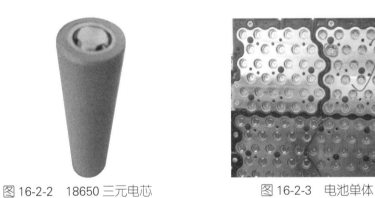

图 16-2-2　18650 三元电芯　　　　图 16-2-3　电池单体

② 电池包内部有 3 种形态的模组（图 16-2-4）。

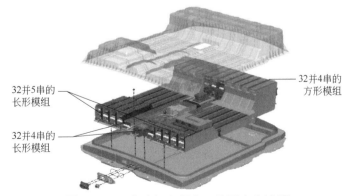

图 16-2-4　电池包内部有 3 种形态的模组

32并24串模组（32P5S）介绍： 由4个5串长条形模组和1个4串长条形模组串联组成，通过两端螺杆和模组固定板连接成整体，单体模块间依靠中间夹板进行绝缘防护。模组固定靠两端的模组固定板和中间压条与PACK底壳螺纹副连接固定（图16-2-5）。

注：另一侧24串模组成组方式与固定方式同。

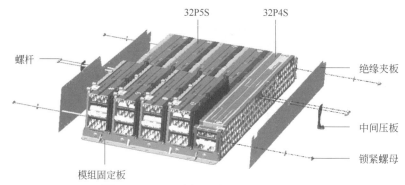

图 16-2-5　32并24串模组（32P5S）

32并44串模组（32P4S）介绍： 由11个4串方形模组串联组成，通过4根螺杆和两侧模组固定板连接成整体，单体模块间依靠中间夹板进行绝缘防护。模组固定靠两侧的模组固定板与PACK底壳上的横梁螺纹副连接固定（图16-2-6）。

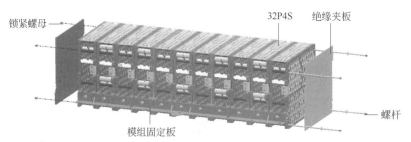

图 16-2-6　32并44串模组（32P4S）

③温度传感器　温度传感器的形状如图16-2-7所示。

整个电池组共有8个温度传感器，其中前5个是卡装在电池组上的单个电芯上，用来测量电池组各种状态下的温感，剩余三个分别测电池包内空气的温度、蒸发器总成两侧的温度（图16-2-8）。

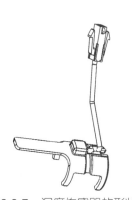

图 16-2-7　温度传感器的形状

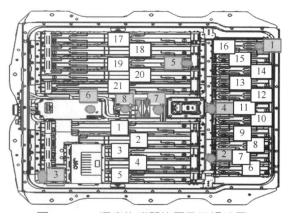

图 16-2-8　温度传感器位置及模组编号

温度传感器的电阻随着温度的升高而减小。

④ BDU 组件　BDU 组件位于电池组总成前部中间。BDU 总成包含如下部件。

a. 系统主路接触器，打开 / 切断电池包主路直流电流。

b. 预充继电器，保护高压电路免受系统上电时的瞬时大电流冲击。

c. PTC 继电器，用于控制 PTC 的开关。

d. 电流传感器，用于测量和计算电池包容量。

在电池包的总正和总负端均配置主接触器向系统高压部件提供高压直流供给。另外，主接触器可以在充电或者电流回馈时向电池包输入电流。

当系统报错时，电池系统基于整车控制器命令通过主接触器切断电流以保证系统安全。

BDU 总成内部如图 16-2-9 所示。

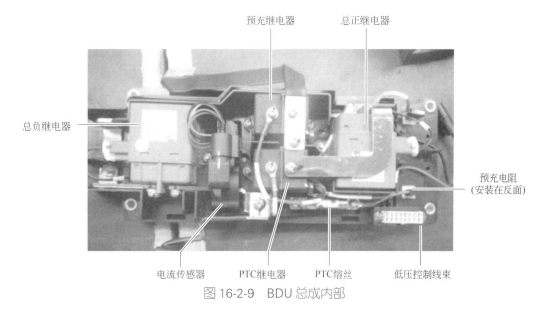

图 16-2-9　BDU 总成内部

（3）高低压输出接插件　如图 16-2-10 所示。

图 16-2-10　高低压输出接插件

（4）低压输出接插件的插拔　在连接低压输出接插件（图 16-2-11）的时候，对准上面的凹槽，顺时针旋转外围金属圈，直到听到一声轻响。

图 16-2-11　低压输出接插件

（5）风扇蒸发器总成　风扇蒸发器总成位于电池包中间部位，后端与风道和电池模组相连，前端穿过电池包外壳与整车空调系统相连（图 16-2-12）。由固定上下盖、PTC、正向风扇、反向风扇、蒸发器等组成。

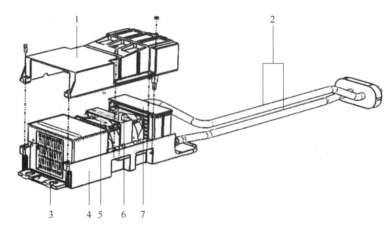

图 16-2-12　风扇蒸发器总成

1—固定上盖；2—冷媒管；3—PTC；4—固定下盖；5—正向风扇；6—反向风扇；7—蒸发器

（6）电池单体采集电压故障　电池单体采集电压故障一般有电池单体动态压差过大故障、电池单体静态压差过大故障和单体电压采集线松动故障，故障码分别为 46、47、34（十六进制）。一般如果是电芯本身问题，需要将车辆充满电，确认问题电芯所在。若为电压跳变或现场监控无法判断问题，需读取历史故障数据，确定问题点后再拆包排除问题。

（7）温度采集故障　温度采集故障包括温度传感器短接 VCC 和温度传感器短接 GND 故障，故障码分别为 2B、2C（十六进制）。如果电池报上述故障，可由软件监控查出哪处温度传感器有问题，再进行拆包检查是否为温感线束或者温感本身问题。

（8）高压互锁故障　五代电池包有两处高压互锁检测：一处在高压开关处，由 LBC 板监测，用来检测高压开关是否插牢；一处在高压主输出口，由整车 VCU 监测，用来检测整车高压输出总线是否插牢，如图 16-2-13 中圆圈所示。

高压开关处高压互锁故障码为 6E。可从高压开关是否插牢、线束是否松动、接插件是否牢靠、LBC 板是否正常来判断故障所在。

高压输出处高压互锁故障由 VCU 检测，当有此故障时，测量此处的高压互锁检测线与 19Pin 低压总线的 R、S 脚是否导通来判断是否为电池包内部线束或接插件问题（图 16-2-14）。

图 16-2-13　高压互锁（高压开关处）

图 16-2-14　高压互锁（高压输出处）

（9）**绝缘故障**　电池包的绝缘故障码为 5D、B2，分别为绝缘故障和绝缘严重故障。由于电池包高压与整车高压是串联在一起的，整车上的绝缘故障也会使电池包报绝缘故障。当电池包报绝缘故障时，需首先判断是否为电池包内部绝缘故障。

在钥匙下电的状况下，断开电池包与整车前舱盖内高压盒连接线。再次上电，使用监控软件查看 LBC 是否报绝缘故障（等待 2min 左右）。如若未报，则电池包内部绝缘无问题，可能为整车其他零部件引起。

在下电的状况下，使用绝缘表（500V 挡）测量电池包高压正负输出端、高压开关接插件端口对壳体的绝缘（图 16-2-15）。

 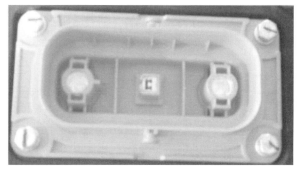

图 16-2-15　电池包绝缘

如绝缘值均能达到 550MΩ，则电池包内部硬件绝缘正常。

16.3 空调系统

(1) 空调系统故障症状 (表 16-3-1)

表 16-3-1 空调系统故障症状

故障现象	可能的故障原因	排除方法
空调系统无制冷剂	制冷剂泄漏	目视法 ❶ 观察各部件连接部位是否有油渍，若有则说明此处可能存在泄漏。可以使用肥皂水涂在可疑部位，观察是否有气泡出现 ❷ 观察冷凝器及蒸发器芯体表面是否有刮擦、压扁、碰伤
		抽真空：对制冷系统抽真空，听部件位置是否存在"嗞嗞"声音，若存在则表示此处泄漏
		仪器检查 ❶ 电子检漏仪检测，灵敏度较高 ❷ 染料示踪检漏
系统压缩机润滑油不适量	更换系统部件，按照规定补充或减少	先确认压缩机润滑油规格，不能混用，压缩机润滑油为 POE
		回收制冷剂后，补充约 30mL 压缩机润滑油
		更换压缩机，倒出压缩机内的全部压缩机润滑油，加入 120mL 压缩机润滑油
		更换管路：补充约 30mL 压缩机润滑油
		更换冷凝器：补充约 60mL 压缩机润滑油
		更换蒸发器：补充约 50mL 压缩机润滑油
		更换干燥剂：补充约 10mL 压缩机润滑油
风量不正常	空调无风	电路故障 ❶ 检查鼓风机电机线路，并确认接插件是否脱落松动 ❷ 熔丝脱落或损坏，更换熔丝 ❸ 继电器损坏，更换继电器
		机械故障 ❶ 鼓风机电机损坏，更换鼓风机 ❷ 温度风门机构损坏，无法调节风门至制冷状态，更换温度风门机构 ❸ 空调控制器损坏，更换空调控制器 ❹ 调速模块损坏，更换调速模块
	空调风量偏小	电压不足，检查蓄电池电压
		风道是否存在堵塞，格栅是否全打开
		调速模块损坏，更换调速模块
		空调过滤器风阻是否过大、存在灰尘及异物堵塞
		鼓风机电机转动反向，调整插件正负极

续表

故障现象	可能的故障原因	排除方法
空调不制冷	系统无制冷剂	压力表测试,参见"制冷剂泄漏"检查
	不吹风	参见"风量不正常"检查
	压缩机不工作	信号不通畅:压力开关损坏,无压力信号;短接信号检测,若损坏则更换空调管路
		压缩机内部损坏,更换压缩机
空调制冷不好	制冷剂不足	检测压力是否在正常值范围;若制冷剂不足,则补充加注制冷剂
		空调系统是否存在微漏,若存在则检漏
	压缩机润滑油过多	排除多余压缩机润滑油,加注适量的压缩机润滑油
	压缩机不正常	若压缩机未达到正常工作转速,则更换压缩机
	风量偏小	参见"风量不正常"检查
空调系统无采暖	PTC不工作	PTC芯体损坏,更换加热器总成
		PTC接插件接触不良,更换加热器总成
	空调不吹风	参考"风量不正常"检查
	控制故障	空调控制器温度调节损坏,无法调节温度风门至最大制热,更换空调控制器
空调系统有异响	管路膨胀阀异响	开启空调后,在膨胀阀位置是否存在流动的"啾啾"声,调整或更换膨胀阀
	风门机构异响	调整风门机构时是否存在阻力,是否有"滴答"或"咯咯"声,如有此现象,在风门机构涂擦润滑油或更换机构部件
	鼓风机异响	鼓风机蜗壳内异响 ❶ 有"轰轰"声,确认鼓风机电机有无反转,更换线束或调整接插件端子 ❷ 有"咯吱"或"嗞嗞"声,更换鼓风机电机 ❸ 有"砰砰"声,蜗壳内是否有异物,拆下检查并处理
		鼓风机是否安装不牢固,产生震动异响
空调系统有异味	过滤器有霉变	拆下过滤器,表面有无严重污染,及时更换
	冷凝水排出不畅	冷凝水无法完全排出,壳体内有积水,产生霉变,更换排水管位置

(2) 控制器输出短路（表 16-3-2）

表 16-3-2 控制器输出短路

故障编号	名称	发生条件	可能原因
1	控制器输出短路	控制器内部电路发生短接	控制器内部元器件被击穿或松动

① 诊断流程　将压缩机控制器 CAN 信号接入计算机系统；开启压缩机并观察计算机系统能否检测到故障码 60；如果检测到故障码 60，则执行"处理流程"；若没有检测到故障码 60，则诊断完成。

② 处理流程　更换压缩机；重新开启压缩机，验证功能是否正常；若问题仍存在，请检查高压电源输入回路。

(3) 控制器输出过载（表 16-3-3）

表 16-3-3 控制器输出过载

故障编号	名称	发生条件	可能原因
2	控制器输出过载	压缩机工作负载超过正常工作范围	冷凝器风扇故障或压缩机堵转

① 诊断流程　将压缩机控制器 CAN 信号接入计算机系统；开启压缩机并观察计算机系统能否检测到故障码 61；如果检测到故障码 61，则执行"处理流程"；若没有检测到故障码 61，则诊断完成。

② 处理流程　检查压缩机工作是否正常；检查冷凝器风扇工作是否正常；重新开启压缩机，验证功能是否正常；若问题仍存在，请检查高压电源输入回路。

(4) 压缩机电机缺相（表 16-3-4）

表 16-3-4 压缩机电机缺相

故障编号	名称	发生条件	可能原因
3	压缩机电机缺相	压缩机高压接插件不满足性能指标	高压接插件退针 压缩机电机绕组虚接

① 诊断流程　将压缩机控制器 CAN 信号接入计算机系统；开启压缩机并观察计算机系统能否检测到故障码 62；如果检测到故障码 62，则执行"处理流程"；若没有检测到故障码 62，则诊断完成。

② 处理流程　更换压缩机；重新开启压缩机，验证功能是否正常；若问题仍存在，请检查高压电源输入回路。

(5) 输入欠压（表 16-3-5）

表 16-3-5 输入欠压

故障编号	类别	发生条件	可能原因
4	输入直流欠压＜200V	动力电池输入电压过低	动力电池过放电或高压线路故障

① 诊断流程　将压缩机控制器 CAN 信号接入计算机系统；开启压缩机并观察计算机系统能否检测到故障码 63；如果检测到故障码 63，则执行"处理流程"；若没有检测到故障码 63，则诊断完成。

② 处理流程　检查整车上电电压；检查整车高压回路是否正常；重新开启压缩机，验证功能是否正常；若问题仍存在，请检查压缩机功能是否满足要求。

（6）输入过压（表 16-3-6）

表 16-3-6　输入过压

故障编号	类别	发生条件	可能原因
5	输入直流过压 ≥ 400V	动力电池输入电压过高	动力电池总电压偏高

① 诊断流程　将压缩机控制器 CAN 信号接入计算机系统；开启压缩机并观察计算机系统能否检测到故障码 64；如果检测到故障码 64，则执行"处理流程"；若没有检测到故障码 64，则诊断完成。

② 处理流程　检查整车上电电压；重新开启压缩机，验证功能是否正常；若问题仍存在，请检查压缩机功能是否满足要求。

（7）控制器过热（表 16-3-7）

表 16-3-7　控制器过热

故障编号	类别	发生条件	可能原因
6	控制器过热 ≥ 90℃	控制器内部散热发生故障	IGBT 散热片失效

① 诊断流程　将压缩机控制器 CAN 信号接入计算机系统；开启压缩机并观察计算机系统能否检测到故障码 65；如果检测到故障码 65，则执行"处理流程"；若没有检测到故障码 65，则诊断完成。

② 处理流程　更换压缩机；重新开启压缩机，验证功能是否正常；若问题仍存在，请检查高压电源输入回路。

（8）低压短路故障（表 16-3-8）

表 16-3-8　低压短路故障

故障编号	类别	发生条件	可能原因
7	低压短路故障	控制器内部低压电路发生短接	控制器内部低压元器件被击穿或松动

① 诊断流程　将压缩机控制器 CAN 信号接入计算机系统；开启压缩机并观察计算机系统能否检测到故障码 66；如果检测到故障码 66，则执行"处理流程"；若没有检测到故障码 66，则诊断完成。

② 处理流程　更换压缩机；重新开启压缩机，验证功能是否正常；若问题仍存在，请检查高压电源输入回路。

(9) 控制器故障 (表 16-3-9)

表 16-3-9 控制器故障

故障编号	类别	发生条件	可能原因
8	压缩机控制器故障	控制器内部发生除短路、过载之外的故障	控制器内部发生过流或软件出现异常

① 诊断流程　将压缩机控制器 CAN 信号接入计算机系统；开启压缩机并观察计算机系统能否检测到故障码 67；如果检测到故障码 67，则执行"处理流程"；若没有检测到故障码 67，则诊断完成。

② 处理流程　更换压缩机；重新开启压缩机，验证功能是否正常；若问题仍存在，请检查高压电源输入回路。

第 17 章 众泰电动汽车故障

本章以知豆电动汽车为例,介绍众泰电动汽车故障。

17.1 分线盒故障诊断

(1) **熔断器熔断** 当分线盒总成在整车过载运行中,由于回路持续电流过大、短路等情况发生时,熔断器熔断,对线路负载起保护作用,具体表现如下。

① 充电机失电 TNN300 熔丝熔断,需更换 TNN300 熔断器。

② 空调失电 LET16 熔丝熔断,需要更换 LET16 熔断器。

③ 直流转换器失电 LET16 熔丝熔断,需要更换 LET16 熔断器。

(2) **直流继电器吸合异常** 分线盒总成中的直流继电器在整车异常运行过程会出现吸合异常,具体表现为电机控制器得电或失电异常。

① 当分线盒总成中的直流继电器控制线圈得电驱动直流继电器主触点吸合时,电机控制器未得电(此时,需排除 TNN300 熔断器未熔断,整个回路仅直流接触器处为断路):直流继电器故障,需要更换直流继电器。

② 当分线盒总成中的直流继电器控制线圈失电时,直流继电器主触点仍吸合,电机控制器不掉电:直流继电器故障,需要更换直流继电器。

③ 电流瞬断。分线盒总成中用于紧固接线铜管端子的紧固件发生松动导致产品电流瞬断,通过观察防松标线,可以看见标线发生错位;对松动位置紧固件需要按照对应力矩要求紧固,紧固前需要在紧固件上涂覆适量的螺纹紧固胶(可赛新 1243),并重新标志防松标线。

17.2 充电机

(1) **LED 指示灯标签** LED 指示灯是判断充电机是否正常工作的一个重要标志,充电机上电后会出现如图 17-2-1 所示的提示。

充电机状态	指示灯状态
待机	红灯常亮
充电中	绿灯闪烁
充满电	绿灯常亮
通信故障	红灯闪烁

图 17-2-1 指示灯状态

(2）常见故障及解决方法（表 17-2-1）

表 17-2-1　常见故障及解决方法

故障	故障现象	可能原因	排除方法
不能充电	红 - 绿交替闪烁，间隔 1s	❶ 电源总开关未闭合	拉起电源总开关
		❷ 动力电源线断路	检查、修理、接通
		❸ 电池盒熔断器损坏	更换
		❹ 电池盒接触器损坏	更换
		❺ 12V 小电池欠压或亏电	检查、更换
	红绿 - 红绿循环闪烁，间隔 6s	❶ 电池错误，电池有损坏	检查、修理、更换
		❷ 电池电压等级和充电机不匹配	更换或修理
	红绿红 - 红绿红循环闪烁，间隔 5s	电池故障引起的充电超时错误	检查、修理、更换
	红绿红绿 - 红绿红绿循环闪烁，间隔 4s	交流输入电压过高或过低	检查、修理、更换
	绿红 - 绿红循环闪烁，间隔 6s	❶ 充电机温度过高	检查、调整、更换
		❷ 充电环境温度过高或通风不畅	更换充电场所
	红绿 - 红绿循环闪烁，间隔 4s	充电机自身故障	检查、修理、更换
	红绿红绿红绿红循环闪烁，间隔 1s	❶ BMS 总成损坏	检查、修理、更换
		❷ CAN 通信线路未连接或损坏	检查、修理、更换

17.3　电池管理系统

若出现整车无电或无法充电等与电池管理系统（BMS）总成相关故障，请仔细检查 BMS 总成所有外部线路是否正确连接，以及充电机、DC/DC 转换器总成等是否正常工作，再读取 BMS 相关报文初步判断故障。

若组合仪表上没有电池包相关信息显示，如动力电池电压、充放电电流、电池温度等信息，首先检查 BMS 电源是否正常，再检查电池包内部检测线，若外部线路均正常，可判定 BMS 自身故障，BMS 总成内部没有可供维修的部分，更换总成即可。

17.4　驱动电机

常见故障及排除方法（表 17-4-1）

表 17-4-1　常见故障及解决方法

故障现象	可能原因	排除方法
电动机噪声大	电机内部轴向窜动	更换

续表

故障现象	可能原因	排除方法
电动机噪声大	电机内轴承间隙大	更换
	电机转子扫膛	更换
	磁钢松动、脱落	修理、更换
电动机抖动	霍尔传感器线束接触不良	修理、更换
	电机控制器损坏	修理、更换
电机工作失效	电机控制器故障,更换	检查、更换
	电机霍尔传感器故障	检查、更换
	线束故障	检查、更换

17.5 电机控制器

① 钥匙打到"ON"挡仪表显示正常,在 D 或 R 挡位下车辆无法行驶故障排除。

排除方法:车辆无法行驶时应首先确认红色应急开关是否处在向上拉起的状态,然后用万用表电压挡测量电机控制器 B+ 与 B- 之间的电压。

a. 有 72V 左右高压电,则为电机控制器无低压控制电源输入,或低压控制电源电压过低。请进一步测量信号插头是否有 12V 低压控制电源,并排查低压控制电源线路故障。

b. 无 72V 左右高压电,则电机控制无高压输入。首先将红色应急开关按下,然后打开分线盒,用万用表通断挡测量总正熔丝(300A)通断,若此熔丝完好,则为总正继电器、总负继电器或 BMS 故障,需进一步排查,若此熔丝熔断,请用万用表通断挡检测 B+ 和 B- 是否构成短路,若 B+ 和 B- 短路,则总正熔丝熔断是因电机控制器内部短路引起的,应当更换电机控制器后再更换新的总正熔丝。

c. 确认电机控制器 B+ 和 B- 有短路现象后,应将红色应急开关按下,若需对故障车辆拖车,必须先将电机控制器 ABC 三相线断开,并分别做绝缘处理,以防发生危险。

② 若整车高压电(72V)和低压电(12V)都正常情况下,确保控制器外部电路连接正确以及 VMS 总成和电机正常,此时车辆无法行驶或执行错误,在排除输入信号故障(加速传感器是否损坏)之后,即可判定是电机控制器故障,控制器内部没有可以自行维修的部分,自拆维修可能会造成控制器损坏。

③ 出现故障时插入控制器接插件故障检测灯(12V 灯泡,或发光二极管),32# 脚为"+",9# 脚为"GND"。

故障及指示见表 17-5-1。

表 17-5-1 故障及指示

故障代码	故障源	故障指示
12	油门误开	1 长 2 短
13	控制器温度高	1 长 3 短
15	主蓄电池电压低、降额	1 长 5 短

续表

故障代码	故障源	故障指示
16	电机温度高	1长6短
82	蓄电池电压过高	8长2短
83	控制器过温	8长3短
84	电流传感器故障	8长4短
85	电机相电流异常过流	8长5短
86	电机位置霍尔故障	8长6短
87	电机过速	8长7短
88	电机过温	8长8短
91	电流传感器初始化故障	9长1短
92	电机位置霍尔初始化故障	9长2短

17.6 动力电池

当车辆出现无 72V 动力电源输出或电池严重欠压无法充电等与动力电池相关的故障，应当首先确认主线路无断路、接触器良好、熔断器良好、保护继电器未损坏，确保 CAN 通信无故障（表 17-6-1）。

表 17-6-1 动力电池常见故障以及排除方法

故障现象	可能原因	排除方法
单体电池零电压	❶ 欠充过放造成内部短路	更换
	❷ 极柱或内部断路	更换
电池壳体鼓胀	❶ 过充电	修理或更换
	❷ 过放电	修理或更换
壳体破裂	电池受激烈碰撞或振动	更换
无法充电	❶ 某一单体电池电压过低	均衡或更换
	❷ 某一单体电池损坏	更换
行车时断时续	❶ 动力电池总电压过低	充电
	❷ 动力电池损坏	更换

17.7 DC/DC 转换器系统

（1）常电电池亏电

故障原因：DC/DC 转换器无输出。

排除方法：无高压（直流 72～86V）输入或无 12V 启动信号电压输入以及 DC/DC 转换器自身故障均会造成 DC/DC 转换器无输出电压。

首先测量 DC/DC 输入端是否有高压输入，测量方法如下。

① 将 DC/DC 转换器 P20 航空插头拔出，钥匙拨到"ON"挡位后，用万用表电压挡测量次插头两个插孔之间应当有直流 72～86V 电压。

② 若无高压输入，将钥匙拨到"LOCK"，然后将前机舱分线盒打开，用万用表通断挡检测 DC/DC 熔丝（16A 分线盒内最右侧）是否烧断。

③ 若 DC/DC 熔丝完好，则用万用表通断挡检测动力电池总正熔丝（300A 分线盒内最左侧）是否烧断。

④ 若总正熔丝完好，则可断定为电池包内故障（动力回路断路或 BMS 故障）。经测量 DC/DC 输入端有高压输入，则需进一步检测是否有 12V 启动电压信号输入，检测方法如下。

a. 将 DC/DC 转换器输出端插件以及信号线插件从主线中断开。

b. 钥匙打到"ON"挡后，用万用表电压挡测量主线上信号线插件端子与 DC/DC 输出插件负极端子之间电压应为 12V。

c. 若无 12V 启动信号电压输入，则为主线线路故障，需进一步检测主线信号插件端子至常电电池正极之间线路通断，经测量常电电池正极 -ACC 挡熔丝（30A）或 ON 挡熔丝（20A）-ACC 继电器或 ON 挡继电器 - 充电继电器 - 充电熔丝（5A）输入端有高压输入且 12V 启动信号电压正常，则可判定 DC/DC 转换器自身故障造成无输出电压。

（2）灯光强度不够

故障原因：DC/DC 输出电压低

排除方法：DC/DC 转换器自身故障，更换新的 DC/DC 转换器。

DC/DC 工作异常的排查步骤：首先测量有无电压输入，其次测量有无 12V 电压信号输入，再次测量有无电压输出。

常见故障及排除方法见表 17-7-1。

表 17-7-1 常见故障及排除方法

系统	常见故障	可能原因	排除方法
DC/DC 转换器总成系统	整车低压电器无电	DC/DC 控制线故障	调整
		无 72V 输入电压	调整或更换
		DC/DC 损坏、无输出电压	检查、更换
		其他线束故障	更换
	常电电池亏电	DC/DC 输出电压低	更换
		继电器损坏	更换
		常电电池故障	检查排除
		线束故障	更换

17.8 空调系统

（1）故障现象（表 17-8-1）

表 17-8-1　故障现象

故障现象	故障原因	建议措施
空调系统完全不工作	❶ 空调控制器熔丝损坏	更换熔丝
	❷ 空调控制器故障	更换空调控制器
	❸ CAN 通信总线故障	检修 CAN 通信系统
	❹ 连接导线开路或短路	检修或更换线束
鼓风机不工作	❶ 鼓风机熔丝熔断	更换熔丝
	❷ 鼓风机继电器损坏	更换鼓风机继电器
	❸ 鼓风机本身损坏	更换鼓风机
	❹ 调速模块故障	更换调速模块
	❺ 空调控制器故障	更换空调控制器
	❻ CAN 通信总线故障	检修 MP5 与空调控制器之间的 CAN 通信线路
	❼ 音响娱乐操作面板故障	更换 MP5
	❽ 连接导线开路或短路	检修或更换线束
鼓风机转速过低或过高	❶ 鼓风机本身损坏	更换鼓风机
	❷ 调速模块故障	更换调速模块
	❸ 空调控制器故障	更换空调控制器
	❹ 连接导线开路或短路	检修或更换线束
鼓风机电机运转时有异响	❶ 鼓风机电机内有异物	清除电机异物
	❷ 鼓风机电机破损	更换鼓风机
	❸ 鼓风机电机运转不良	检修或更换鼓风机电机
腿部无风吹出	❶ 出风管道堵塞或破裂	清理或更换出风管道
	❷ 模式风门电机故障	更换模式风门电机
压缩机不工作或间断运行	❶ 熔丝熔断	更换压缩机熔丝
	❷ EVP 传感器损坏	更换蒸发器温度传感器
	❸ 空调压力开关故障	更换空调压力开关
	❹ 分线盒故障	更换分线盒
	❺ 压缩机损坏	更换压缩机

续表

故障现象	故障原因	建议措施
压缩机不工作或间断运行	❻ CAN 控制系统故障	检修 MP5 与空调控制器之间的 CAN 通信线路
	❼ 空调模块故障	更换空调控制器
	❽ 音响娱乐操作面板故障	更换 MP5
	❾ 制冷剂不足或严重泄漏	检修制冷循环管路,并测量
	❿ 连接导线开路或短路	检修或更换线束
不制冷,无冷风吹出	❶ 压缩机损坏	更换压缩机
	❷ 鼓风机电路故障	检修鼓风机电路
	❸ 空调压力开关损坏	更换空调压力开关
	❹ 模式风门电机损坏	更换模式风门电机
	❺ 室内蒸发器翅片表面结霜过多	一段时间后,重新启动
	❻ 室外冷凝器积尘过多或有异物,不利于正常散热	清除异物
	❼ 制冷剂加注过多或过少、发生泄漏	检修空调系统制冷剂管路压力
	❽ 通风管道严重堵塞或龟裂	更换通风管道
	❾ 冷却风扇故障或损坏	更换冷却风扇
	❿ 空调模块故障	更换空调控制器
制冷循环系统高压管路压力过高	❶ 制冷剂密封管道混入空气	收集制冷剂,排空制冷剂循环,然后重新按照指定量的制冷剂进行加注
	❷ 制冷剂加注量过多	收集所有制冷剂,再次排空制冷剂循环,然后重新注入规定量的制冷剂
	❸ 冷凝器翅片变形或表面过脏	清洁和维修冷凝器翅片,维修或更换故障部件
	❹ 冷却风扇转速过低	
	❺ 制冷剂金属管道有变形或损坏	
	❻ 膨胀阀故障	维修或更换膨胀阀
制冷循环系统高压管路压力过低	❶ 制冷剂过少或泄漏	泄漏检测,收集制冷剂,排空制冷剂循环,然后重新按照指定量的制冷剂进行加注
	❷ 压缩机阀体损坏或断裂	更换压缩机
	❸ 压缩机密封圈失效	
	❹ 膨胀阀微堵	清除异物或更换膨胀阀
	❺ 冷凝器(滤网堵塞)	更换冷凝器

续表

故障现象	故障原因	建议措施
制冷循环系统低压管路压力过低	❶ 制冷剂循环系统由于存在水而结冰	收集所有制冷剂，排空制冷剂循环，然后重新按照指定量的制冷剂进行加注
	❷ 储液罐内的干燥剂退化	
	❸ 蒸发器结霜，制冷剂金属管道低压部分有变形或堵塞现象	
	❹ EVP 传感器失效	更换 EVP 传感器
当空调打开时，压缩机发出不正常的噪声	❶ 组件内部因为异物磨损，损坏或堵塞	检查压缩机润滑油
	❷ 压缩机安装螺栓松动	检查螺栓是否上紧
制冷系统管道发出不正常噪声	卡子和支架安装不合适	检查制冷系统管道安装是否牢固
在空调打开时从膨胀阀发出不正常噪声	❶ 制冷剂泄漏	检查泄漏，收集制冷剂，排空制冷剂，然后重新按照指定量的制冷剂进行加注
	❷ 内部组件磨损，损坏或异物堵塞	
空调无暖风，或暖风效果差	❶ PTC 熔丝熔断	更换熔丝
	❷ PTC 继电器故障	更换 PTC 继电器
	❸ PTC 加热器损坏或通风管道破裂	更换 PTC 加热器
	❹ 空调控制器故障	更换空调控制器
	❺ CAN 通信线故障	检修 MP5 与空调控制器之间的 CAN 通信线路
	❻ 空调操作面板按键故障	更换 MP5
	❼ 连接导线开路或短路	检修或更换线束
后除霜器无法除霜或除霜效果差	❶ 后除霜熔丝熔断	更换熔丝
	❷ 后除霜继电器故障	更换后除霜继电器
	❸ 后除霜加热器损坏	更换后风窗玻璃
	❹ 空调控制器故障	更换空调控制器
	❺ 空调操作面板按键故障	更换 MP5
	❻ 连接导线开路或短路	检修或更换线束

(2) 故障码（表 17-8-2）

表 17-8-2　故障码

故障码	代码释义	故障原因	建议措施
U100587	节点跛行回家，只有一个节点在线	CAN 通信线路断路	检修空调控制器到主线束之间的 CAN 通信线路

续表

故障码	代码释义	故障原因	建议措施
U007300	节点总线关闭，无法收发报文	空调控制器损坏	更换空调控制器
U010000	无法收到VCU的报文	与VCU之间的CAN电路存在故障（断路或CAN收发器故障）	确认VCU与空调控制器之间的CAN通信线路完好后，更换空调控制器或VCU
U012100	无法收到ABS的报文	与ABS ECU之间的CAN电路存在故障（断路或CAN收发器故障）	确认ABS ECU与空调控制器之间的CAN通信线路完好后，更换空调控制器或VCU
U014100	无法收到MP5的报文	与MP5之间的CAN电路存在故障（断路或CAN收发器故障）	确认MP5与空调控制器之间的CAN通信线路完好后，更换空调控制器或VCU
U010100	无法收到BMS的报文	与BMS之间的CAN电路存在故障（断路或CAN收发器故障）	确认BMS与空调控制器之间的CAN通信线路完好后，更换空调控制器或VCU
B111717	电路电压超过极限	❶ 熔丝EF16熔断 ❷ 线路断路	更换熔丝或检修电源/接地线路
B111716	电路电压低于极限		
B170371	Stuck模式电机堵转	❶ 内外循环风门电机损坏 ❷ 线路接触不良 ❸ 内外循环风门故障	检查内外循环电机安装正确，线路完好后，更换内外循环电机
B170312	模式电机反馈电路短路到电池线路	❶ 模式电机线路短路或断路 ❷ 模式风门电机损坏 ❸ 模式风门联动机构损坏	检查模式风门电机线路完好后，更换模式风门电机或检修空调总成
B170311	模式电机反馈电路短路到地		
B170611	蒸发器传感器输入电路短路到地	❶ 蒸发器传感器线路故障 ❷ 蒸发器传感器故障	确认EVP传感器线路完好后，更换EVP传感器
B170615	蒸发器传感器输入电路短路到电池线路或者开路		
B170711	环境温度传感器输入电路短路到地	❶ 环境温度传感器线路故障 ❷ 环境温度传感器故障	确认环境温度传感器线路完好后，更换环境温度传感器
B170715	环境温度传感器输入电路短路到电池线路或者开路		
B170811	5V输出电路短路到地	模式风门电机线路断路	确认模式风门电机线路完好后，更换模式风门电机或空调控制器
B170913	点火信号输入电路开路	❶ 熔丝IF09熔断 ❷ 线路断路	更换熔丝IF09或检修熔丝与空调控制器之间线路

续表

故障码	代码释义	故障原因	建议措施
B170A13	鼓风机反馈电路电压超出范围	❶ 调速模块损坏 ❷ 调速模块线路故障	检修调速模块线路或更换调速模块
B170B91	压力开关异常	制冷系统压力故障	确认制冷系统压力正常后，更换高低压开关
B170C91	压缩机异常	❶ 空调系统压力异常 ❷ 电动压缩机控制单元损坏	确认压力正常后，更换压缩机
B170D91	整车电池异常	❶ 整车动力电池电压过低 ❷ 空调控制器与电动压缩机之间通信线路故障	检修空调控制器与电动压缩机之间线路或检修BMS系统故障

操作视频